150 X WATERCOLOR

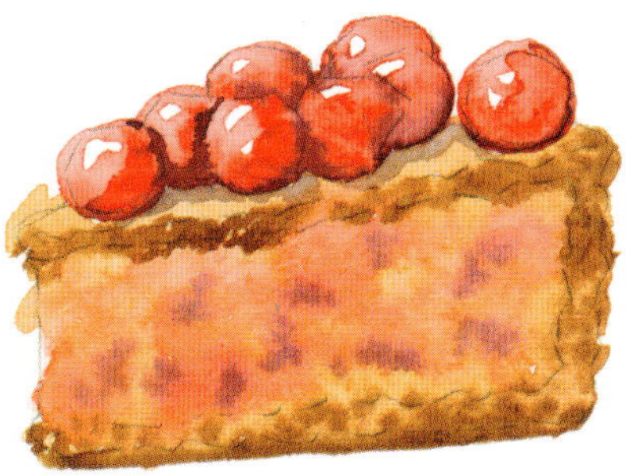

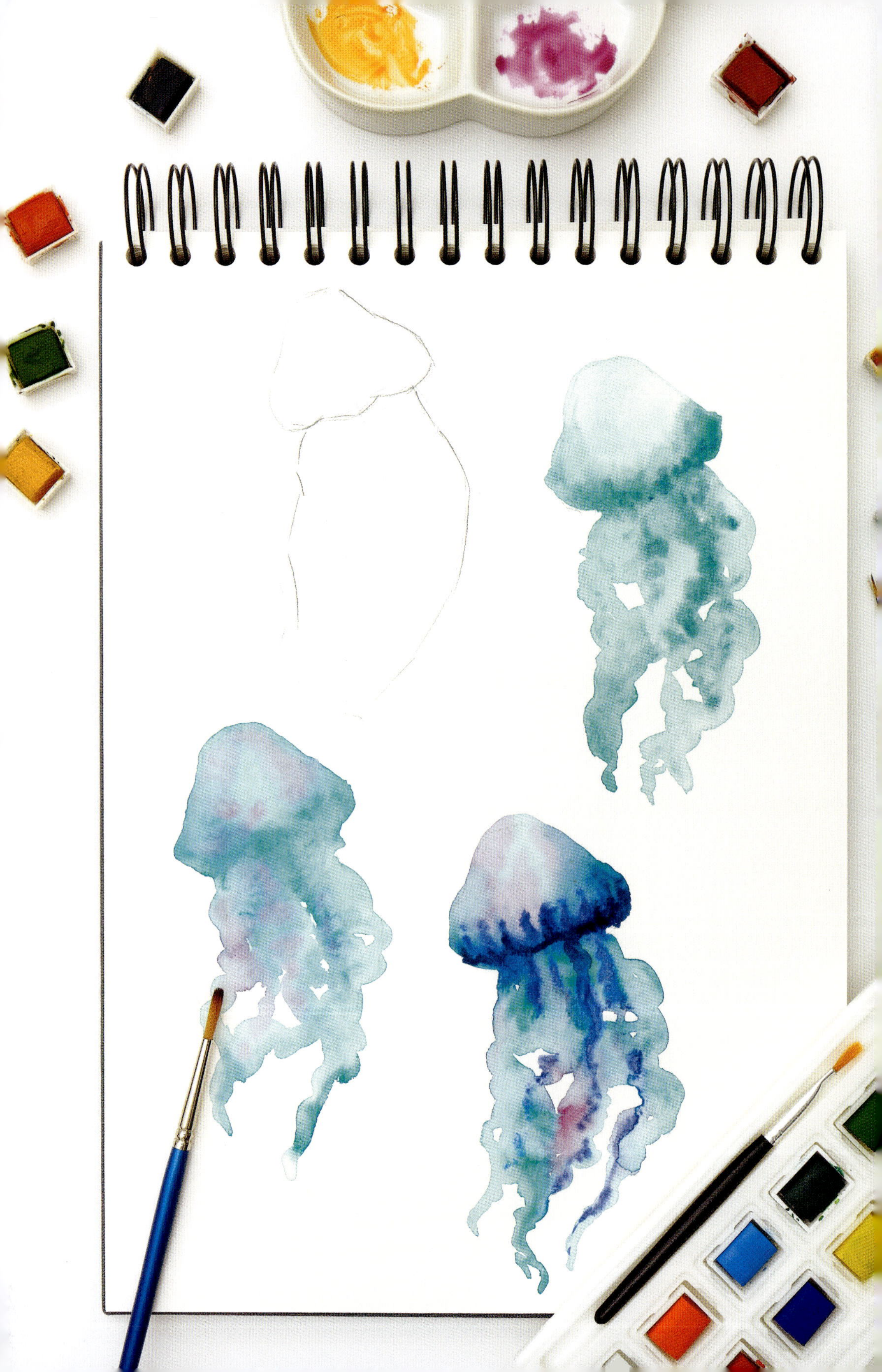

MARINA BAKASOVA

150 X WATERCOLOR

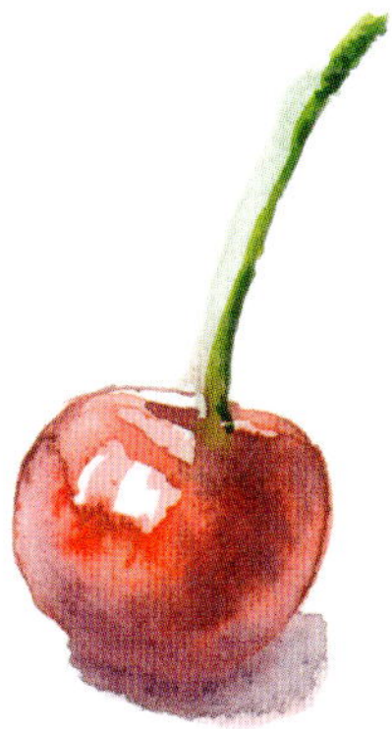

IN NUR 4 SCHRITTEN ZUM FERTIGEN MOTIV

Impressum

Originalausgabe unter dem Titel *Four-Step Watercolour* erschienen bei:

Editor & Designer: Michelle Pickering
Digitale Illustrationen: Olya Kamieshkova
Fotograf: Phil Wilkins
Editorial assistant: Charlene Fernandes
Art director: Gemma Wilson
Publisher: Samantha Warrington

Für die deutsche Ausgabe:
Verantwortlich: Svenja Wiglinghaus, Gernot Körner
Übersetzung: Christine Schnappinger
Produktmanagement, Lektorat & Satz:
VerlagsService Dietmar Schmitz GmbH
Umschlaggestaltung: Leeloo Molnar
Herstellung: Bettina Schippel, Stephanie Schlemmer
e.g. Printed in Guangdong Province, China TT122025

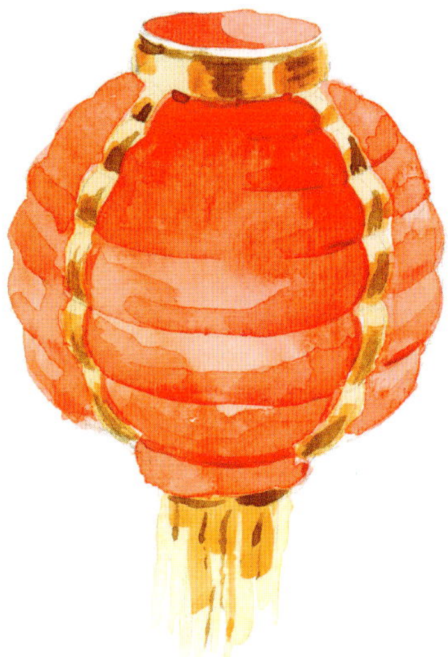

★★★★★

Sind Sie mit diesem Titel zufrieden? Dann würden wir uns über Ihre Weiterempfehlung freuen. Erzählen Sie es im Freundeskreis, berichten Sie Ihrem Buchhändler oder bewerten Sie beim Onlinekauf. Und wenn Sie Kritik, Korrekturen oder Aktualisierungen haben, freuen wir uns über Ihre Nachricht an Christophorus Verlag, Postfach 40 02 09, D-80702 München oder per E-Mail an lektorat@verlagshaus.de.

Unser komplettes Programm finden Sie unter

www.christophorus-verlag.de

Die Deutsche Nationalbibliothek verzeichnet diese Publikation in der Deutschen Nationalbibliografie; detaillierte bibliografische Daten sind im Internet über http://dnb.d-nb.de abrufbar.

3. Auflage, 2026

ISBN 978-3-86230-427-1

Besuchen Sie uns im Internet:
www.christophorus-verlag.de

MIX
Papier | Fördert gute Waldnutzung
FSC® C016973

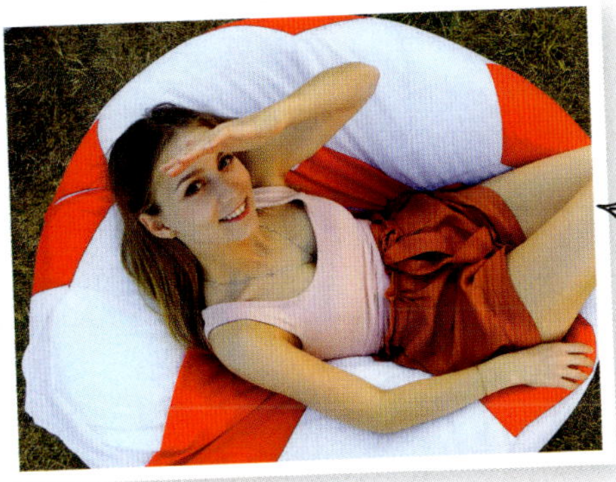

Inhalt

Projekt-Finder

Auf den Seiten 16–25 stellt eine Übersicht alle Projekte vor, um die Auswahl bei der nächsten Malsession einfacher zu gestalten.

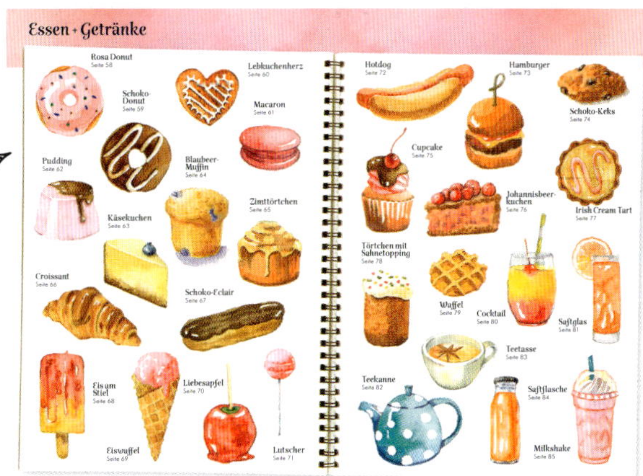

Projekte

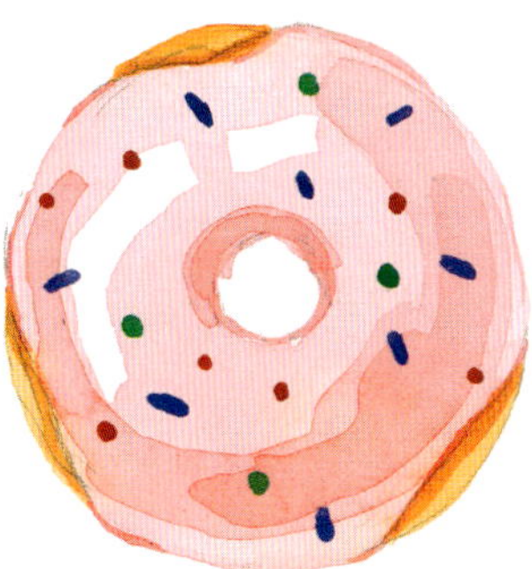

Herzlich willkommen

Mein Name ist Marina Bakasova. Ich wurde in Brjansk (Russland) geboren und zeichnete und malte schon als kleines Kind sehr gerne. Seit meinem Abschluss an der Stroganov Moscow State University of Arts and Industry arbeite ich als freiberufliche Illustratorin und habe eine echte Passion für Kunst und Malerei.

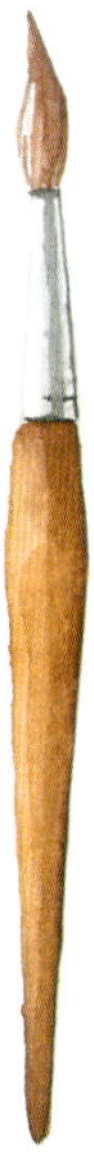

Ich beziehe meine Inspiration aus der Natur, male aber auch gerne leckeres Essen. In diesem Buch möchte ich Interessierten auf einfache Art und Weise das Aquarellmalen beibringen. Alle Projekte basieren auf meinen eigenen Erfahrungen – und Fehlern. Ich habe meine malerischen Fähigkeiten nun über zehn Jahre lang verfeinert und währenddessen immer nach einer Art Rezeptur dafür gesucht, ein gelungenes Kunstwerk zu gestalten. Ich habe mit verschiedenen Materialien und Techniken gearbeitet und herausgefunden, welche am besten für mich geeignet sind. Nun fühle ich mich dazu bereit, mein Wissen mit anderen zu teilen. Ich hoffe, dass dieses Buch allen eine Stütze sein kann, die die Aquarellmalerei erlernen möchten, aber nicht wissen, wo sie anfangen sollen. Ich habe versucht, viele künstlerische Themen miteinzubeziehen, sodass sich die Möglichkeit ergibt, mit verschiedenen Pigmenten, Techniken, Motiven und Effekten zu experimentieren und herauszufinden, was einem am meisten zusagt. Wer erst einmal in die Welt der Aquarellmalerei eingestiegen ist, wird sicher bald ebenso viel Freude am kreativen Gestalten haben wie ich und vielleicht eines Tages damit anfangen, selbst Grußkarten oder anderes mit eigenen Illustrationen zu kreieren – und ich hoffe, dieses Buch wird seinen Teil dazu beitragen.

@marinabksv
Ich würde mich freuen, Fotos von Kunstwerken zugeschickt zu bekommen, die durch dieses Buch inspiriert wurden.

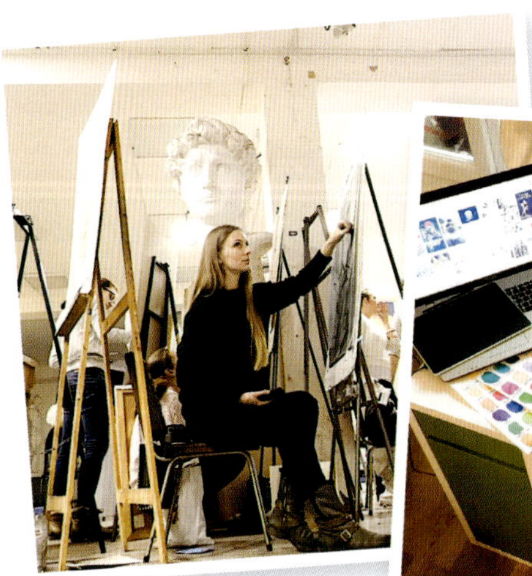

▲ Ich während meines Kunststudiums an der Akademie

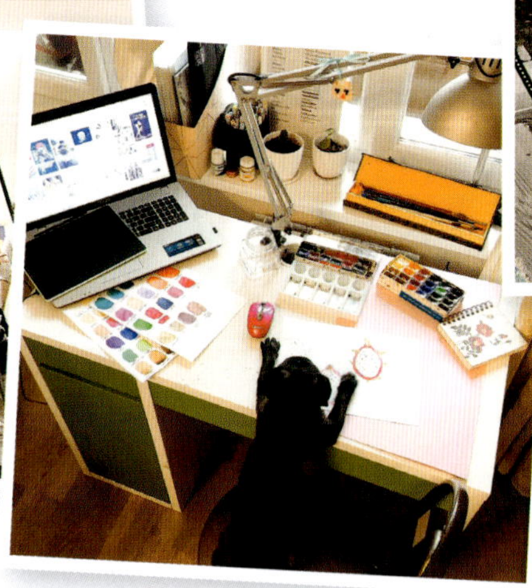

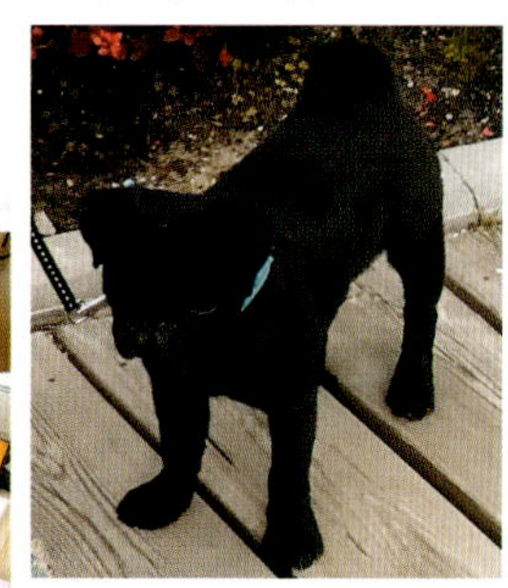

◀ Mein kleiner Mops Lilou J malt auch gerne. Hier hilft sie mir, eine Drachenfrucht zu illustrieren

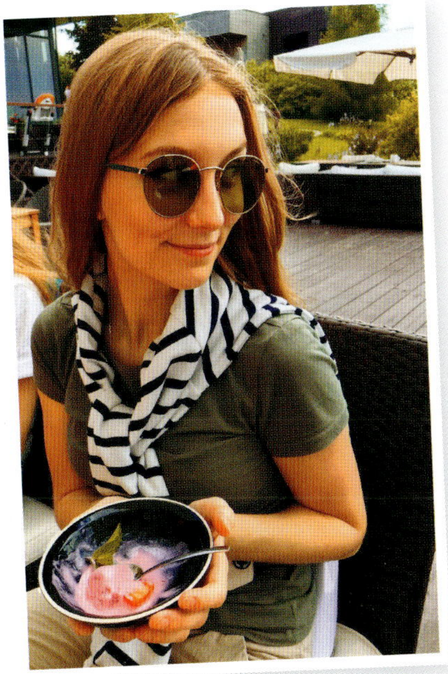

◀ Ich liebe es, Essen zu malen, ganz besonders leckere Desserts!

▼ Blumen sind ein schönes Motiv für die Aquarellmalerei, von einzelnen Blüten bis hin zu großen Sträußen

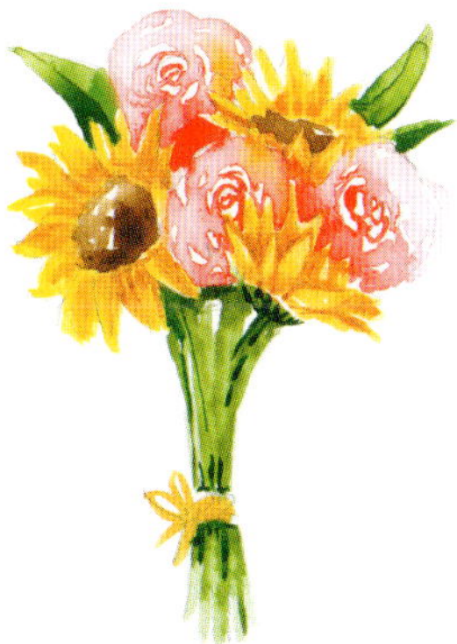

▼ Dieses kleine Segelboot malte ich nach einem schönen Tag auf dem Wasser

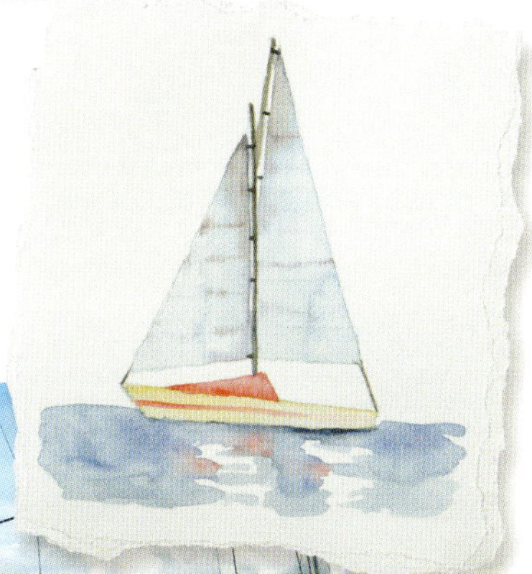

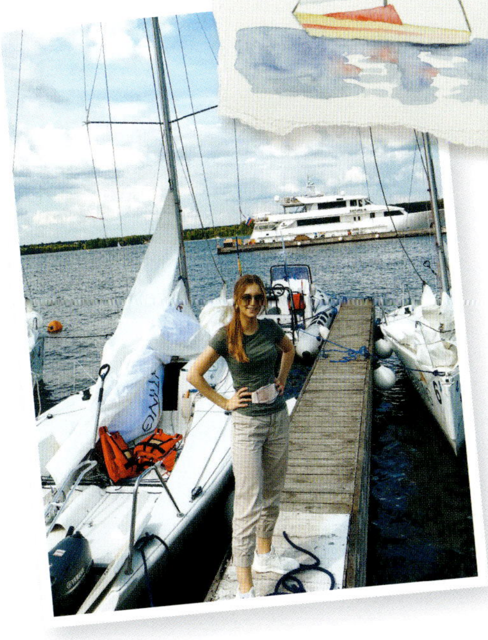

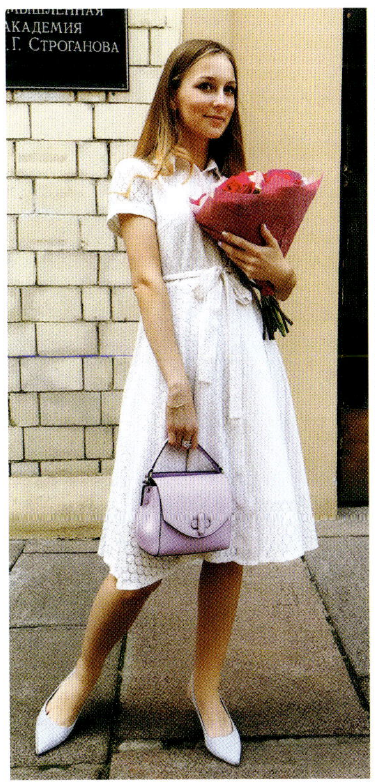

Werkzeuge und Materialien

Abgesehen von Farben, Pinseln und Papier benötigt man nur ein paar zusätzliche Kleinigkeiten, von denen man viele vermutlich bereits im Haus hat, wie etwa leere Gurkengläser als Wasserbehälter.

Aquarellfarben

Aquarellfarben werden aus Pigmenten hergestellt, die mit einem Bindemittel vermengt werden. Es gibt zwei Haupttypen: trocken (in Tiegelchen oder Näpfchen) und flüssig (in Tuben). Tubenfarben eignen sich gut für großformatige Arbeiten, aber viele Künstler finden Tiegelfarben praktischer, da sie bequem in einem Malkasten angeordnet und überallhin mitgenommen werden können. Aquarellfarben gibt es außerdem in zwei Qualitäten: Farben in »Künstlerqualität« (für professionelle Arbeiten) enthalten mehr Pigmente, sind aber teurer. Farben in »Studienqualität« sind weniger brillant und lichtbeständig, dafür aber preiswerter und für Übungszwecke absolut ausreichend.
Die in hochwertigen Aquarellfarben enthaltenen Pigmente verlieren ihre Leuchtkraft nach dem Trocknen nicht sehr stark. Man muss aber wissen, dass jedes Pigment seine spezifischen Eigenschaften hat. Dementsprechend erlauben die Farben unterschiedliche Transparenzgrade, und manche erzeugen sogar einen körnigen Effekt. Informationen zu den jeweiligen Farben finden sich auf der Verpackung oder auf der Website des Herstellers. Am besten stellt man sich seine Farbpalette schrittweise zusammen, indem man sich erst die Grundfarben kauft und dann nach und nach weitere Farben, um die Vielfalt zu erweitern. Man sollte immer im Kopf behalten, dass man die vorhandenen Farben im Malkasten mischen kann, um neue Töne zu kreieren.

Papier

Gewöhnliches Papier wellt sich, wenn man es mit nasser Farbe bepinselt. Aquarellpapier ist so konzipiert, dass es Wasser gut absorbiert, sodass man mehrere Farbschichten auftragen kann. Es ist als Bogen-, Block- oder Rollenware in einer Vielzahl von Formaten erhältlich. Wer lose Blätter verwenden möchte, benötigt eine Malplatte als Unterlage – eine auf Maß geschnittene glatte Spanplatte genügt.

Aquarellpapiere werden im Heiß- oder Kaltpressverfahren und mit unterschiedlichen Oberflächenstrukturen hergestellt: Grobkorn, Feinkorn, rau, extra rau, satiniert, matt … Kaltgepresste Papiere werden am häufigsten verwendet, da sie ausreichend Textur haben, um die Farbe zu halten, aber glatt genug sind, um auf ihnen auch feine Details auszuarbeiten. Aquarellpapiere gibt es außerdem in verschiedenen Stärken oder Grammaturen. Im Allgemeinen wellt sich jedes Papier, das leichter als etwa 300 g/m² ist, wenn es nicht ordentlich auf eine Malplatte aufgezogen wird (es gibt hierfür Online-Lehrvideos). Das für die meisten Aquarellmalblöcke verwendete Papier hat eine Grammatur von 250 g/m².
Es sind auch verschiedene Papierfarben erhältlich, was nützlich sein kann – beigefarbenes Papier kann etwa als hellster Farbton beim Malen heller Hauttöne dienen.

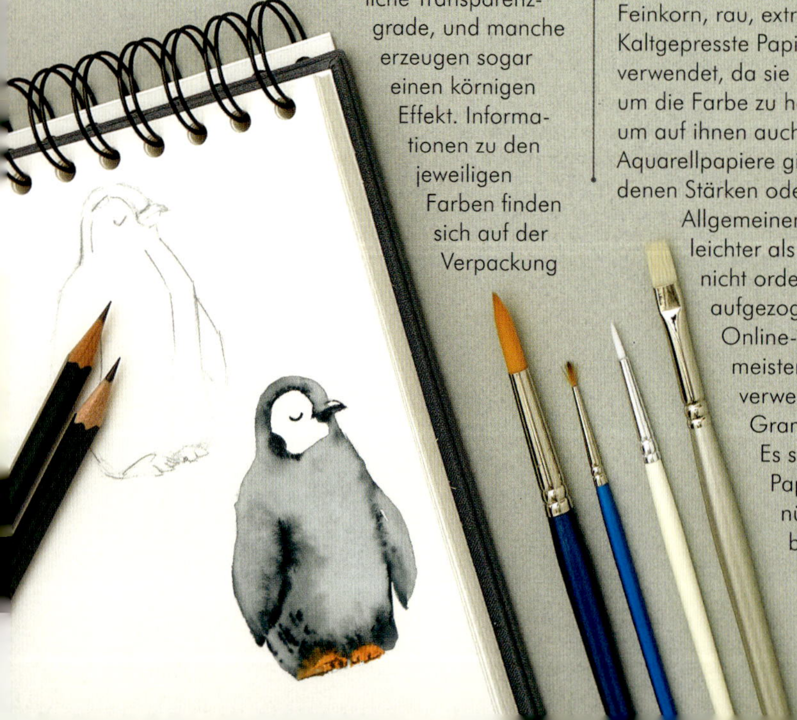

Der Arbeitsplatz

Es empfiehlt sich, den Arbeitsplatz so einzurichten, dass man alles Nötige in Reichweite hat: Farben, Wassergläser, Paletten, Pinsel und so weiter. Aquarellfarben trocknen schnell, daher sollte man alles parat haben, bevor man mit dem Malen beginnt. Wassergläser sollte man neben die Mischpalette und nicht auf das Papier stellen, um zu verhindern, dass Wasser auf das Gemälde tropft.

Die meisten Künstler malen jedoch auf weißem Papier, da es unter den Farbschichten Licht reflektiert und dem Gemälde besondere Leuchtkraft verleiht. Man kann außerdem Bereiche des weißen Papiers frei von Farbe lassen, um Highlights zu setzen.

Stifte

Bleistifte haben unterschiedliche Härtegrade, wie etwa B (weich), HB (mittel) und H (hart). Ich empfehle die Verwendung eines harten Bleistifts, man sollte aber darauf achten, ihn beim Zeichnen mit leichter Hand zu bewegen, um ein Einritzen des Papiers zu vermeiden. Ich benutze einen Druckbleistift mit 2H-Mine (weil ich es hasse, ständig zum Spitzer greifen zu müssen). Manchmal zeichne ich auch mit einem farbigen Aquarellmalstift, dessen Striche sich mit Wasser oder nasser Farbe verwischen lassen. Wer Bleistiftstriche entfernen möchte, verwendet am besten einen weichen Radiergummi, der das Papier nicht zerkratzt.

Pinsel

Pinsel gibt es in verschiedenen Formen (Rundpinsel, Fächerpinsel etc.), mit natürlichen oder synthetischen Haaren oder Borsten und in diversen Größen (je kleiner die Ziffer, umso feiner die Pinselspitze). Die traditionelle Wahl für die Aquarellmalerei sind Pinsel mit Haaren aus Naturfasern. Ich bevorzuge runde Eichhörnchenhaarpinsel mit spitz zulaufender Spitze und verwende meist die Größen 8, 4 und 2. Anfänger verwenden am besten Rundpinsel mit spitz zulaufenden Spitzen:

- Größe 00/01: feine Pinselspitze für Details
- Größe 2/3: mittlere Pinselspitze
- Größen 8–20: breite Pinsel für große Flächen

Ein 6 mm Flachpinsel zum Malen geradliniger ist außerdem nützlich.

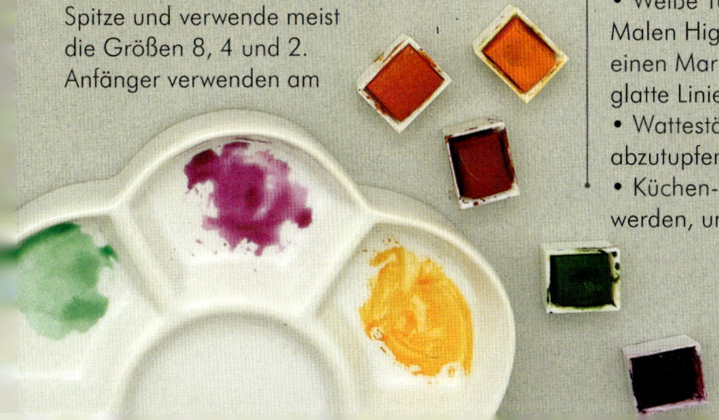

Malpaletten

Benötigt wird eine Mischpalette mit mehreren Mulden, in denen die Farben verdünnt und/ oder gemischt werden. Es gibt zwei Arten: Kunststoff und Keramik. Kunststoffpaletten sind billiger und leichter zu transportieren, absorbieren aber Pigmente und werden somit leicht fleckig. Keramikpaletten sind leicht zu reinigen und halten Farben länger feucht, aber sie sind schwerer zu tragen und zerbrechlicher, wenn man im Freien arbeiten möchte. Viele Aquarellmalkästen verfügen über eine integrierte Palette, die außerdem als Deckel fungiert.

Wassergläser

Es ist eine gute Idee, im Haushalt mit dem Sammeln von Gläsern zu beginnen, außerdem wird man Spülbürsten zum Auswaschen von Farbresten benötigen, damit man beim Malen nicht die Farben mit trübem Wasser verunreinigt. Die meisten Künstler verwenden transparente Glasgefäße (am Zeichentisch) und durchsichtige Plastikbehälter (im Freien).

Extras

- Maskiermedium (Rubbelkrepp) kann verwendet werden, um weiße Bereiche auf dem Papier für Highlights abzudecken, da Weiß in Aquarellfarben schwer zu reproduzieren ist. Farbige Maskierflüssigkeit ist auf dem weißen Papier leichter zu erkennen. Es empfiehlt sich, einen alten, dünnen Pinsel für das Auftragen der Flüssigkeit zu verwenden, da man ihn nicht vollständig reinigen kann.
- Weiße Tusche ist nützlich, um nach dem Malen Highlights hinzuzufügen. Ich verwende einen Marker mit weißer Tusche, der dünne, glatte Linien erzeugt.
- Wattestäbchen sind hilfreich, um Farbe abzutupfen und Farbkanten zu verwischen.
- Küchen- oder Meersalz kann verwendet werden, um schöne Textureffekte zu erzielen.

Techniken

Die Welt der Aquarellmalerei ist reich und unberechenbar, und es gibt keine einheitliche Methode, um ein bestimmtes Objekt zu Papier zu bringen. Die meisten Künstler verwenden eine Kombination verschiedener Techniken.

Vorzeichnung mittels Bleistift

Es empfiehlt sich, vor dem eigentlichen Malen eine grobe Bleistiftskizze des Motivs auf dem Papier zu erstellen. Man hat die Möglichkeit, freihändig zu skizzieren oder eine vorliegende Zeichnung mit Pauspapier oder mithilfe eines Leuchtkastens nachzuzeichnen. Die Vorzeichnung sollte zart und leicht zu radieren sein, da Aquarellfarbe transparent ist.

Lokalisierung der Lichtquelle

Nun gilt es, vorab zu definieren, aus welcher Richtung das Licht auf das zu malende Objekt fallen soll. Alle Highlights sollten dort platziert werden, wo das Licht auf das Objekt trifft. Die gebräuchlichste Methode zur Erzeugung solcher Glanzlichter ist es, bestimmte Bereiche des Papiers frei von Farbe zu lassen. Ein Schatten wird auf die gegenüberliegende Seite fallen.

Auswahl des richtigen Pinsels

Flachpinsel eignen sich dazu, Farbe flächig mit linearen Kanten aufzutragen. Rundpinsel sind vielseitiger; mit ihnen kann man bauchige Pinselstriche durch mehr Druck erzeugen oder mit der Pinselspitze feine Linien ziehen. Mit etwas Übung lernt man schnell, wie viel Druck ausgeübt werden muss, um dickere, dünnere, hellere oder dunklere Farbaufträge zu erzielen. Ich empfehle einen Pinsel der Größe 8, um größere Flächen mit Farbe zu bedecken und große Farbtupfer hinzuzufügen; einen Pinsel der Größe 2 oder 3 für kleinere Flächen; und einen Pinsel der Größe 00 oder 01 für feine Details.

Vorbereiten der Lasuren

Nun geht es daran, einzelne Farbverdünnungen (Lasuren) vorzubereiten, die für das Projekt erforderlich sind. Hierfür gibt man mit dem Pinsel jeweils etwas Wasser in die leeren Mulden einer Malpalette und rührt dann jeweils ein Pigment hinein, bis sich die Farbe vollständig aufgelöst hat. Das Verhältnis von Pigment zu Wasser bestimmt die Farbdichte der angemischten Lasur. Zu beachten ist dabei, dass Farben in der Palette immer dunkler aussehen als auf dem Papier und dass sie beim Trocknen außerdem heller werden. Daher ist es sinnvoll, verschiedene Verdünnungen auf Skizzenpapier auszuprobieren, bis die gewünschte Farbdichte erreicht ist.

Lasieren und Lavieren

Eine Pigmentlösung so auf trockenem Malgrund aufzutragen, dass sich eine Fläche mit gleichmäßiger Farbintensität bildet, wird als »flaches Lasieren« bezeichnet. »Abgestuftes Lasieren« bedeutet, eine Pigmentlösung in Schichten (jeweils getrocknet) übereinander aufzutragen, sodass Farbbereiche in sich abdunkelnden Helligkeitsgraden entstehen. Bei der »bunten Lasierung« werden zwei oder mehr Farbtöne übereinandergelegt. Beim Lavieren verlaufen Pigmentlösungen auf nassem Malgrund ineinander.

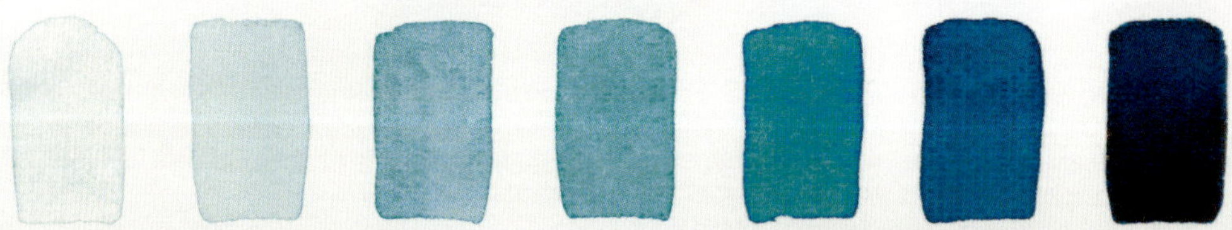

Abgestufte Lasierung: Die gleiche Pigmentlösung wird in verschiedenen Lagen übereinandergelegt. Je mehr Abstufungen des Farbtons man erzielen möchte, umso stärker sollte das Pigment verdünnt werden, um die Transparenz der Farbschichten zu gewährleisten.

Die ersten (unteren) Farbschichten auftragen

Um eine gleichmäßige flache Lasierung aufzutragen, taucht man den Pinsel in die vorbereitete Farbe und verteilt sie auf der skizzierten Form. Man sollte nicht versuchen, die gesamte Fläche in einem Zug zu füllen, sondern mit einem mittelgroßen Tropfen Farbe beginnen und dann, solange die Farbe noch feucht ist, mehr auftragen, bis die Form bedeckt ist. Um weiche Verläufe zu erzeugen, bepinselt man die Form zunächst mit sauberem Wasser und trägt dann lavierend die Farblösung auf (in der Mitte beginnend und nach außen hin arbeitend). Wenn Bereiche bereits getrocknet sind, bevor die gesamte Form bedeckt ist, empfiehlt es sich, zu warten, bis alles getrocknet ist, und die Form dann vorsichtig mit sauberem Wasser zu bepinseln. Nun kann nach Bedarf weitere Farbe aufgetragen werden. Um abgestufte oder bunte Lavierungen zu erzeugen, trägt man einfach eine (oder verschiedene) Pigmentverdünnungen »nass-in-nass« auf und lässt sie sanft ineinander verlaufen. Eine andere Methode besteht darin, die gesamte Form mit einer helleren Lösung oder einem helleren Farbton zu grundieren und dann eine kräftigere Farbe auf die noch feuchten Bereiche aufzutragen, die dunkler sein sollen. Man kann auch Bereiche aufhellen, indem man nasse Farbbereiche mit Wasser »auswäscht«.

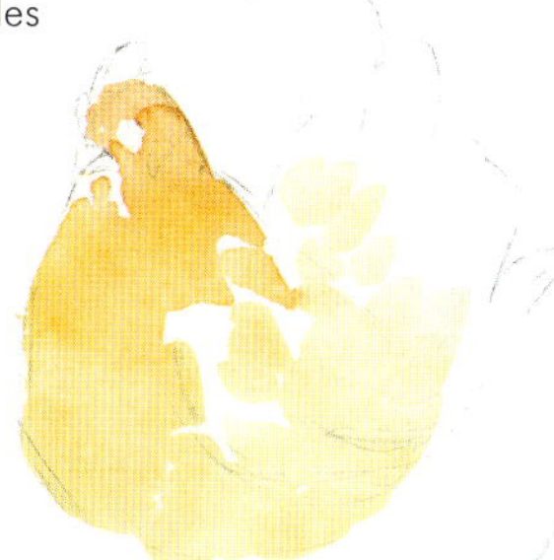

◀ Das Huhn bekommt zunächst eine abgestufte Lavierung mit Siena, wobei die farbdichteste Pigmentlösung am Kopf zu einer stark verdünnten in der Nähe des Schwanzes übergeht.

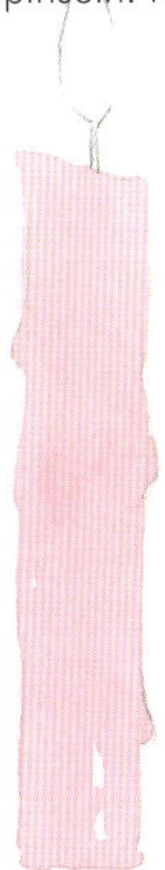

◀ Der erste Schritt beim Kolorieren dieser Kerze ist das Aufbringen einer flachen, gleichmäßigen rosa Farblasierung.

▶ Der Pfirsich bekommt anfangs eine bunte Lavierung aus Orange, Gelb und Grün, wobei alle drei Farben sanft ineinander verlaufen.

▼ Das Schaf wurde mit einer einzigen Pigmentlösung bemalt, aber nicht gleichmäßig, sondern mittels Vermalung mit Wasser, um den Rücken »auszuwaschen« und somit aufzuhellen. Bei Kopf, Hals, Brust und Bauch wurden dunkle Schattenpartien gesetzt.

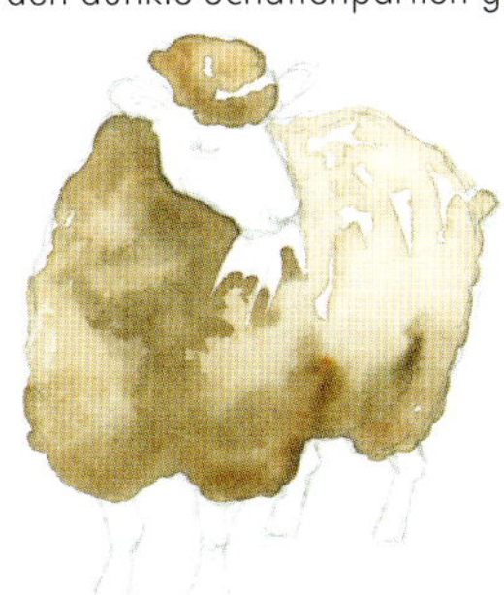

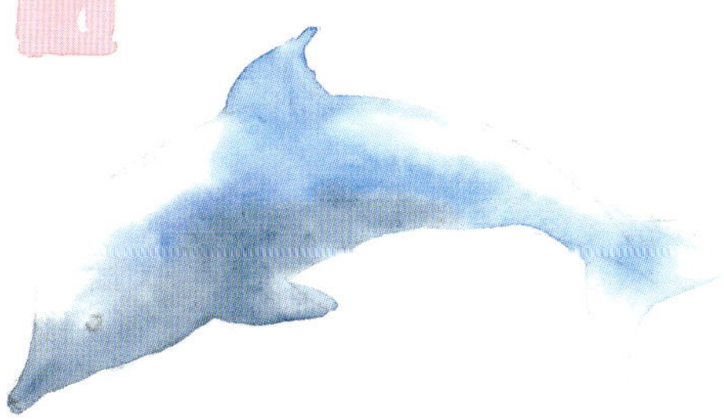

▲ Die erste Schicht des Delfins ist eine bunte Lavierung aus Indigo und Blau, die in Bereiche weißen Papiers übergeht. Das Papier wird vor dem Auftragen der Farbe mit sauberem Wasser angefeuchtet, um einen sehr weichen, diffusen Rand zu erzeugen, an dem die Farben zu Weiß verblassen.

Den Malgrund vorbereiten

Ein feuchter Malgrund erlaubt es der Aquarellfarbe, sich auszubreiten; ein trockener hält sie fest. Wenn man auf nassem oder feuchtem Untergrund arbeitet, kann die Farbe aufgrund der Nässe nach außen hin verlaufen und trocknet mit einer weichen, verschwommenen Kante auf. Wenn man auf trockenem Untergrund arbeitet, entweder auf trockenem Papier oder auf einer getrockneten Farbschicht, bleibt die Farbe in dem Bereich, in dem sie aufgetragen wurde, sodass sie mit einer harten Kante auftrocknet. Zu beachten ist, dass verschiedene Pigmente unterschiedliche Qualitäten haben und sich daher anders verhalten – so etwa sind einige opaker, andere durchscheinender. Wenn man feine Details malt, kann man nass, halbnass oder trocken arbeiten.

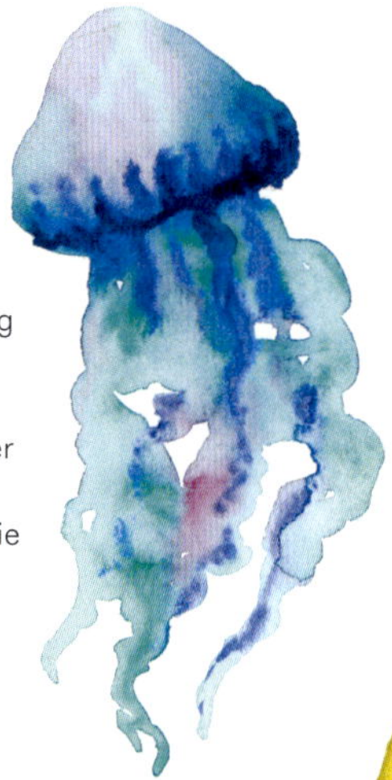

▶ Die Qualle wurde vollständig »nass-in-nass« gearbeitet, beginnend mit einer flachen blauen Lavierung, auf die andere Farben aufgetragen wurden, um die Anatomie nachzuahmen.

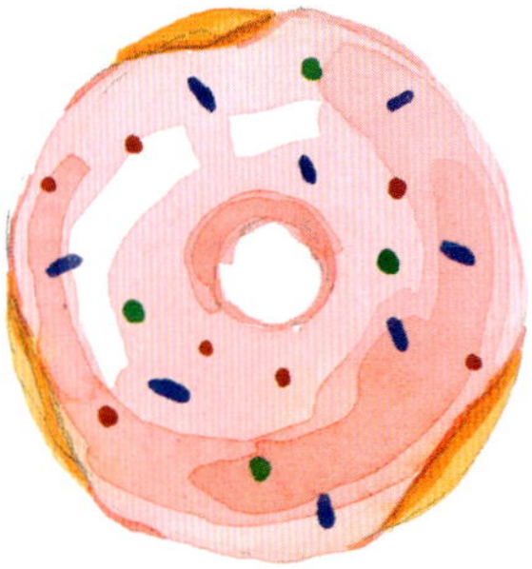

▶ Der rosa Donut wurde vollständig auf trockenem Malgrund gearbeitet, wobei abgestufte Lasierungen verwendet wurden, um optisch das Volumen aufzubauen.

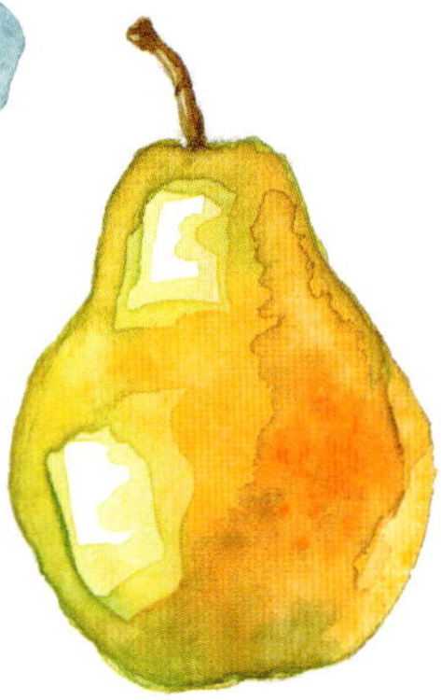

◀ Wie beim Donut wurden auch bei der Birne Lasierungen verwendet, um Volumen aufzubauen, jedoch mit Schichten mehrfarbiger Lasuren. Sowohl beim Donut als auch bei der Birne bleiben die Ränder jeder getrockneten Schicht sichtbar, was zur Illusion eines dreidimensionalen Objekts beiträgt.

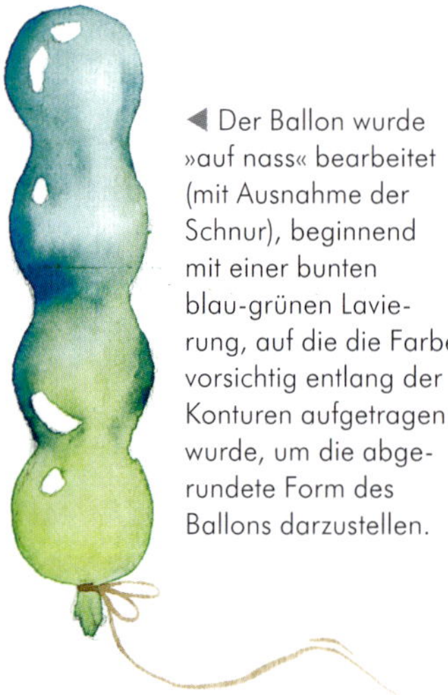

◀ Der Ballon wurde »auf nass« bearbeitet (mit Ausnahme der Schnur), beginnend mit einer bunten blau-grünen Lavierung, auf die die Farbe vorsichtig entlang der Konturen aufgetragen wurde, um die abgerundete Form des Ballons darzustellen.

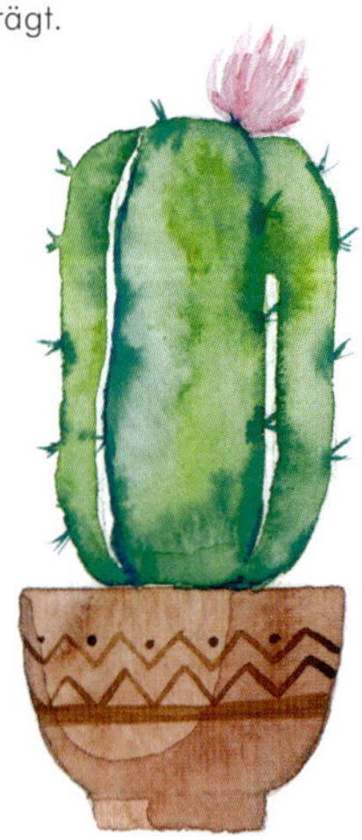

▶ Wie beim Ballon wurden die Konturen der Kaktuspflanze auf nassem Malgrund gemalt, um eine sanft diffuse Schattierung zu erzeugen. Dann wurde kräftigere Pigmentlösung (fast trocken) aufgetragen, um feinere, klarere Kanten zu malen. Kräftige Farblösungen wurden auch verwendet, um das gestochen scharfe geometrische Muster auf den Blumentopf zu malen.

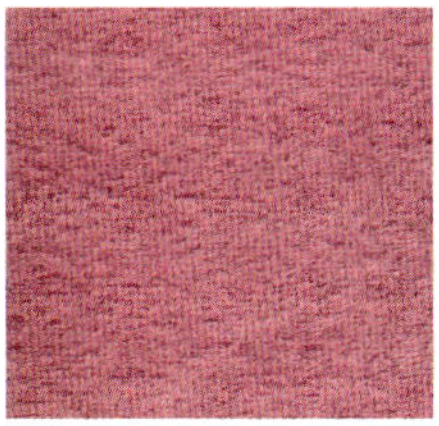

Hellrosa und Blau in der Palette gemischt

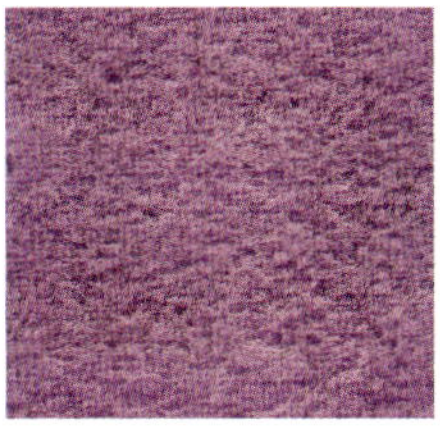

Hellrosa und Blau in Schichten aufgetragen

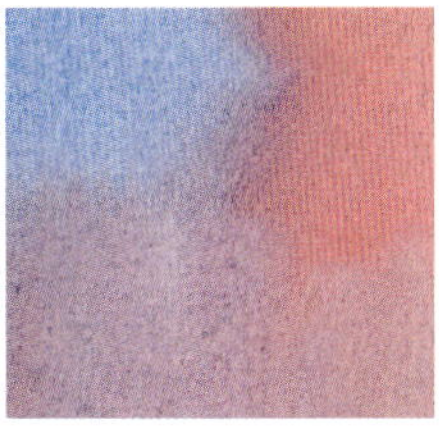

Hellrosa und Blau durch Verwaschen »auf nass«

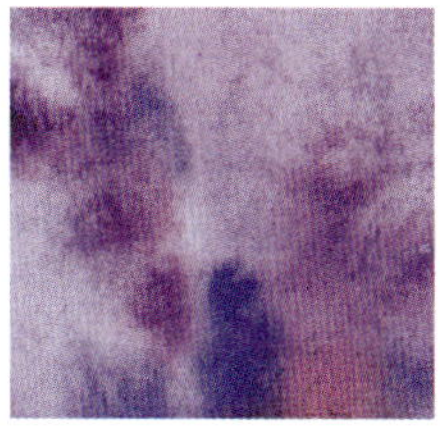

Hellrosa und Blau auf eine feuchte Lasur getropft

Farben mischen in der Palette

Wann immer in diesem Buch Farben vor dem Auftragen aufs Papier gemischt werden müssen, wird dies in den Anweisungen als »Mischung« bezeichnet. Ich habe in jeder Mischung nur zwei Pigmente verwendet, weil zu viele Farben zusammengemischt zu einem schlammigen Ergebnis führen. Um eine Farbmischung herzustellen, bereitet man separate Verdünnungen zweier Pigmente in der Palette vor. Dann mischt man beide in einer weiteren Mulde und probiert die Lasur auf Skizzenpapier aus.

Nass versus halbnass

Arbeiten im Nass-Verfahren bedeutet das Auftragen von Farbe auf einen feuchten Malgrund, was entweder ein mit Wasser benetztes weißes Papier oder eine vorherige, nicht getrocknete Farbschicht sein kann. Das Arbeiten im Nass-Verfahren erzeugt weiche Kanten und lässt benachbarte Farben weich ineinander übergehen. Je nasser das Papier, umso stärker fließen die Farben auf unvorhersehbare Weise ineinander. Wenn man abwartet, bis das Papier seinen nassen Glanz verloren hat und nur noch leicht feucht (halbnass) ist, kann man subtilere Effekte erzielen. »Nass-in-nass« zu arbeiten bedeutet, dass man schnell sein muss. Aber selbst wenn die darunterliegende Farbschicht bereits getrocknet ist, kann man sie mit sauberem Wasser nachbenetzen und dann mit der Arbeit fortfahren. Falls eine Farbe zu stark verläuft oder in einen Bereich, in dem man dies nicht wünscht, kann man die Farbe mit Wattestäbchen, Tuch oder Schwamm aufnehmen.

Mit Farbklecksen experimentieren

Das Auftropfen von Farbklecksen auf eine nasse Farblasur ist eine Möglichkeit, Oberflächenstrukturen zu erzeugen. Die Tropfen verlaufen und fransen an ihren Rändern aus, und die Farben vermischen sich. Zur besseren Kontrolle kann der Pinsel die Oberfläche berühren, oder man lässt die Tropfen senkrecht von oben herabfallen. Größere Tropfen werden durch den Einsatz von mehr Farbe erzeugt, kleinere durch weniger. Experimentieren kann man zunächst auf Skizzenpapier.

Arbeiten auf trockenem Malgrund

Trocken zu arbeiten bedeutet, Farblösung auf eine trockene Oberfläche aufzutragen, wobei es sich entweder um normales Papier oder eine vorherige, vollständig getrocknete Farbschicht handeln kann. Das Arbeiten auf trockenem Malgrund führt zu klaren, sauberen Rändern und ermöglicht es einem, durch Lasieren eine Tiefe von Farbe und Ton aufzubauen. Das Arbeiten auf trockenem Papier ermöglicht eine bessere Kontrolle, da sich die untere Schicht nicht bewegt und die Farben nicht verlaufen.

Farbkanten fast trocken bemalt

Farbkanten halbnass bemalt

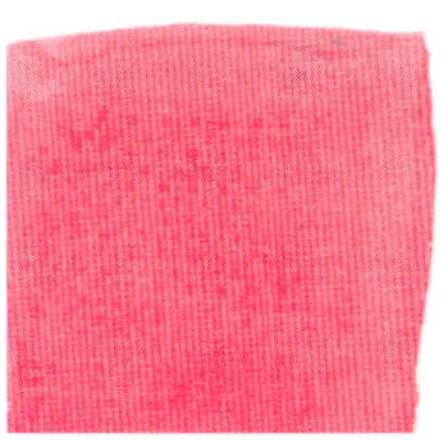

Getrocknete Farbe mit Wasser benetzt

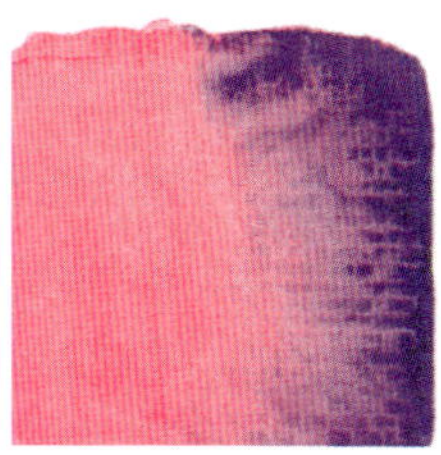

Farbkanten »nass-in-nass« bemalt

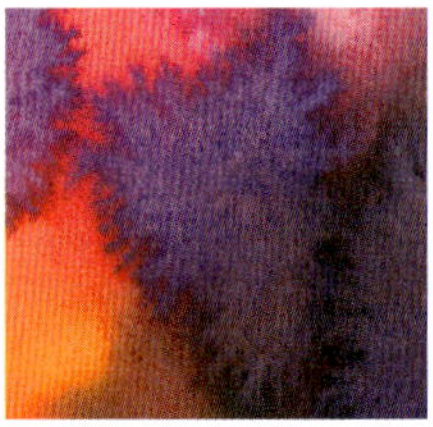

Verlauf durch aufgetropfte Farbkleckse

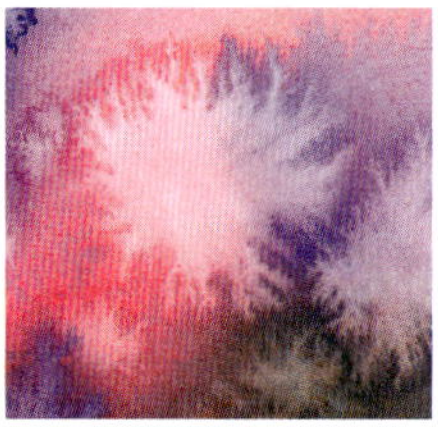

Verlauf durch Benetzen mit Wasser

Einfache, aber wichtige Grundregeln

1) Um schlammig aussehende Farbwirkungen zu vermeiden, sollte man nicht mehr als drei Farben in der Palette mischen.
2) Aus demselben Grund sollte man nicht mehr als vier Farbschichten übereinanderlegen.
3) Bevor man mit dem Malen beginnt, sollte man entscheiden, wo sich die Lichtquelle befindet, um Highlights und Schatten richtig setzen zu können.
4) Es gibt viele Techniken zum Malen mit Aquarellfarben, daher einfach diejenigen auswählen, die einem am besten gefallen.
5) Regelmäßig das Wasser wechseln. Grau verfärbtes Wasser erzeugt schlammige Bilder.

Verdrängungseffekte

Wenn man mit einem mit Wasser oder einer wässrigen Farblösung beladenen Pinsel eine feuchte Farbschicht berührt, verdrängt die neue Farbe die andere, wodurch faszinierende Formen mit gezackten Rändern entstehen.
Es empfiehlt sich, mit dieser Technik zunächst auf Skizzenpapier zu experimentieren. Die Form wird in der Mitte (wo der Pinsel platziert wurde) heller und von einem Rand aus konzentriertem Pigment umgeben sein. Ähnliche Effekte kann man erzielen, indem man sauberes Wasser auf eine feuchte Farbschicht tropfen lässt. Zu beachten ist dabei, dass sich die Farben miteinander vermischen, falls die erste Farbschicht zu nass ist. Für einen Verlauf muss die untere Farbe schon ein wenig angetrocknet sein. Der Wassergehalt der eingetropften Farbe muss außerdem höher sein als der der vorherigen.

Granulierung

Beim Malen mit relativ trockener Pigmentlösung legen sich Pigmentpartikel auf den Erhebungen des Aquarellpaiers ab und erzeugen so eine gekörnte Farbwirkung. Granulierung kann auch auftreten, wenn eine flüssige Lasur über trockenen Malgrund gelegt wird und Pigmentpartikel sich in bestimmten Bereichen partiell verstärkt ablagern.

Weiße Highlights setzen

Maskierflüssigkeit (Rubbelkrepp) ist ein Hilfsmittel, um gezielt Glanzlichter zu setzen. Die Flüssigkeit bildet partiell wasserdichte Versiegelungen auf dem Papier, sodass diese Stellen keine Farbe annehmen. Zum Auftragen verwendet man am besten einen alten Pinsel, den man in Seifenwasser taucht und dann erst ins Rubbelkrepp, um zu verhindern, dass die Borsten verkleben. Sobald die Maske getrocknet ist, kann man sie durch sanftes Reiben mit dem Finger oder einem Radiergummi entfernen. Zusätzliche Highlights lassen sich mit einem weißen Tuschestift auf dem fertigen Bild setzen.

Effekte mit Salz

Wenn man Koch- oder Meersalz auf nasse Farbe streut, entstehen interessante Texturen. Die Salzkörner saugen die Nässe aus der unmittelbaren Umgebung auf und beschleunigen so partiell den Trocknungsprozess. Größere Körner erzeugen ausgeprägte Sternformen; kleinere feinere. Man kann auch mit Salzwasser experimentieren, um die Pigmente zu verdünnen.

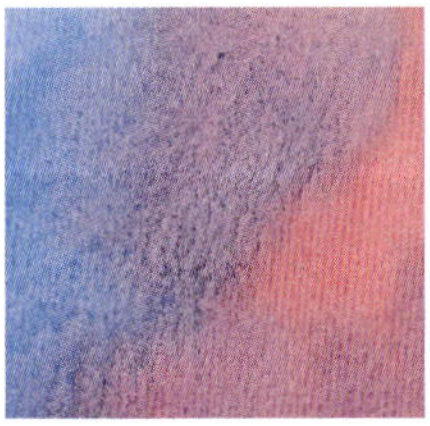

Granulierung, bei der sich die Farben überlappen

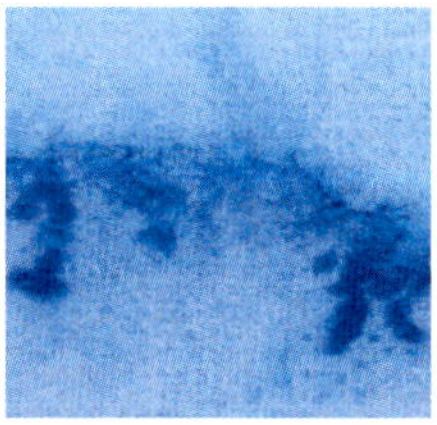

Zugabe von Wassertropfen zur Granulierung

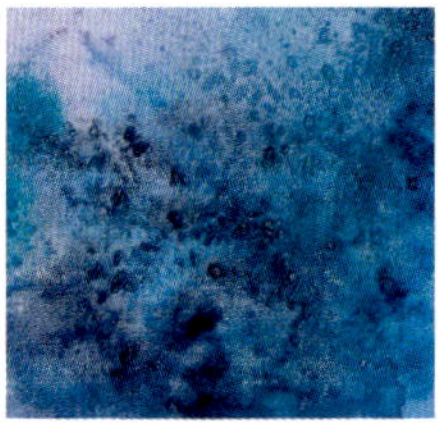

Meersalz auf eine nasse Farbschicht gestreut

Mit Salzwasser verdünnte Pigmentlösung

Schritt-für-Schritt-Anleitungen

Aquarellfarben sind unberechenbar, und man wird nie ein zweites Mal das gleiche Ergebnis erzielen. Aus diesem Grund habe ich jedes Projekt dreifach gemalt, angefangen von einer Freihandskizze über Schritt 2, Schritt 3 und schließlich Schritt 4. So wird ersichtlich, dass sich die Farbe jedes Mal anders verhält. Und genau das ist Teil des Vergnügens und das Spannende beim Arbeiten mit Aquarellfarben – viel Spaß!

Schwierigkeitsgrad mittel

Ein Schwierigkeitsgrad (einfach, mittel oder hoch) wird oben auf jeder Projektseite angegeben, damit man weiß, was womöglich etwas mehr Übung erfordert.

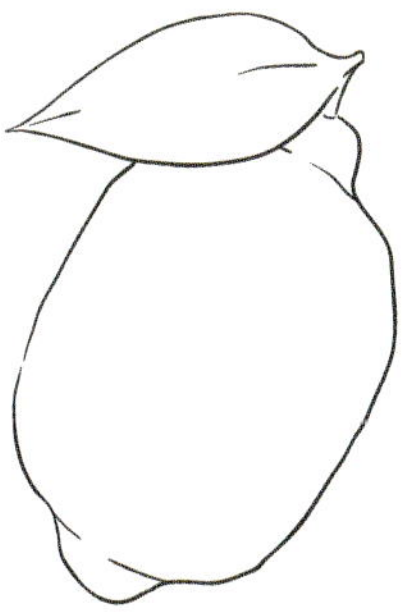

Linienzeichnung

Zuerst gilt es, den Umriss des Motivs nachzuskizzieren. Man sollte feine, zarte Linien ziehen, viel heller, als hier im Druck dargestellt.

»Auf nass«

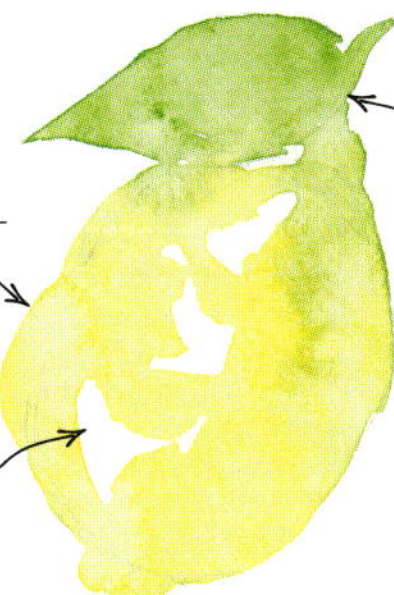

Kadmiumgelb

Saftgrün

Highlights freilassen

Wenn sich neben einem Abbildungsschritt die Anweisung »auf nass« findet, sollte jede Farbe in diesem Schritt aufgetragen werden, solange benachbarte oder darunterliegende Farben noch nass sind – sofern nicht anders angegeben. Entsprechendes gilt für »auf trocken« und »auf halbnass«.

Den vorherigen Schritt und »auf trocken« beginnen

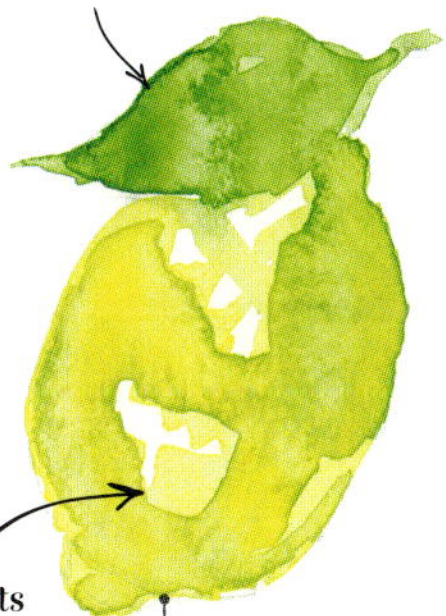

Größere Highlights setzen

Einige Schritte sind durch Unterpunkte a), b), c) untergliedert. Dies zeigt meine empfohlene Reihenfolge für das Auftragen der Farben an, normalerweise, weil einige »auf nass« und andere »auf trocken« aufgetragen werden. Wenn die Reihenfolge keine Rolle spielt, gibt es keine solchen Angaben.

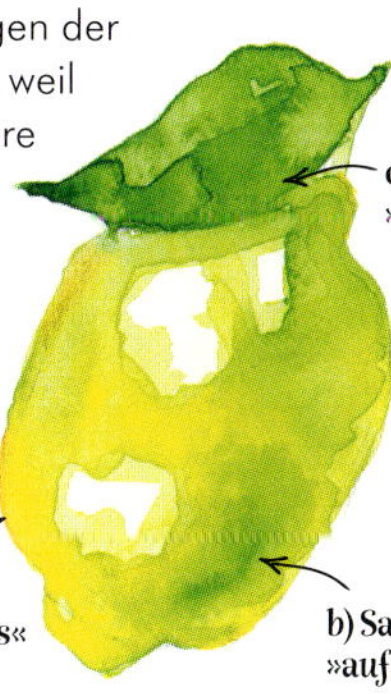

c) Saftgrün »auf trocken«

a) Kadmiumgelb »auf nass«

b) Saftgrün »auf halbnass«

Es ist ratsam, sich erst die gesamte Projektanleitung durchzulesen, bevor man mit dem Malen beginnt. Dann weiß man, an welchen Stellen man schnell arbeiten muss, also wenn man »auf halbnass« oder »auf nass« malt.

Kadmiumgelb **Saftgrün**

Farbfelder aller Pigmente im Projekt werden am Ende der jeweiligen Seite in der Reihenfolge angezeigt, in der ich sie verwendet habe. Man sollte die Pigmentverdünnungen so vorbereiten, dass sie optisch denen der Anleitungsbilder entsprechen. Einige sind intensiver, andere stärker verdünnt. Falls ein Pigment im Malkasten fehlen sollte, kann man einen ähnlichen Ton verwenden. Für viele Projekte können nach Lust und Laune auch ganz andere Farben verwendet werden.

Obst + Gemüse

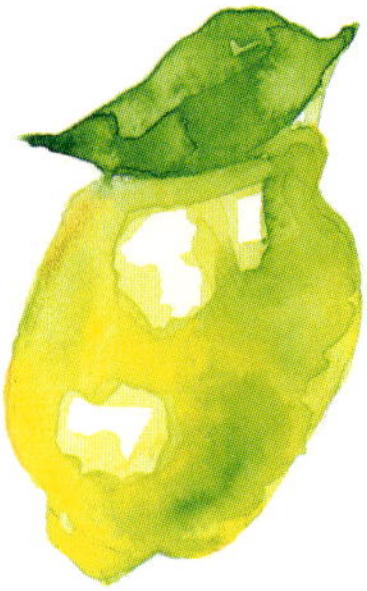

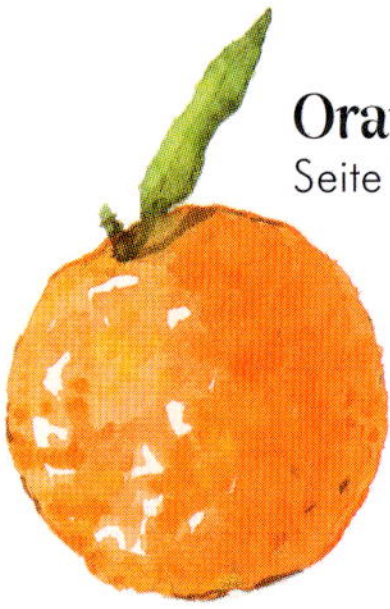

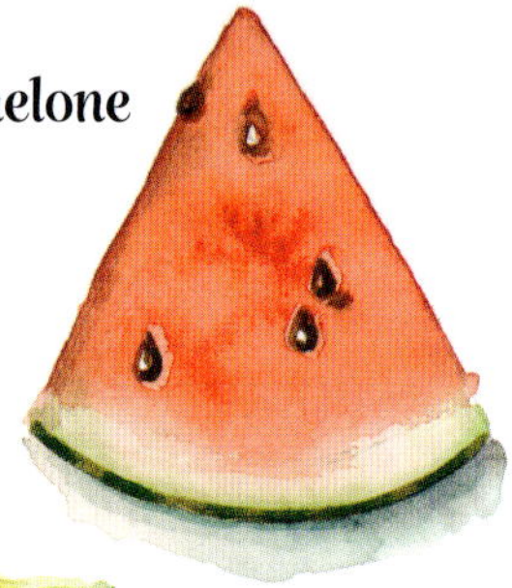

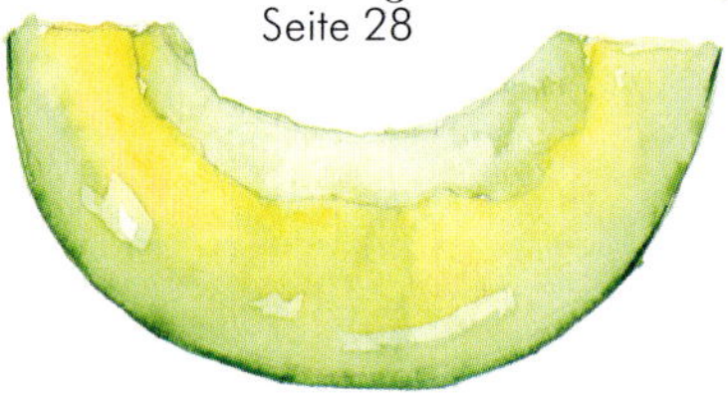

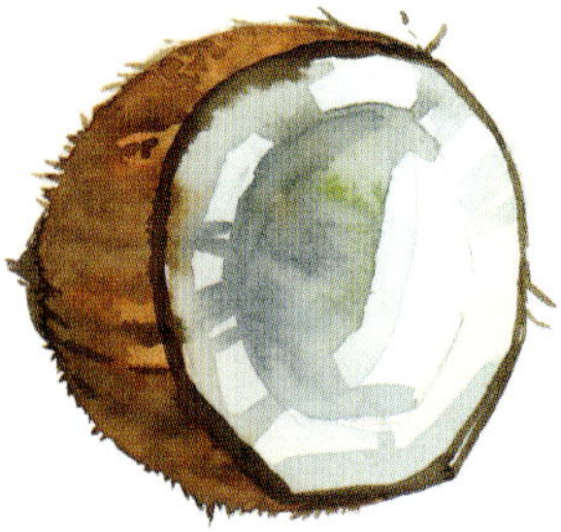

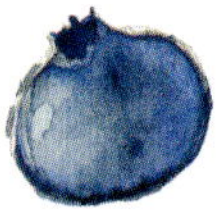

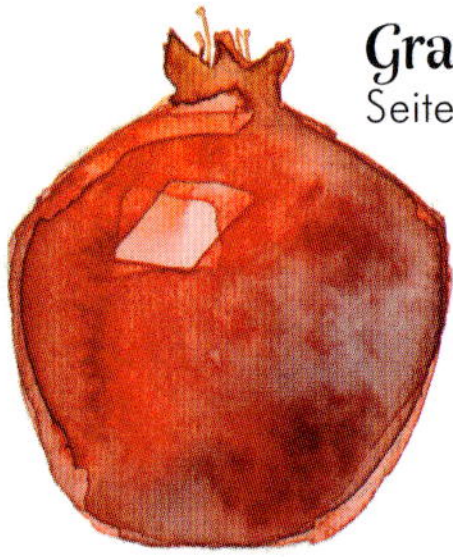

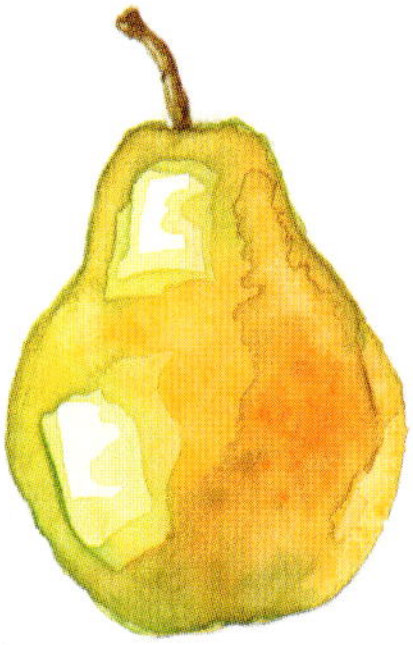

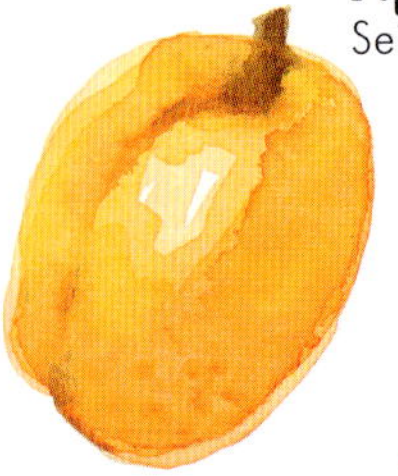

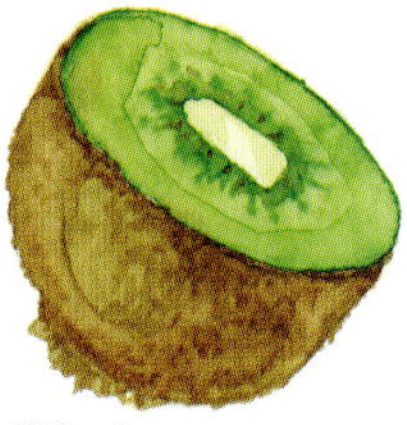

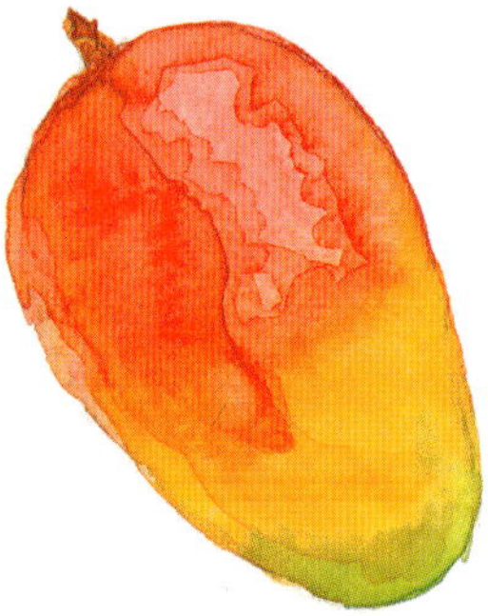

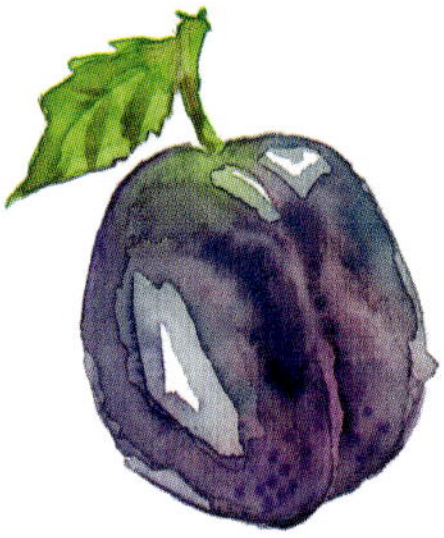

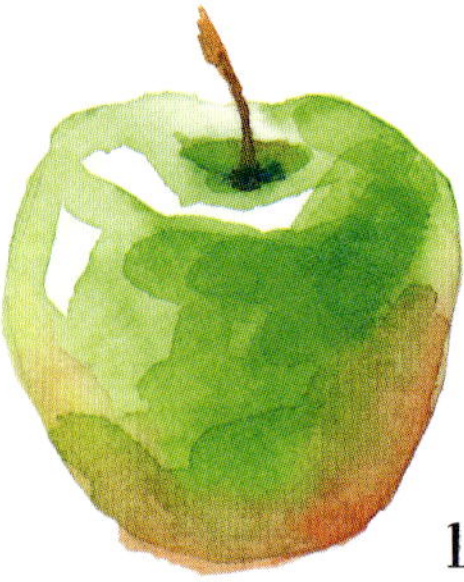

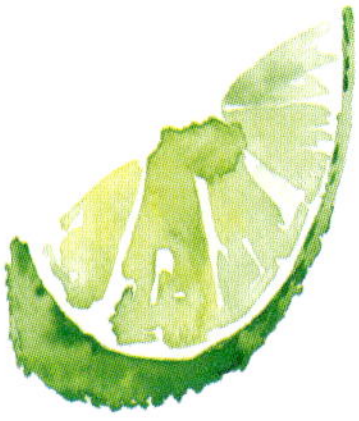

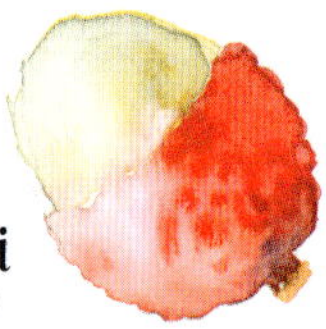

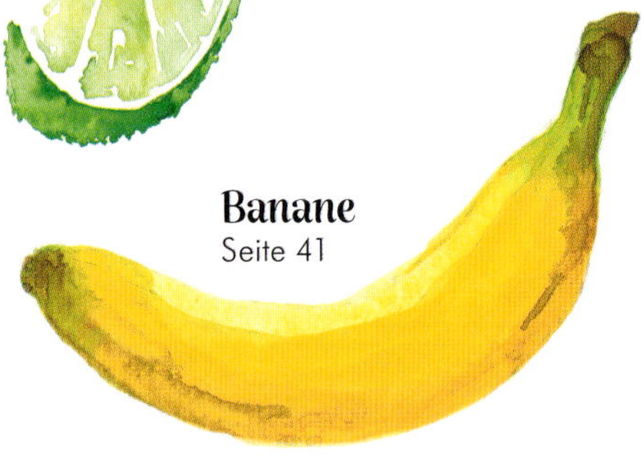

Essen + Getränke

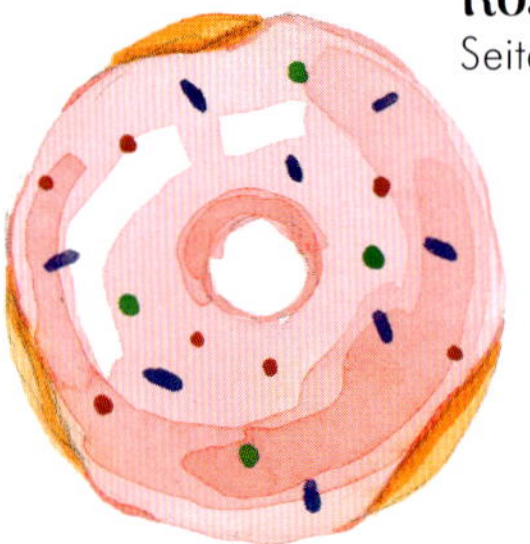

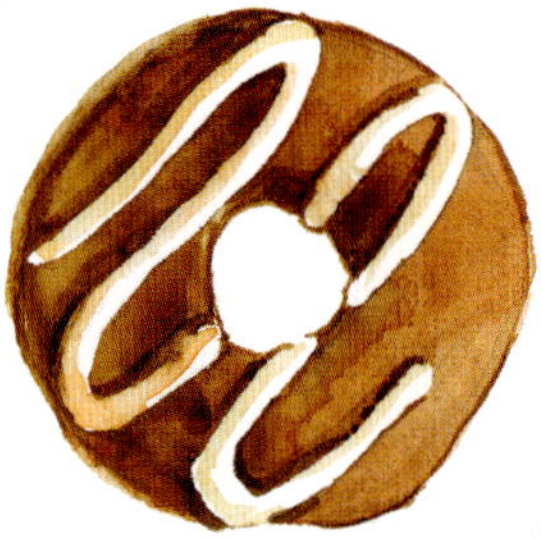

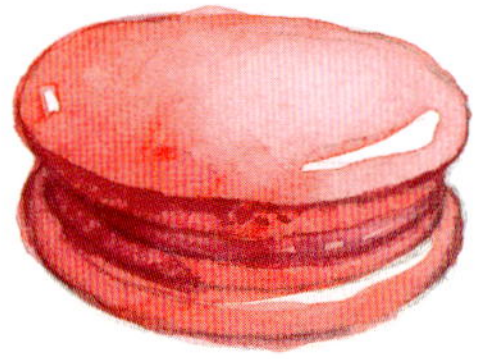

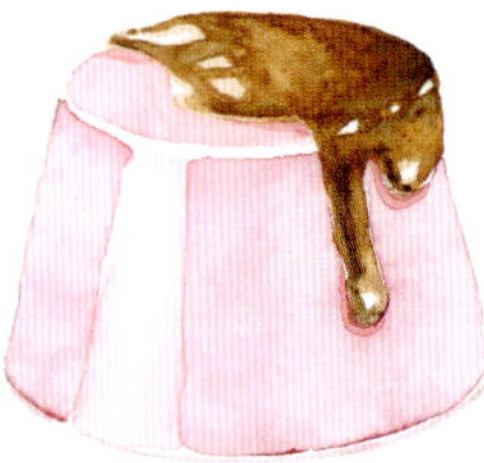

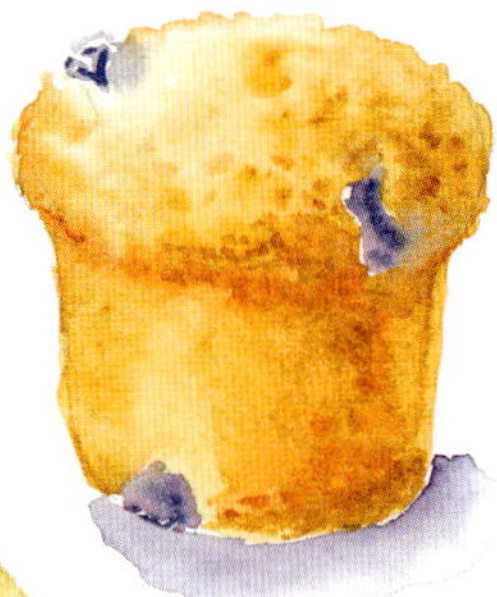

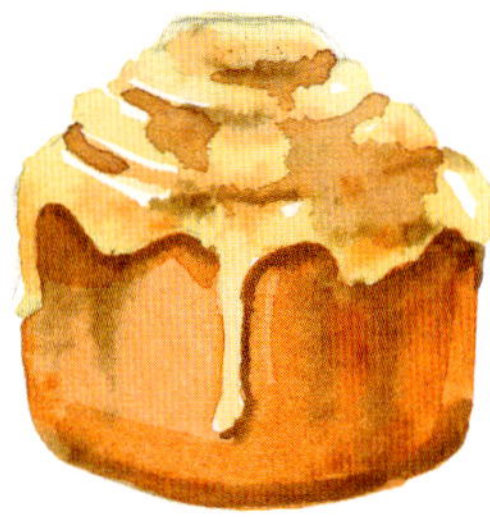

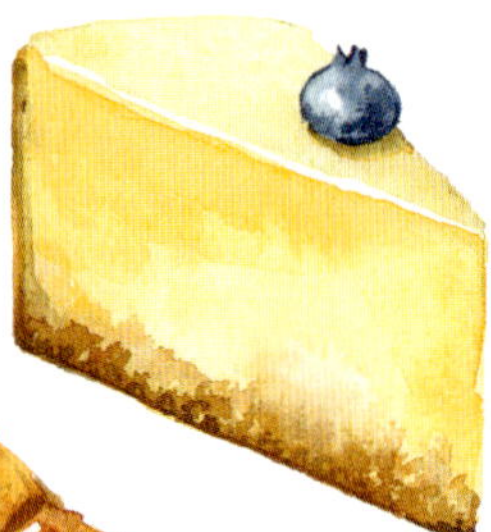

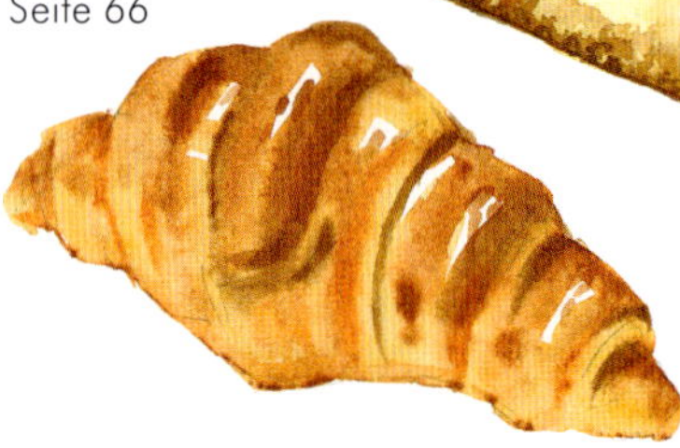

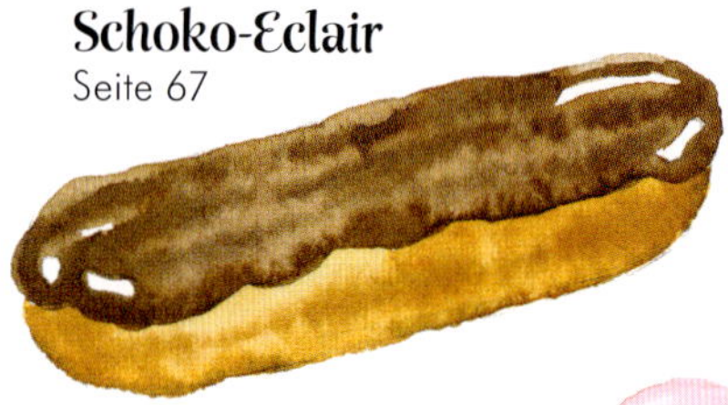

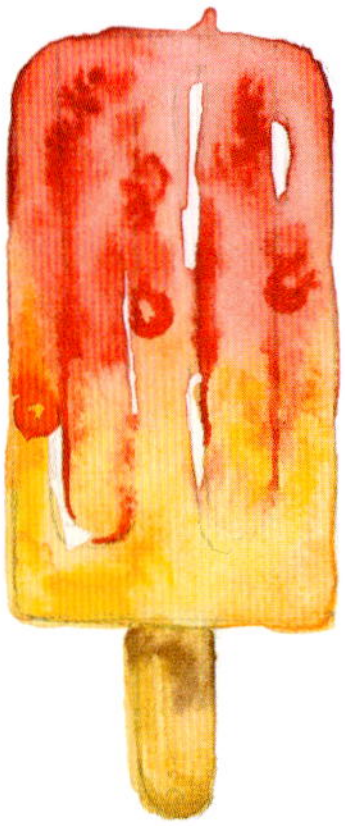

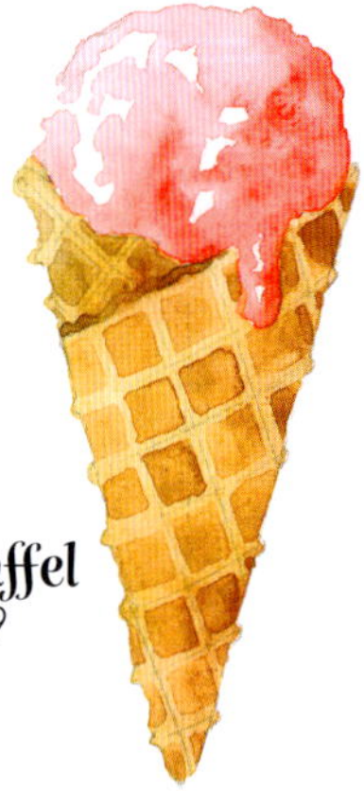

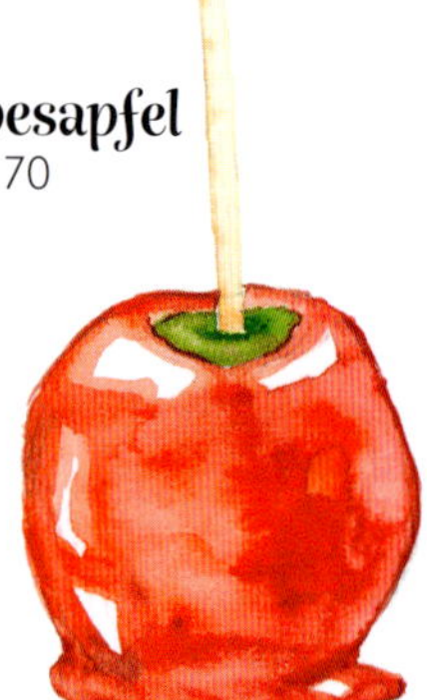

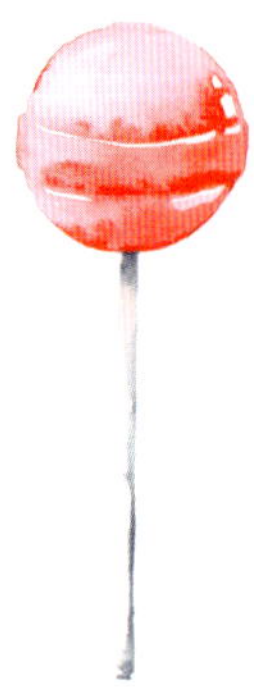

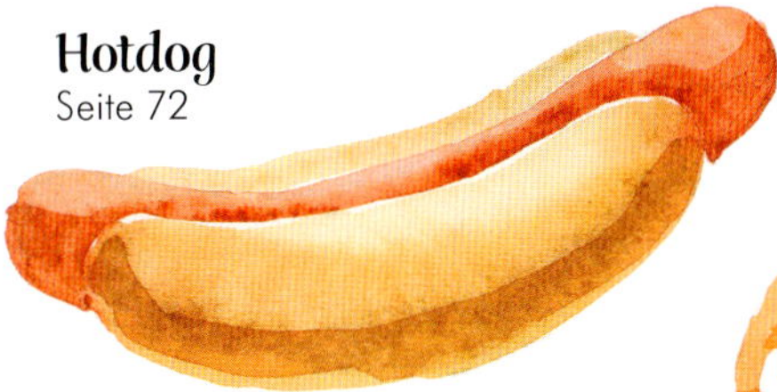

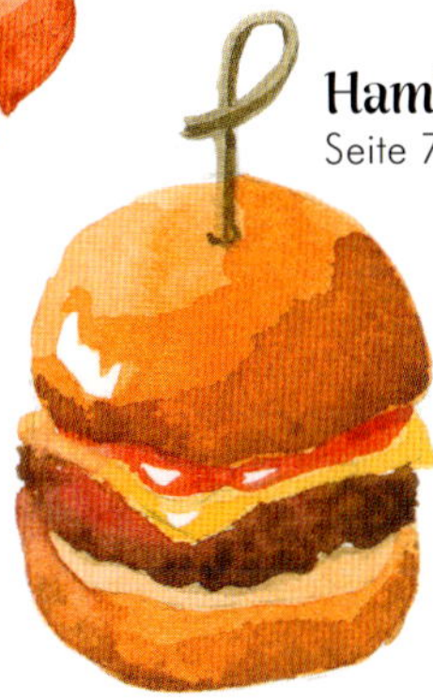

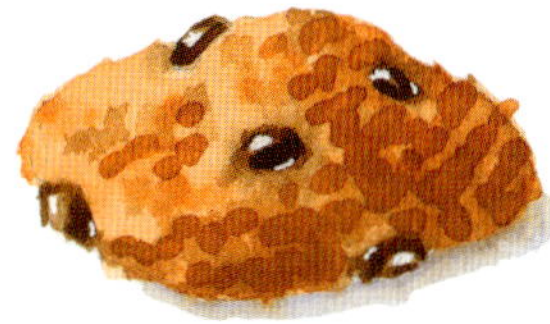

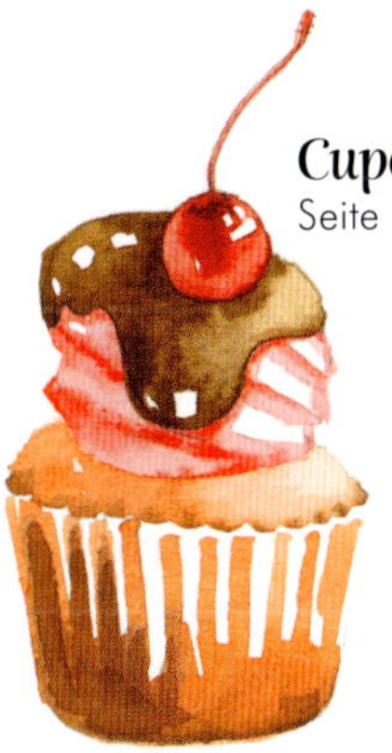

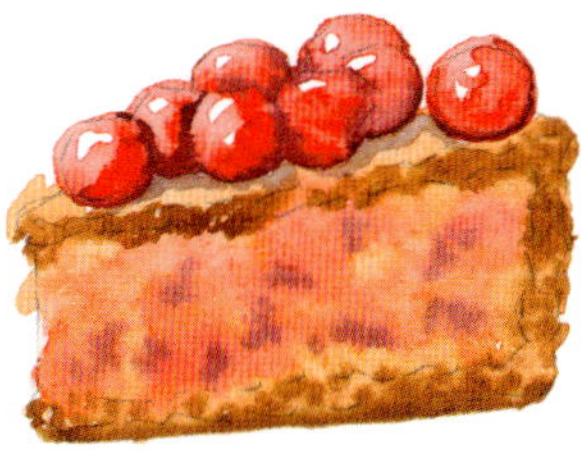

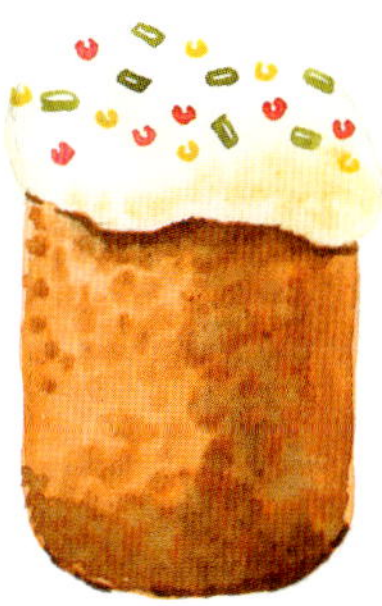

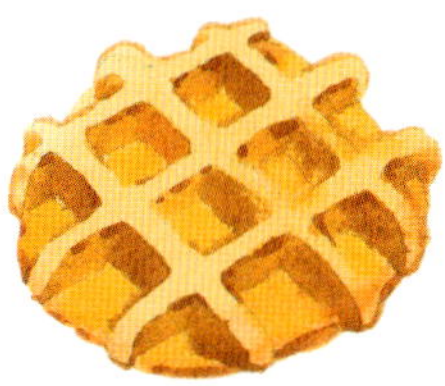

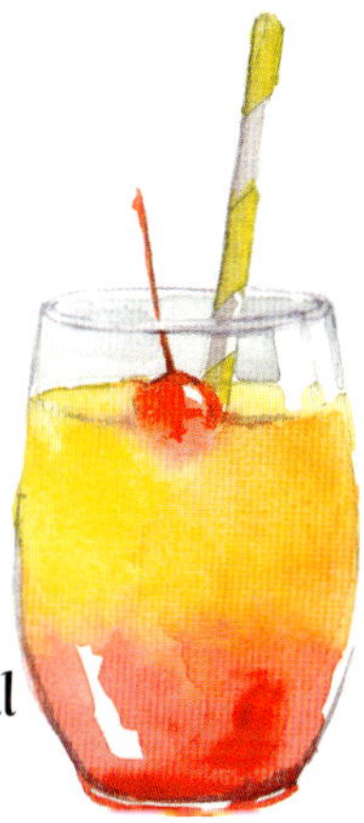

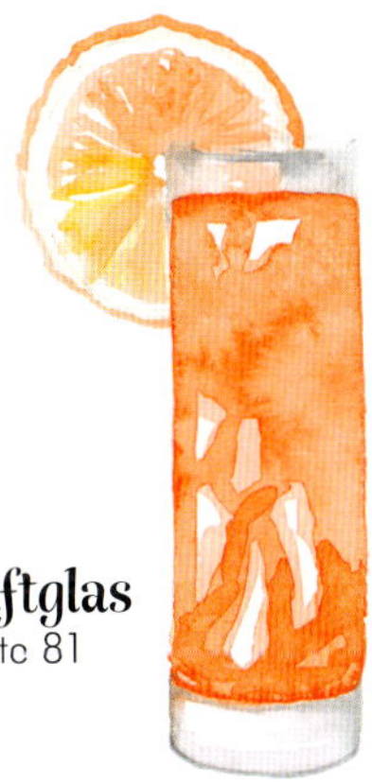

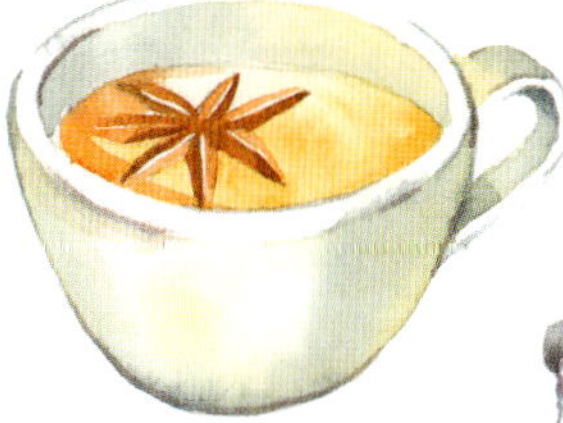

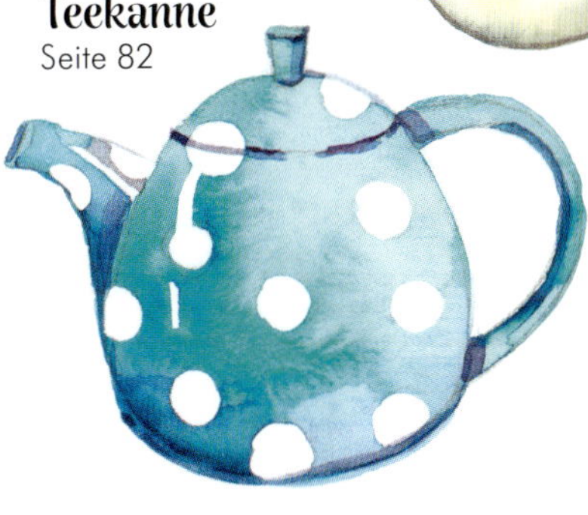

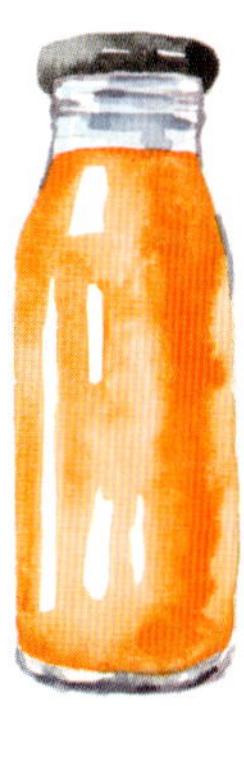

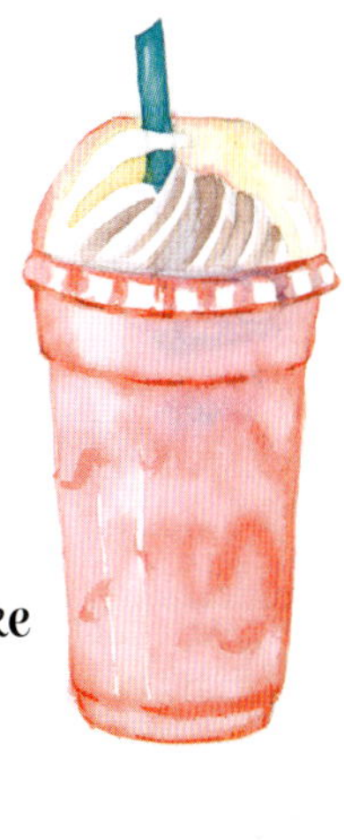

Blumen, Pflanzen + Landschaften

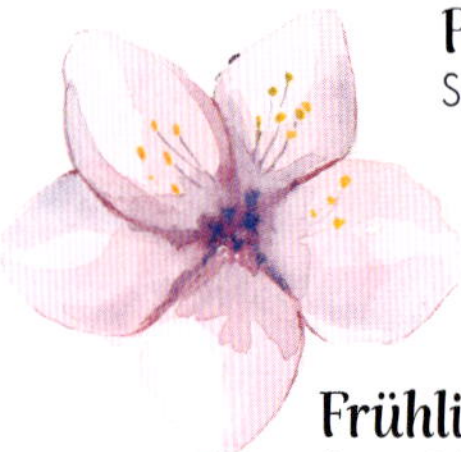
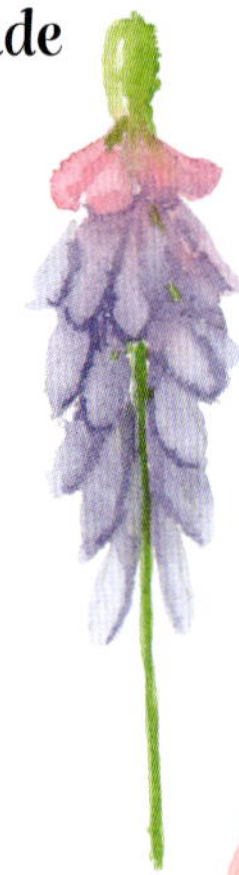
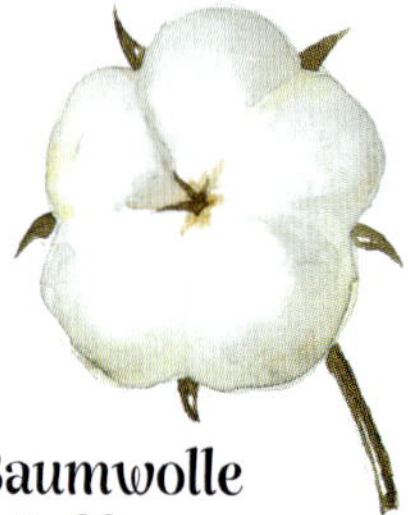
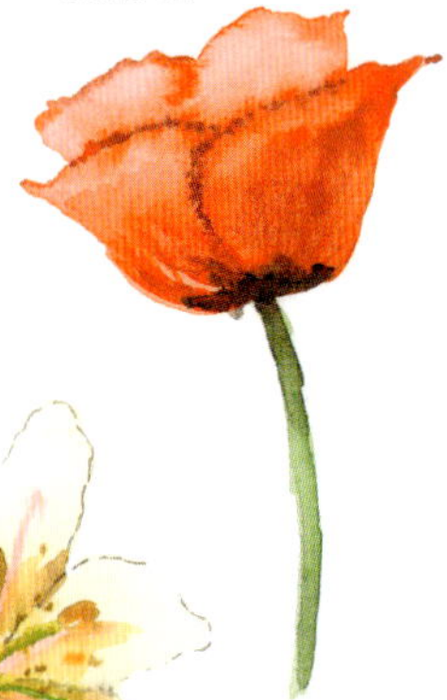

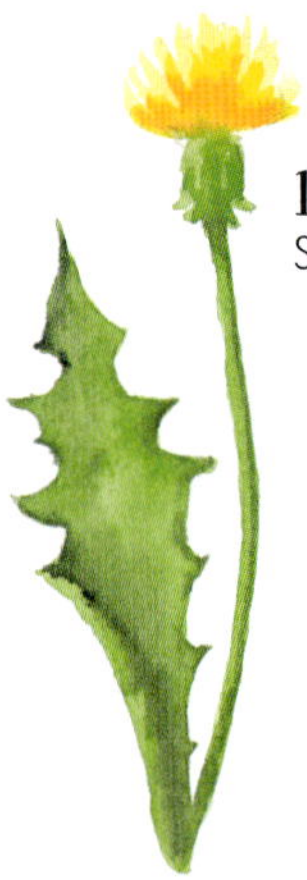
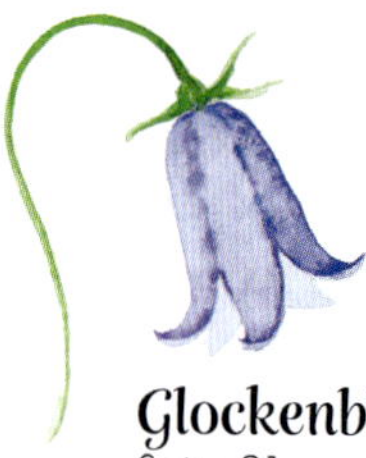
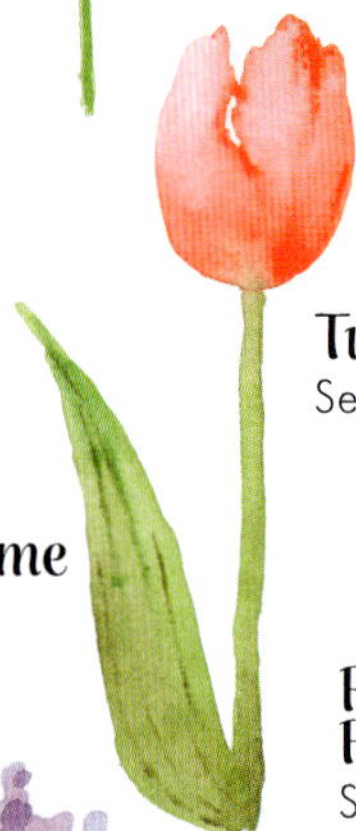
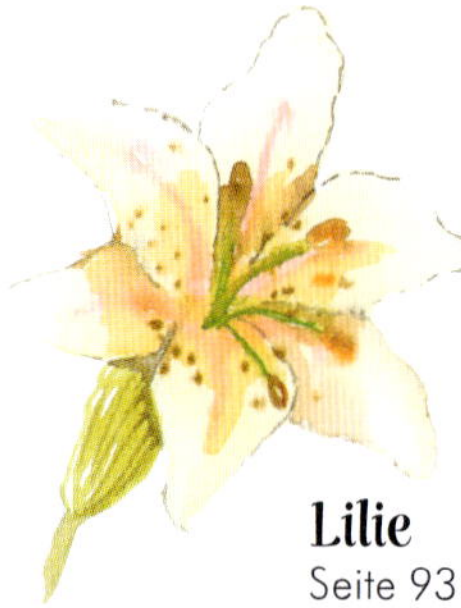

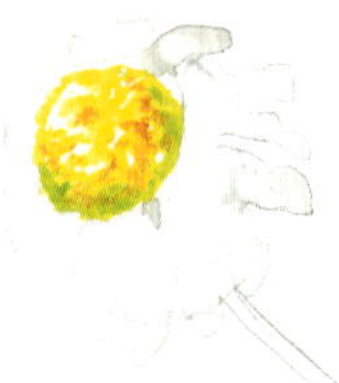
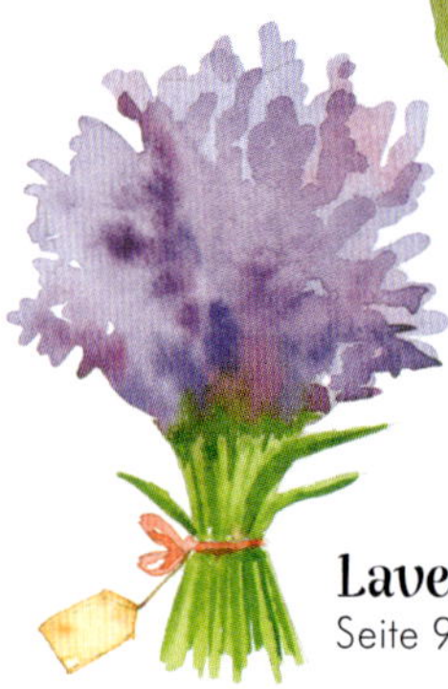
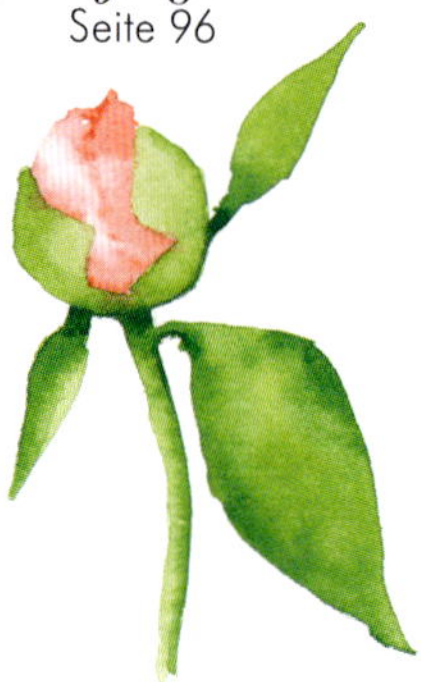
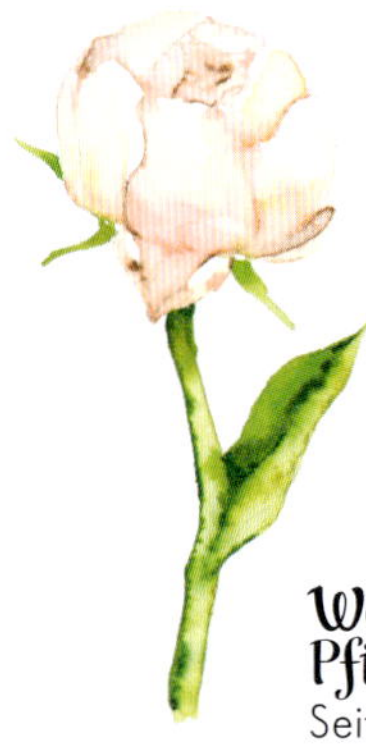

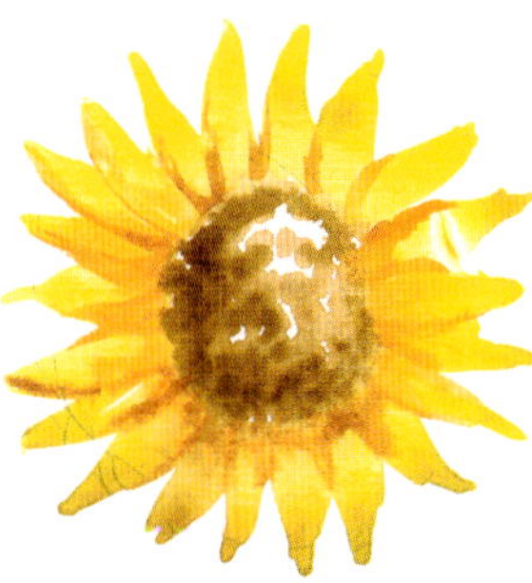
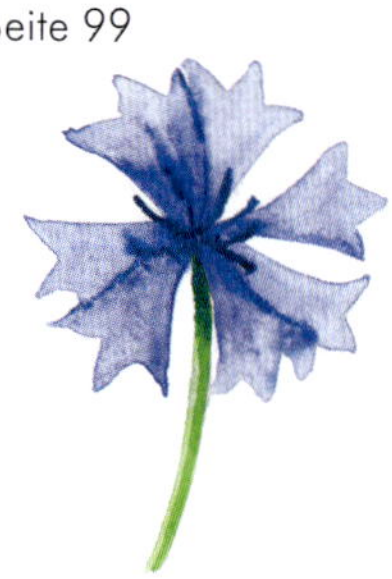
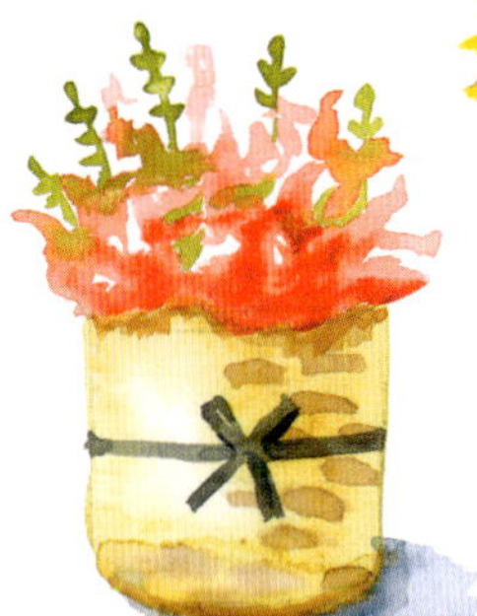
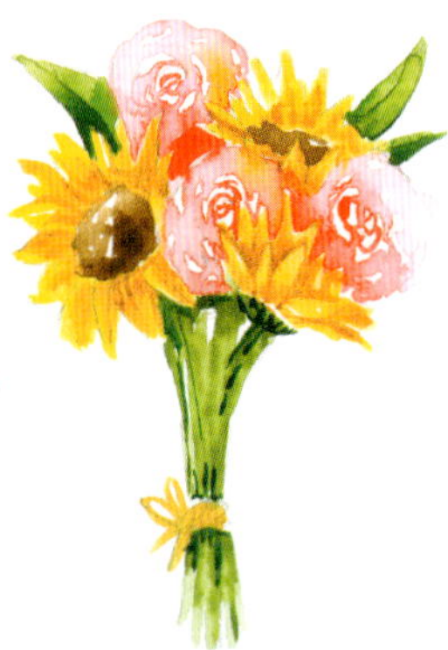

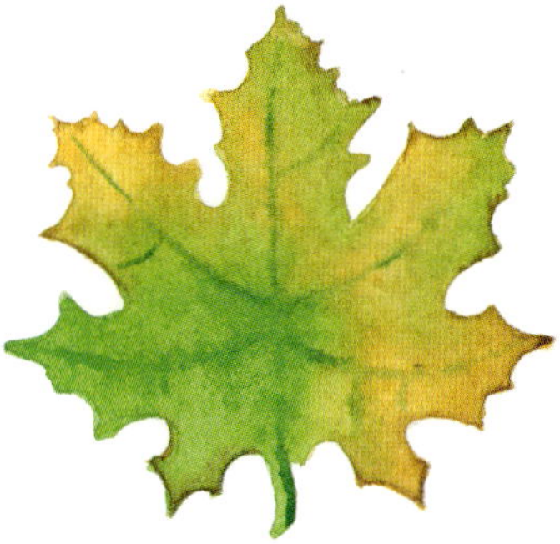

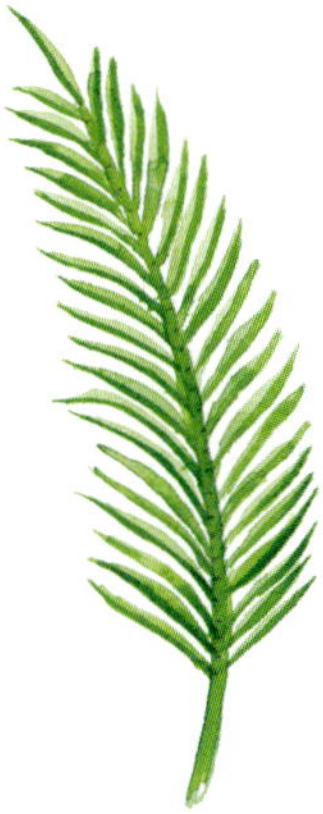

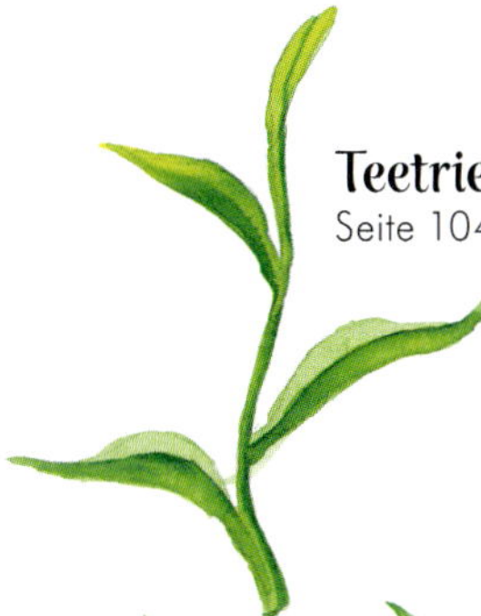

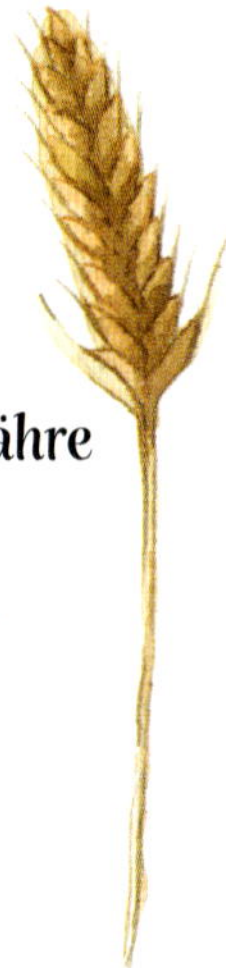

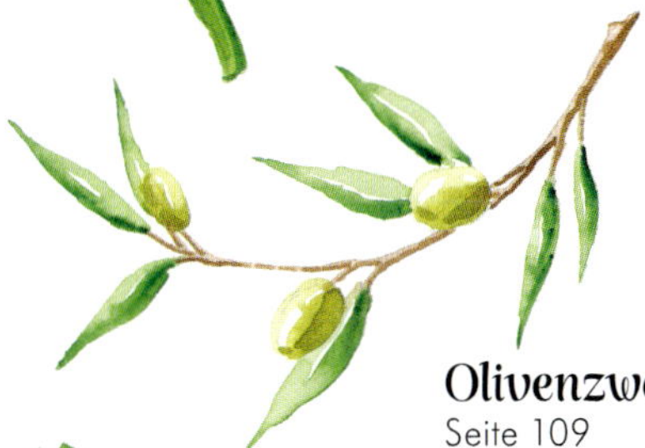

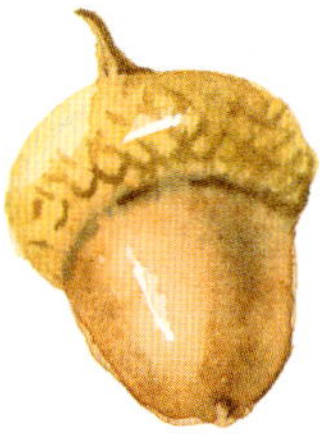

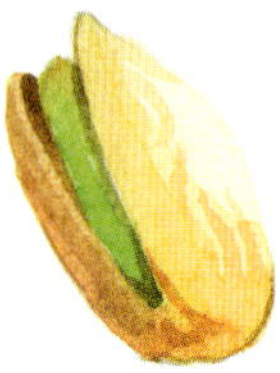

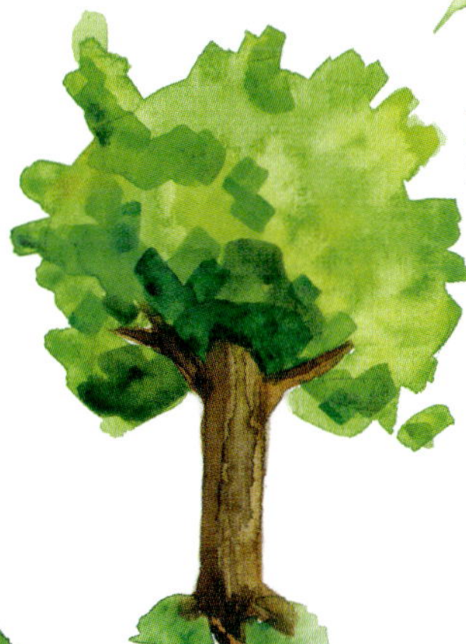

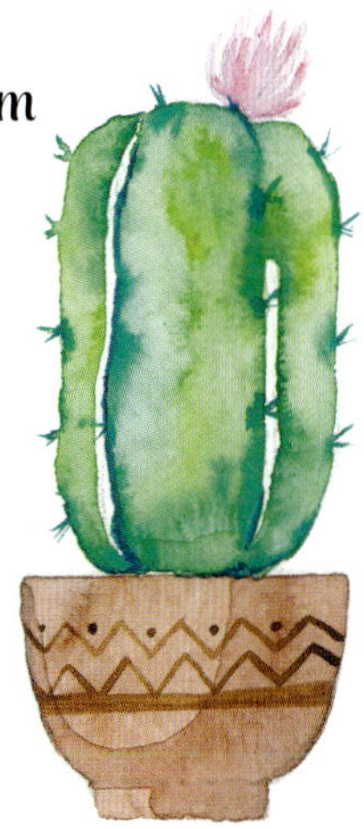

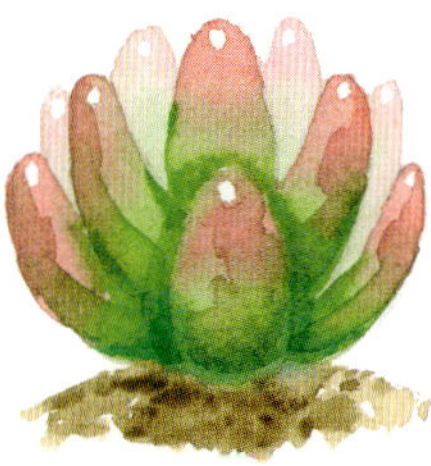

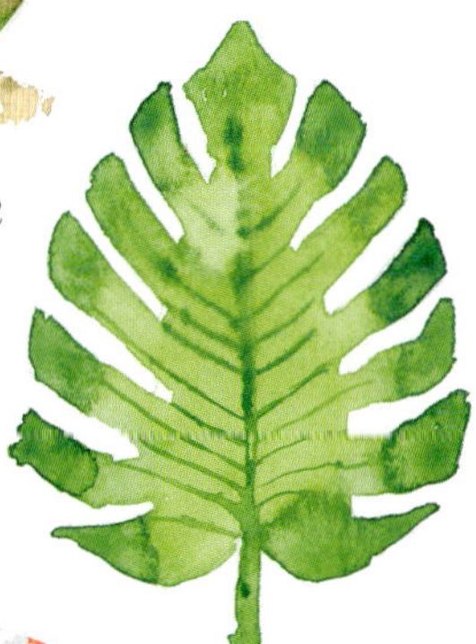

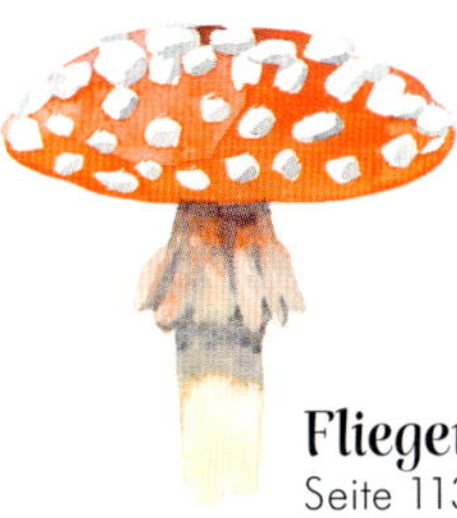

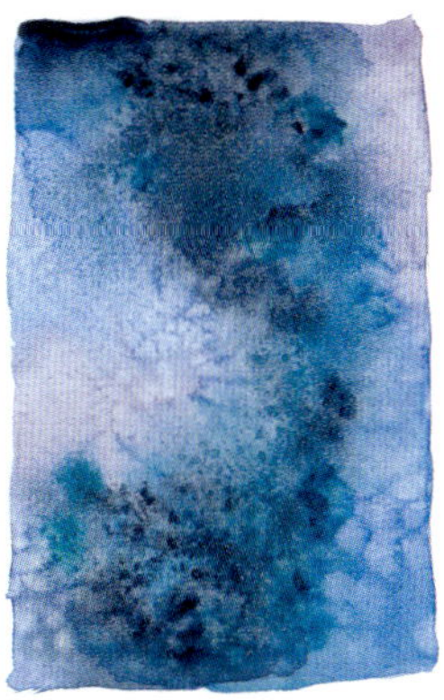

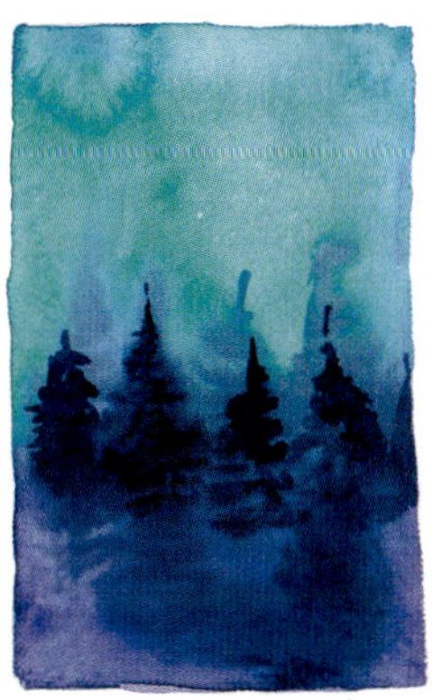

Insekten, Tiere, Vögel + Unterwasserwelt

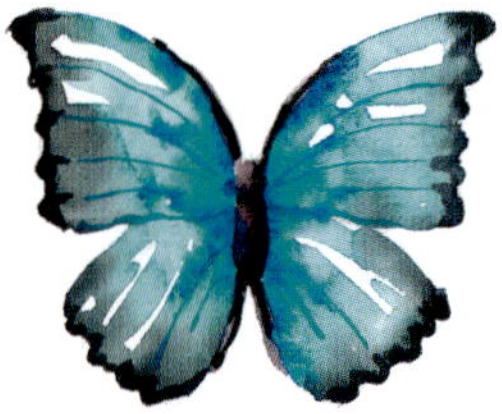

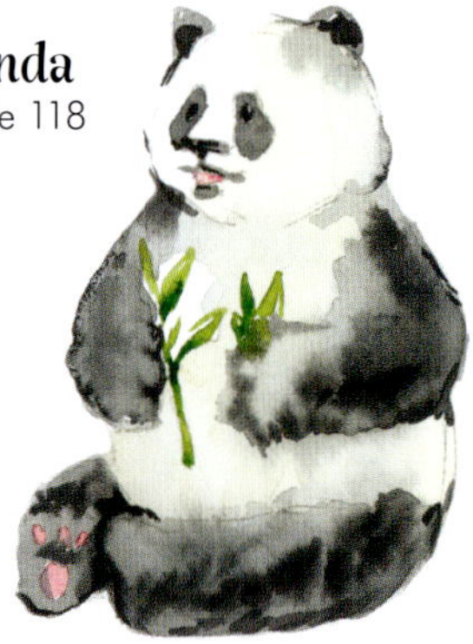

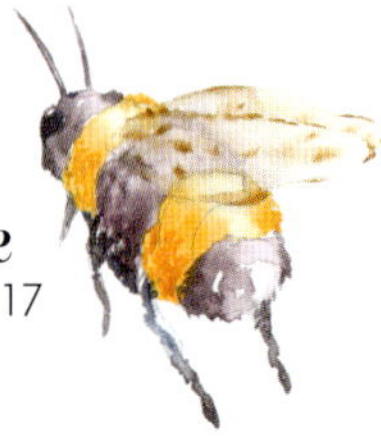

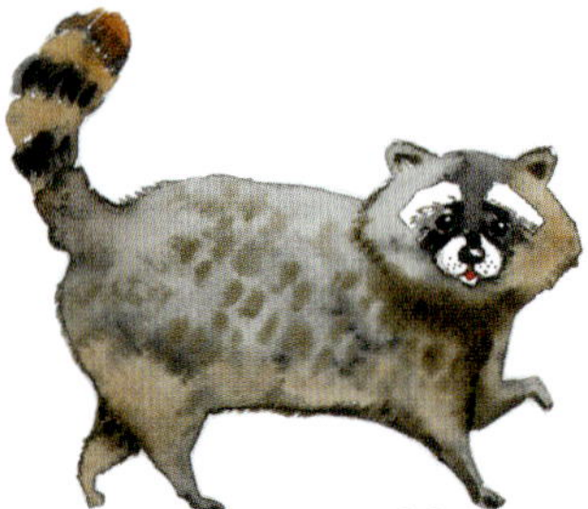

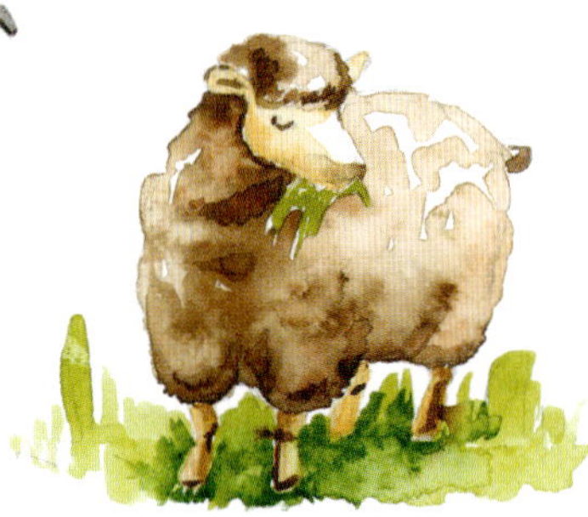

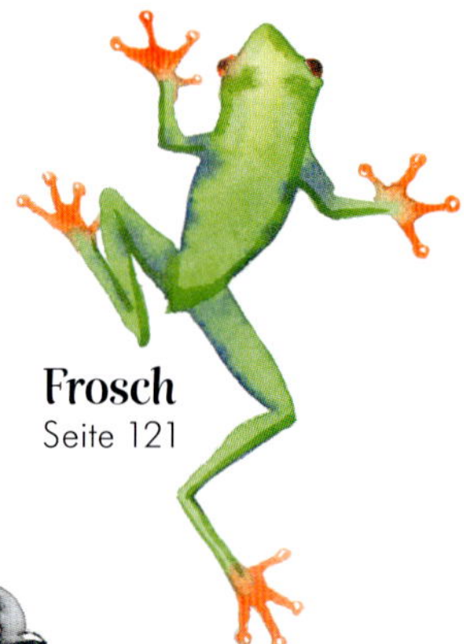

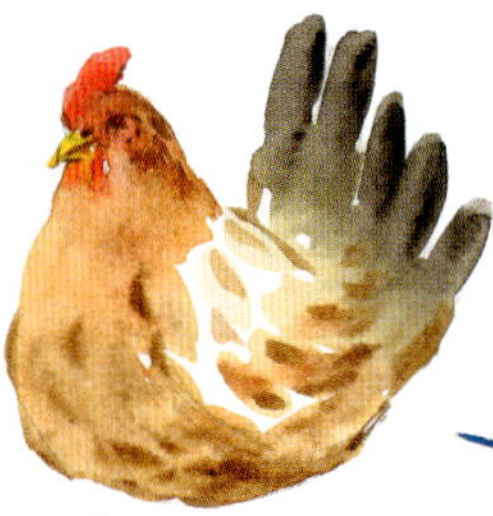

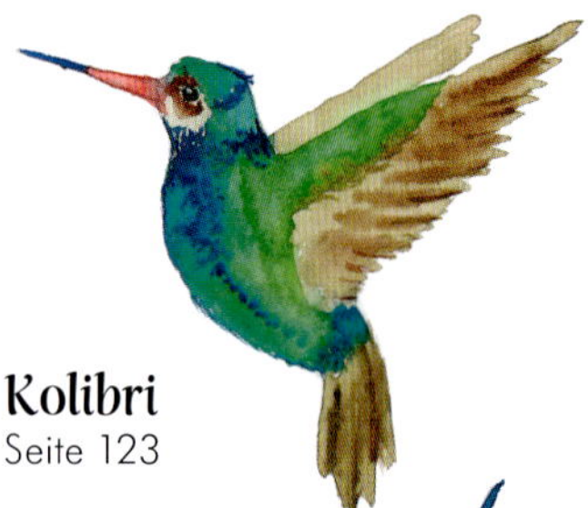

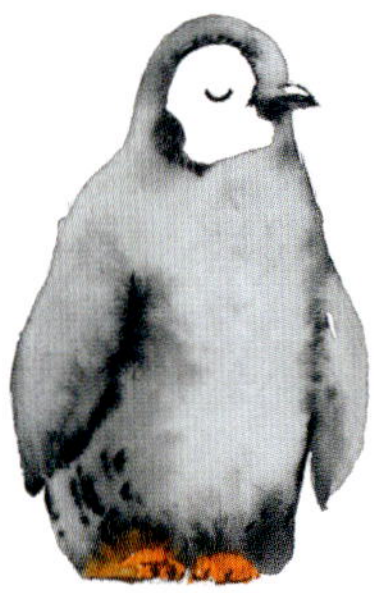

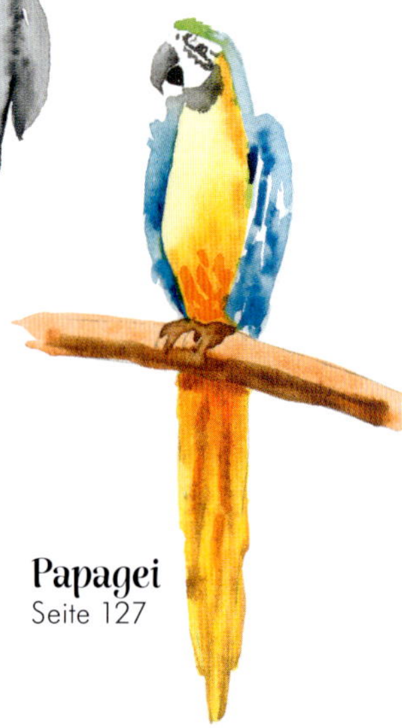

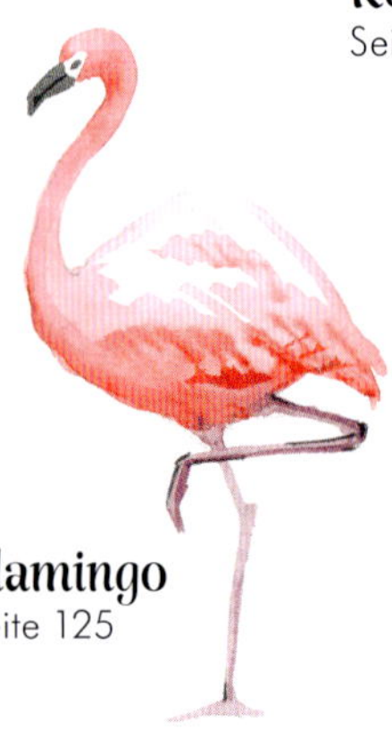

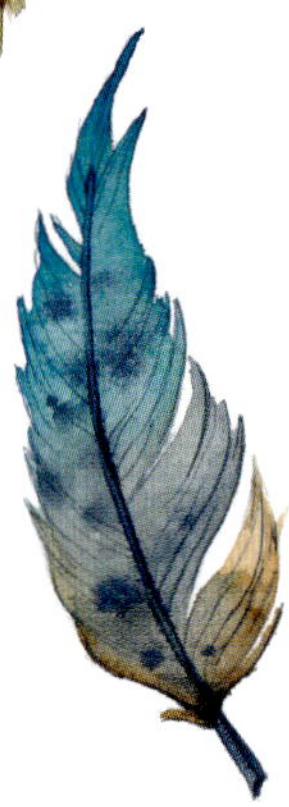

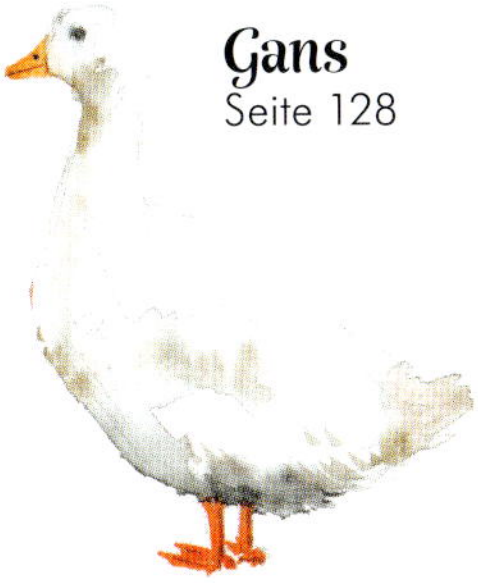

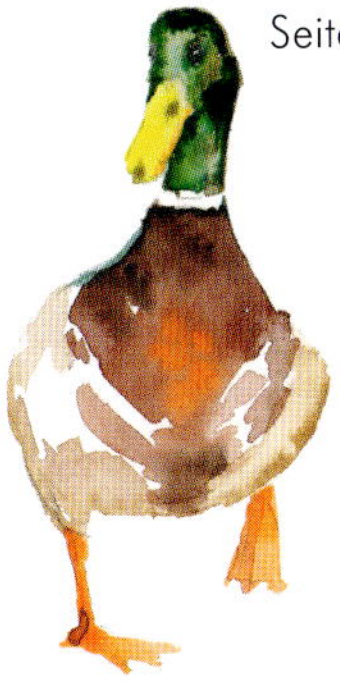

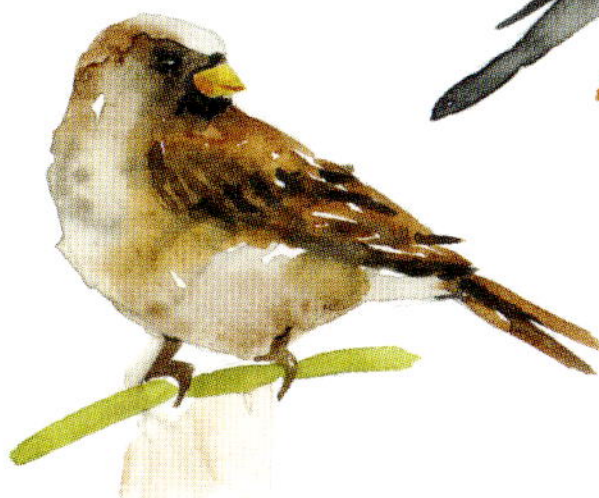

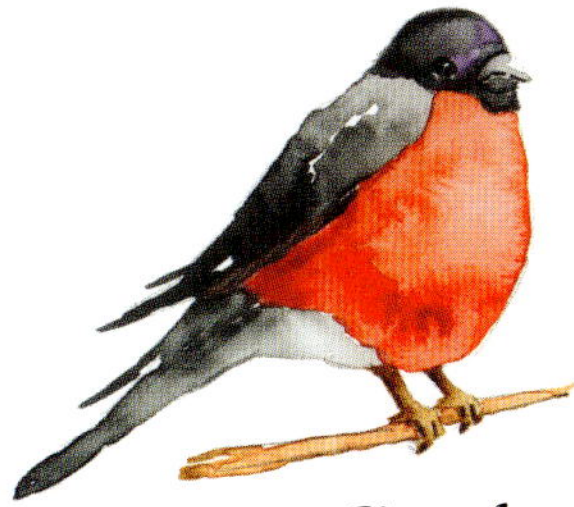

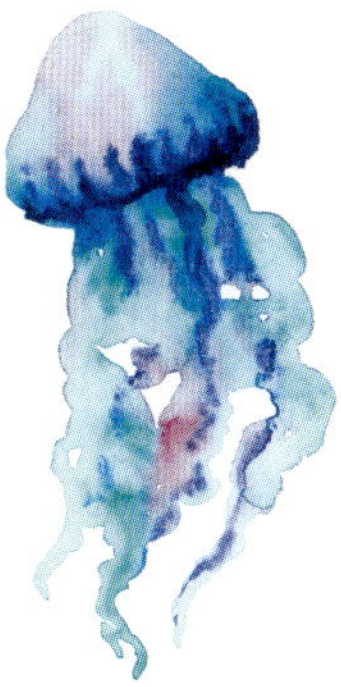

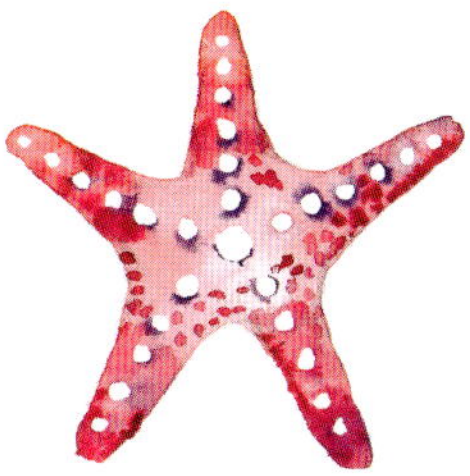

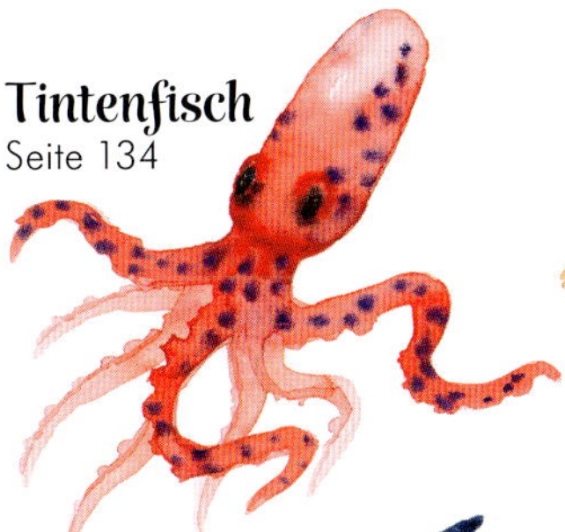

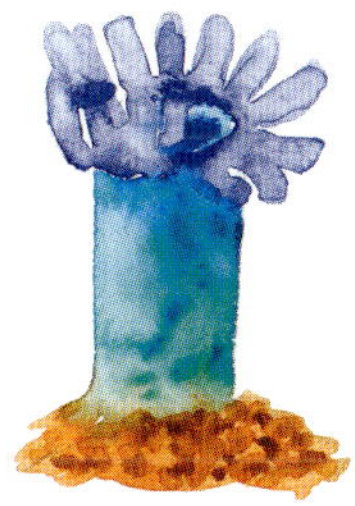

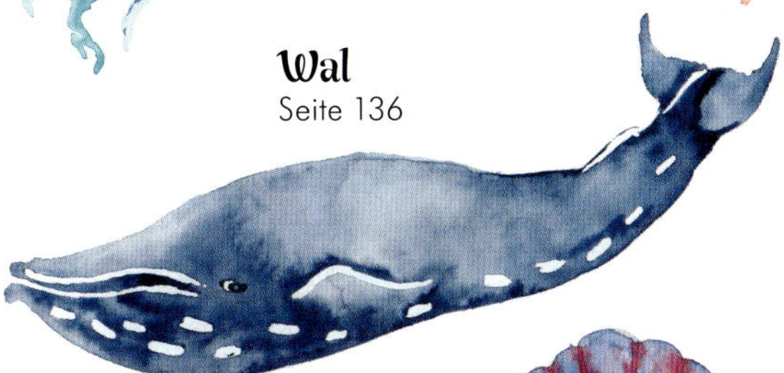

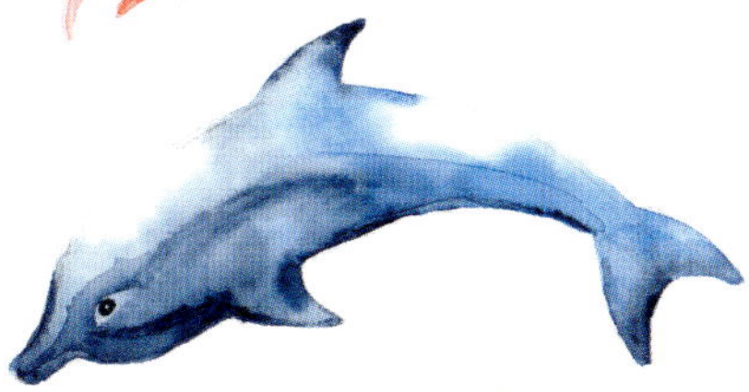

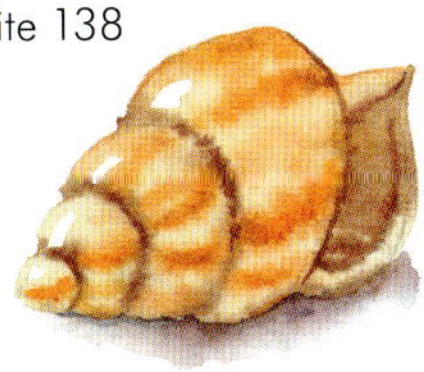

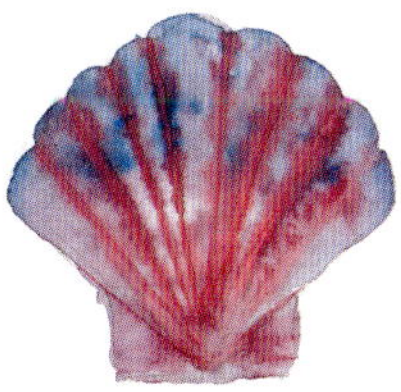

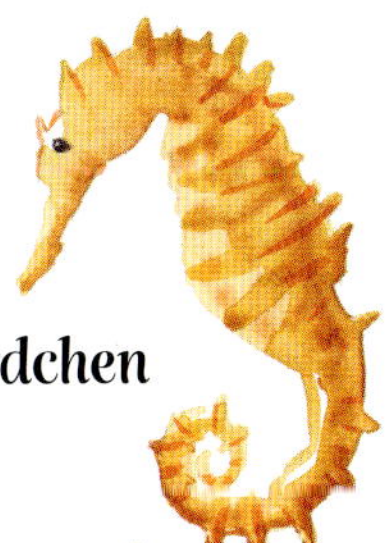

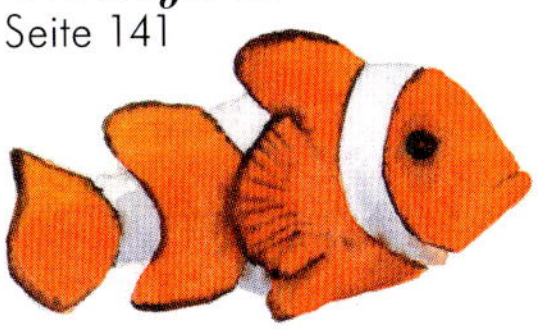

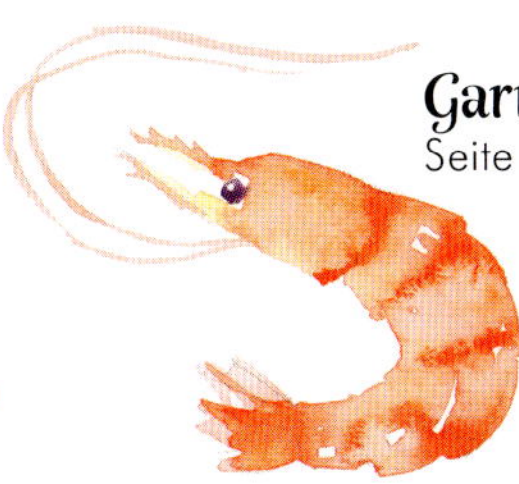

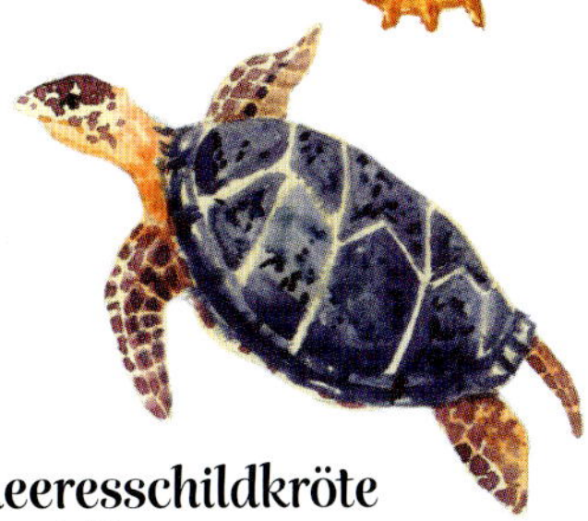

Gegenstände, Reisen + Festlichkeiten

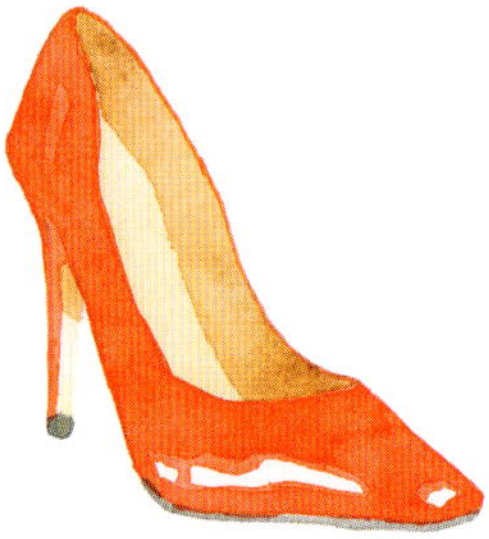

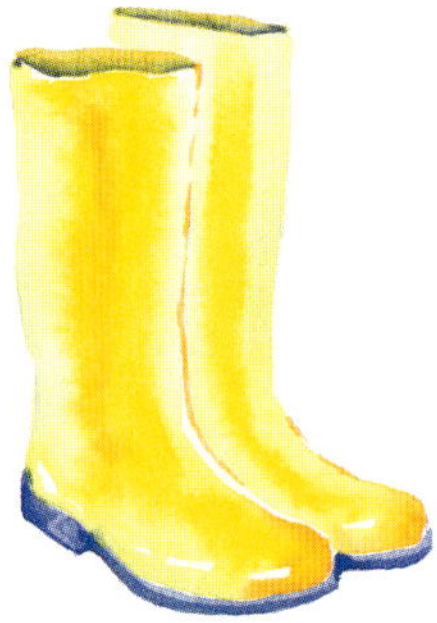

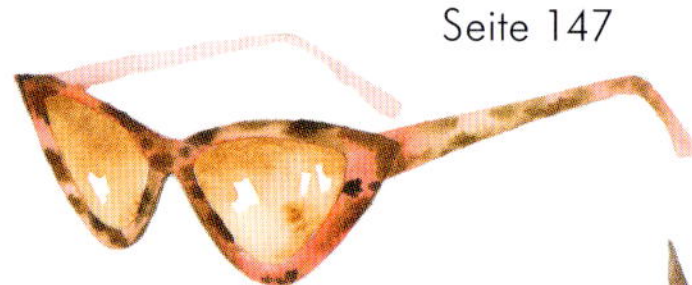

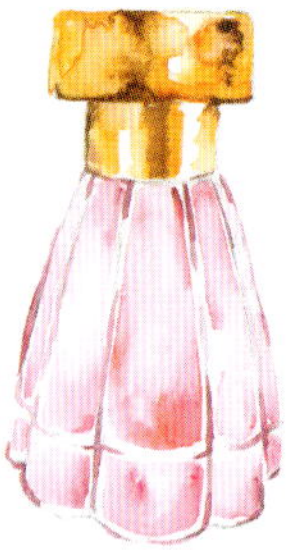

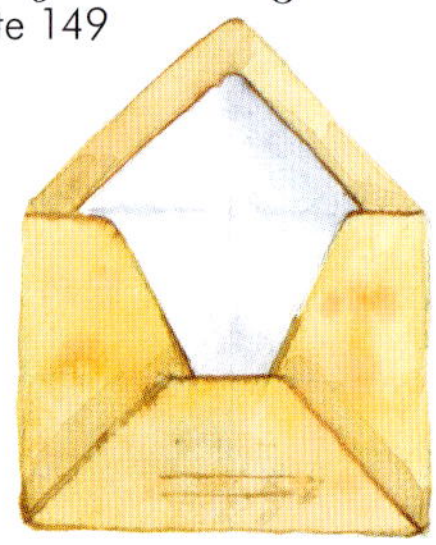

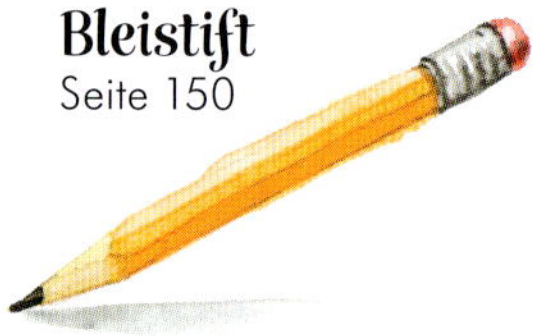

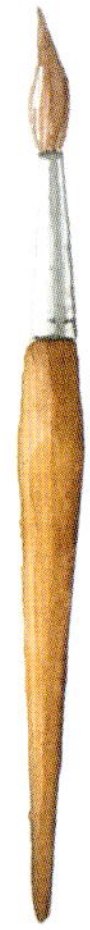

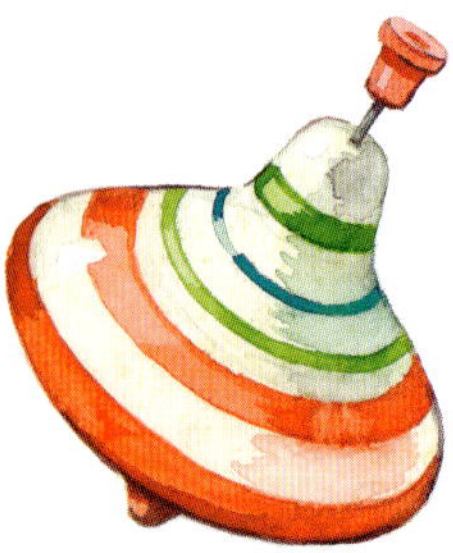

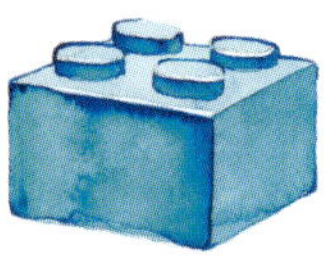

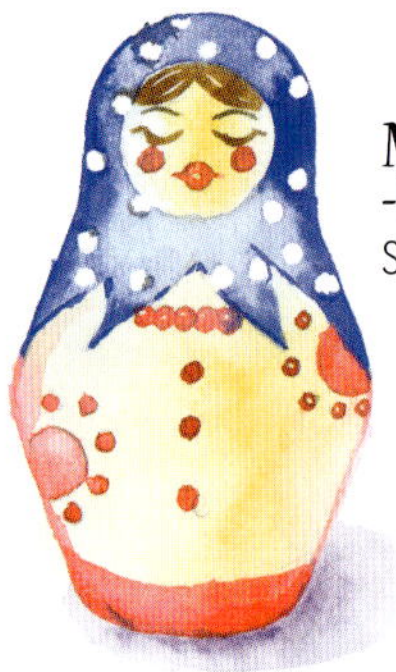

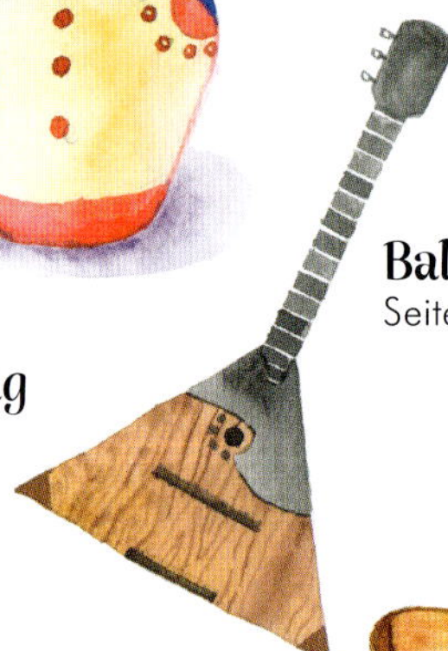

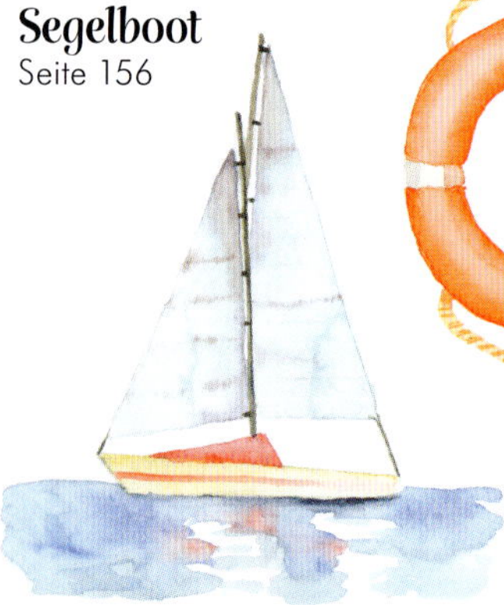

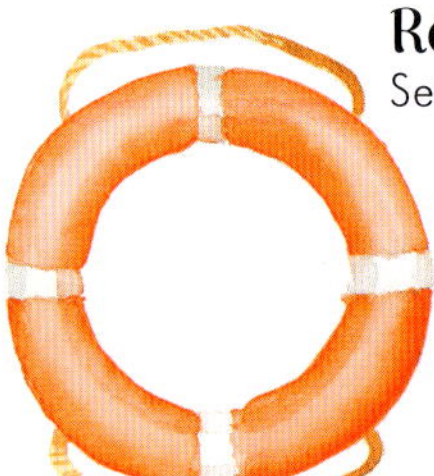

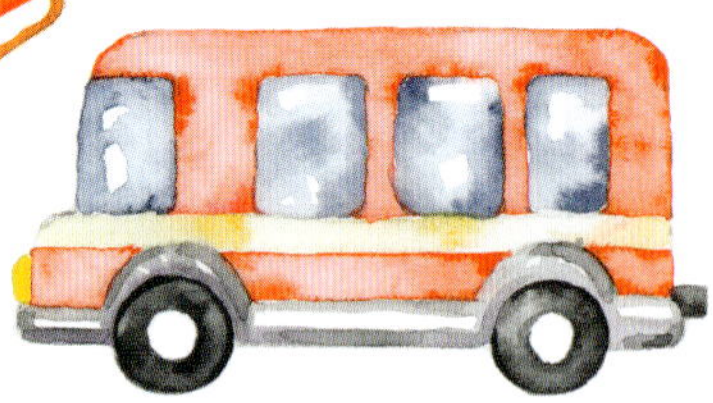

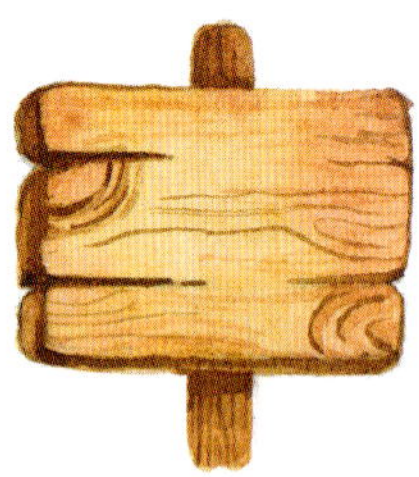

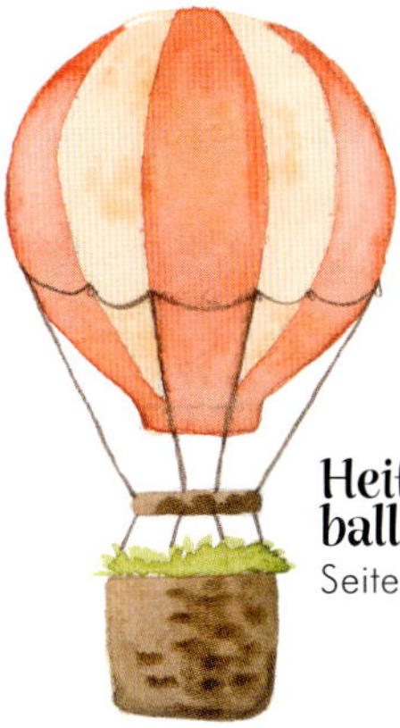
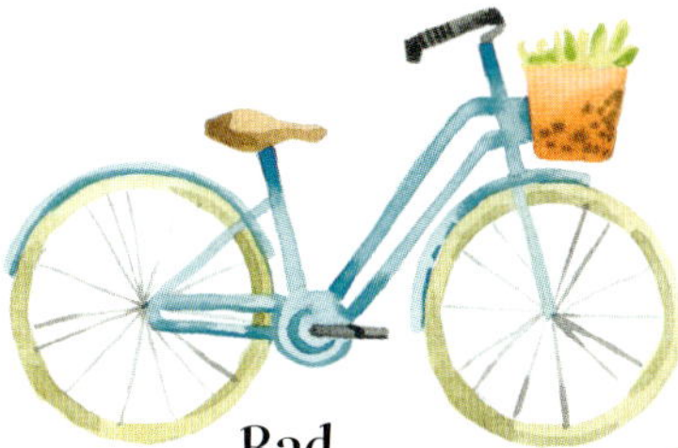
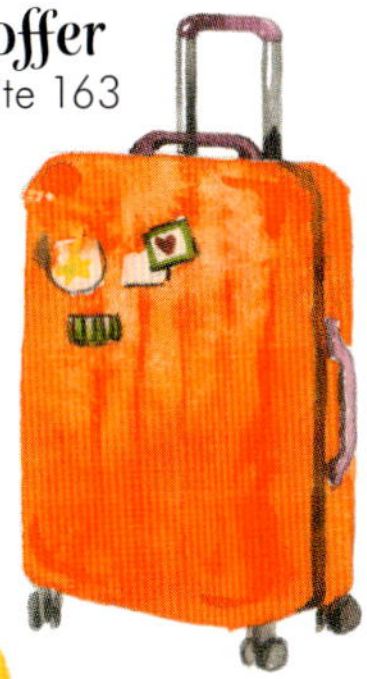

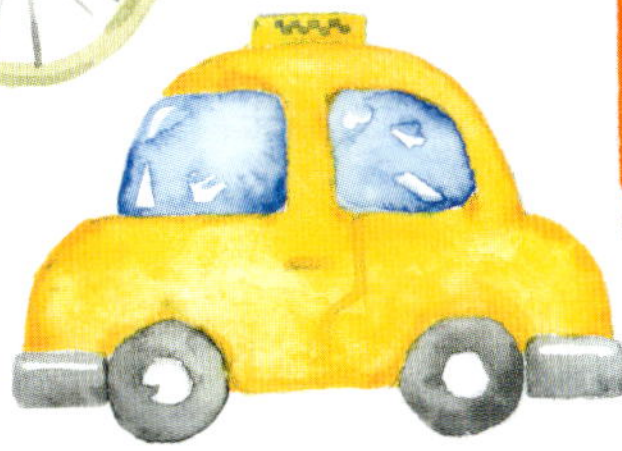
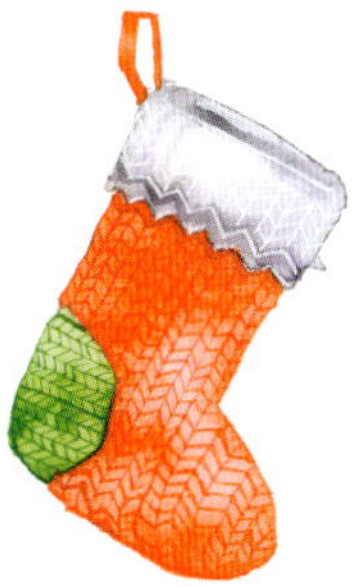
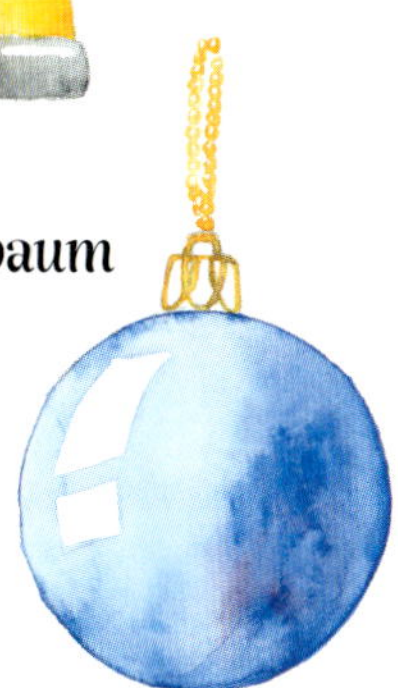

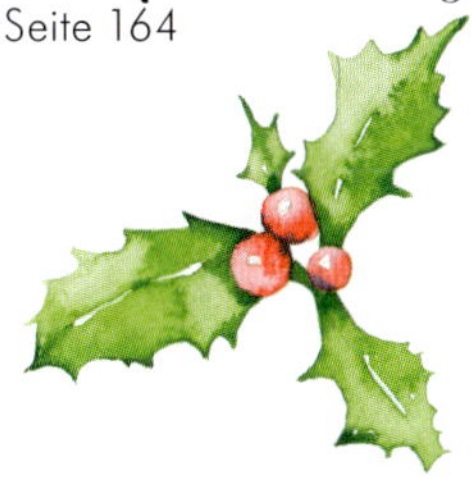
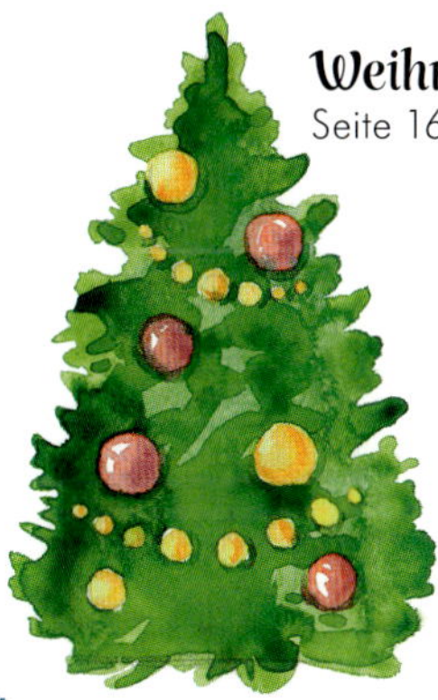

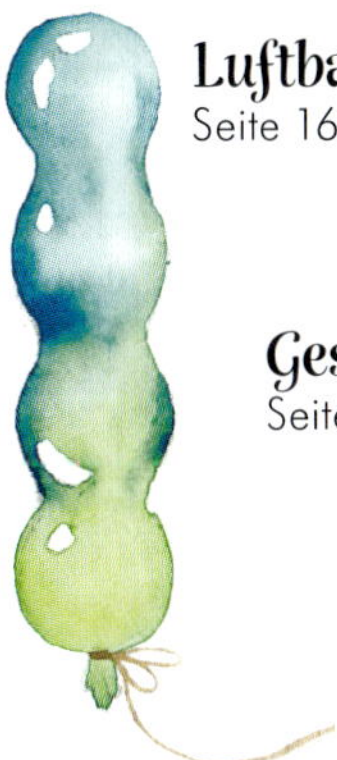

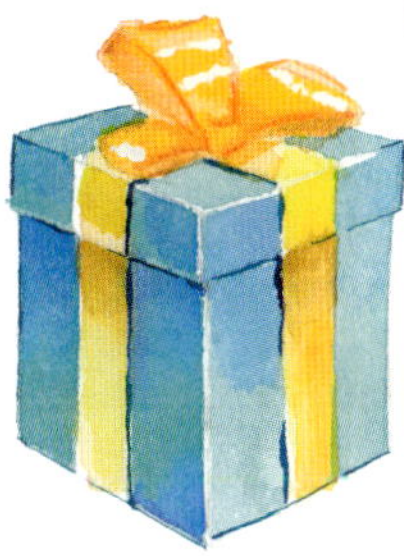
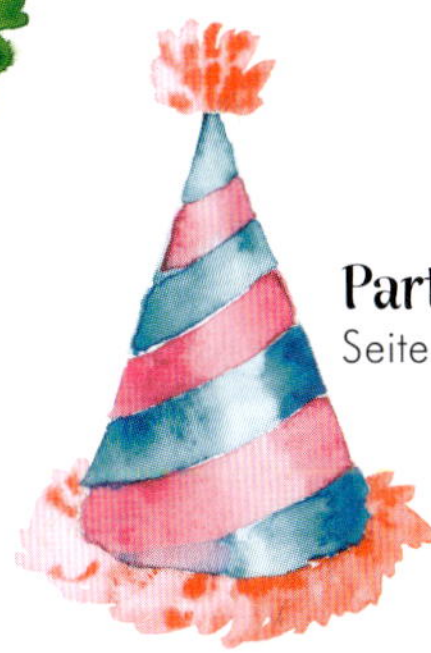

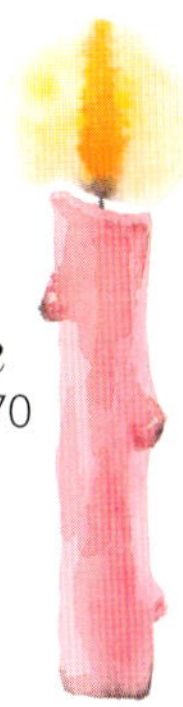

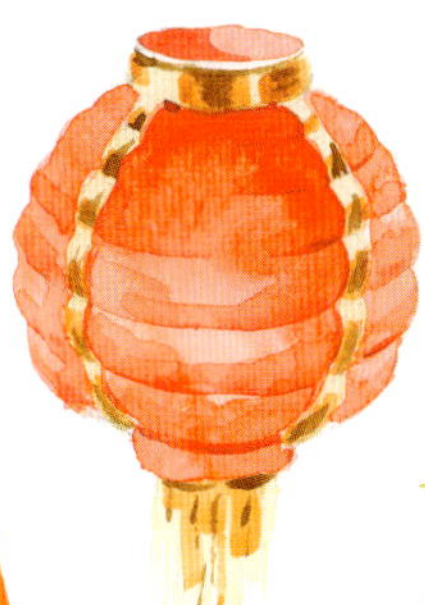

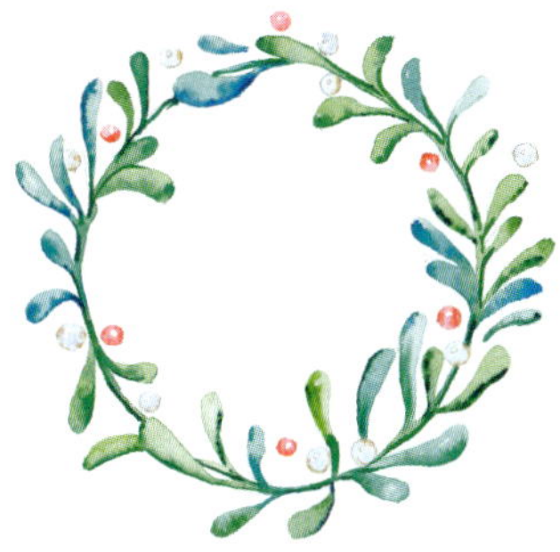
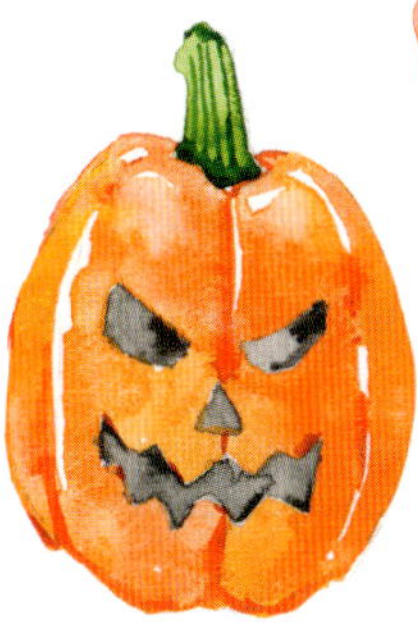
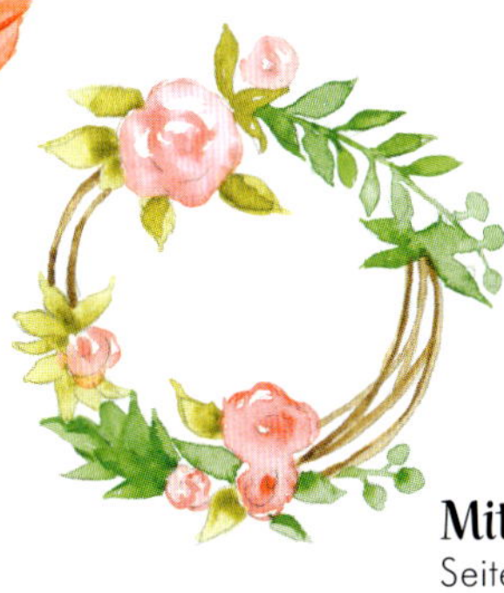

1

Linienzeichnung

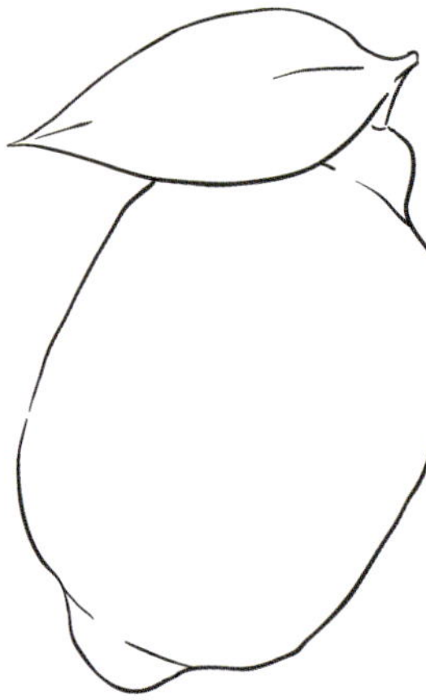

»Auf nass«

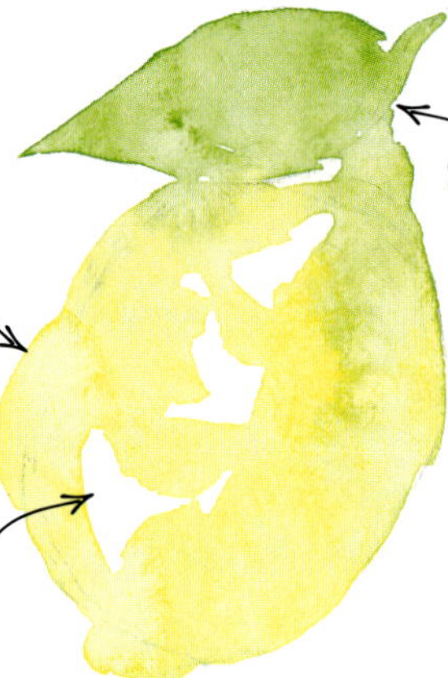

Saftgrün

Kadmiumgelb

Highlights freilassen

Wiederholen des vorherigen Schrittes, »auf trocken« beginnend

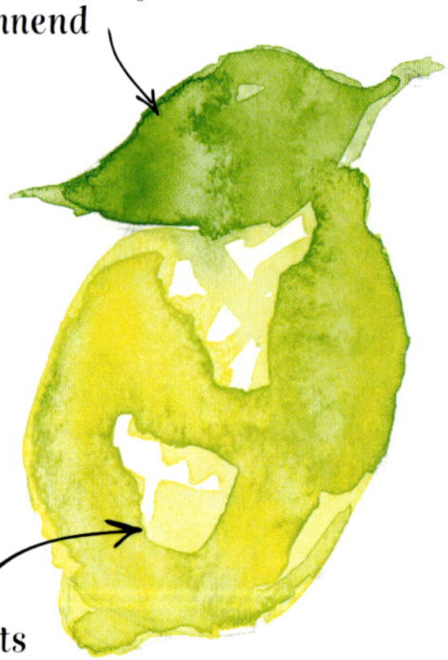

Größere Highlights freilassen

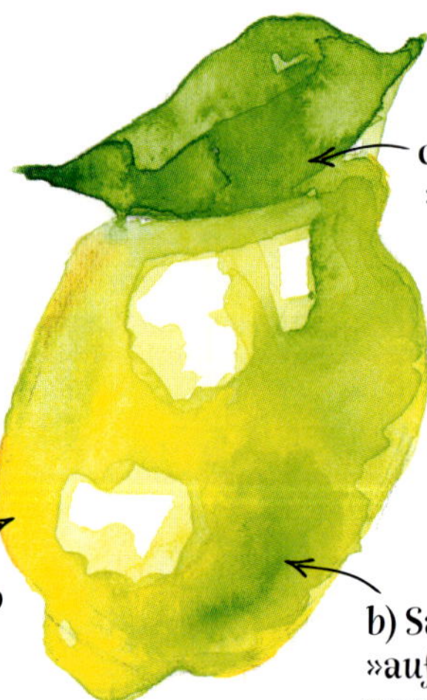

c) Saftgrün »auf trocken«

a) Kadmiumgelb »auf nass«

b) Saftgrün »auf halbnass«

Kadmiumgelb Saftgrün

2

Linienzeichnung

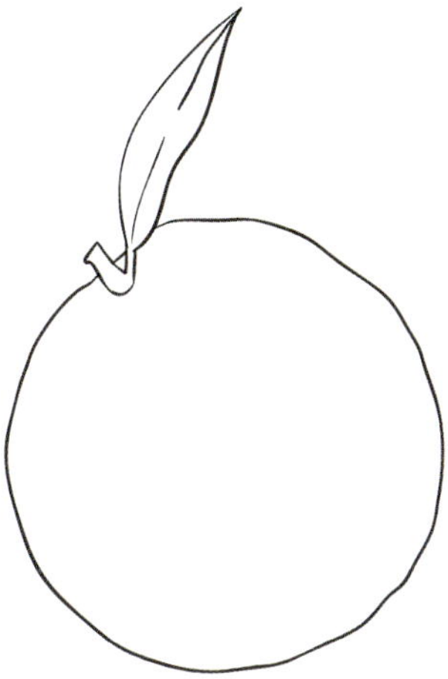

»Auf nass«

Highlights freilassen

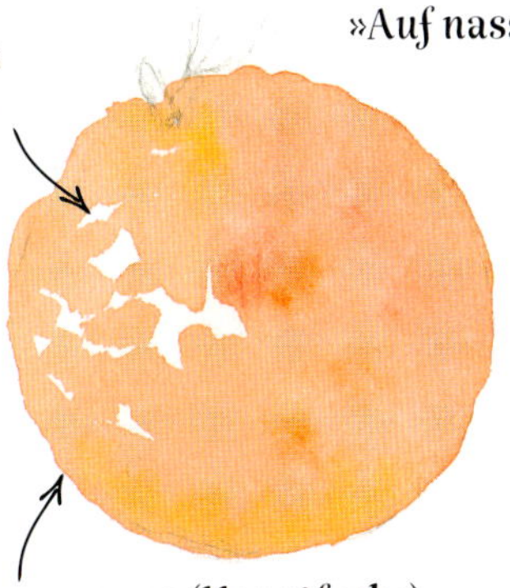

Kadmiumorange (Hauptfarbe), Kadmiumgelb, Chromgelbton dunkel + Scharlachrot

»Auf nass«

Saftgrün + Tropfen von Kadmiumgelb + Kobaltgrün tief

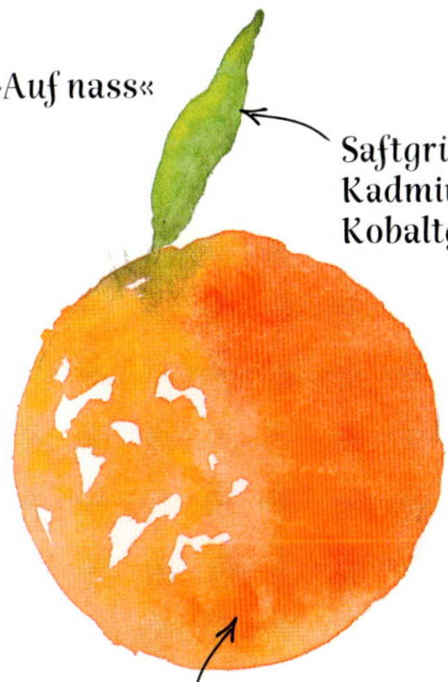

Tropfen von Kadmiumorange, Kadmiumgelb + Scharlachrot

b) Kobaltgrün tief + Eisenoxidbraun »auf trocken« (Stiel + Schatten)

a) Kobaltgrün tief »auf halbnass«

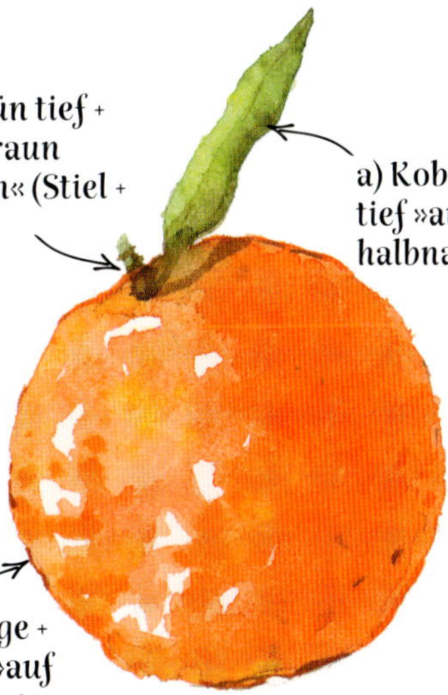

c) Kadmiumorange + Eisenoxidbraun »auf trocken« (Hauttextur + Kanten)

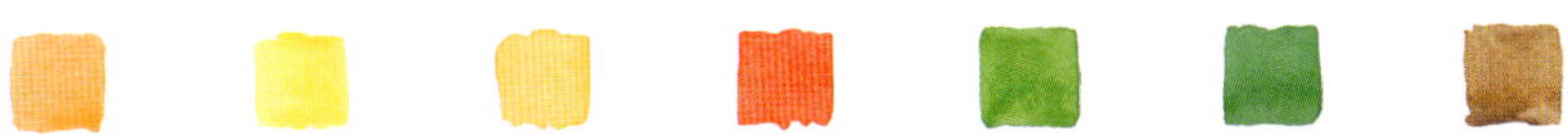

Kadmiumorange – Kadmiumgelb – Chromgelbton dunkel – Scharlachrot – Saftgrün – Kobaltgrün tief – Eisenoxidbraun

3

Linienzeichnung

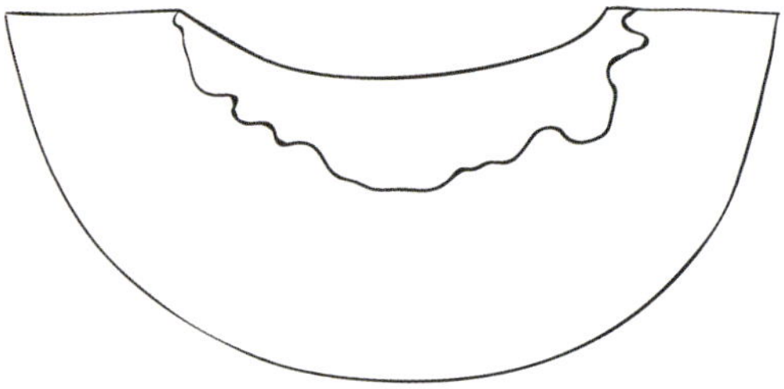

Kadmiumgelb

Saftgrün

»Auf nass«

a) »Auf trocken« beginnend,
Saftgrün + Tropfen von Wasser

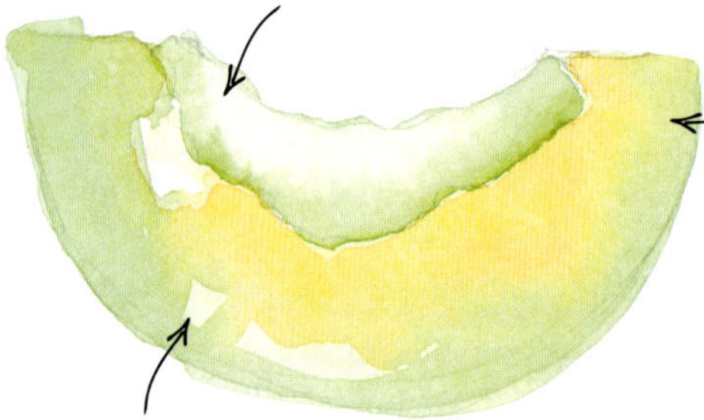

b) Wiederholen des vorherigen Schrittes, »auf trocken« beginnend

Highlights freilassen

Kadmiumgelb

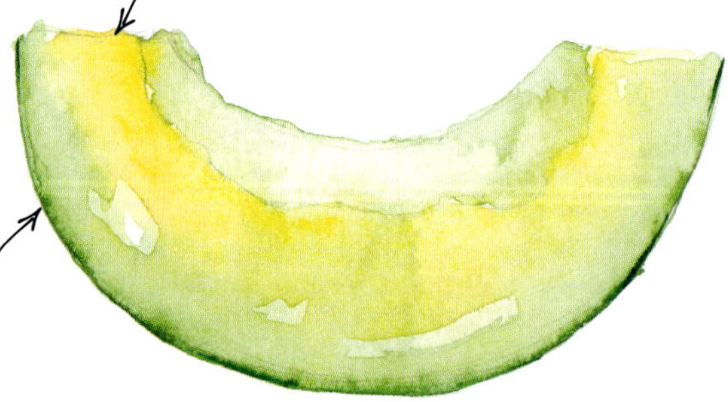

Tropfen von Saftgrün + Kobaltgrün tief

»Auf nass«

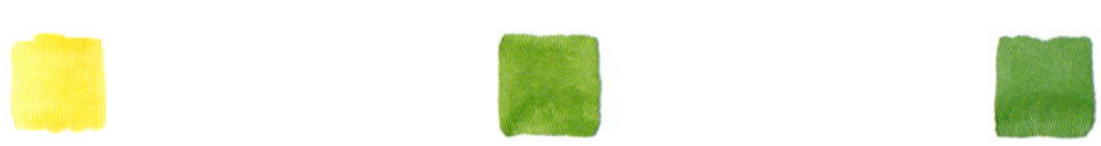

Kadmiumgelb

Saftgrün

Kobaltgrün tief

4

Linienzeichnung

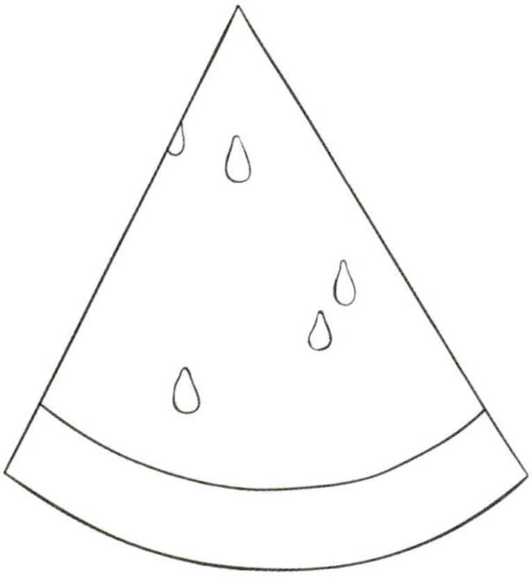

»Auf nass«

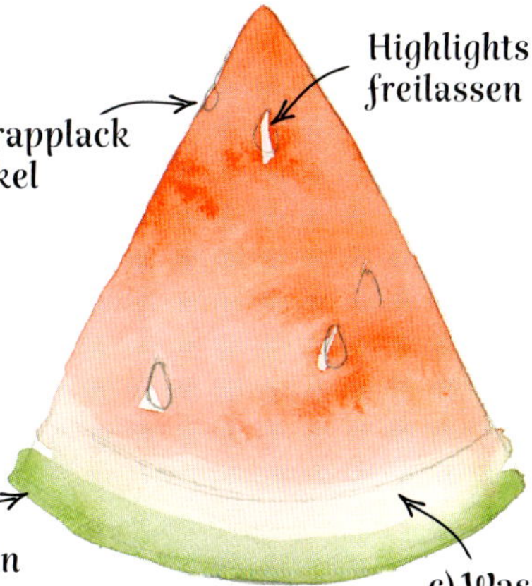

»Auf trocken«

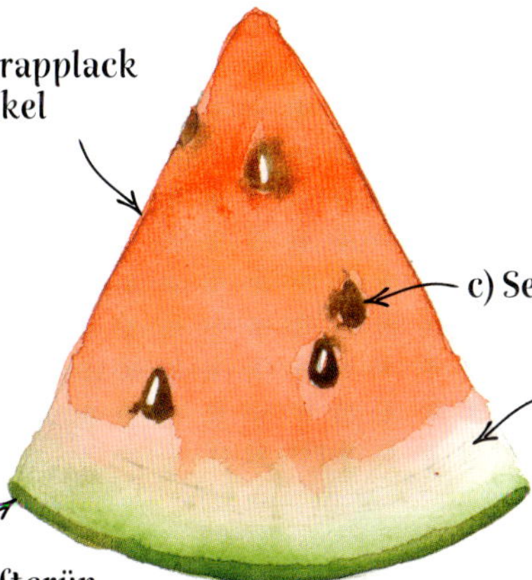

»Auf trocken«

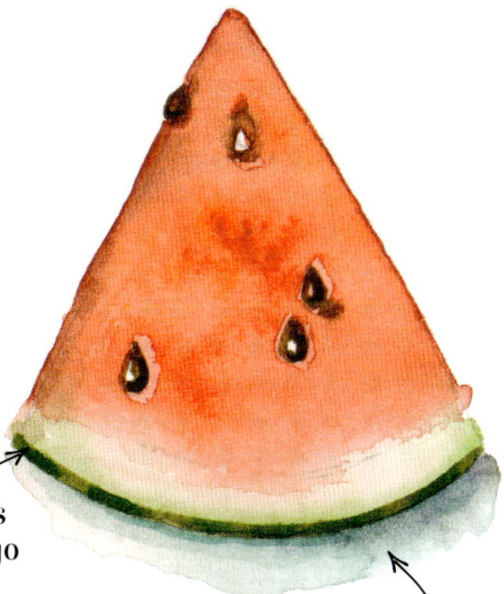

5

Linienzeichnung

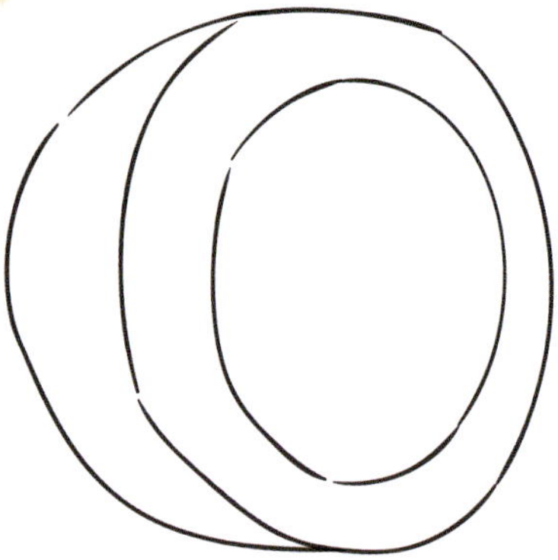

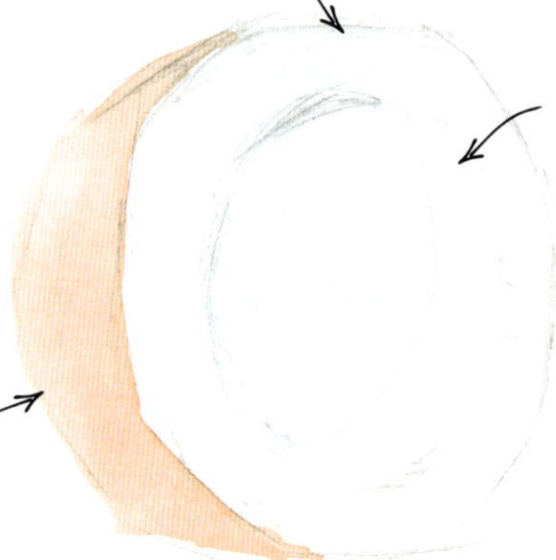

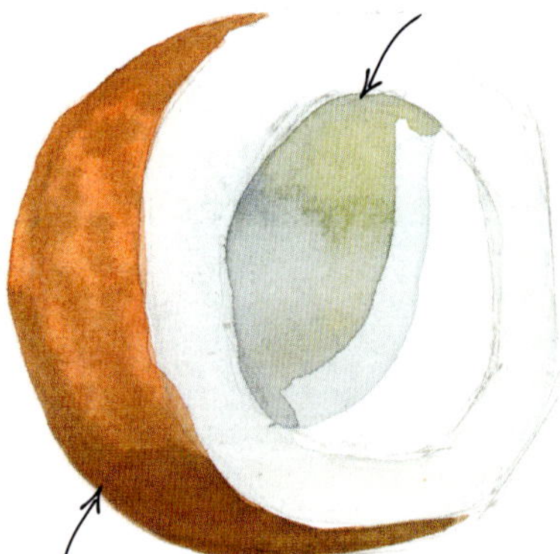

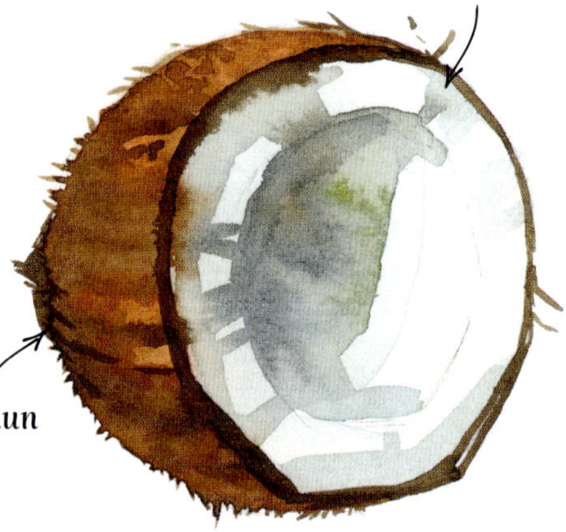

Indigo Siena gebrannt Sepiabraun Lichter Ocker

6

Linienzeichnung

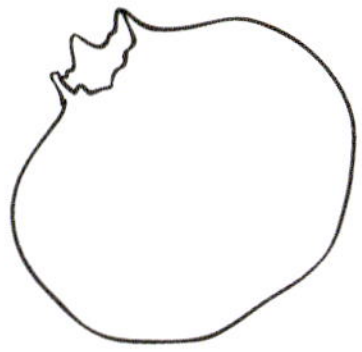

a) Bergblau

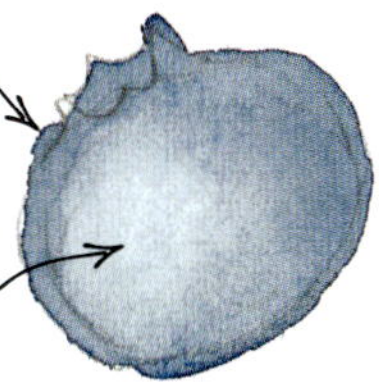

b) Ein Tropfen Wasser

»Auf nass«

a) Indigo »auf trocken«

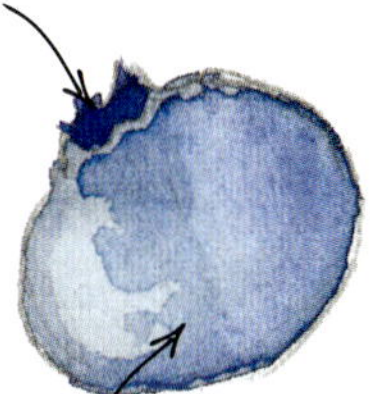

b) Wiederholen des vorherigen Schrittes, »auf trocken« beginnend

a) Tropfen von Indigo »auf nass«

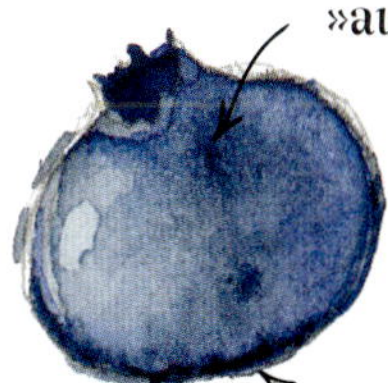

b) Indigo »auf halbnass« (Kanten)

Bergblau Indigo

7

Linienzeichnung

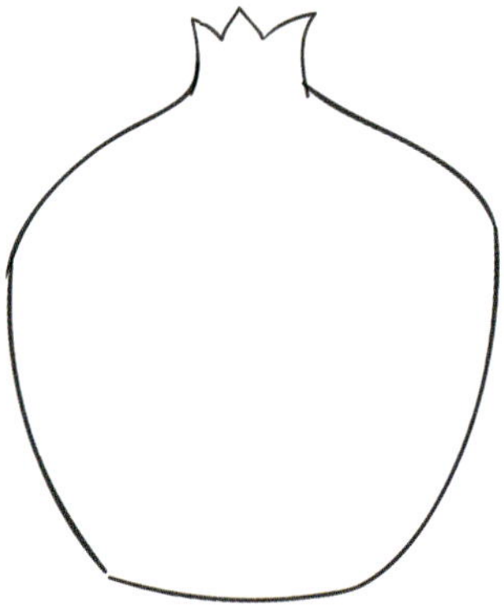

Scharlachrot

Krapplack dunkel

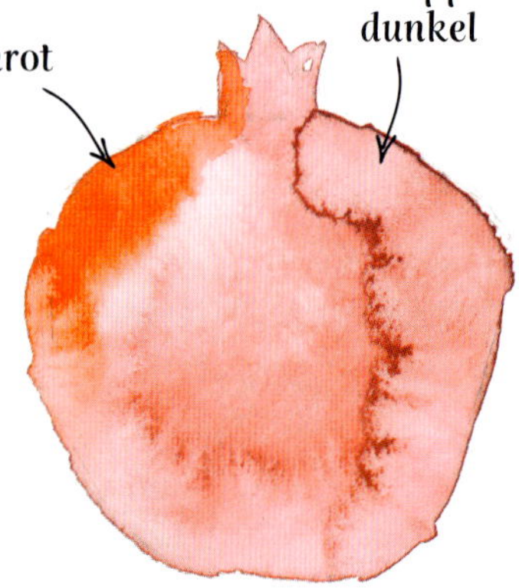

»Auf nass«

a) Wiederholen des vorherigen Schrittes, »auf trocken« beginnend

Highlights freilassen

b) Tropfen von Indigo »auf nass«

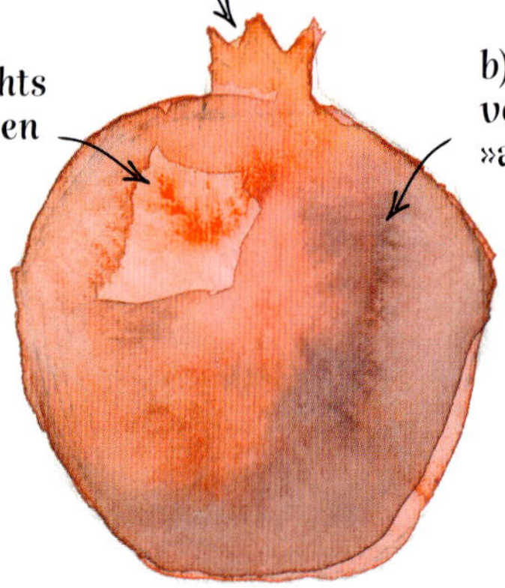

c) Tropfen von Siena gebrannt »auf nass« (Kelch), dann die Staubblätter malen

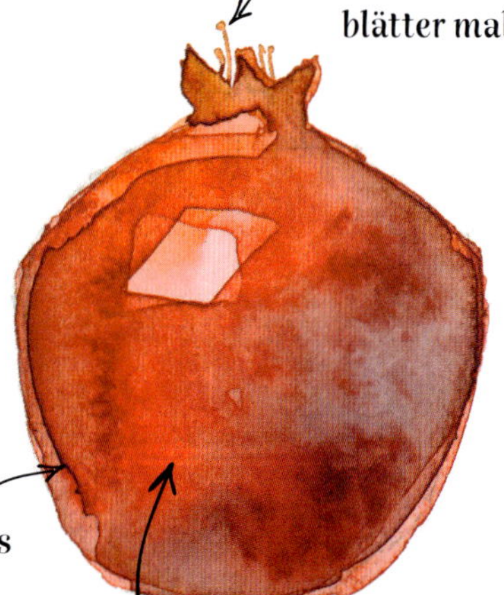

a) Wiederholen des vorherigen Schrittes, »auf trocken« beginnend – größere Highlights freilassen

b) Tropfen von Karmin »auf nass«

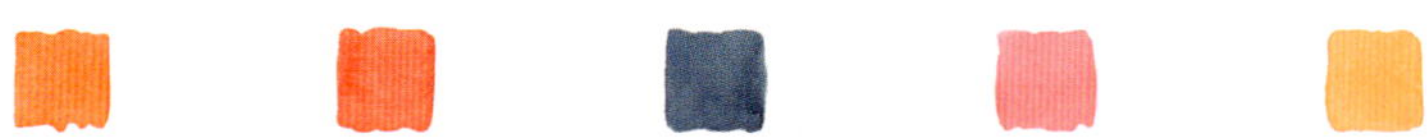

Scharlachrot | Krapplack dunkel | Indigo | Karmin | Siena gebrannt

8

Linienzeichnung

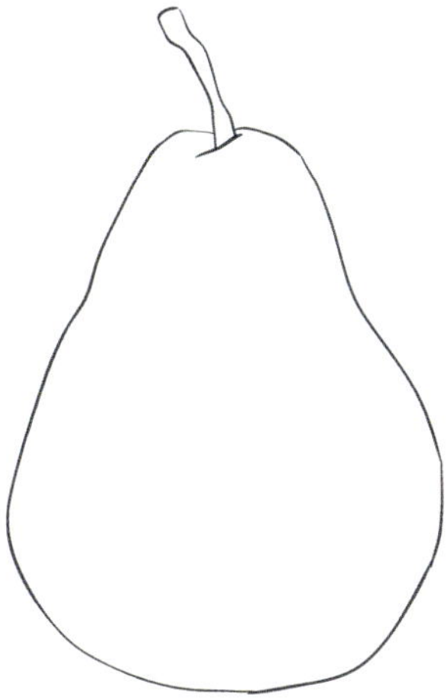

»Auf nass«

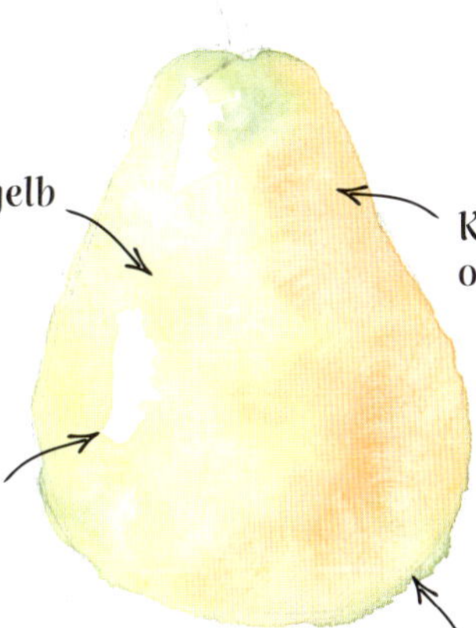

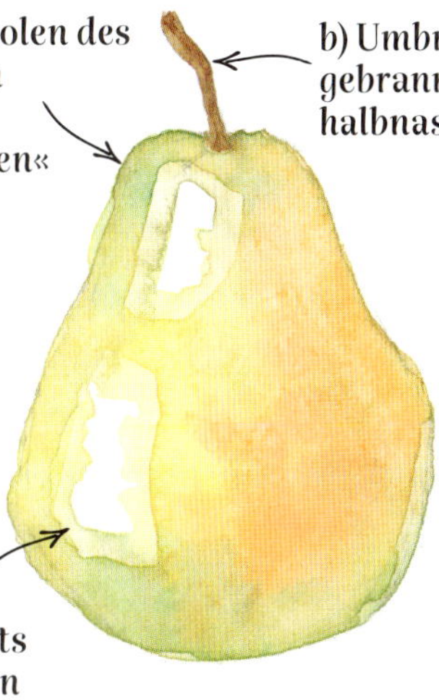

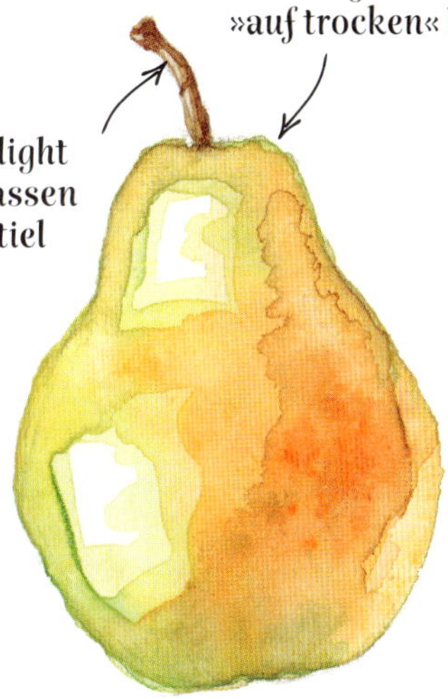

Kadmiumgelb | Kadmium-orange | Saftgrün | Umbra gebrannt

9

Linienzeichnung

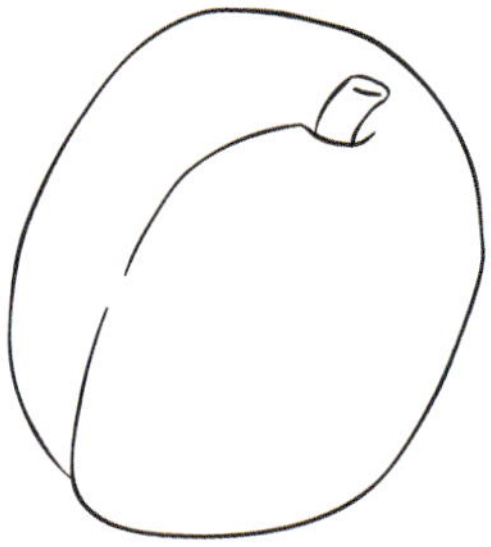

Kadmiumgelb

Highlights freilassen

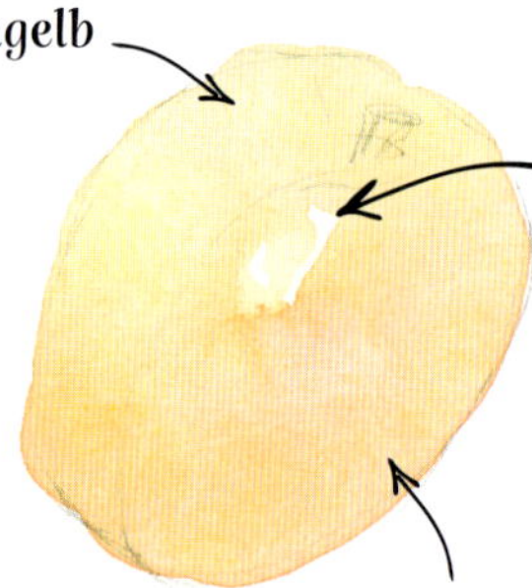

»Auf nass«

Kadmiumorange

Wiederholen des vorherigen Schrittes, »auf trocken« beginnend

Größere Highlights freilassen

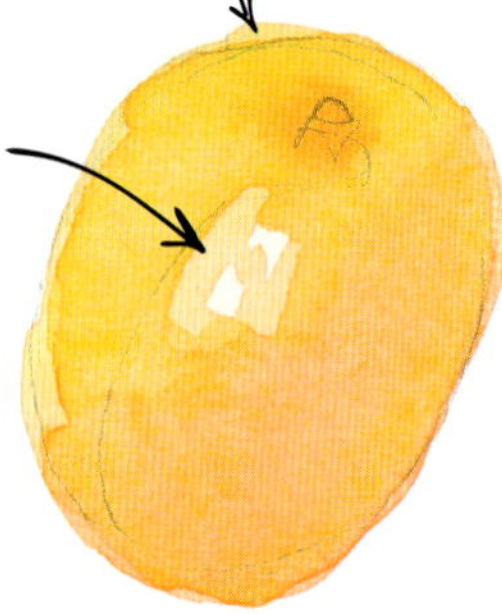

a) Wiederholen des vorherigen Schrittes, »auf trocken« beginnend

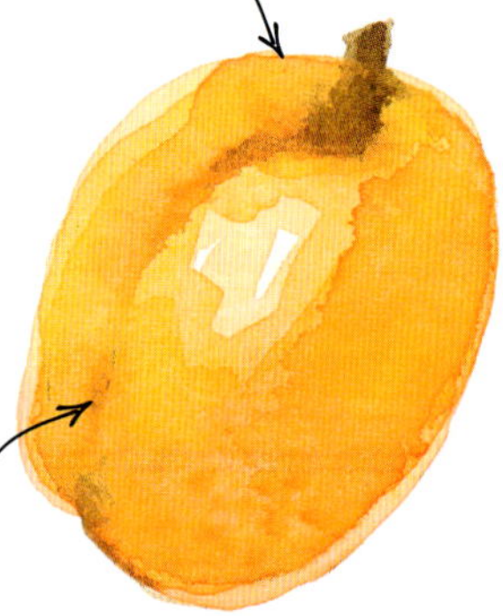

b) Eisenoxidbraun »auf halbnass« (Spalte, Flecken + Stiel)

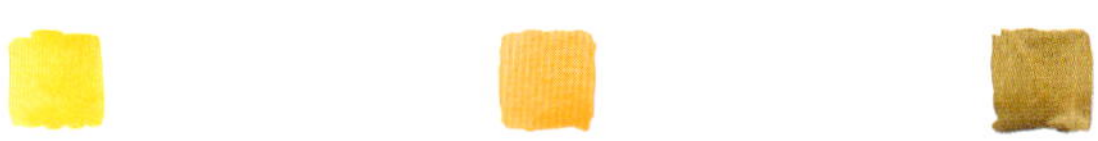

Kadmiumgelb

Kadmiumorange

Eisenoxidbraun

10

Linienzeichnung

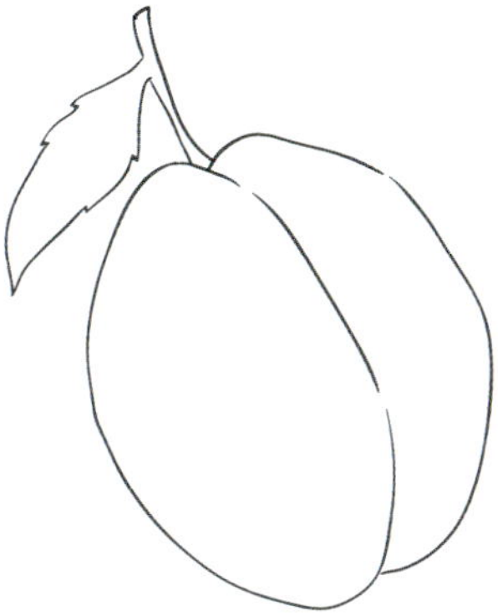

»Auf nass«

Mischung aus Saftgrün + Chromoxidgrün

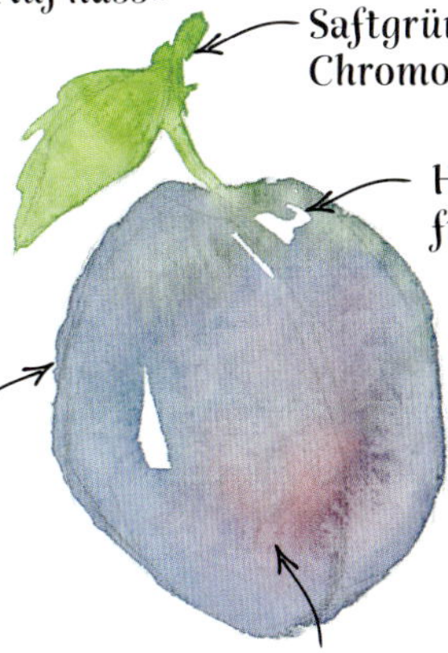

Highlights freilassen

Ultramarin

Tropfen von Chinacridon Violett

Wiederholen des vorherigen Schrittes, »auf trocken« beginnend

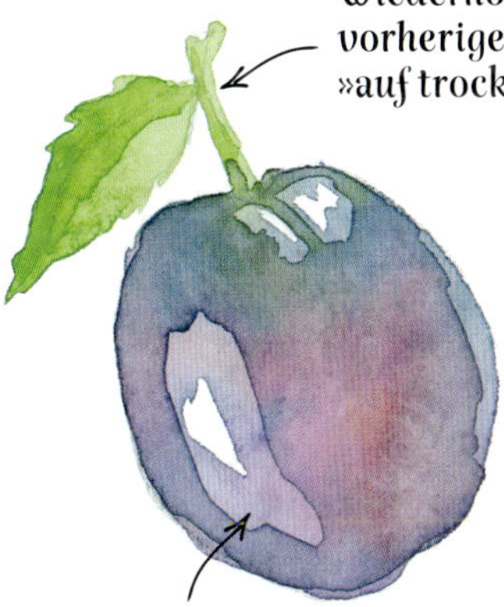

Größere Highlights freilassen

c) Kobaltgrün tief »auf trocken«

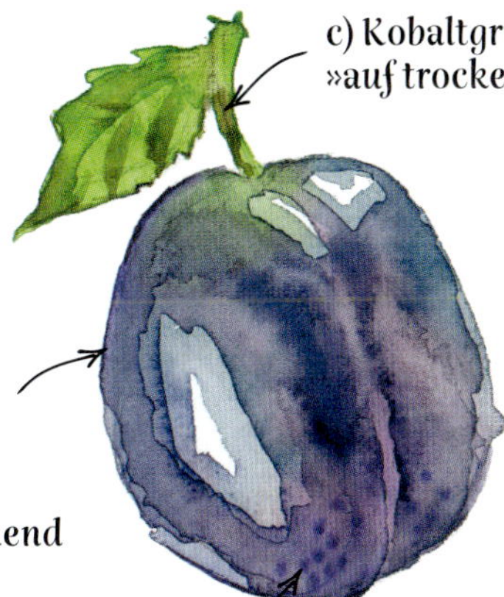

a) Wiederholen des vorherigen Schrittes, »auf trocken« beginnend

b) Tropfen von Ultramarin »auf nass« (Flecken + jede Seite des Spaltes)

Ultramarin | Chinacridon Violett | Saftgrün | Chromoxidgrün | Kobaltgrün tief

11

Linienzeichnung

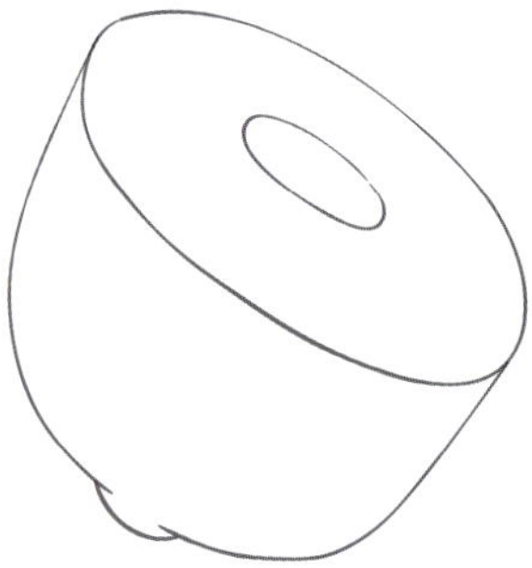

b) Mischung aus Saftgrün + Kobaltgrün rein

a) Kadmiumgelb (ganze Frucht)

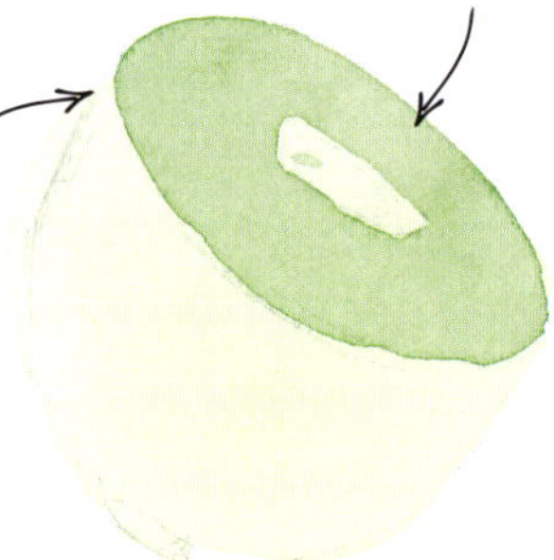

»Auf trocken«

a) Tropfen von Kobaltgrün tief »auf nass« (entlang äußerer + innerer Kanten)

b) Linien von inneren Tropfen nach außen ziehen

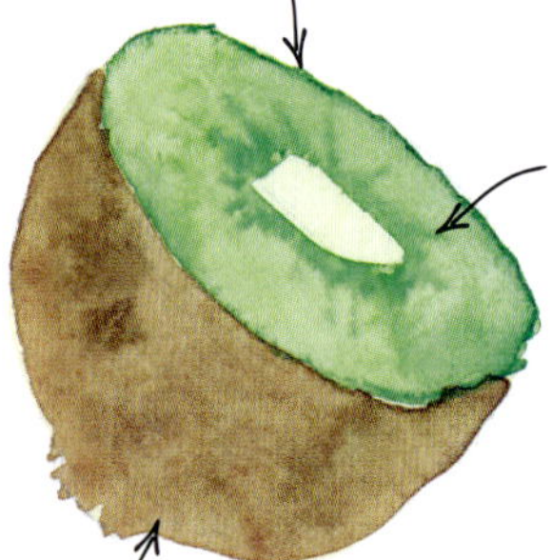

c) Umbra »auf trocken«

b) Mischung aus Saftgrün + Kobaltgrün rein »auf trocken« (entlang äußerer und innerer Kanten)

c) Umbra »auf halbnass« (Samenkörner)

a) Im nassen Zustand einen Pinsel benutzen, um eine haarige Kante zu erzeugen

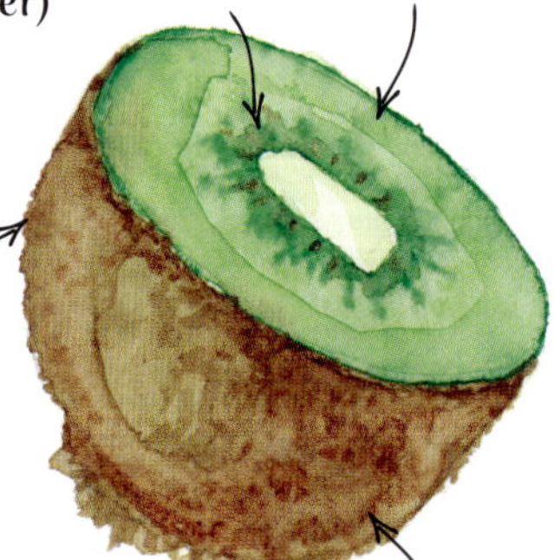

d) Umbra »auf trocken«, Highlight freilassen + mit einem Pinsel die Hautstruktur nachahmen

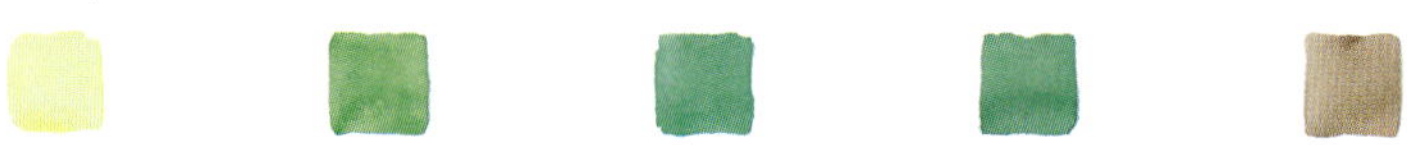

Kadmiumgelb | Saftgrün | Kobaltgrün rein | Kobaltgrün tief | Umbra

12

Linienzeichnung

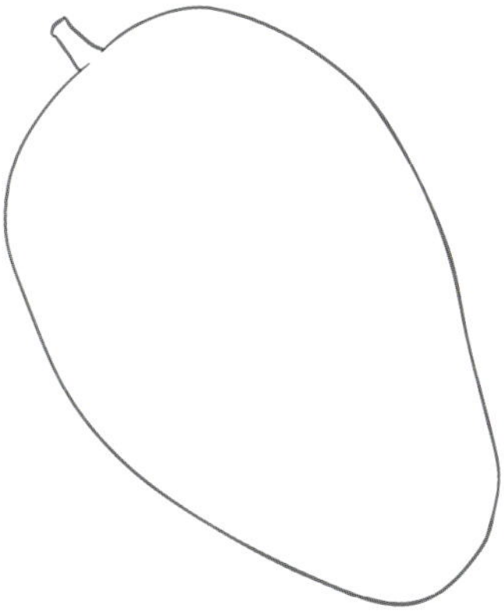

»Auf nass«

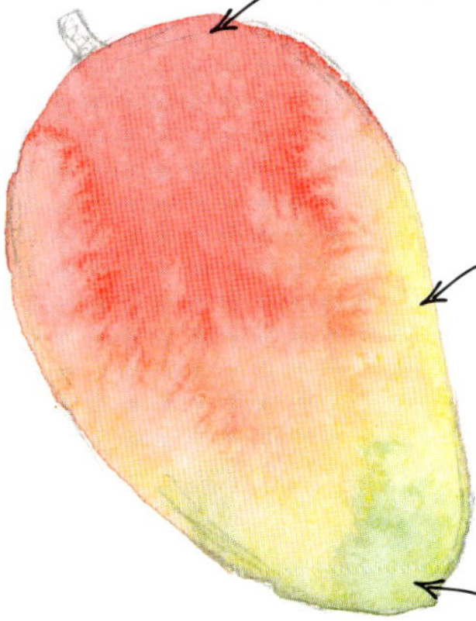

Karmin

Kadmiumgelb

Saftgrün

a) Wiederholen des vorherigen Schrittes, »auf trocken« beginnend

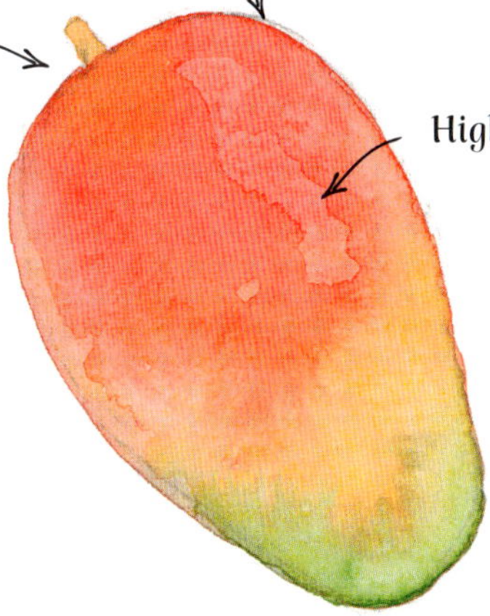

b) Siena gebrannt »auf nass« (Oberseite der Frucht + Stiel)

Highlights freilassen

a) Wiederholen des vorherigen Schrittes

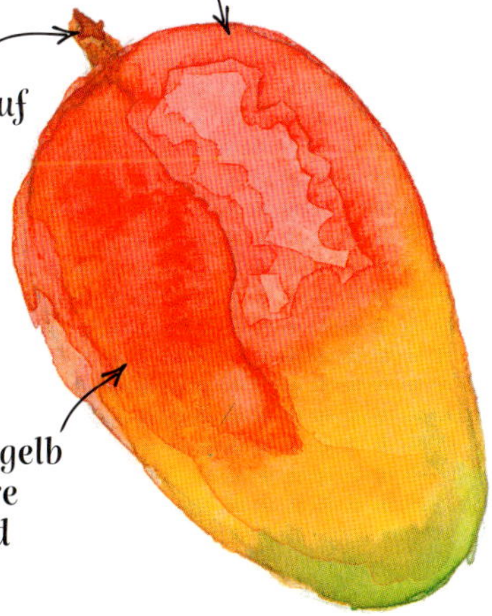

b) Siena gebrannt »auf trocken« (Details)

c) Karmin + Kadmiumgelb »auf trocken«, größere Highlights freilassend

Karmin

Kadmiumgelb

Saftgrün

Siena gebrannt

13

Linienzeichnung

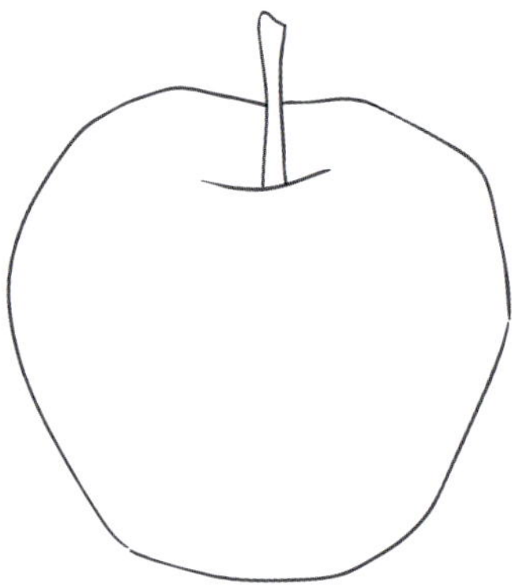

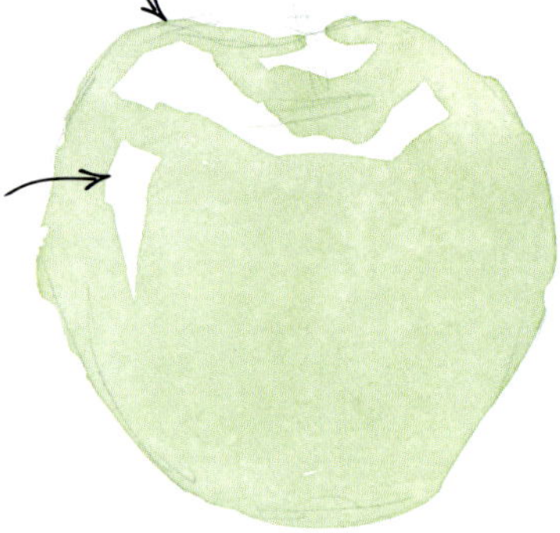

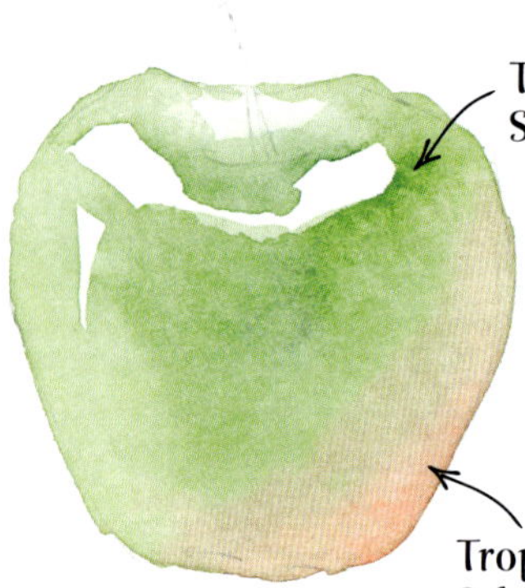

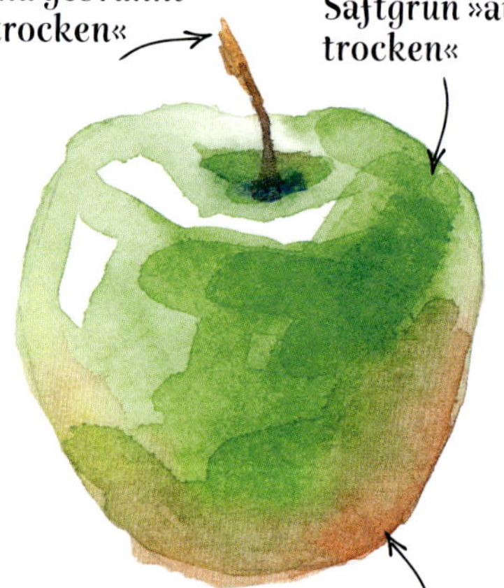

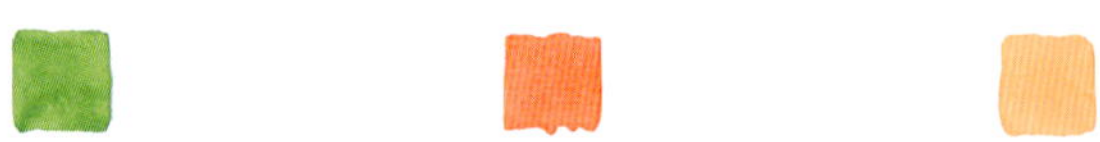

Saftgrün Scharlachrot Siena gebrannt

14

Linienzeichnung

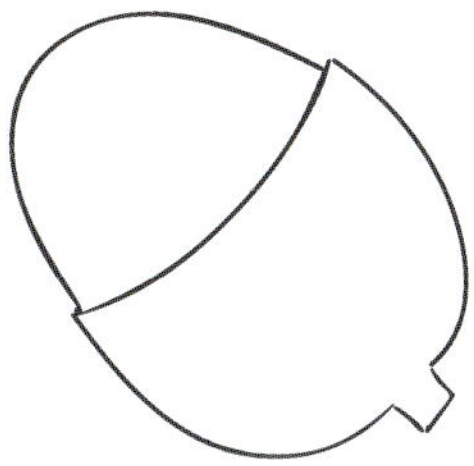

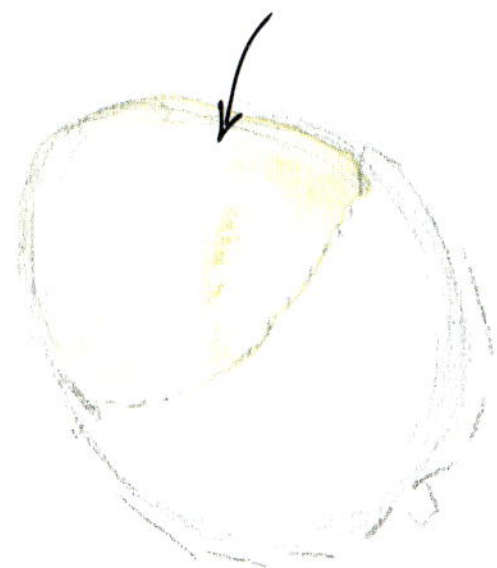

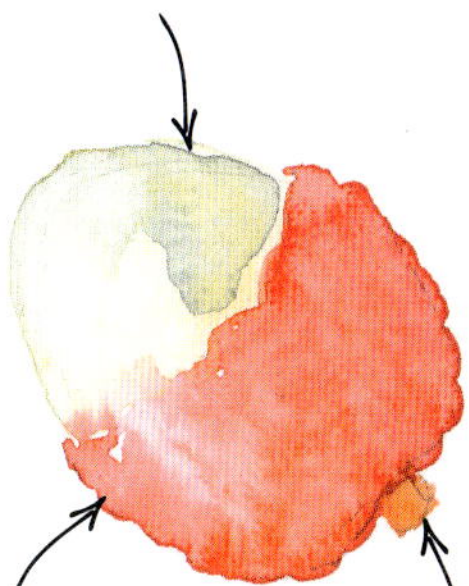

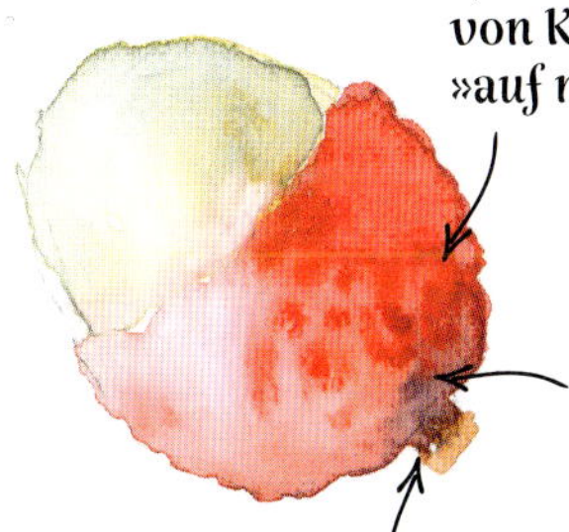

15

Linienzeichnung

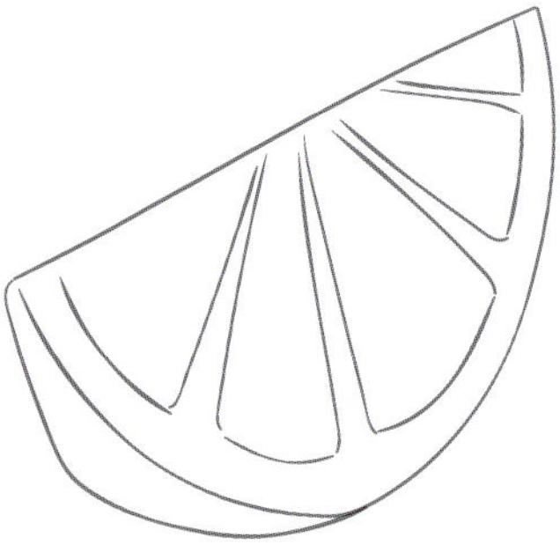

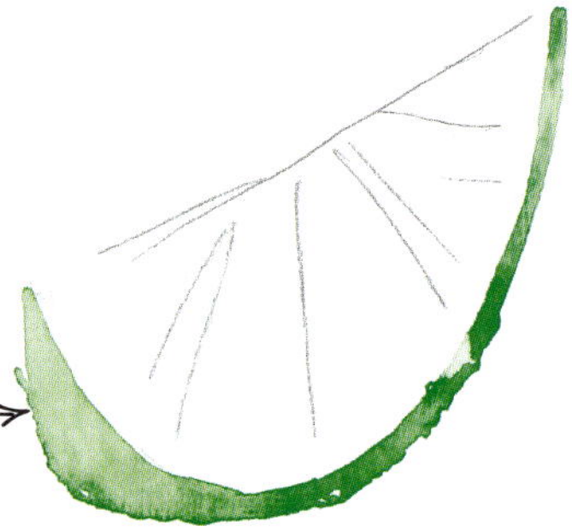

Mischung aus Smaragdgrün + Kobaltgrün rein

Saftgrün

Kadmiumgelb

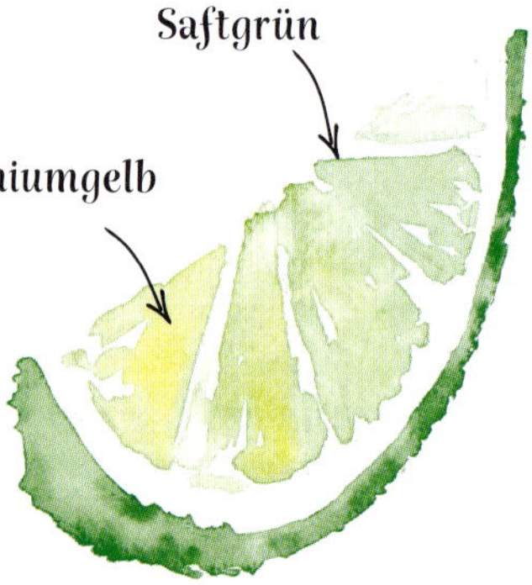

»Auf nass«

Tropfen von einer Mischung aus Smaragdgrün + Kobaltgrün rein

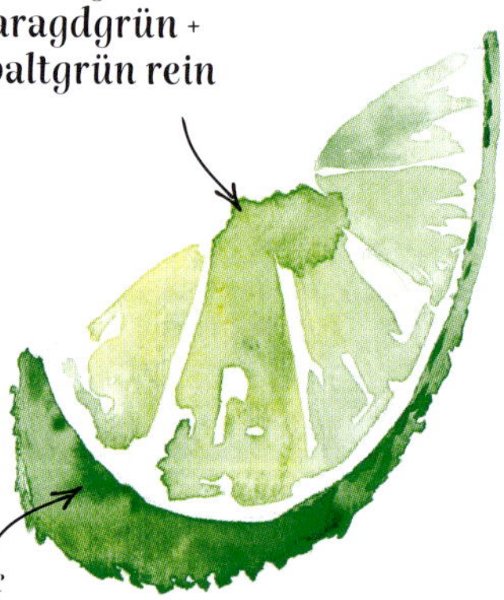

Tropfen der gleichen Mischung auf der Schale anbringen

»Auf nass«

Smaragdgrün

Kobaltgrün rein

Saftgrün

Kadmiumgelb

16

Linienzeichnung

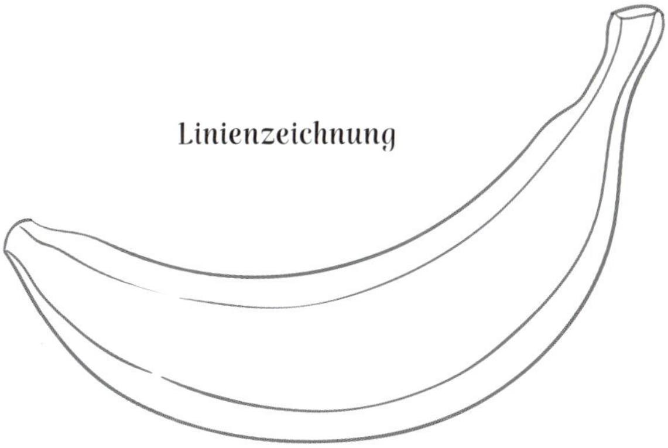

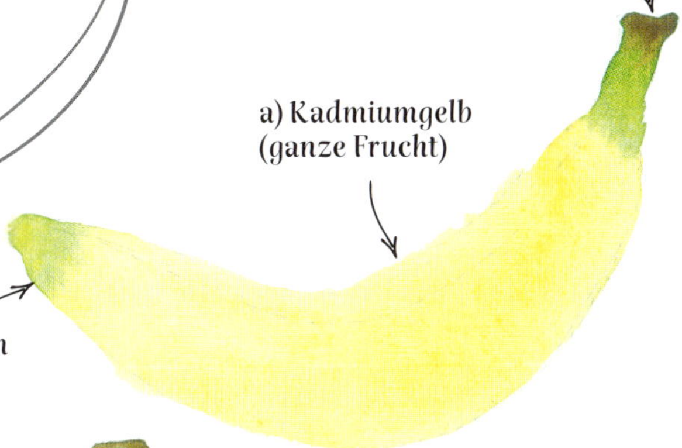

»Auf nass«

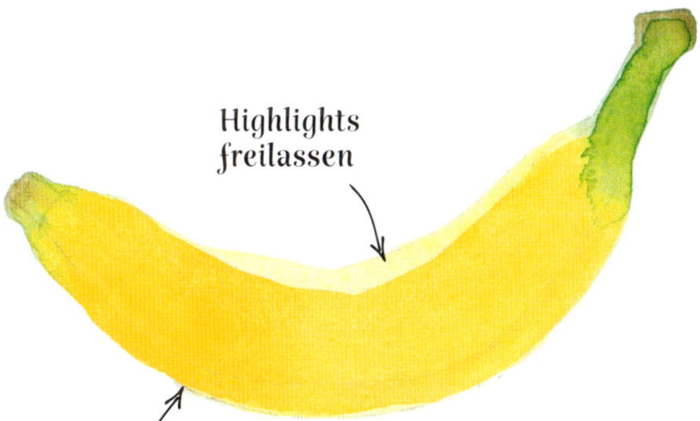

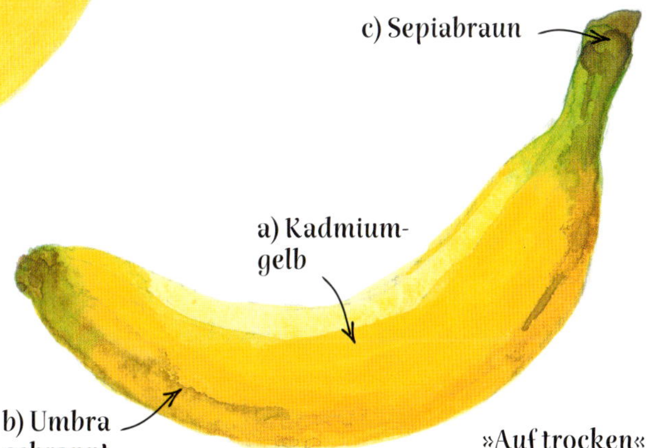

»Auf trocken«

Kadmiumgelb | Saftgrün | Umbra gebrannt | Sepiabraun

17

Linienzeichnung

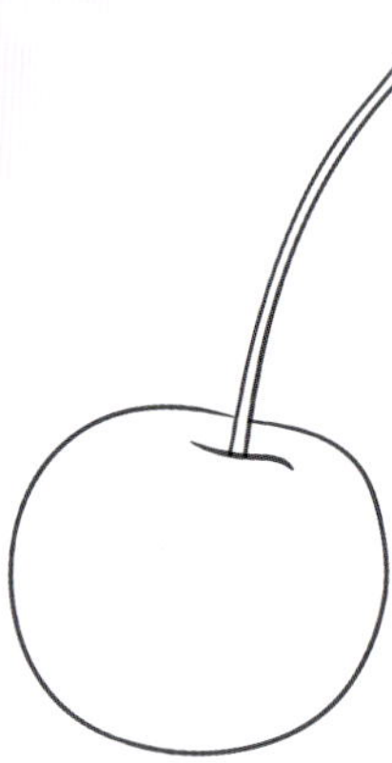

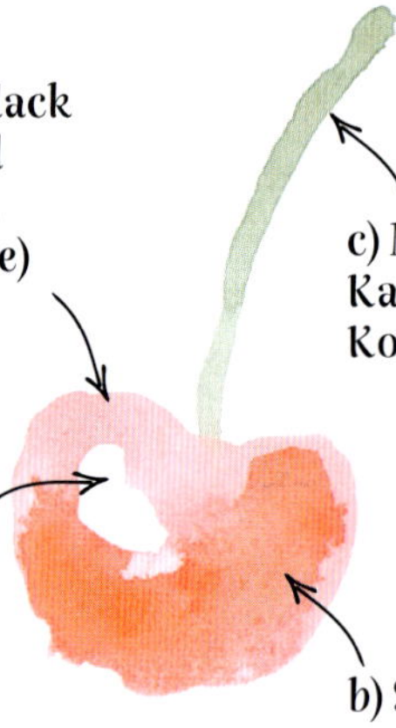

»Auf nass«

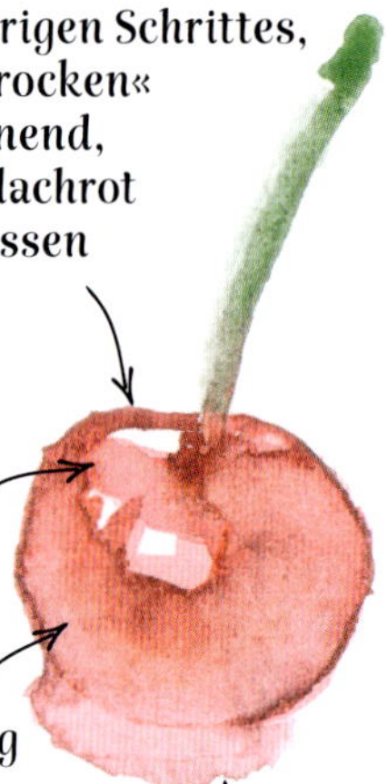

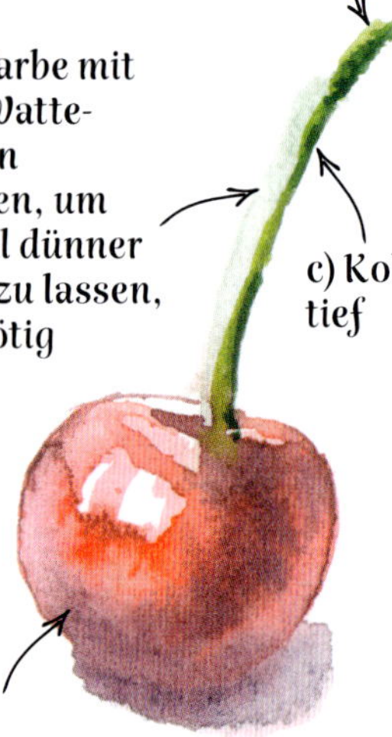

»Auf trocken«

Krapplack dunkel | Scharlachrot | Kadmiumgelb | Kobaltgrün tief | Manganviolett | Delftblau

18

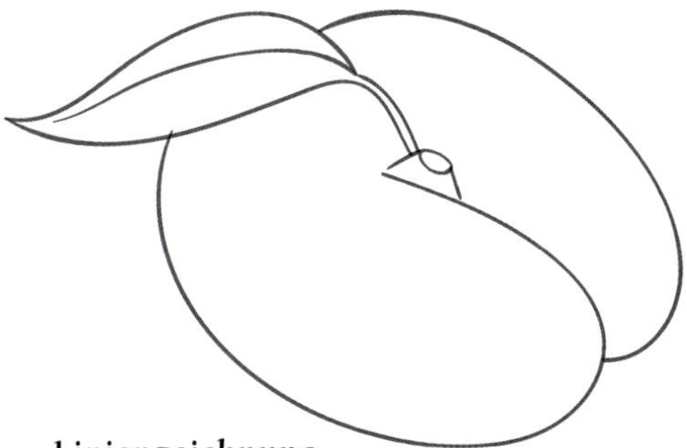

Linienzeichnung

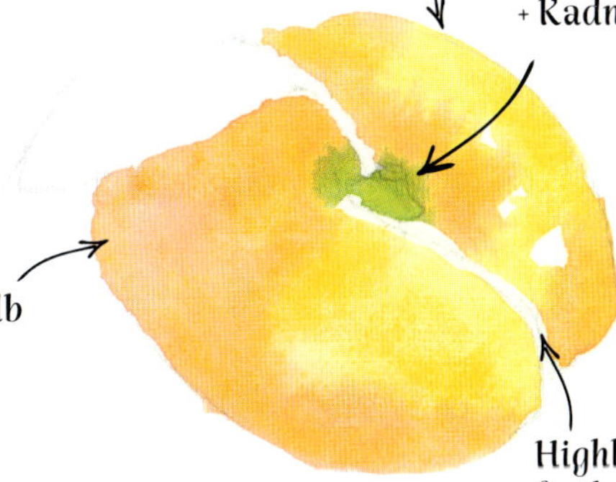

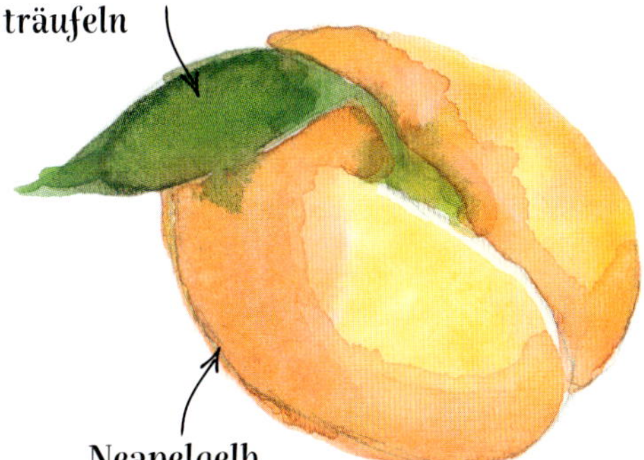

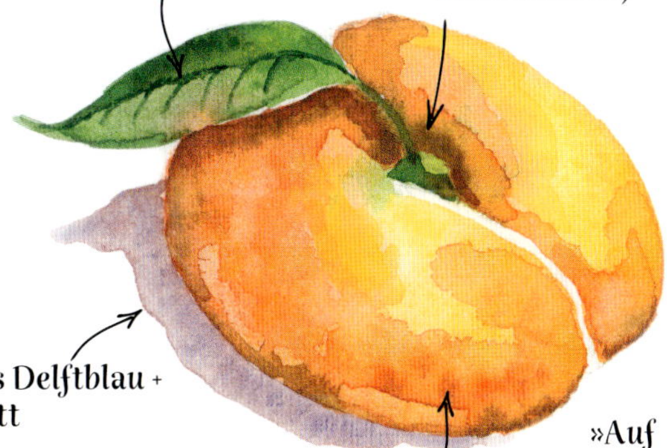

Kadmiumgelb | Neapelgelb rötlich | Kobaltgrün tief | Siena gebrannt | Delftblau | Manganviolett

19

Linienzeichnung

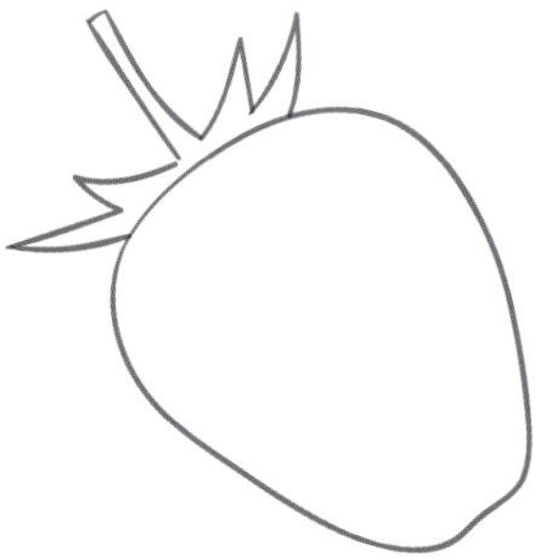

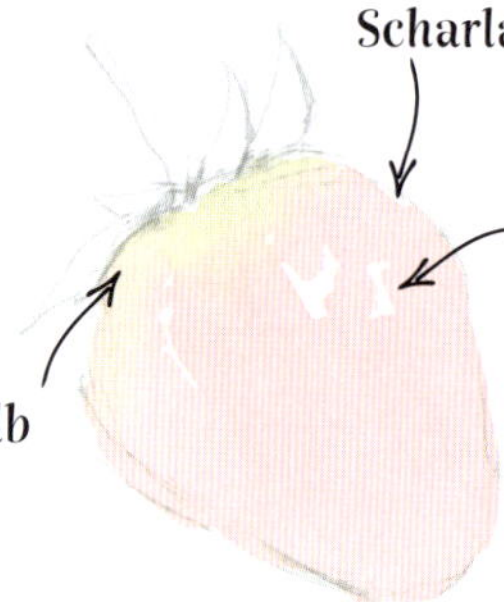

Scharlachrot

Highlights freilassen

Kadmiumgelb

»Auf nass«

»Auf trocken«

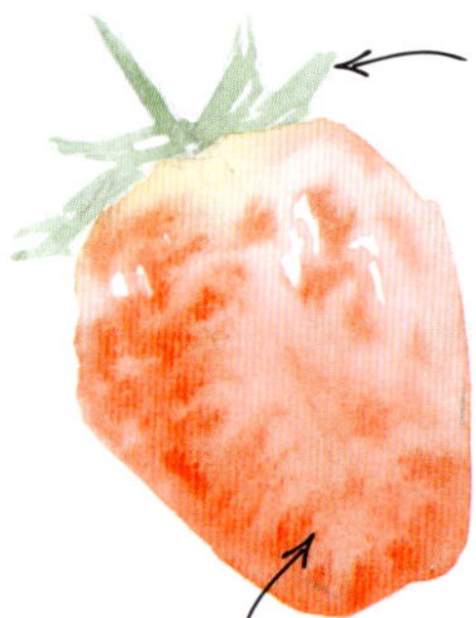

Saftgrün

Scharlachrot + Tropfen von klarem Wasser

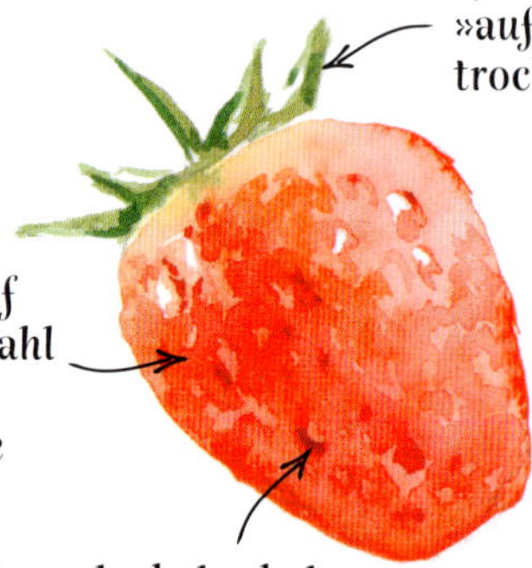

c) Saftgrün »auf trocken«

a) Scharlachrot »auf trocken«, ein Vielzahl kleiner Highlights freilassend (für die Samenkörner)

b) Krapplack dunkel »auf nass« (Schatten der Samenkörner)

Scharlachrot

Kadmiumgelb

Saftgrün

Krapplack dunkel

20

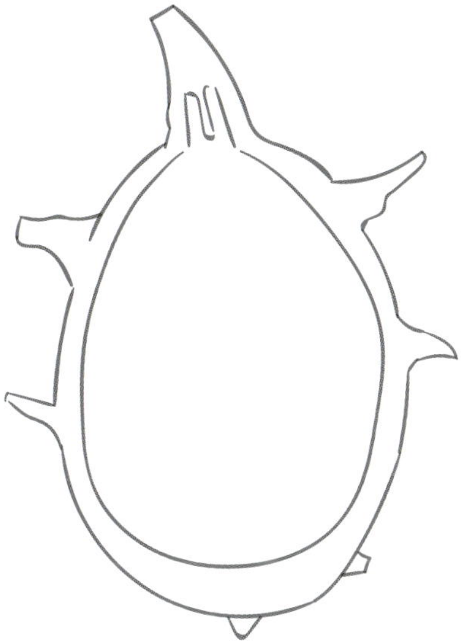

Linienzeichnung

a) Wasser (über das ganze Fruchtfleisch gepinselt)

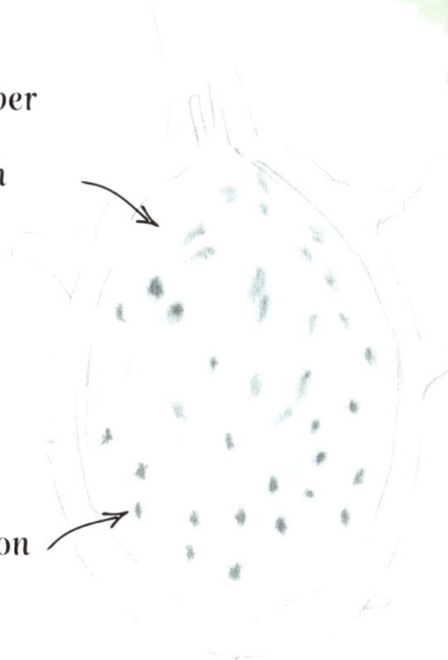

b) Tupfen von Lampen-schwarz

a) Eisenoxid-braun »auf halbnass«

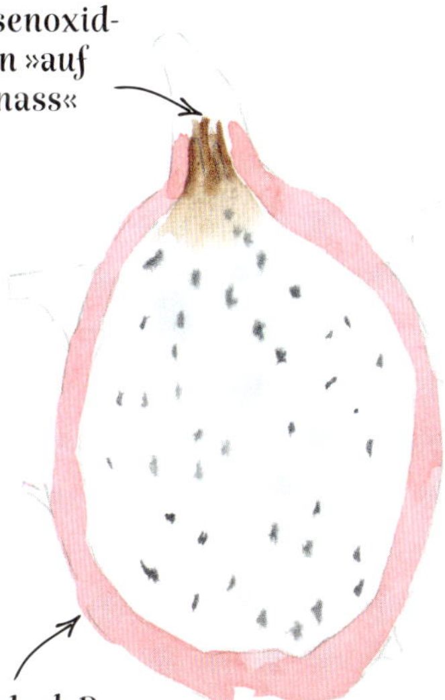

b) Krapplack Rosa »auf trocken«

»Auf nass«

a) Saftgrün »auf nass«, an den Spitzen zu kräftigerem Pigment übergehend

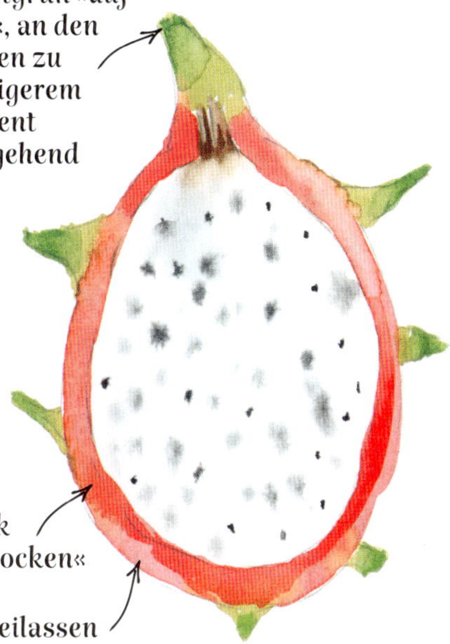

b) Krapplack Rosa »auf trocken«

Highlights freilassen

Lampen-schwarz | Eisenoxidbraun | Krapplack Rosa | Saftgrün

21

Linienzeichnung

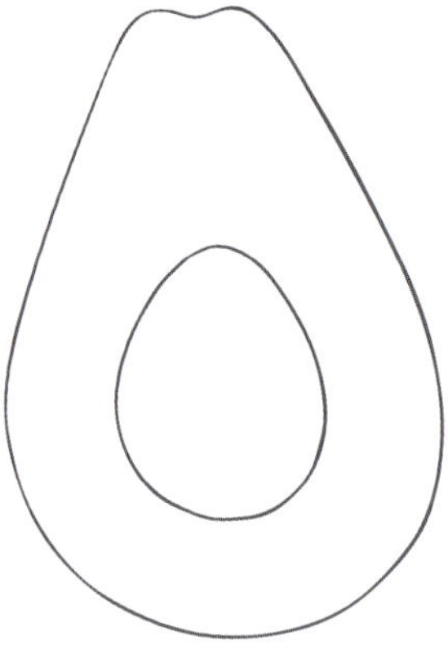

b) Mischung von Saftgrün + Chromoxidgrün »auf trocken«

c) Tropfen von Lichtem Ocker »auf nass«

a) Umbra gebrannt

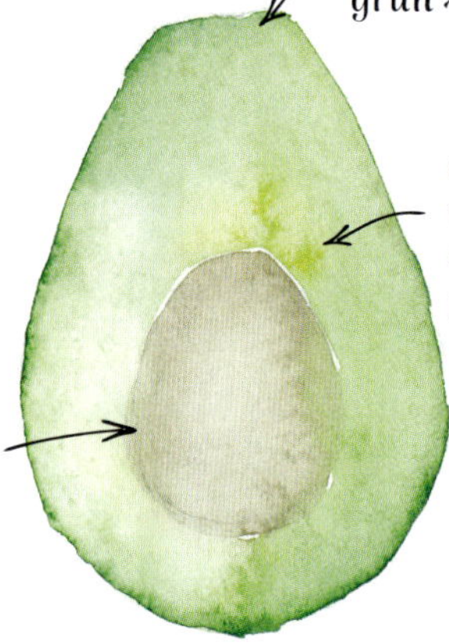

Highlights freilassen

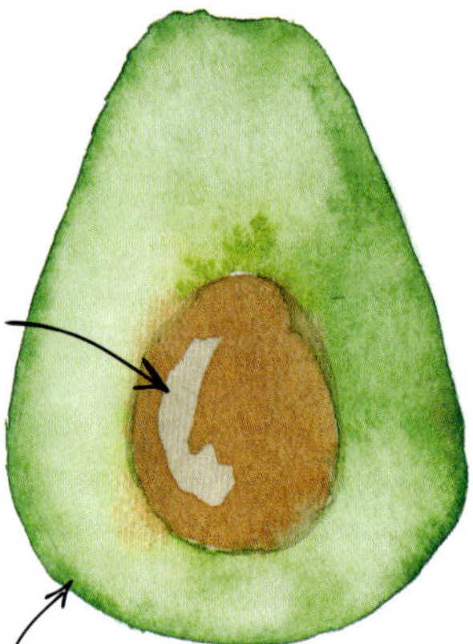

Wiederholen des vorherigen Schrittes, aber Siena gebrannt für den Kern benutzend

a) Tropfen von Kobaltgrün tief »auf nass« (Kanten)

b) Siena gebrannt »auf trocken« (Kern)

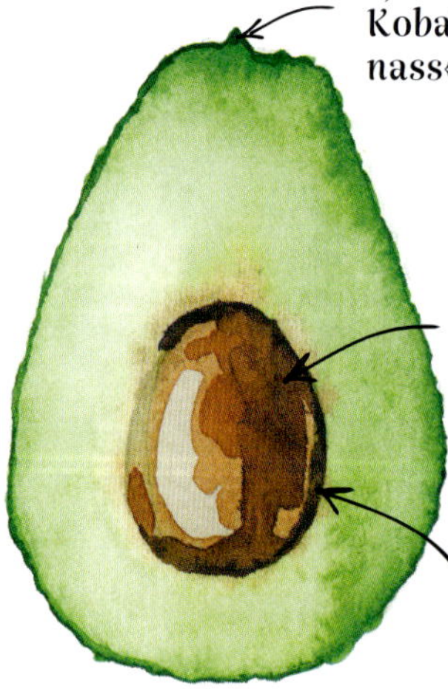

c) Umbra gebrannt »auf halbnass« (Kanten)

Umbra gebrannt | Saftgrün | Chromoxidgrün | Lichter Ocker | Siena gebrannt | Kobaltgrün tief

22

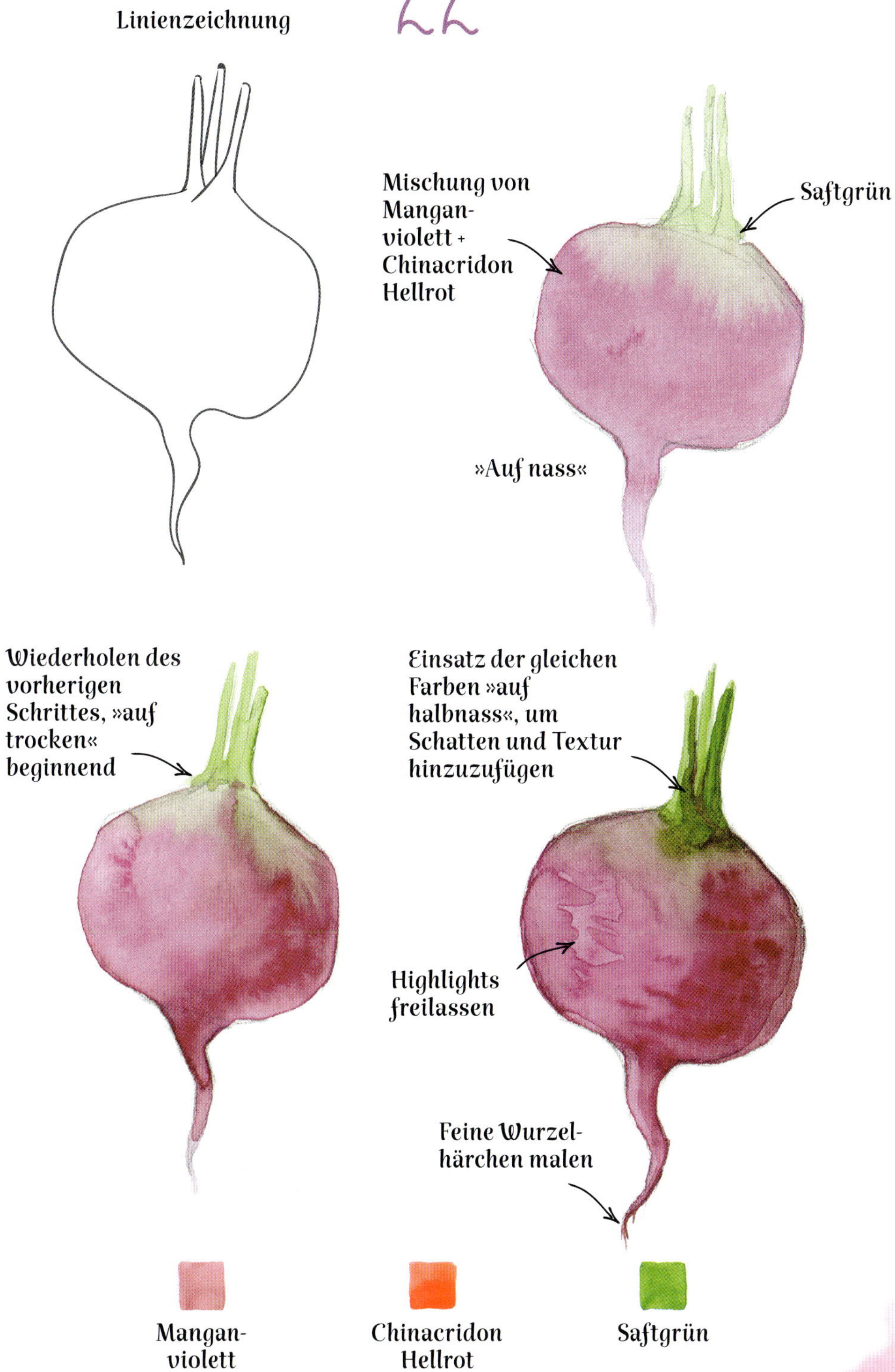
Linienzeichnung
Mischung von Mangan-violett + Chinacridon Hellrot
Saftgrün
»Auf nass«
Wiederholen des vorherigen Schrittes, »auf trocken« beginnend
Einsatz der gleichen Farben »auf halbnass«, um Schatten und Textur hinzuzufügen
Highlights freilassen
Feine Wurzelhärchen malen
Mangan-violett
Chinacridon Hellrot
Saftgrün

23

Linienzeichnung

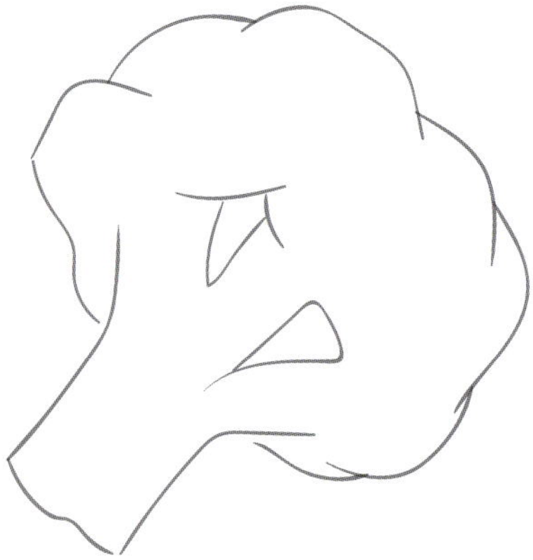

a) Saftgrün

b) Tropfen von Wasser

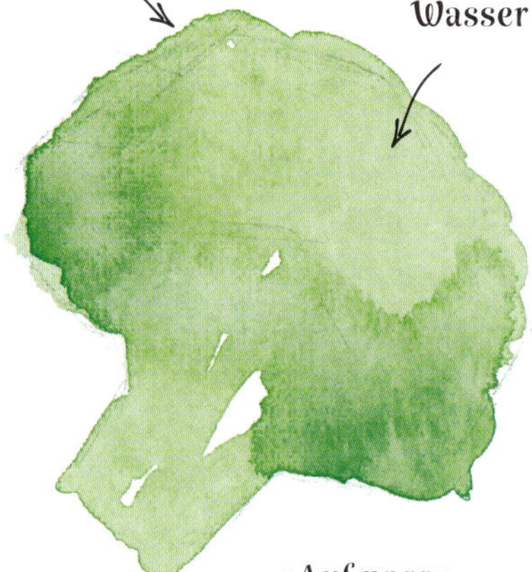

»Auf nass«

a) Saftgrün »auf trocken«

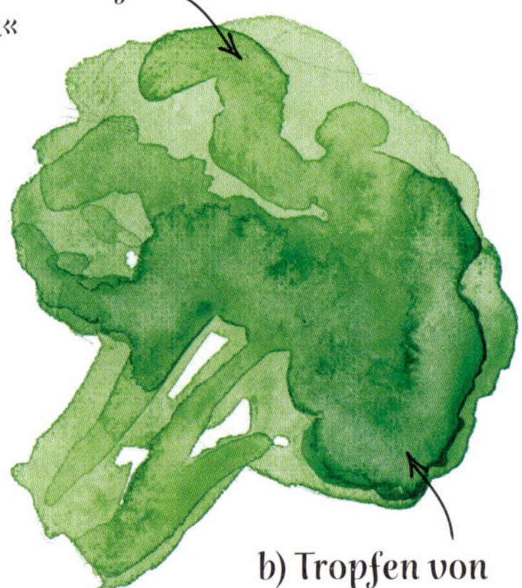

b) Tropfen von einer Mischung aus Kobaltgrün rein + Smaragdgrün »auf nass«

»Auf nass«

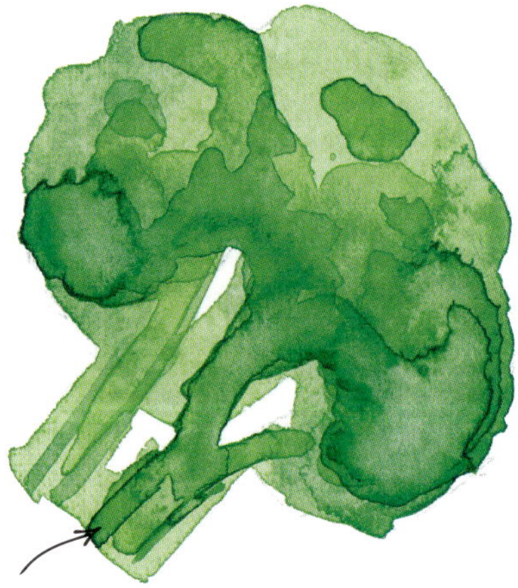

Mischung aus Kobaltgrün rein + Smaragdgrün

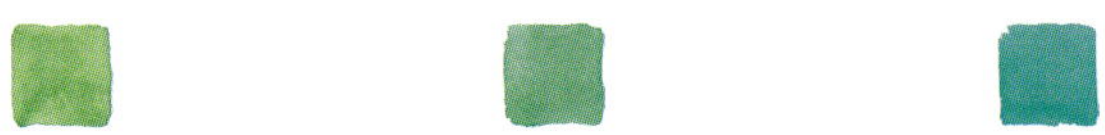

Saftgrün | Kobaltgrün rein | Smaragdgrün

24

Linienzeichnung

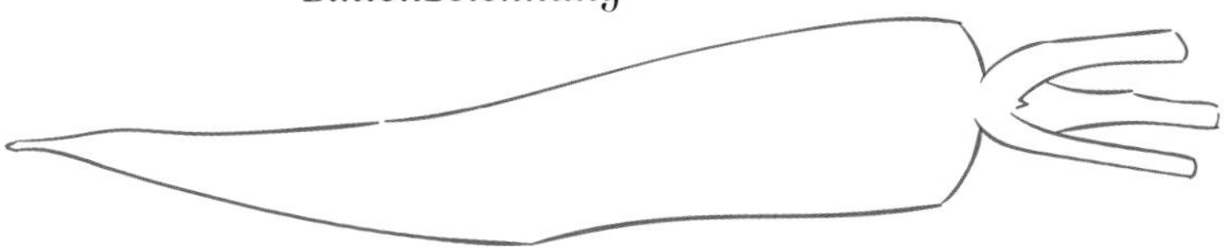

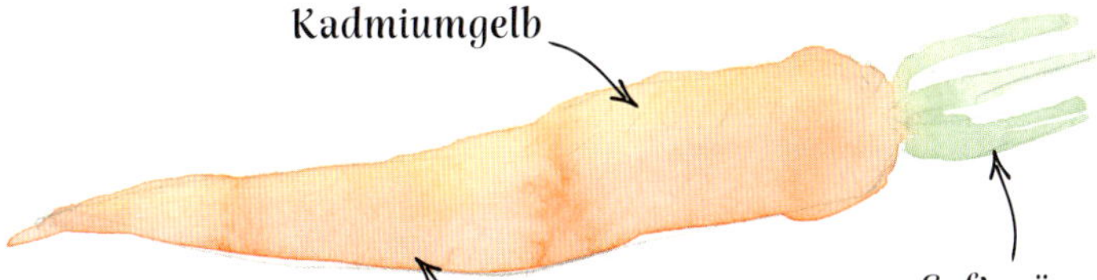

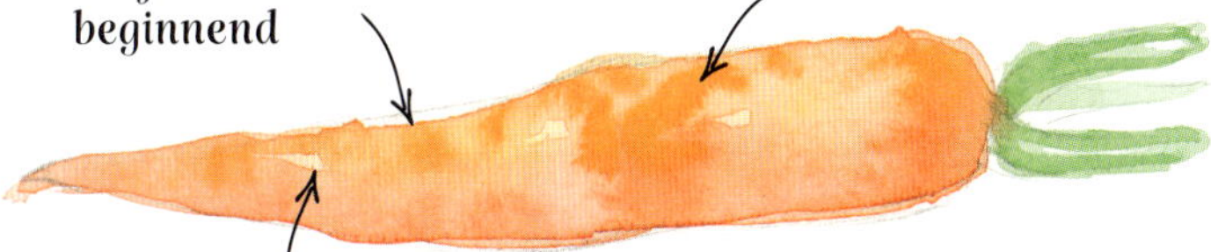

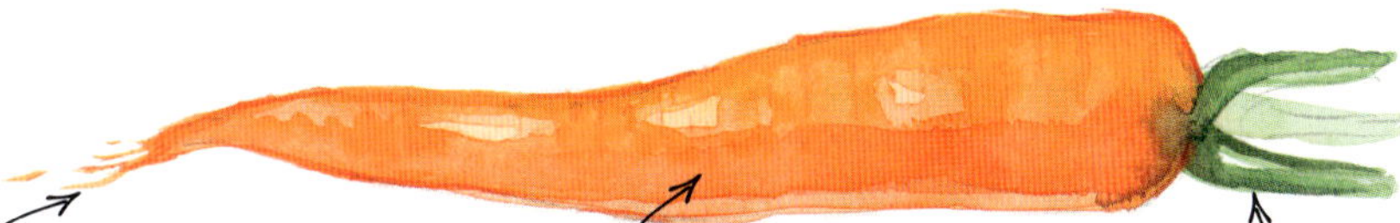

Linienzeichnung

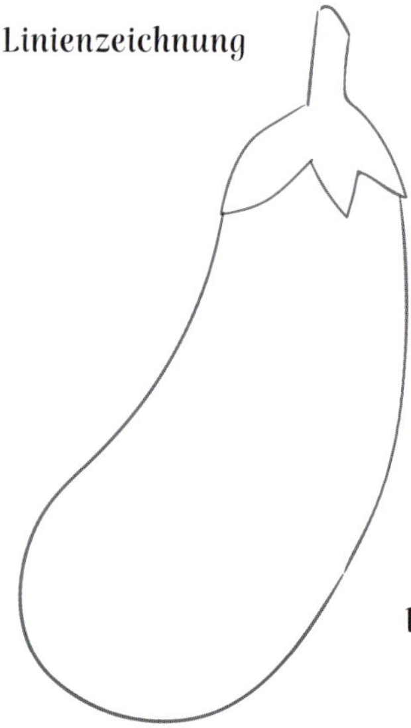

»Auf trocken«

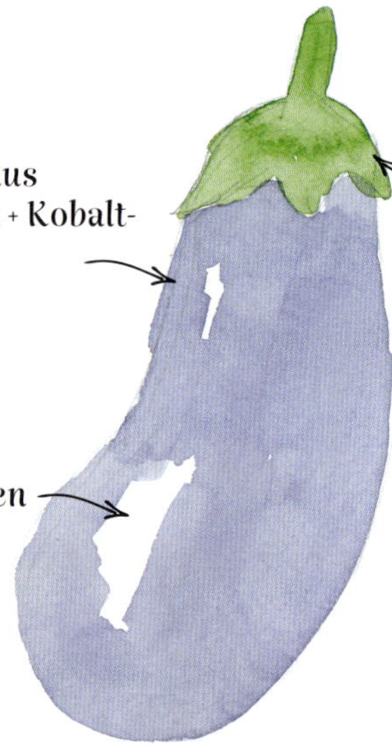

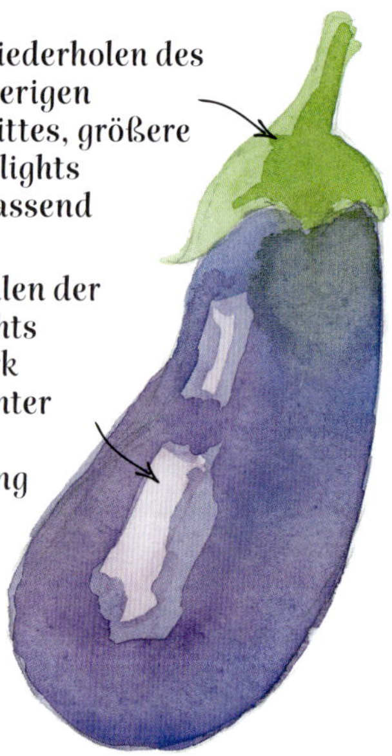

»Auf trocken«

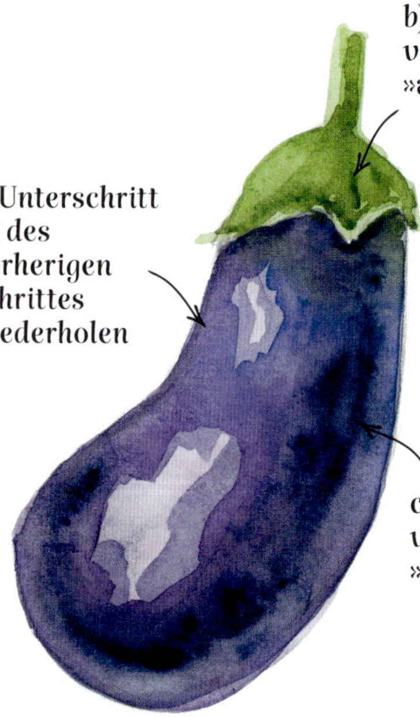

Ultramarin | Kobalt-violett | Saftgrün | Indigo

26

Linienzeichnung

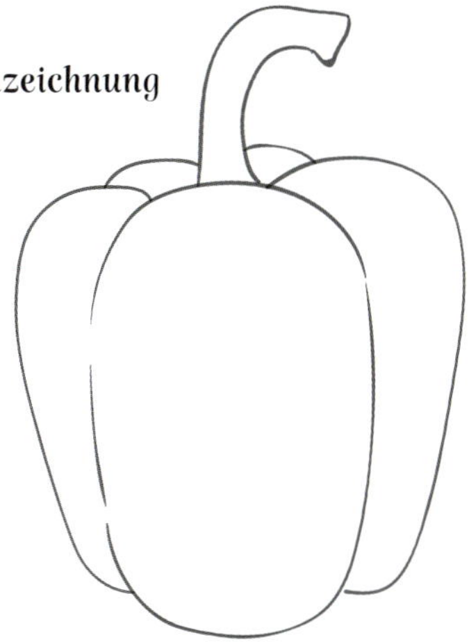

Scharlachrot

Mischung aus Saftgrün + Olivgrün gelblich

Highlights freilassen

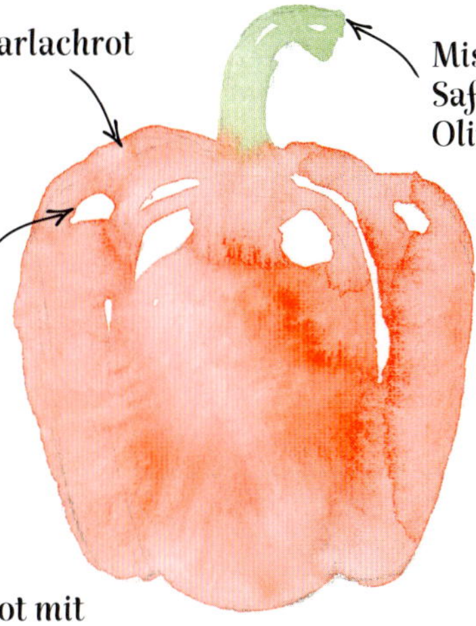

»Auf nass«

a) Wiederholen des vorherigen Schrittes, »auf trocken« beginnend

Bei den hinteren Rundungen das Rot mit Wasser auswaschen, um es aufzuhellen

Größere Highlights freilassen

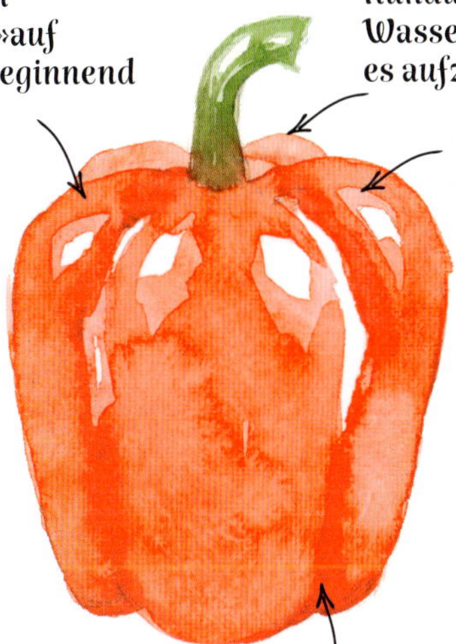

b) Tropfen von Scharlachrot »auf nass«

»Auf trocken«

Saftgrün + Olivgrün gelblich

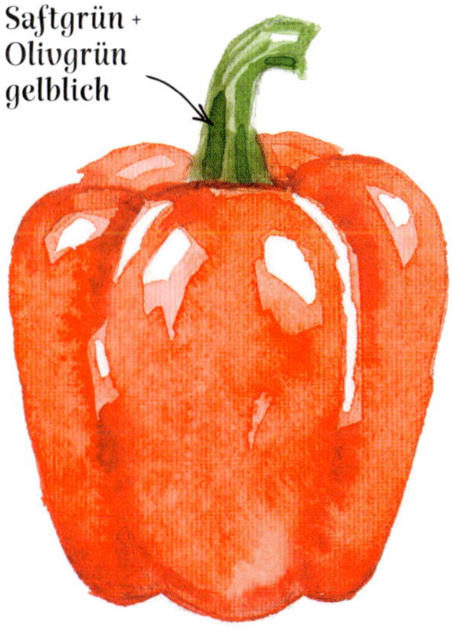

Scharlachrot

Saftgrün

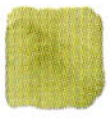

Olivgrün gelblich

27

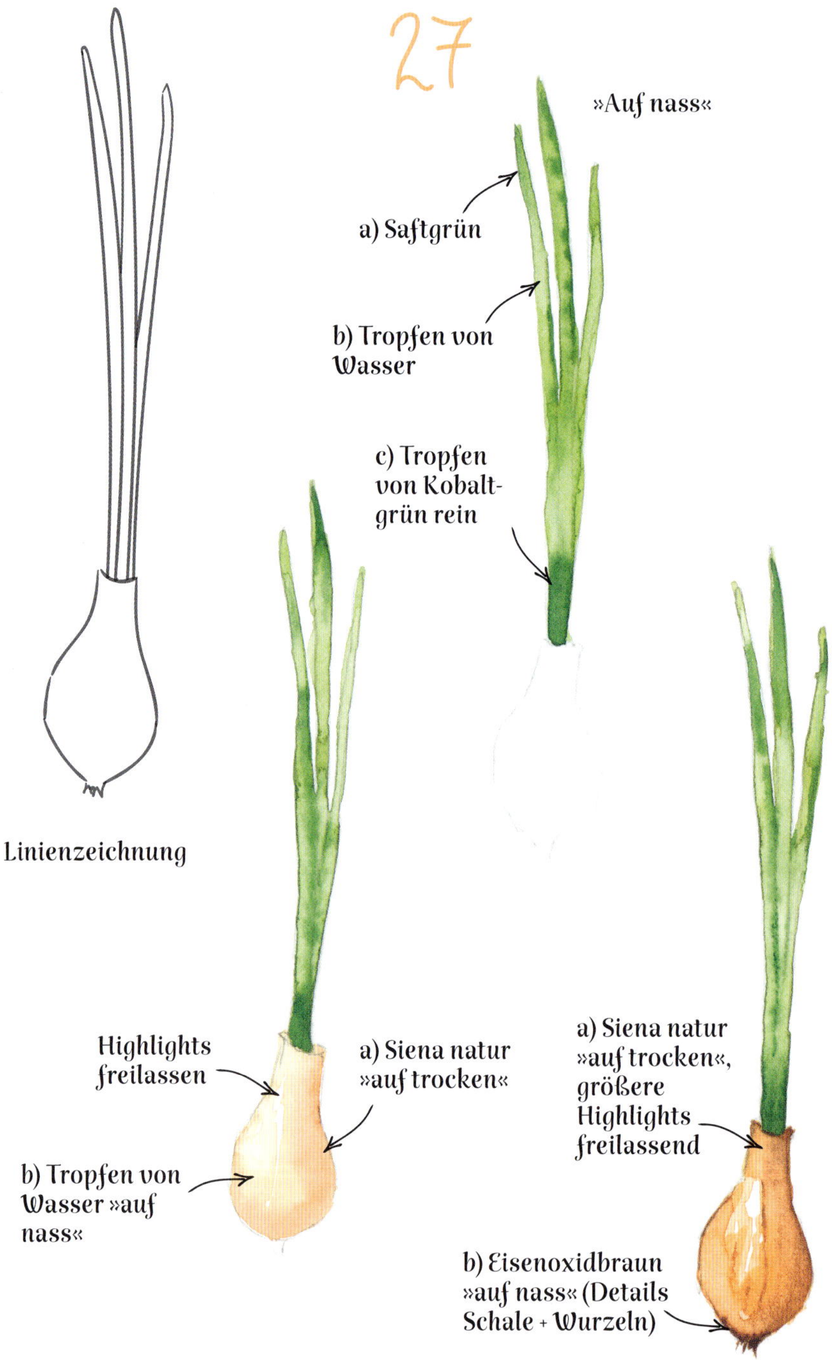
»Auf nass«
a) Saftgrün
b) Tropfen von Wasser
c) Tropfen von Kobaltgrün rein
Linienzeichnung
Highlights freilassen
a) Siena natur »auf trocken«
b) Tropfen von Wasser »auf nass«
a) Siena natur »auf trocken«, größere Highlights freilassend
b) Eisenoxidbraun »auf nass« (Details Schale + Wurzeln)

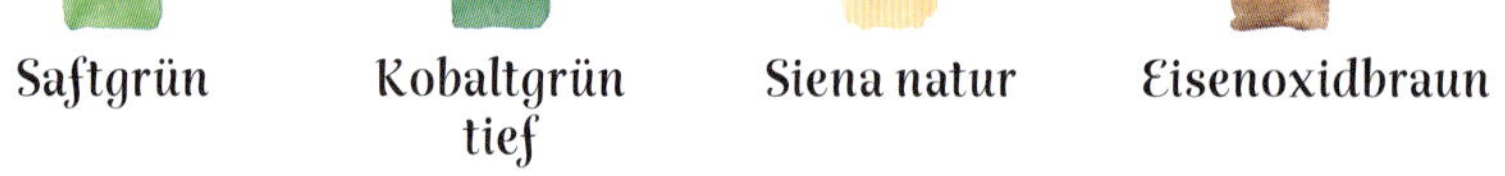
Saftgrün
Kobaltgrün tief
Siena natur
Eisenoxidbraun

28

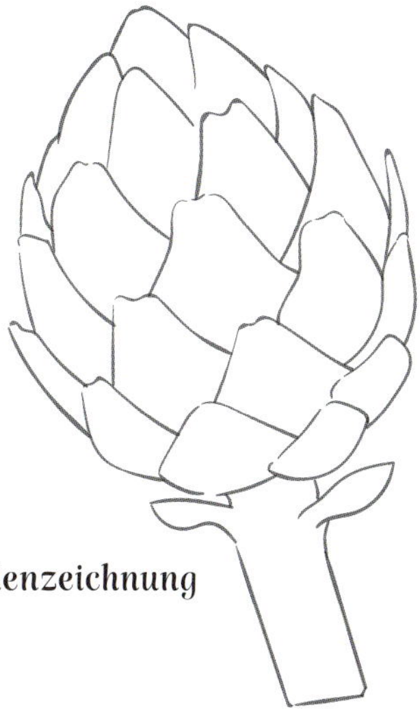

Linienzeichnung

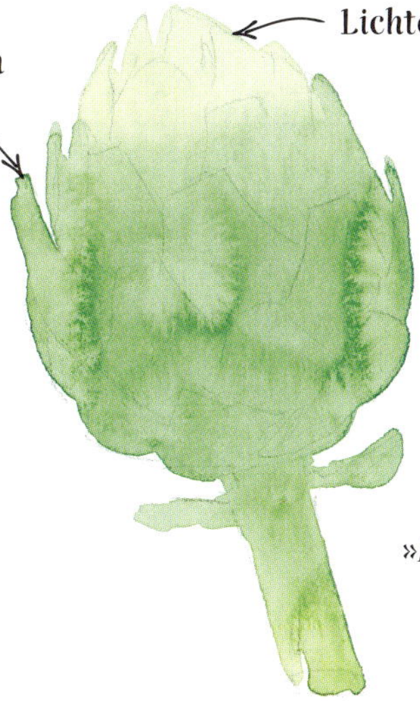

Lichter Ocker

Saftgrün

»Auf nass«

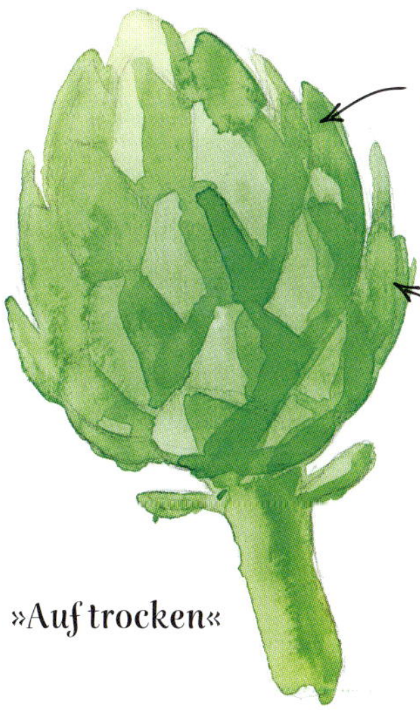

Zwei Schichten von Kobaltgrün rein (um die Hüllblätter zu definieren)

Dabei die zweite Schicht nur auf die Seite auftragen, auf der der Schatten liegen soll

»Auf trocken«

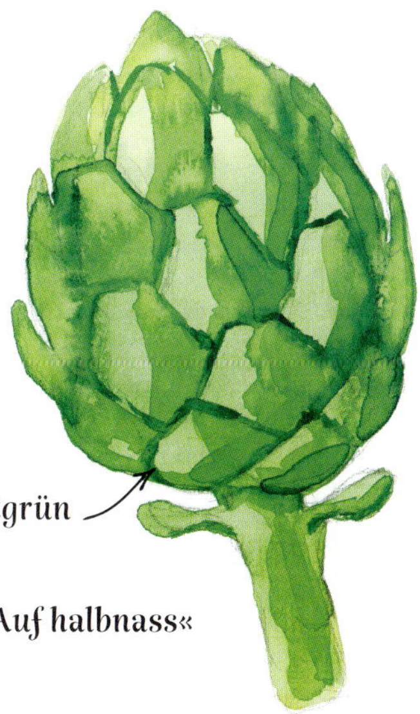

Saftgrün

»Auf halbnass«

Saftgrün

Lichter Ocker

Kobaltgrün rein

29

Linienzeichnung

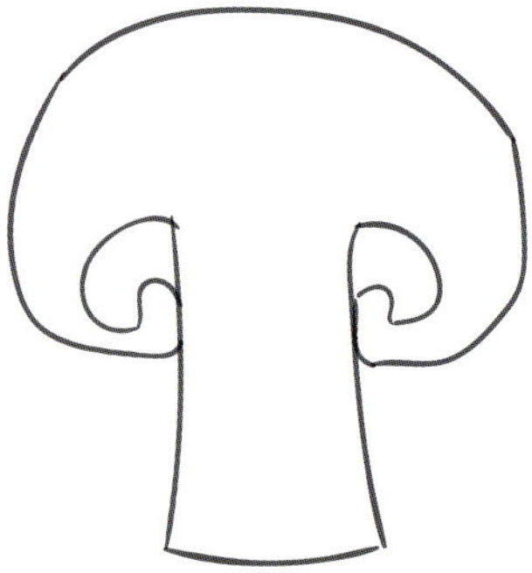

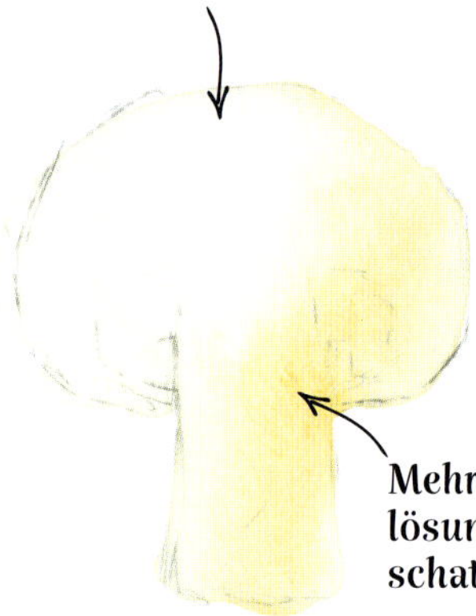

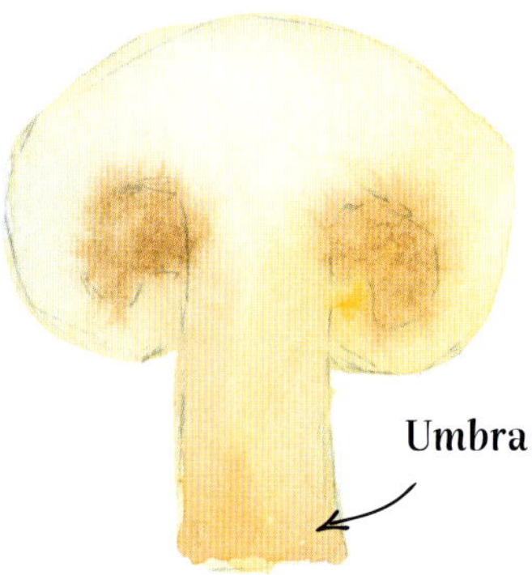

»Auf nass«

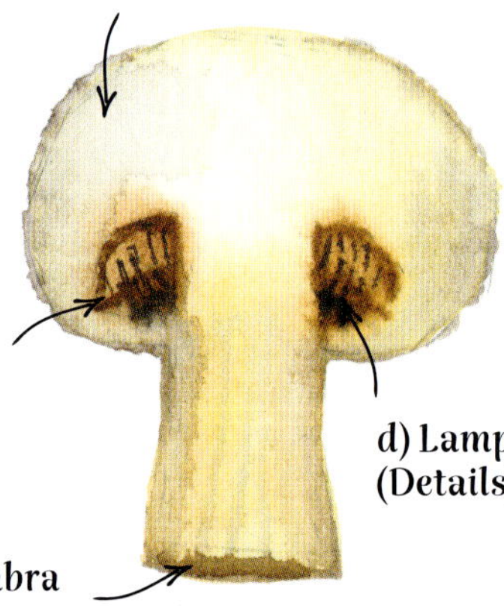

»Auf trocken«

Lichter Ocker

Umbra gebrannt

Lampenschwarz

30

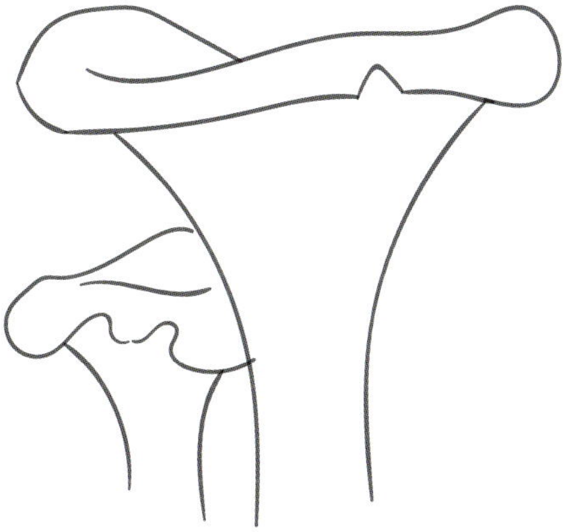

Linienzeichnung

Neapelgelb rötlich

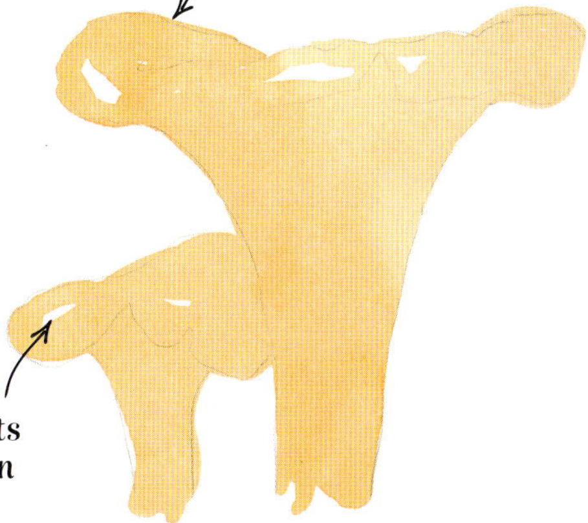

Highlights freilassen

Tropfen von Indischgelb

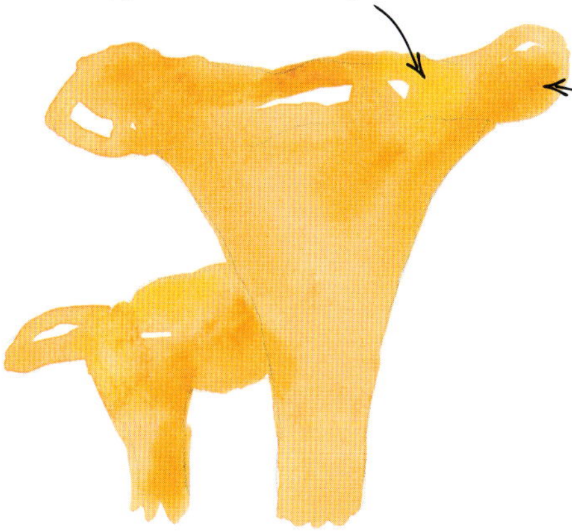

Tropfen von Neapelgelb rötlich

»Auf nass«

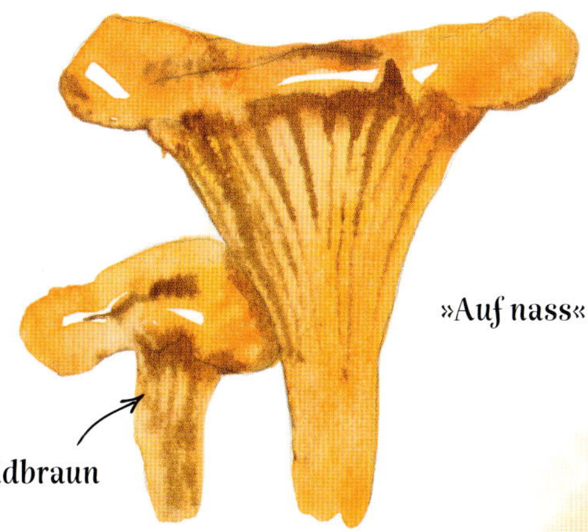

»Auf nass«

Eisenoxidbraun

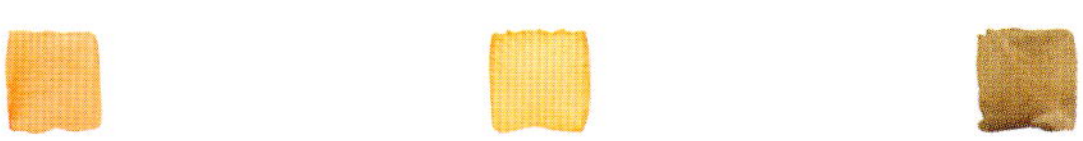

Neapelgelb rötlich

Indischgelb

Eisenoxidbraun

31

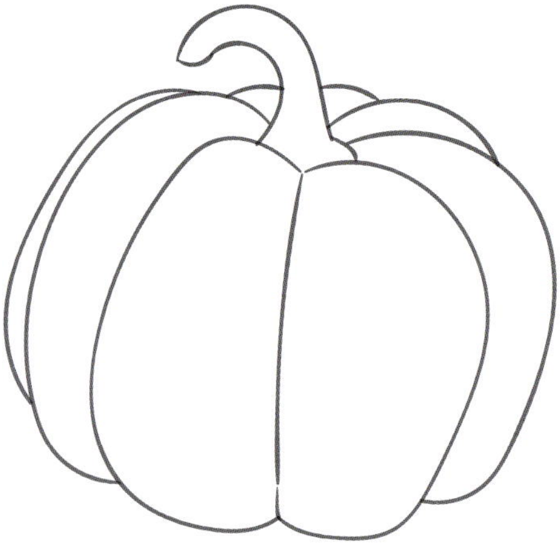

Linienzeichnung

Chromgelbton dunkel

Mischung aus Kobaltgrün tief + Kadmiumgelb

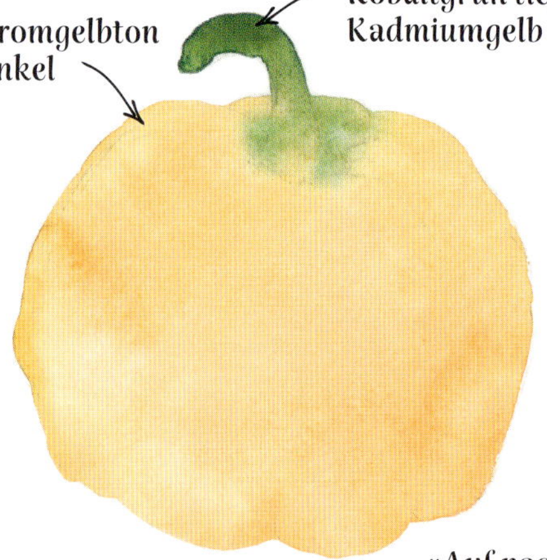

»Auf nass«

Highlights freilassen

a) Mischung aus Chromgelbton dunkel + Neapelgelb rötlich »auf trocken«

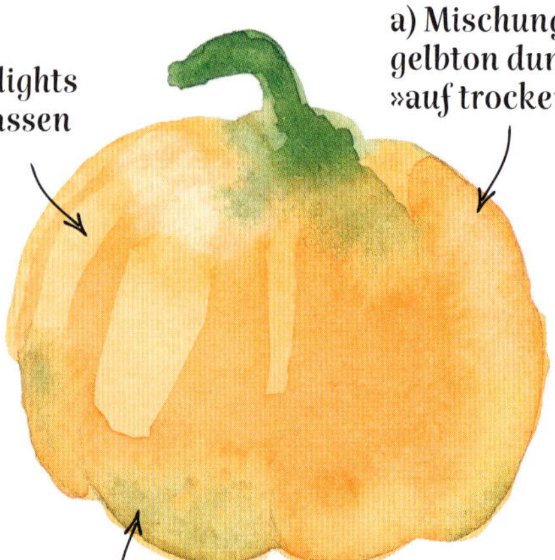

b) Tropfen von Kobaltgrün tief »auf nass«

»Auf trocken«

Kobaltgrün tief

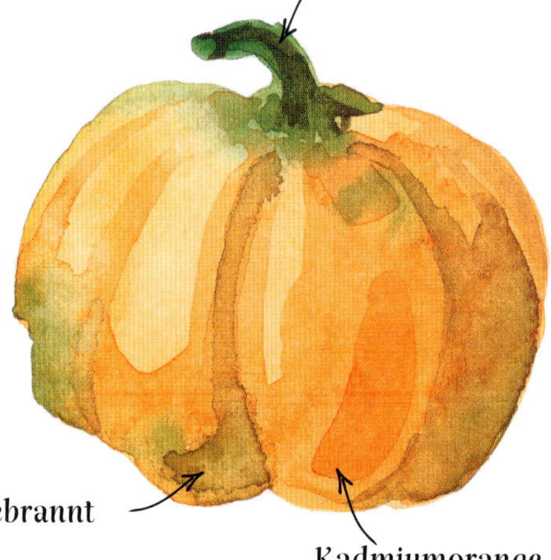

Siena gebrannt

Kadmiumorange

Chromgelbton dunkel	Kobaltgrün tief	Kadmiumgelb	Neapelgelb rötlich	Siena gebrannt	Kadmiumorange

32

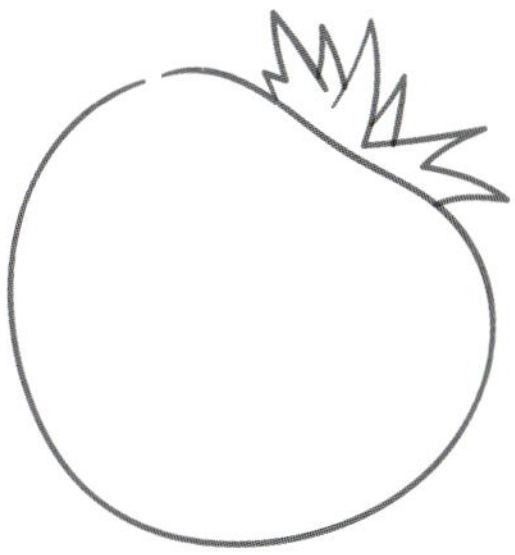
Linienzeichnung

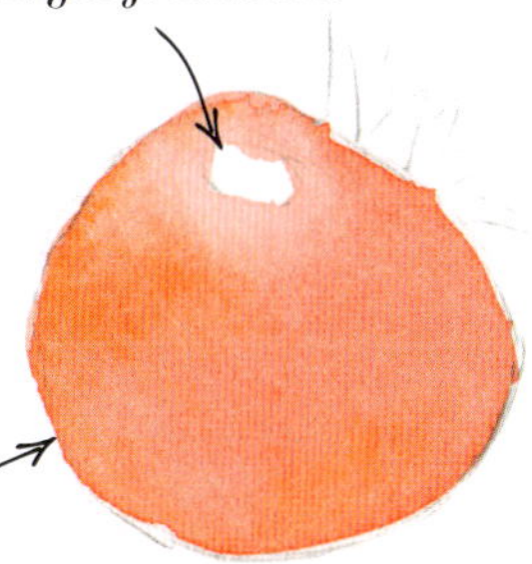
Highlight freilassen
Scharlachrot

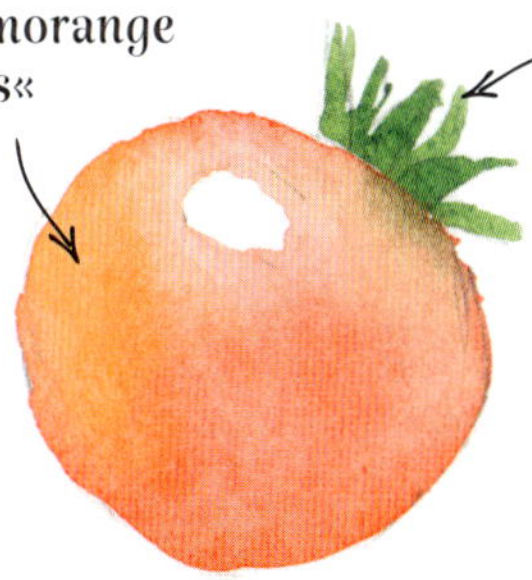
a) Tropfen von Kadmiumorange »auf nass«
b) Saftgrün »auf trocken«

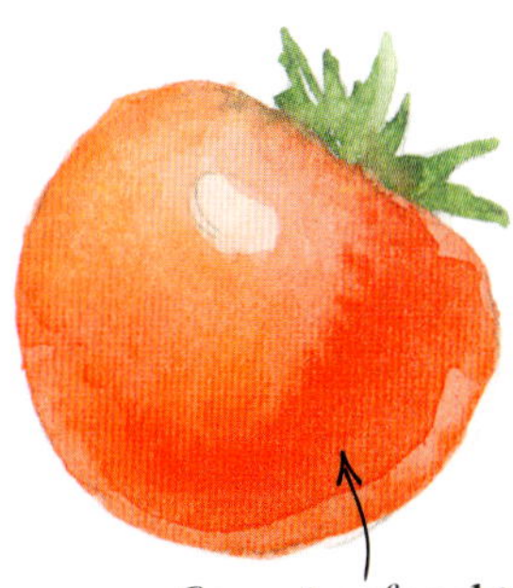
Erneut anfeuchten mit Wasser, dann Krapplack dunkel auftragen

Scharlachrot
Kadmium-orange
Saftgrün
Krapplack dunkel

33

Linienzeichnung

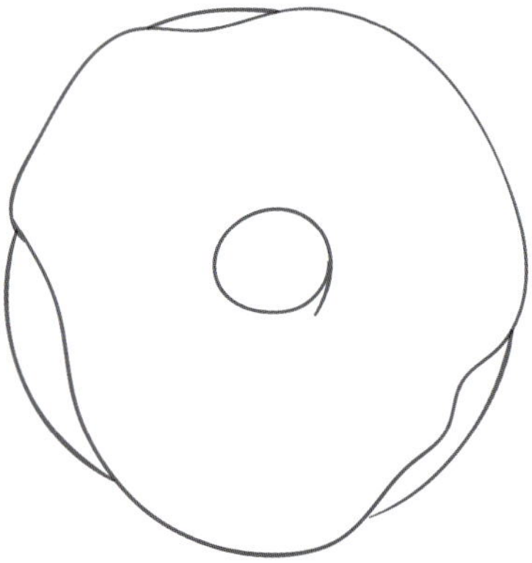

Siena natur

Highlights freilassen

Krapplack Rosa

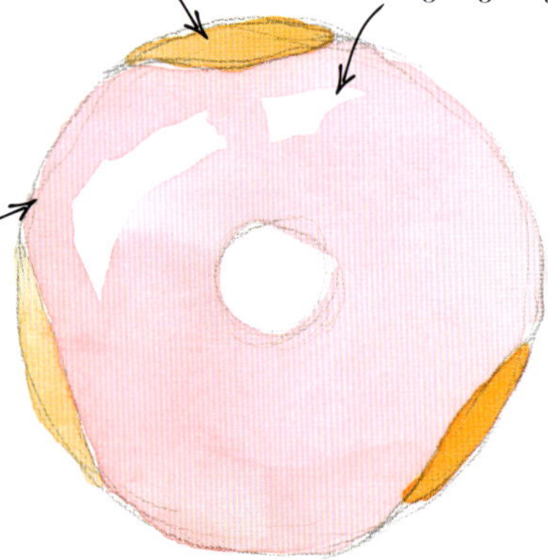

»Auf trocken«

Zwei Schichten von Krapplack Rosa, partiell überlappend auftragen

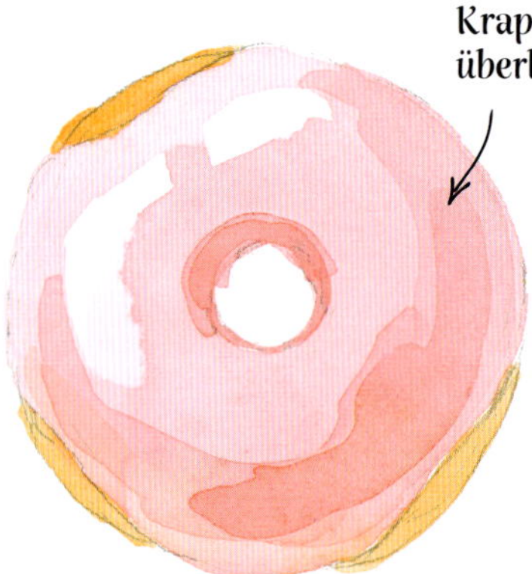

»Auf trocken«

Chromoxid-grün

Ultramarin

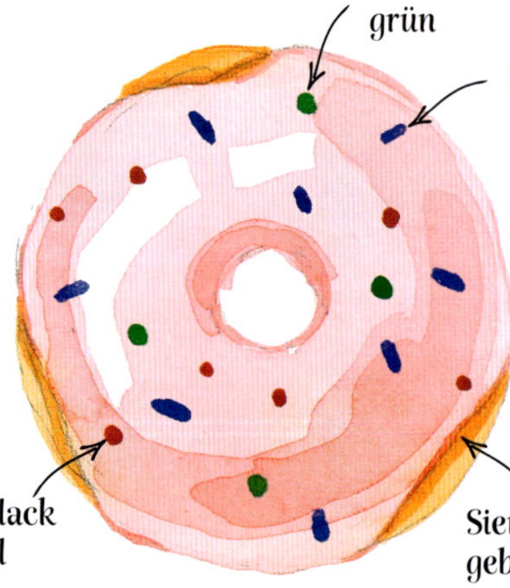

Krapplack dunkel

Siena gebrannt

»Auf trocken«

Siena natur | Krapplack Rosa | Siena gebrannt | Chromoxid-grün | Ultramarin | Krapplack dunkel

34

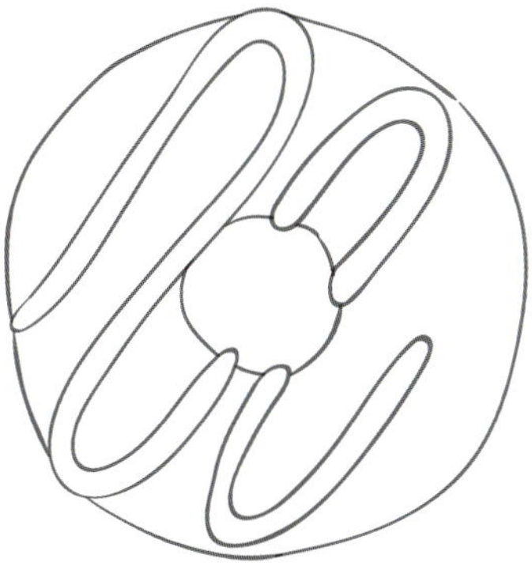

Linienzeichnung

a) Maskierflüssigkeit (gut trocknen lassen)

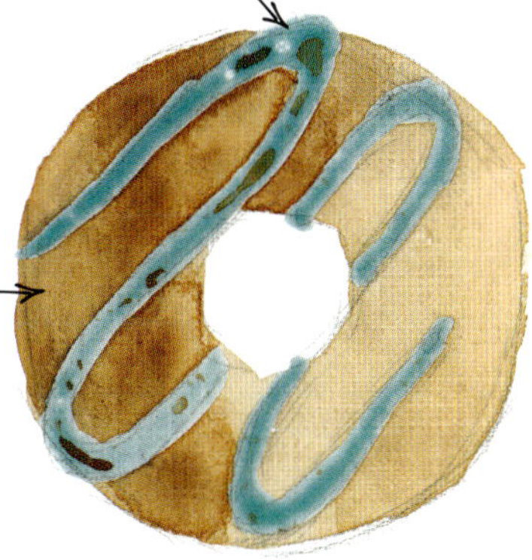

b) Eisenoxid-braun

a) Eisenoxidbraun »auf trocken«

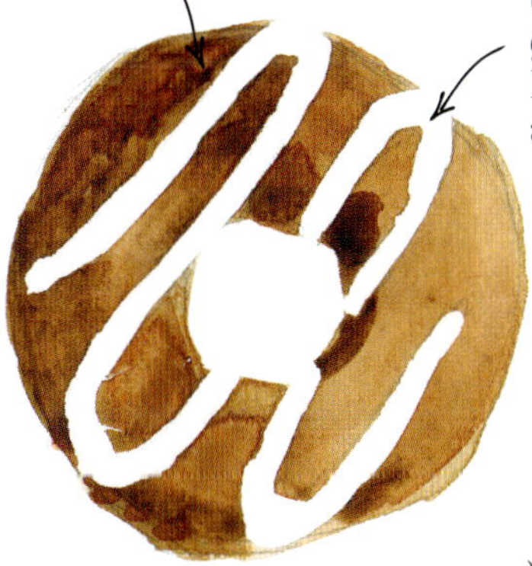

b) Sobald die Farbe getrocknet ist, die Maskierflüssigkeit abrubbeln

»Auf trocken«

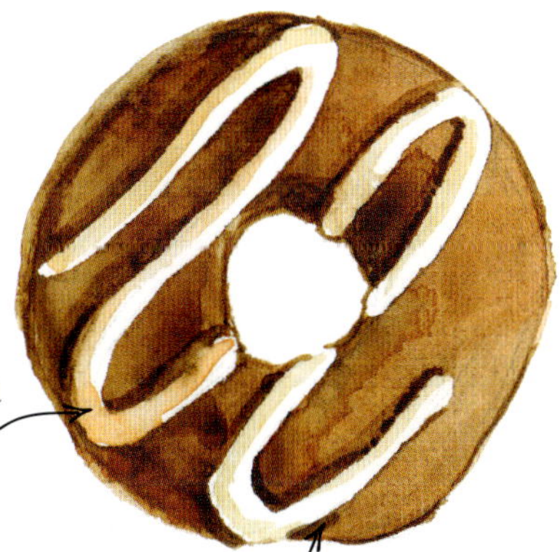

a) Siena gebrannt (oben auf dem Zuckerguss)

b) Eisenoxidbraun (Kanten des Donuts + Zuckerguss-Schatten)

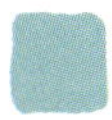

Maskierflüssigkeit

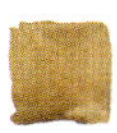

Eisenoxidbraun

Siena gebrannt

35

Linienzeichnung

a) Maskierflüssigkeit (gut trocknen lassen)

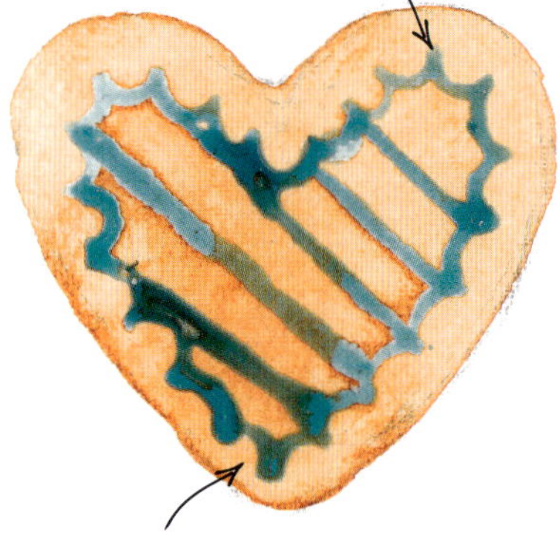

b) Mischung aus Neapelgelb rötlich + Siena natur

Zweite Schicht mit einer Mischung aus Neapelgelb rötlich + Siena natur

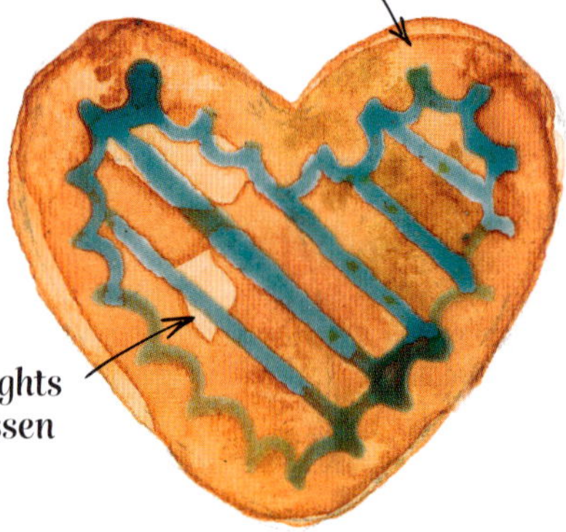

Highlights freilassen

»Auf trocken«

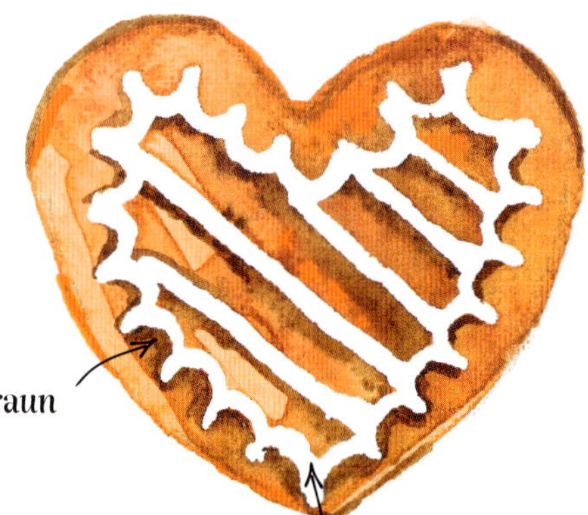

a) Eisenoxidbraun »auf trocken« (Kanten des Lebkuchens + Icing-Schatten)

b) Sobald die Farbe getrocknet ist, die Maskierflüssigkeit abrubbeln

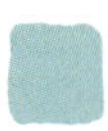

Maskierflüssigkeit

Neapelgelb rötlich

Siena natur

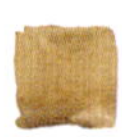

Eisenoxidbraun

36

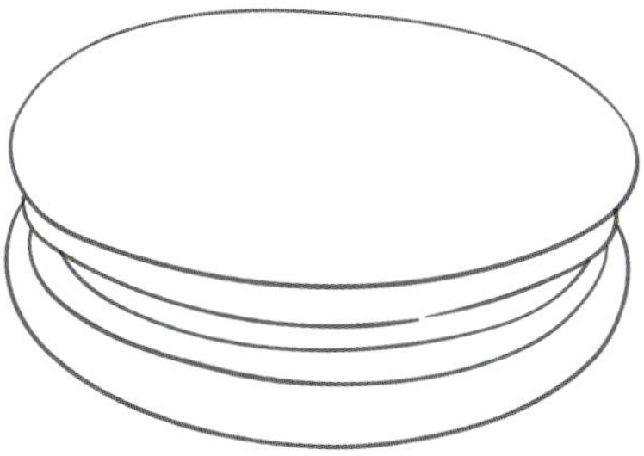

Linienzeichnung

Krapplack Rosa

Highlights freilassen

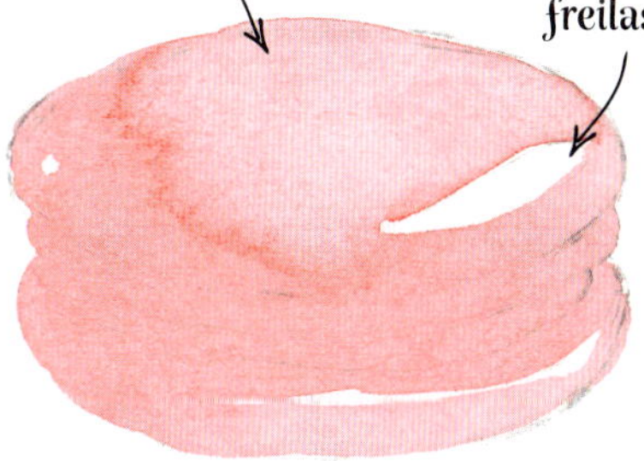

»Auf trocken«

a) Wiederholen des vorherigen Schrittes

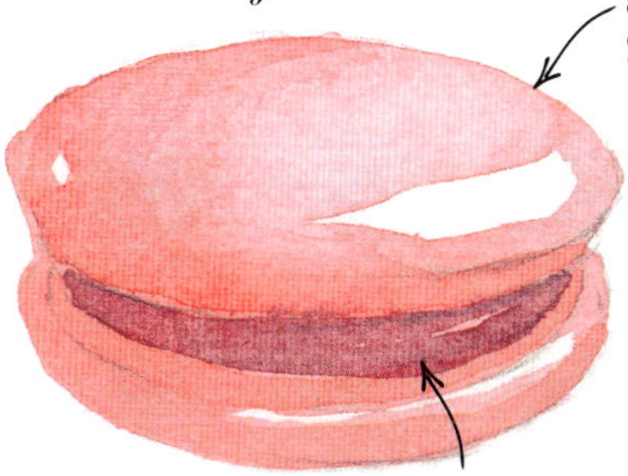

b) Chinacridon Hellrot

»Auf trocken«

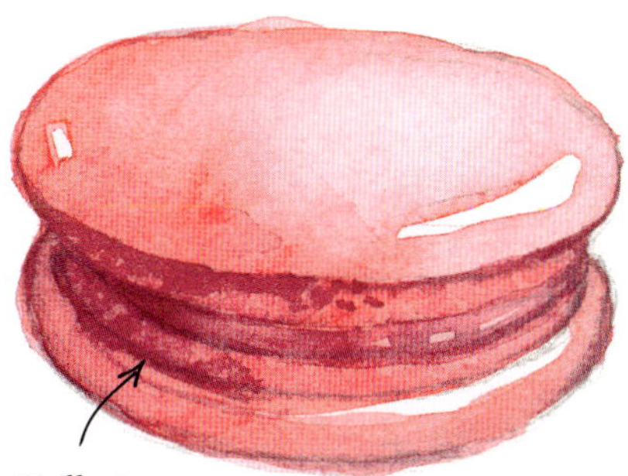

Chinacridon Hellrot (Schatten + Kanten)

Krapplack Rosa

Chinacridon Hellrot

37

Linienzeichnung

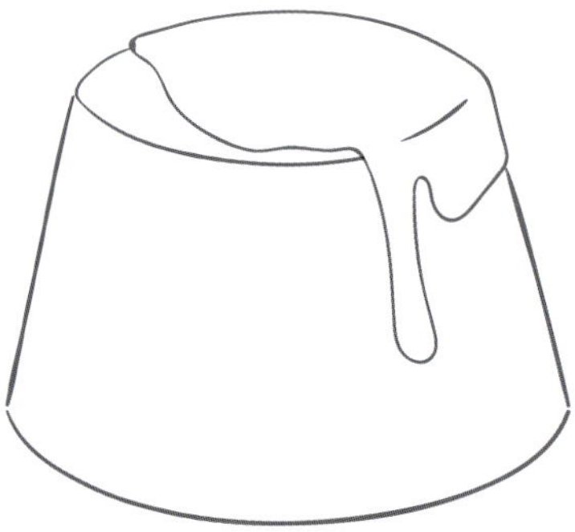

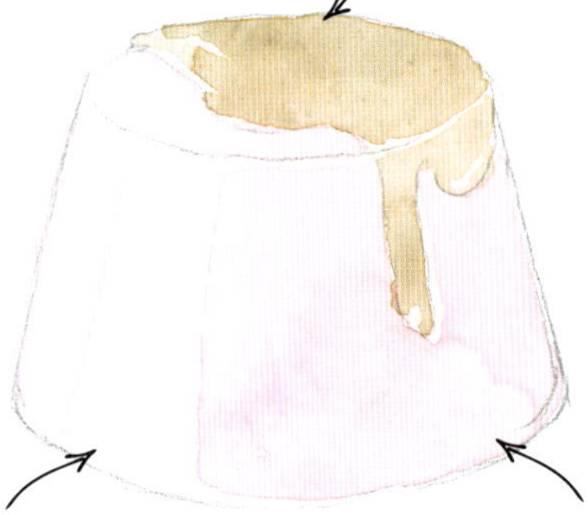

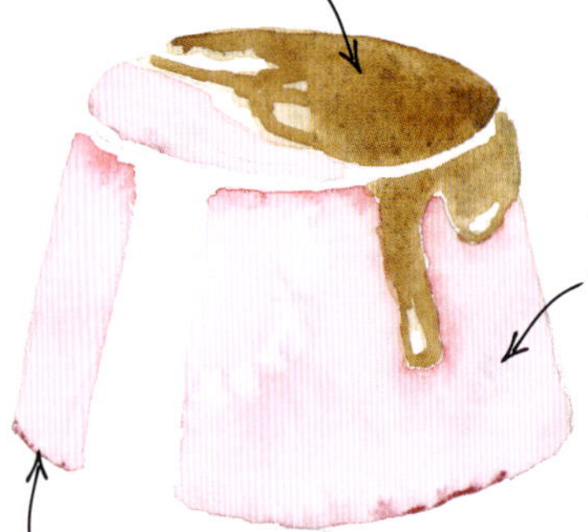

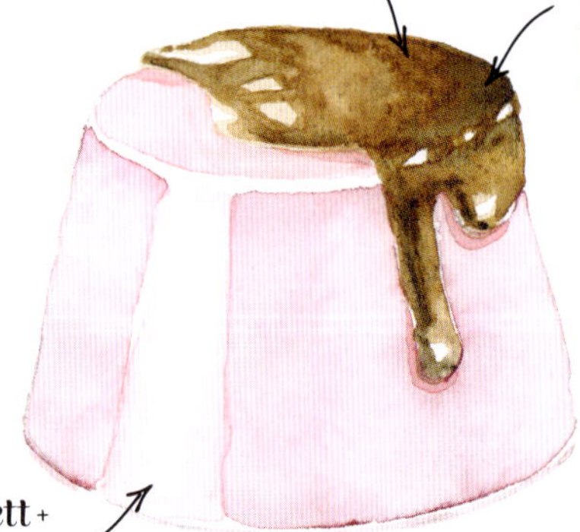

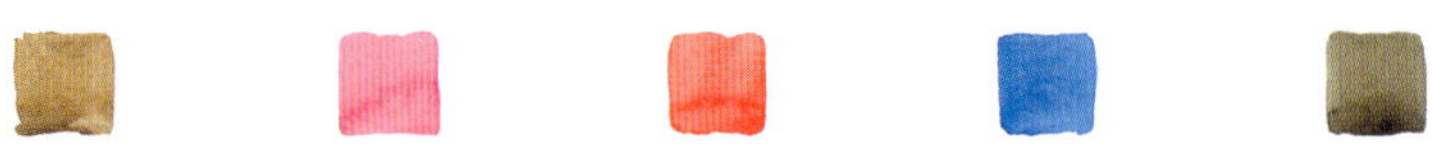

38

Linienzeichnung

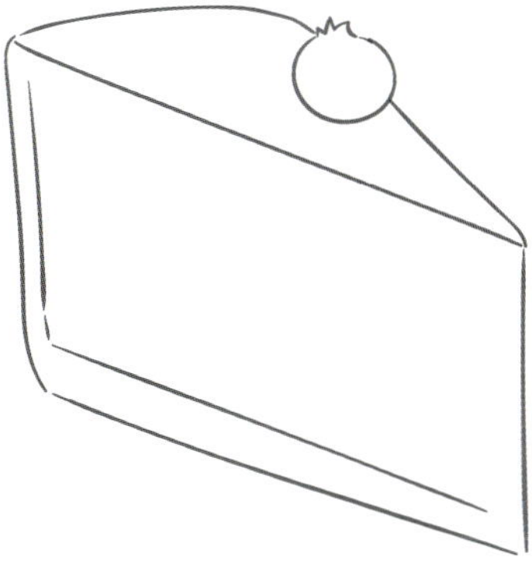

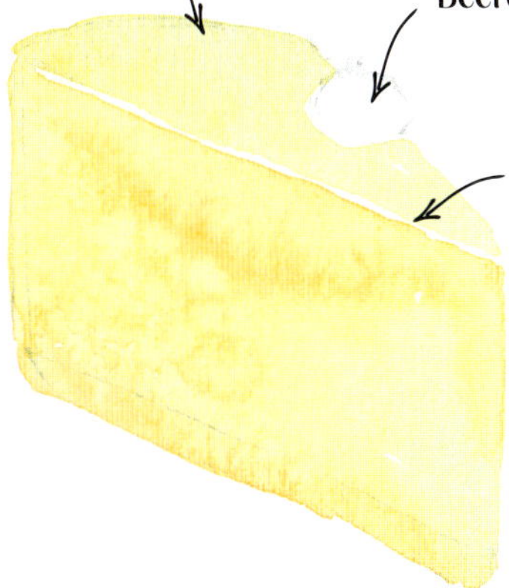

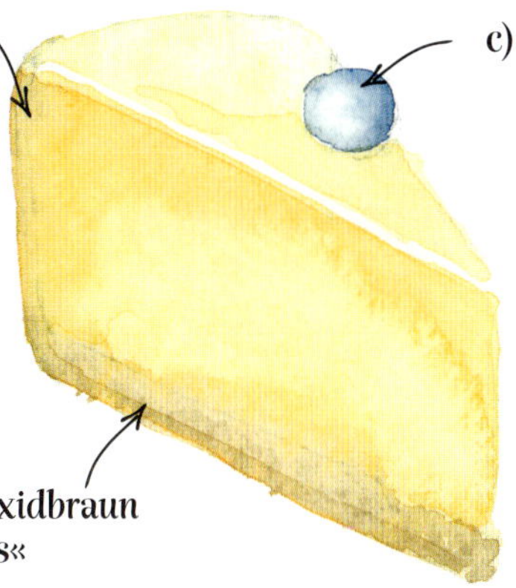

»Auf halbnass«

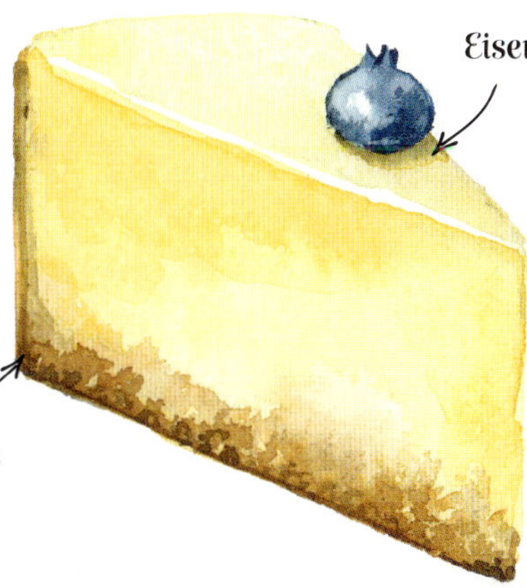

39

Linienzeichnung

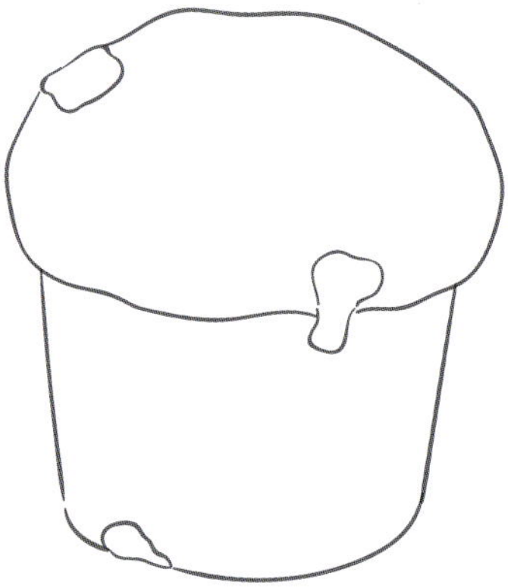

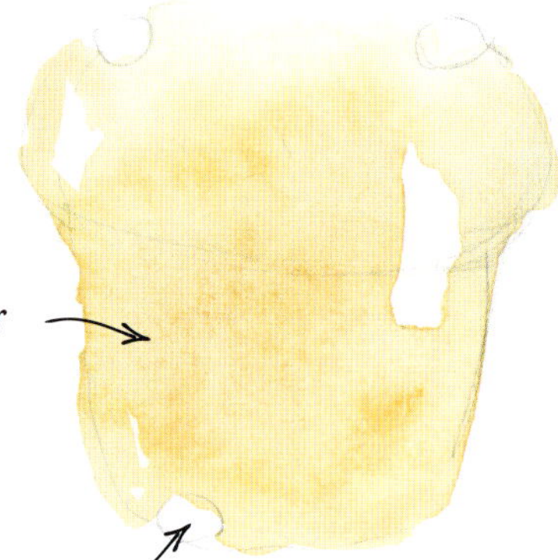

Siena natur

Beere freilassen

Siena natur (für die Kuchentextur)

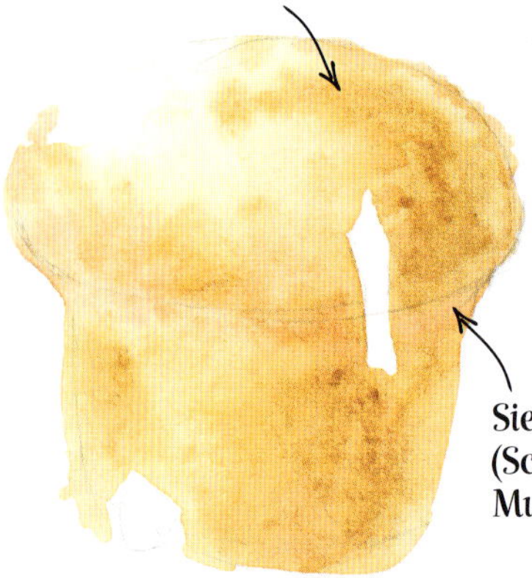

Siena gebrannt (Schatten der Muffinhaube)

»Auf halbnass«

a) Ultramarin »auf nass«, dann intensivere Farblösung »auf halbnass« oder »auf trocken«

b) Siena natur »au trocken«

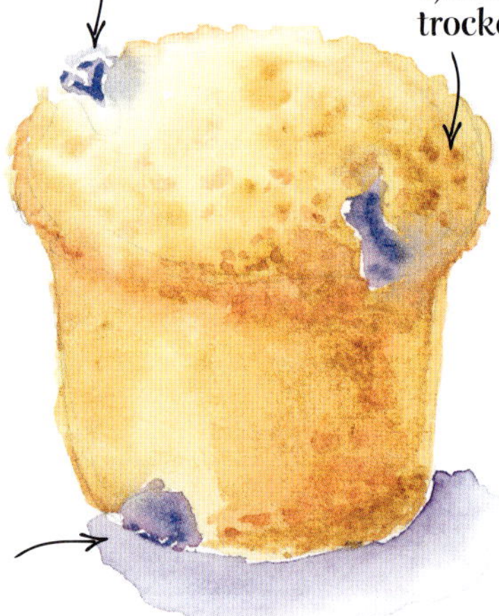

c) Ultramarin »auf trocken«

Siena natur

Siena gebrannt

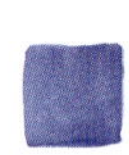

Ultramarin

40

Linienzeichnung

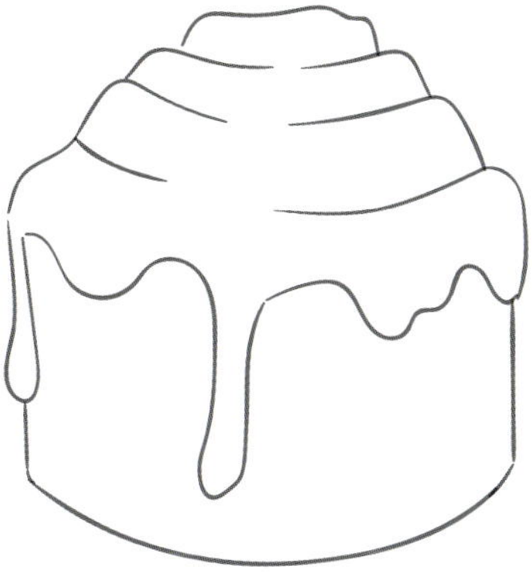

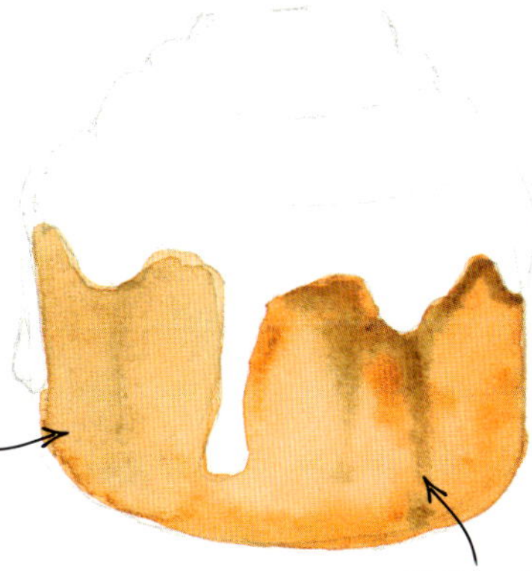

a) Siena gebrannt

b) Tropfen von Umbra gebrannt »auf nass«

a) Lichter Ocker »auf trocken«

b) Umbra gebrannt + Siena gebrannt »auf nass«

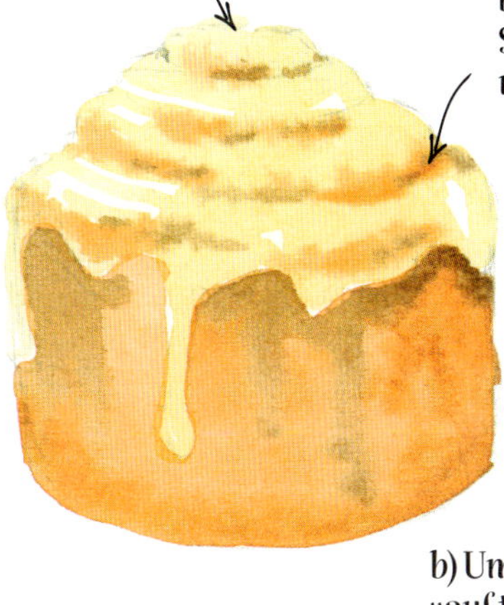

a) Umbra gebrannt »auf halbnass«

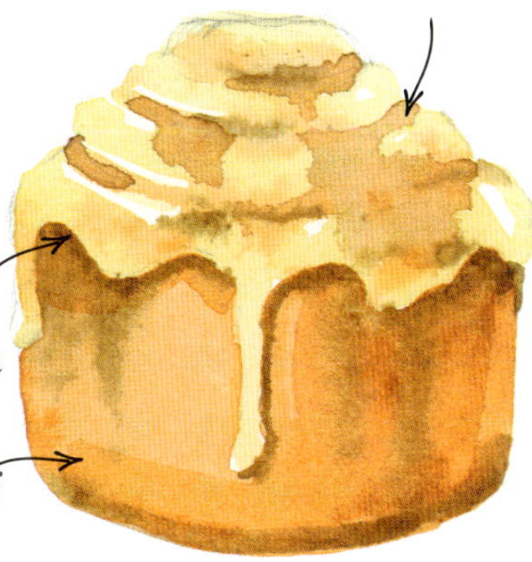

b) Umbra gebrannt »auf trocken« (Zuckerguss-Schatten + Basis des Muffins)

c) Siena gebrannt »auf trocken«

Siena gebrannt

Umbra gebrannt

Lichter Ocker

41

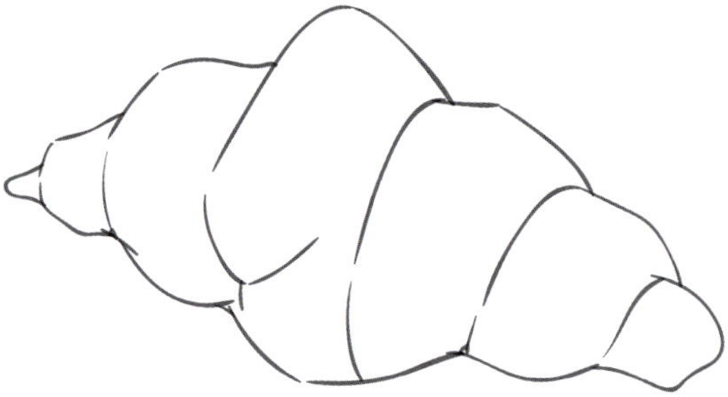

Linienzeichnung

Siena natur

Highlights freilassen

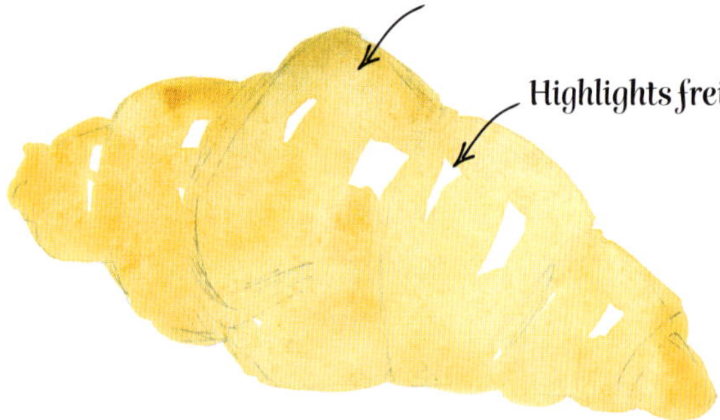

Siena gebrannt

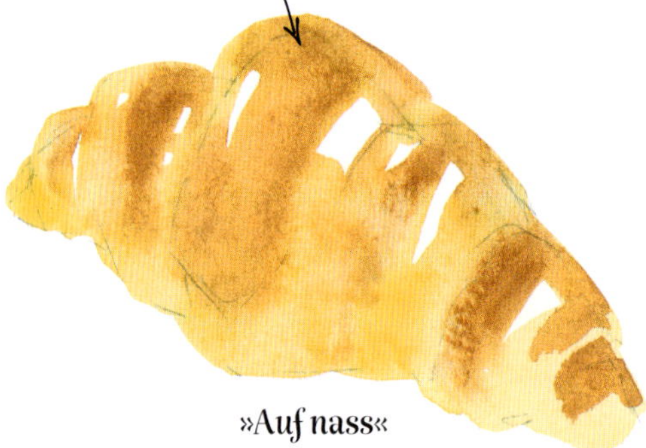

»Auf nass«

Umbra gebrannt

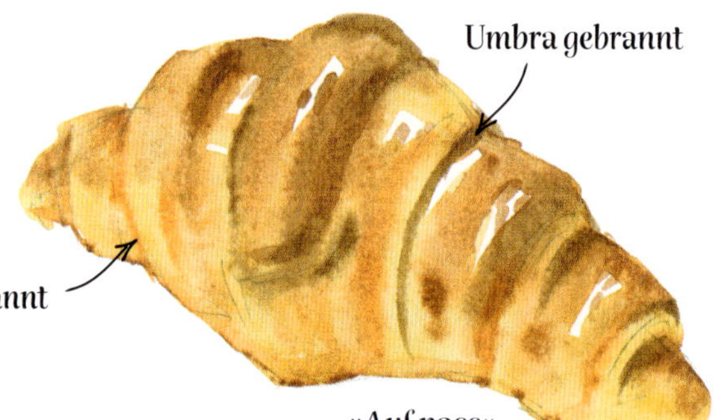

Siena gebrannt

»Auf nass«

Siena natur

Siena gebrannt

Umbra gebrannt

42

Linienzeichnung

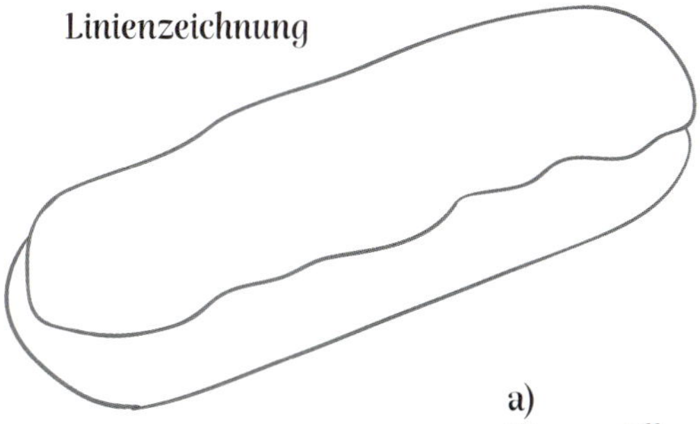

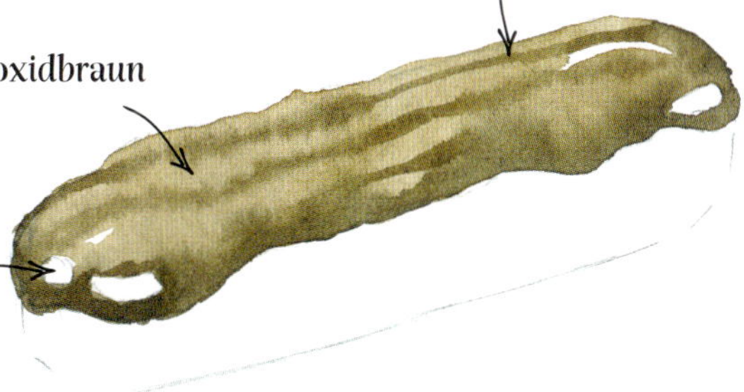

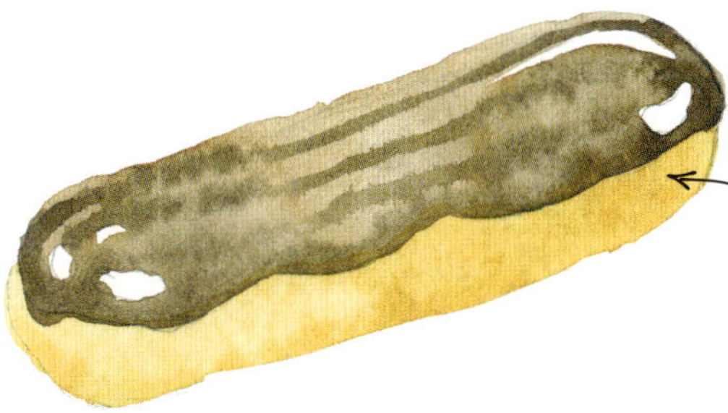

»Auf trocken«

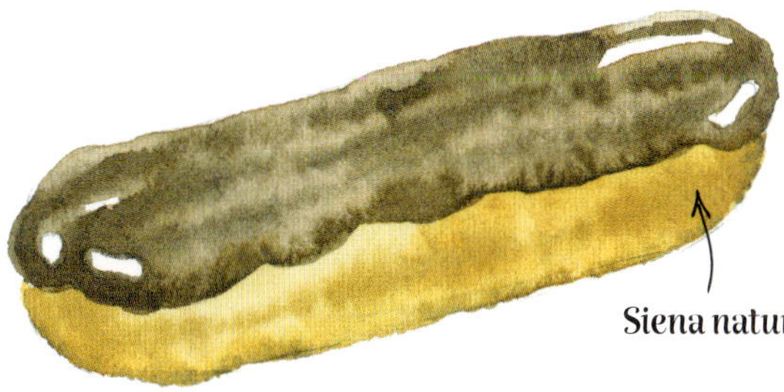

»Auf halbnass«

Eisenoxidbraun Siena natur

43

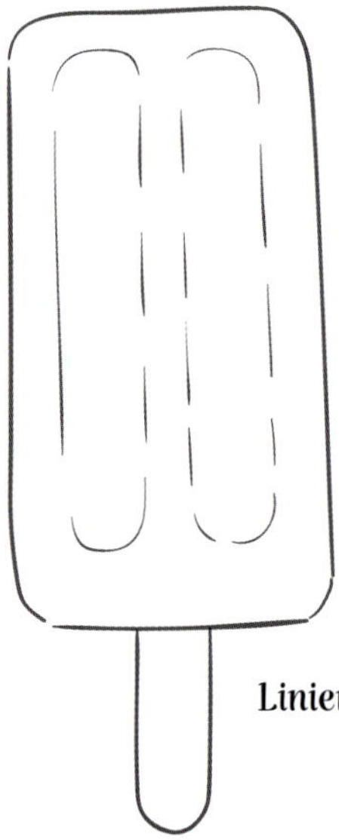

Linienzeichnung

Lichter Ocker (Zeit zum Trocknen geben)

Highlights freilassen

Karmin

Kadmiumgelb

»Auf nass«

a) Tropfen von Karmin »auf nass«

c) Karmin »auf trocken« (gefrorene Beeren)

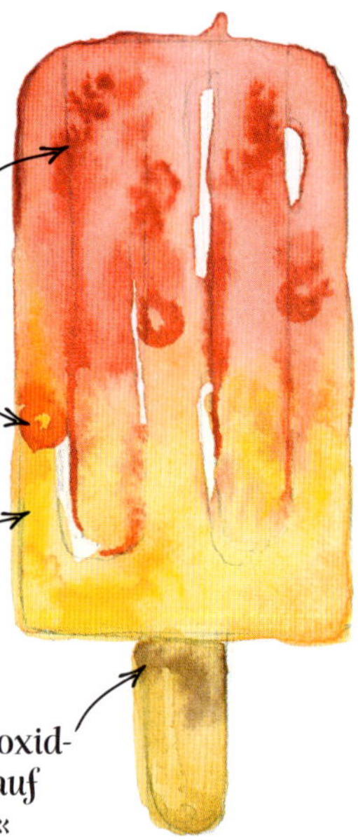

b) Tropfen von Kadmiumgelb »auf nass«

d) Eisenoxidbraun »auf trocken«

Lichter Ocker Karmin Kadmiumgelb Eisenoxidbraun

44

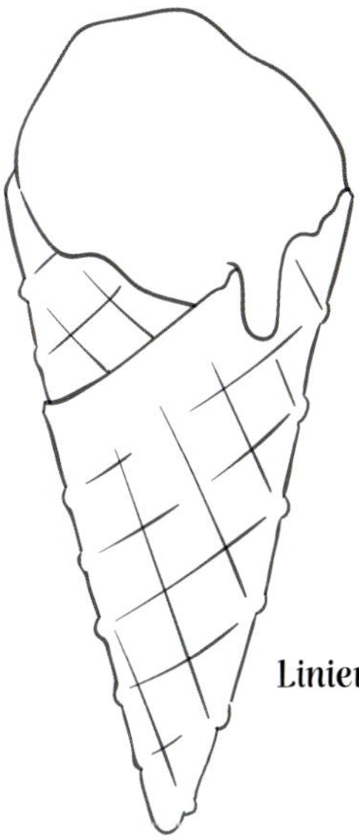
Linienzeichnung

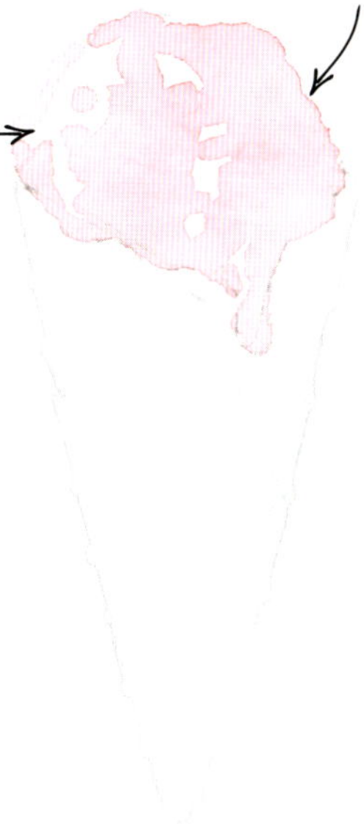
Krapplack Rosa
Highlights freilassen

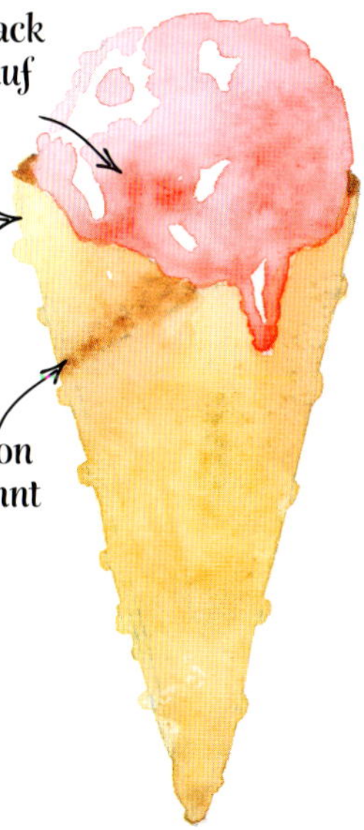
a) Tropfen von Krapplack Rosa »auf nass«
b) Siena natur »auf trocken«
c) Tropfen von Siena gebrannt »auf nass«

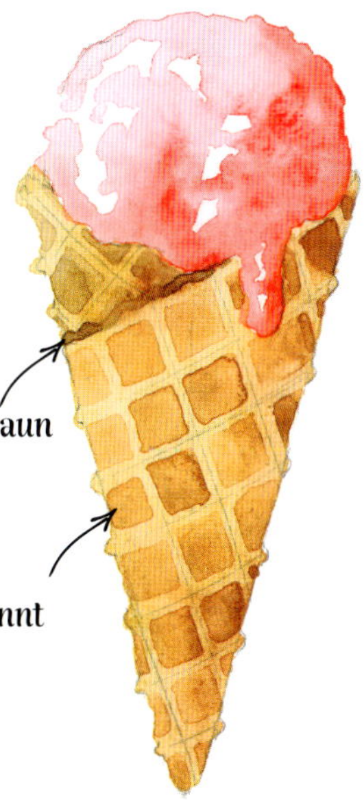
Eisenoxidbraun
Siena gebrannt
»Auf trocken«

Krapplack Rosa
Siena natur
Siena gebrannt
Eisenoxidbraun

45

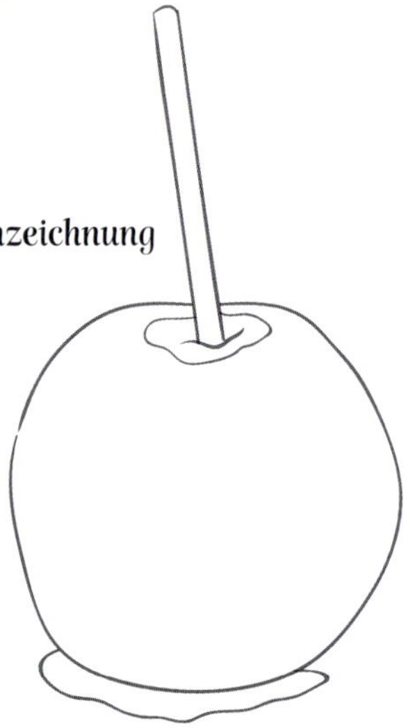
Linienzeichnung

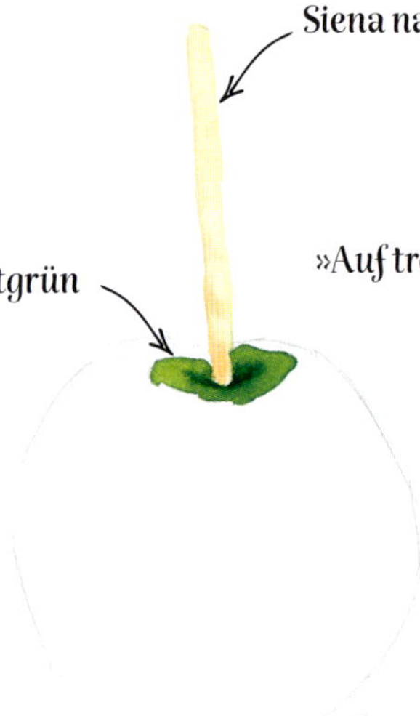
Siena natur
Saftgrün
»Auf trocken«

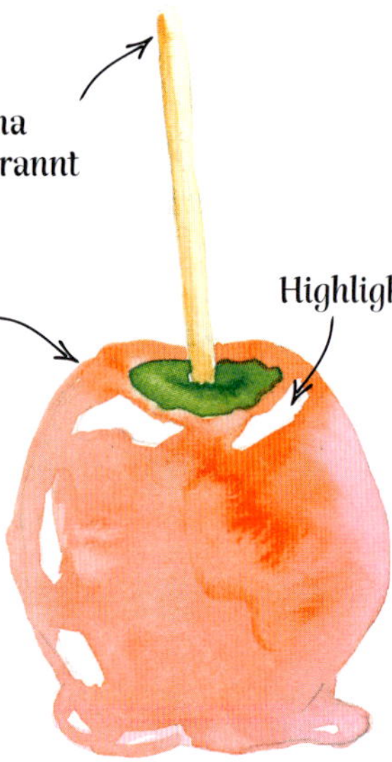
Siena
gebrannt
Krapplack
dunkel
Highlights freilassen
»Auf trocken«

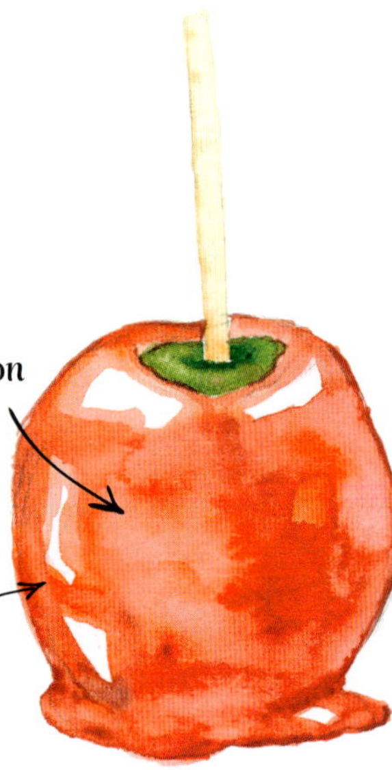
»Auf halbnass«
a) Tropfen von
Wasser
b) Krapplack dunkel,
größere Highlights
freilassend

Siena natur
Saftgrün
Siena
gebrannt
Krapplack
dunkel

46

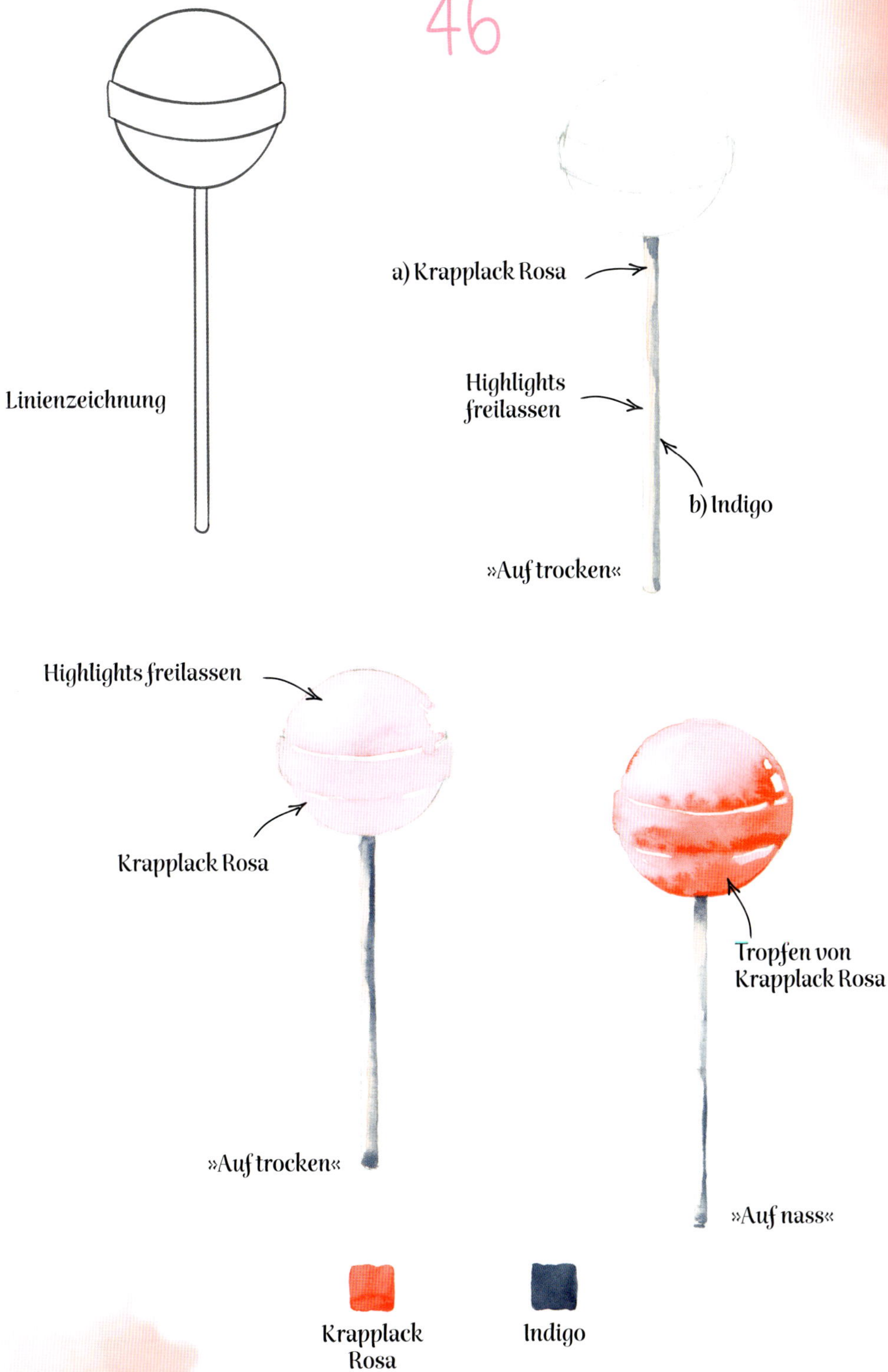
Linienzeichnung
a) Krapplack Rosa
Highlights freilassen
b) Indigo
»Auf trocken«
Highlights freilassen
Krapplack Rosa
»Auf trocken«
Tropfen von Krapplack Rosa
»Auf nass«
Krapplack Rosa
Indigo

47

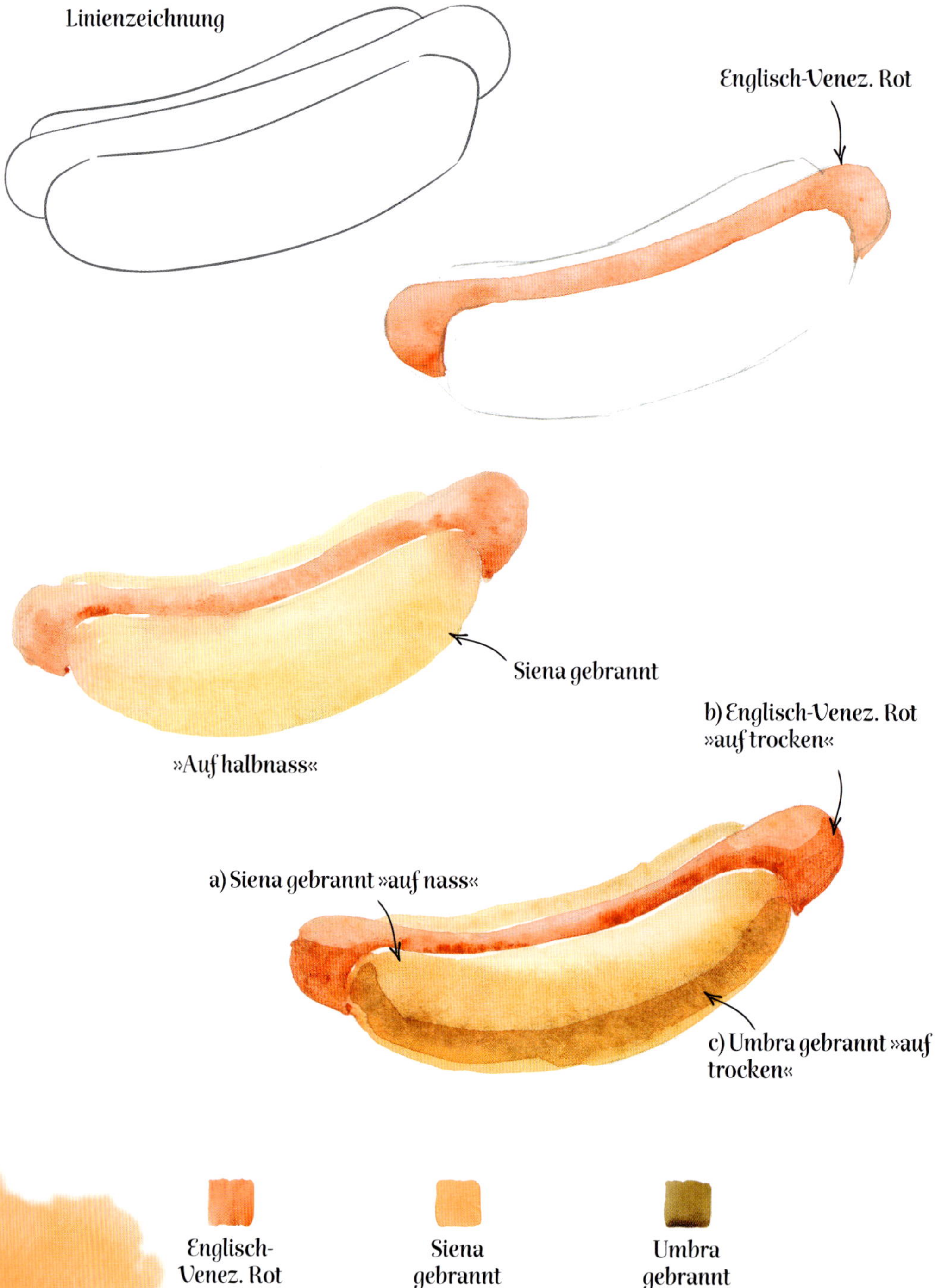
Linienzeichnung
Englisch-Venez. Rot
Siena gebrannt
»Auf halbnass«
b) Englisch-Venez. Rot
»auf trocken«
a) Siena gebrannt »auf nass«
c) Umbra gebrannt »auf
trocken«
Englisch-
Venez. Rot
Siena
gebrannt
Umbra
gebrannt

48

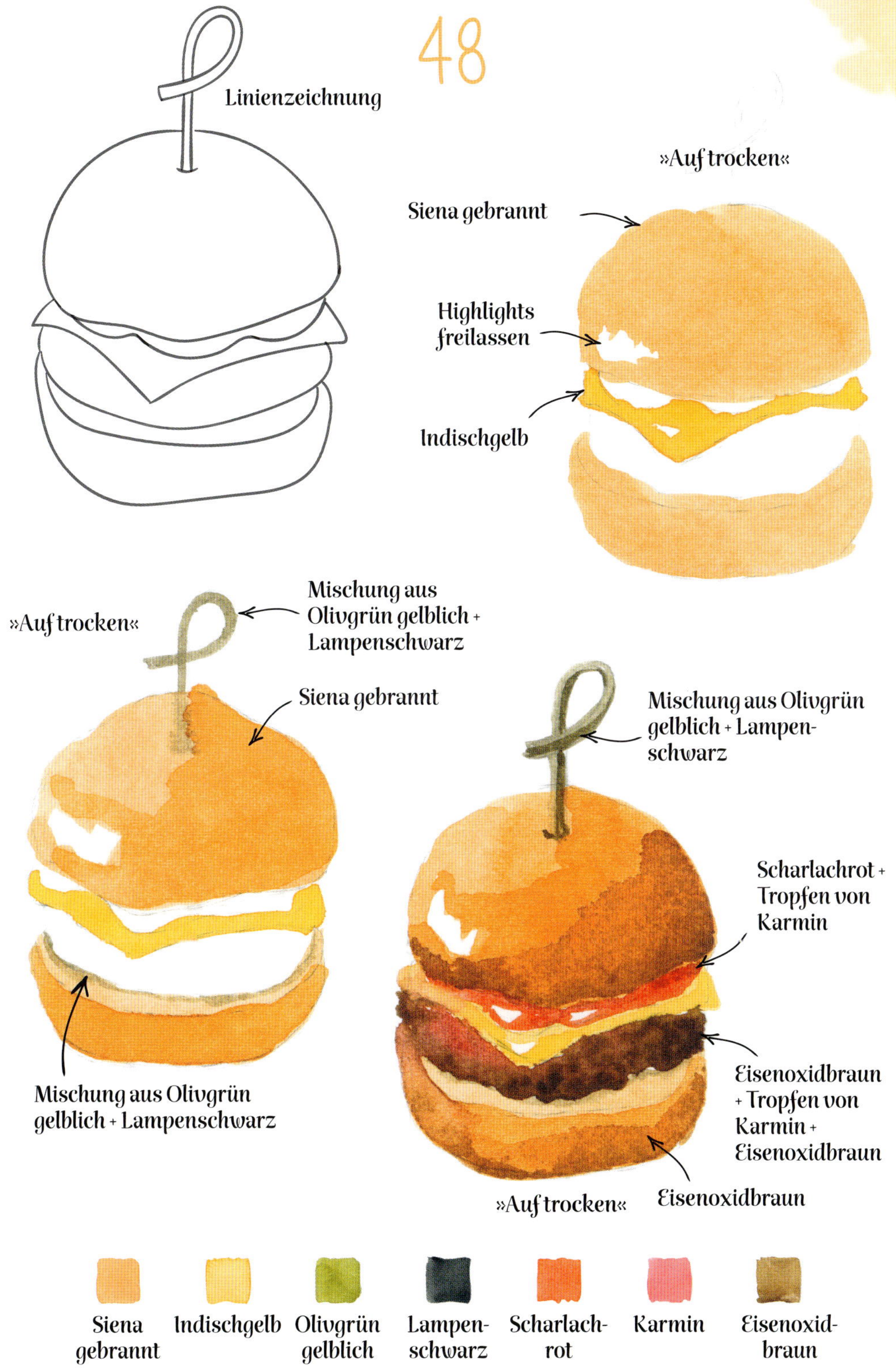
Linienzeichnung
»Auf trocken«
Siena gebrannt
Highlights freilassen
Indischgelb
»Auf trocken«
Mischung aus Olivgrün gelblich + Lampenschwarz
Siena gebrannt
Mischung aus Olivgrün gelblich + Lampenschwarz
Mischung aus Olivgrün gelblich + Lampen-schwarz
Scharlachrot + Tropfen von Karmin
Eisenoxidbraun + Tropfen von Karmin + Eisenoxidbraun
»Auf trocken«
Eisenoxidbraun
Siena gebrannt
Indischgelb
Olivgrün gelblich
Lampen-schwarz
Scharlach-rot
Karmin
Eisenoxid-braun

49

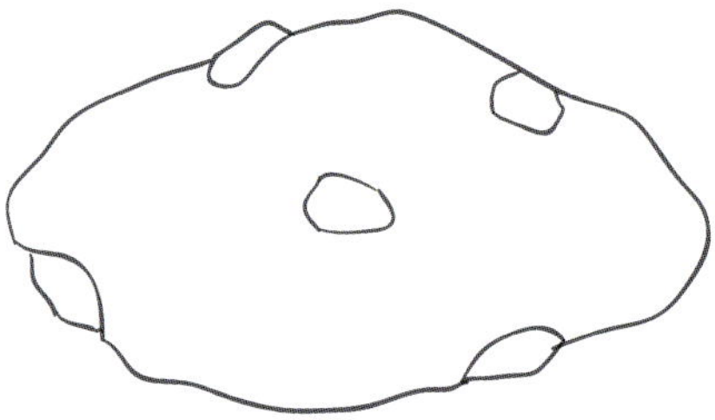

Linienzeichnung

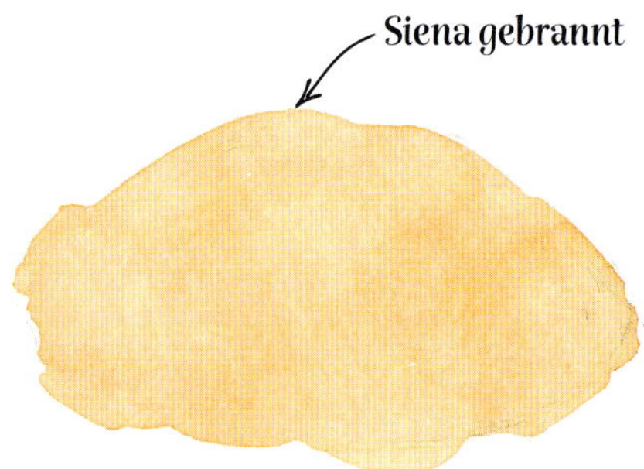

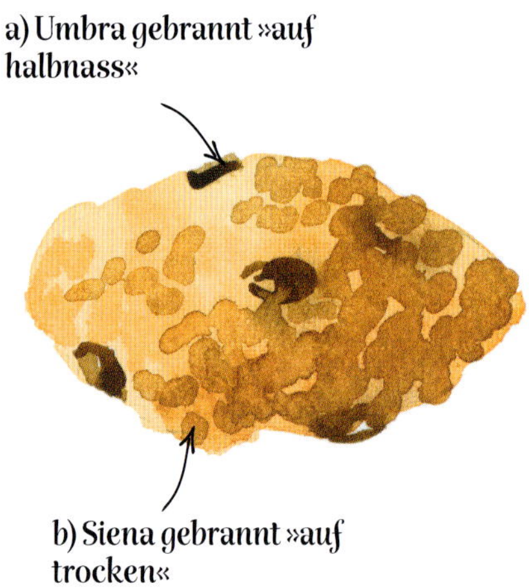

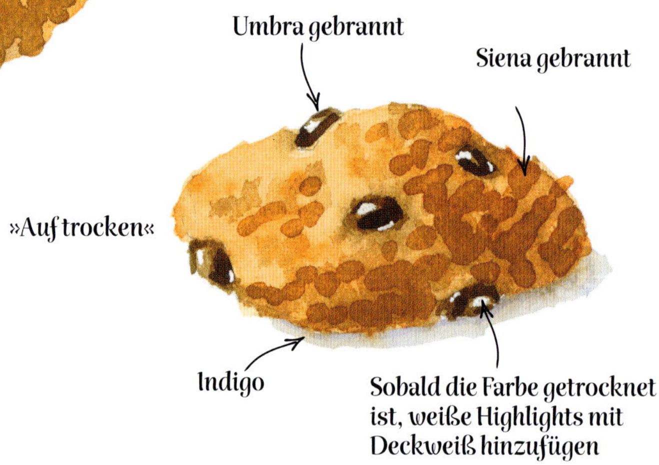

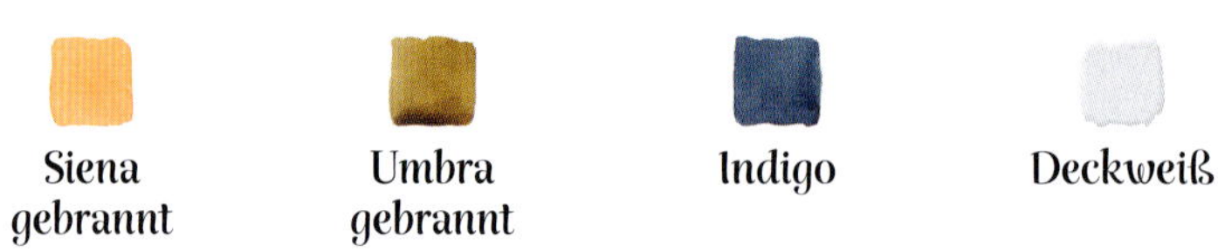

50

Linienzeichnung

»Auf trocken«

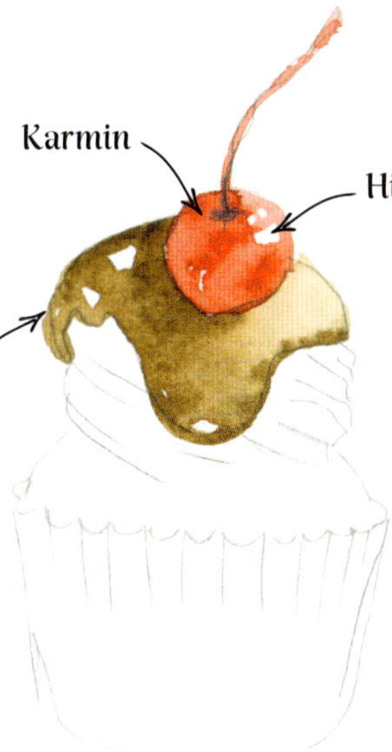

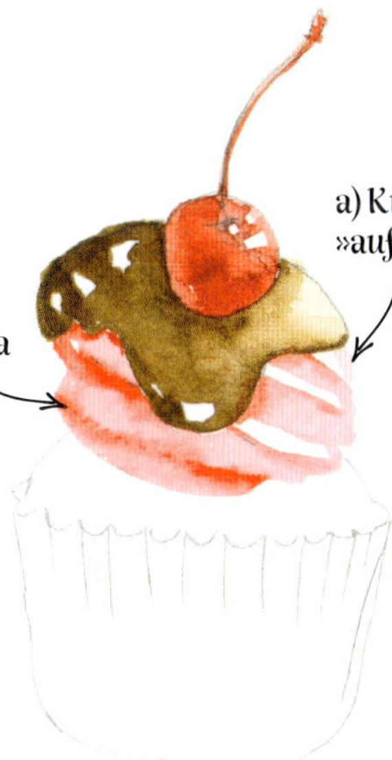

Karmin | Umbra gebrannt | Krapplack Rosa | Siena gebrannt

51

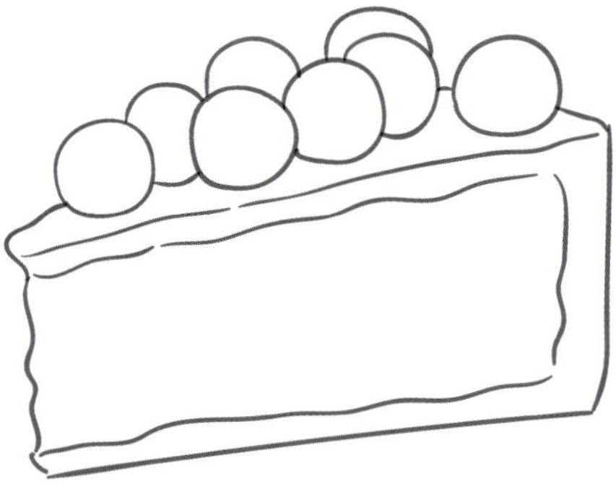

Linienzeichnung

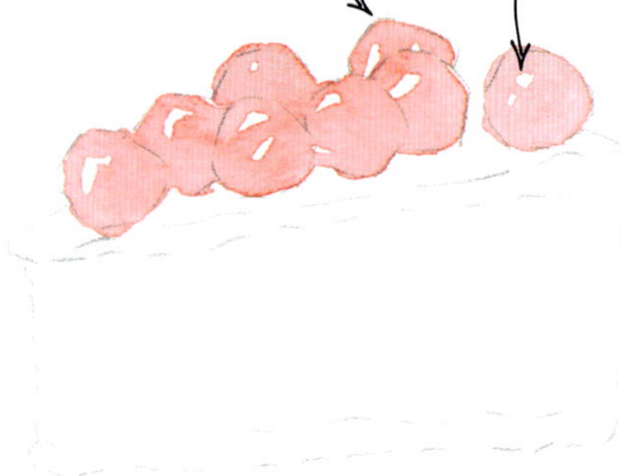

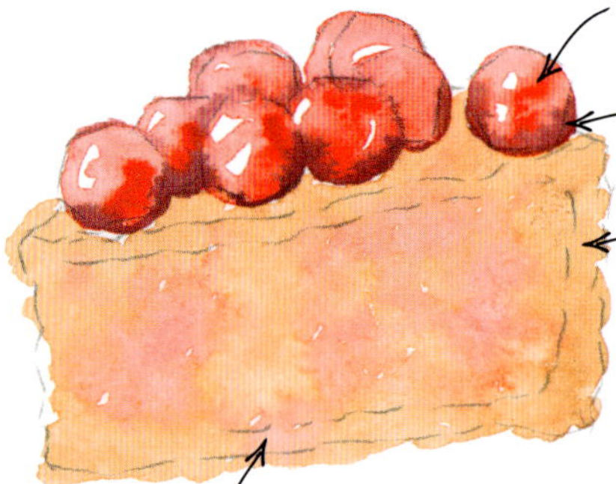

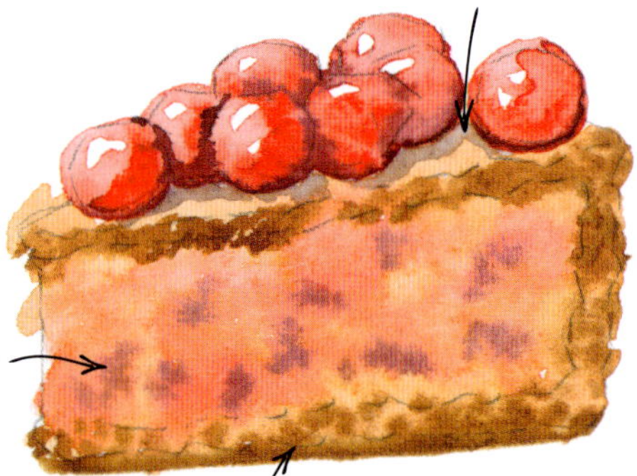

Karmin — Mangan-violett — Siena gebrannt — Krapplack Rosa

52

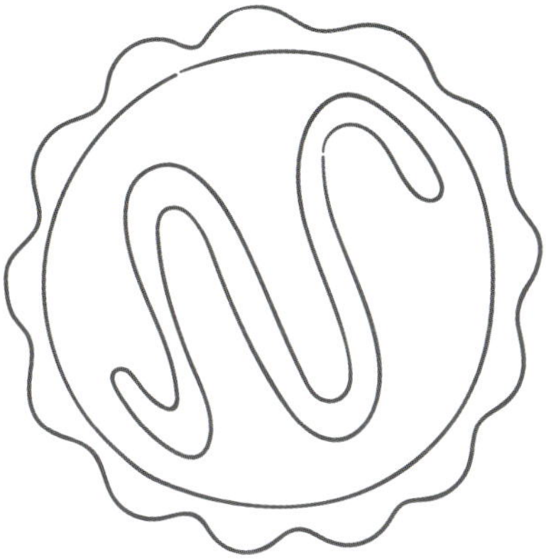

Linienzeichnung

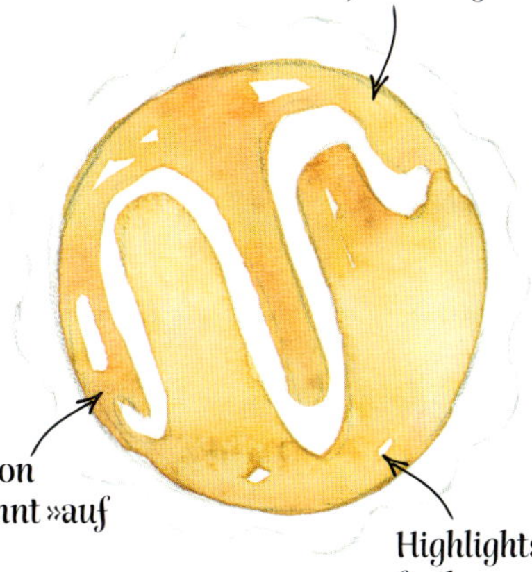

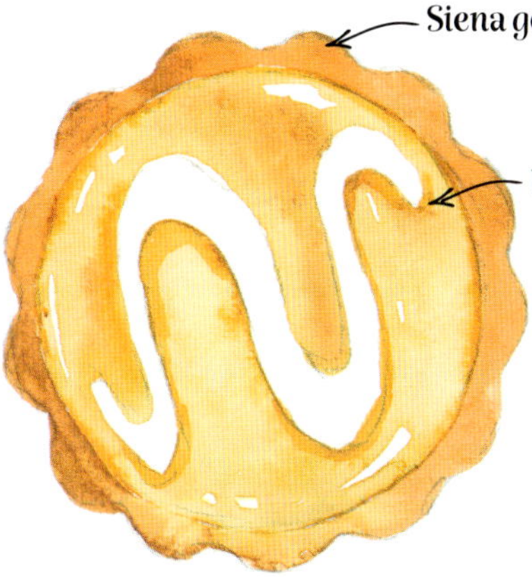

»Auf trocken«

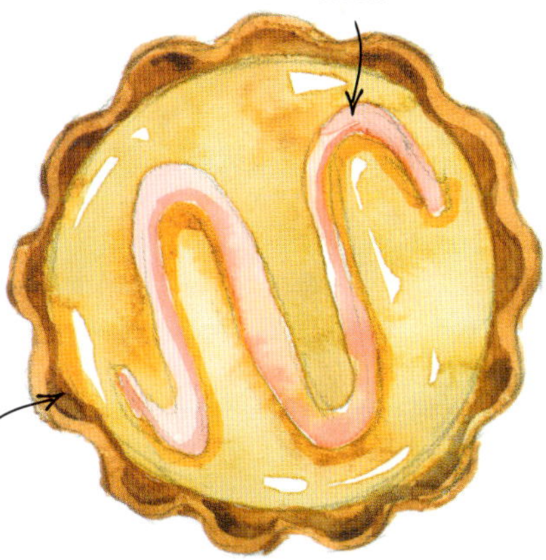

»Auf trocken«

Indischgelb | Siena gebrannt | Krapplack Rosa | Umbra gebrannt

53

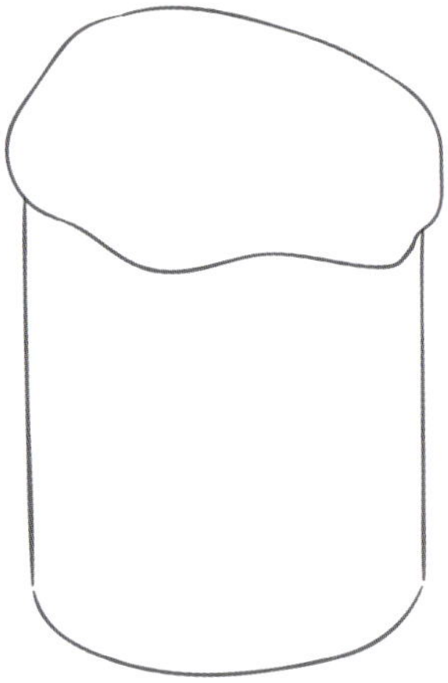

Linienzeichnung

»Auf trocken«

»Auf nass«

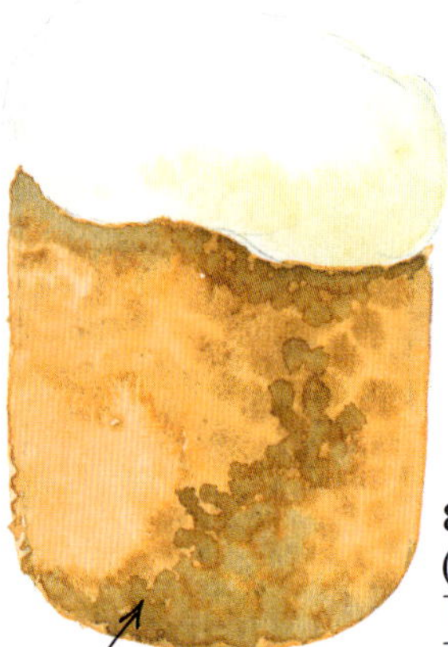

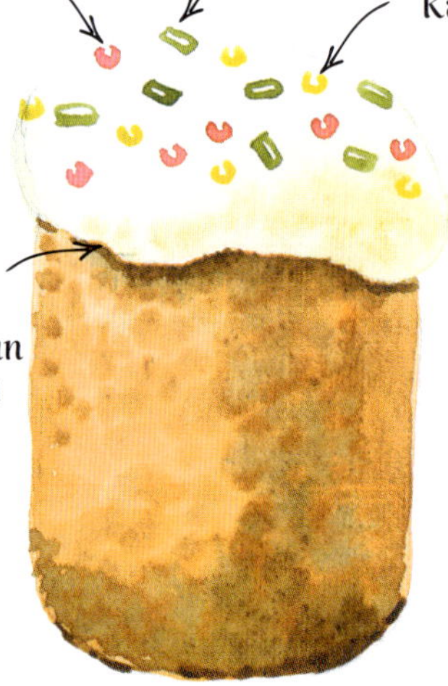

»Auf trocken«

54

Linienzeichnung

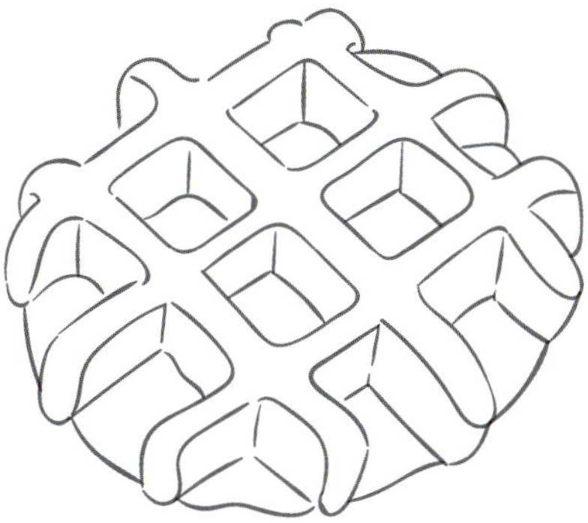

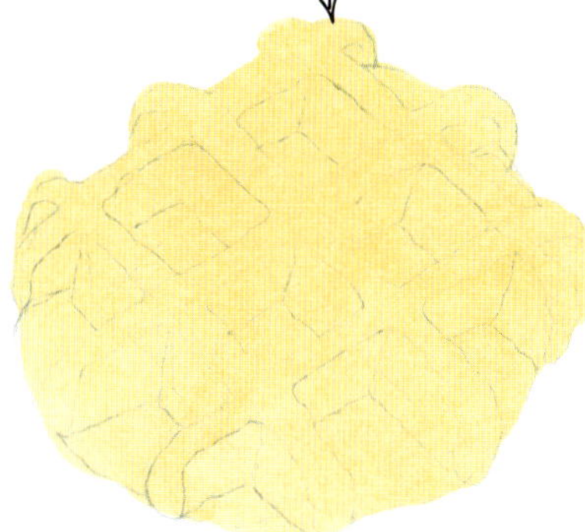

»Auf trocken«

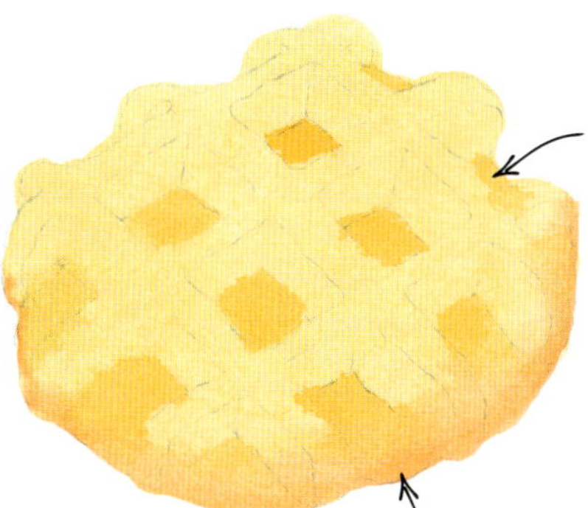

»Auf trocken«

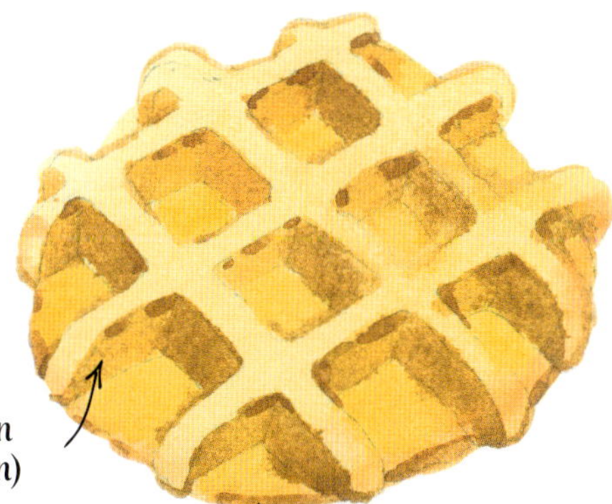

55

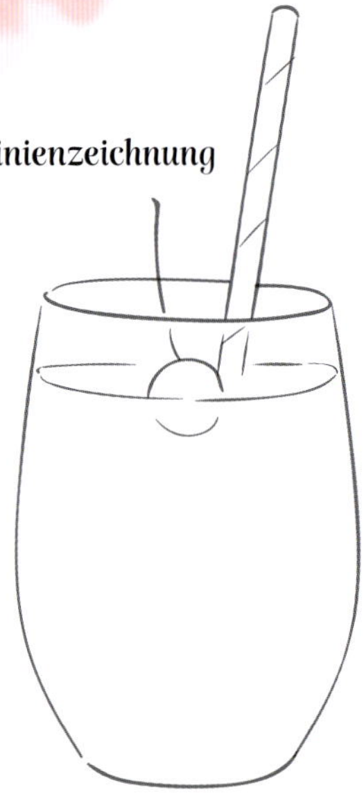

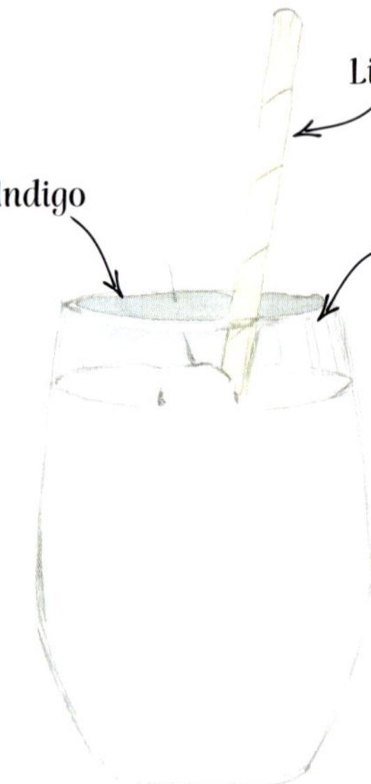

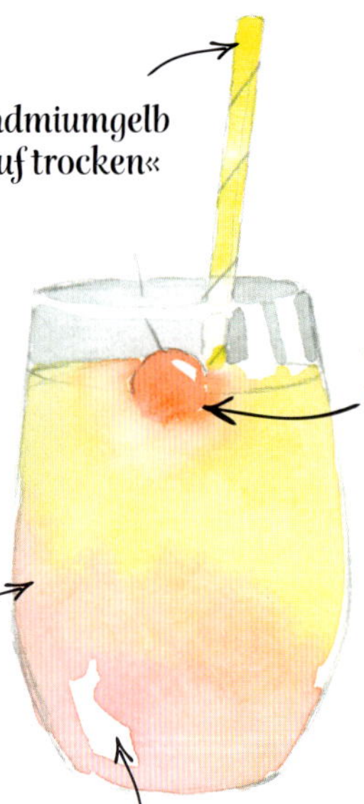

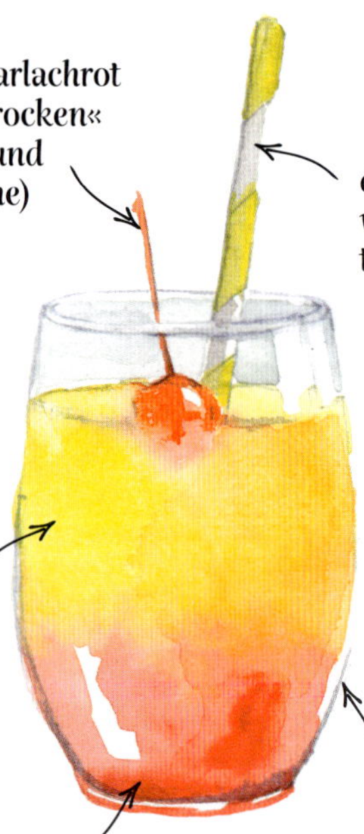

Indigo | Lichter Ocker | Kadmiumgelb | Karmin | Scharlachrot | Kobaltviolett

56

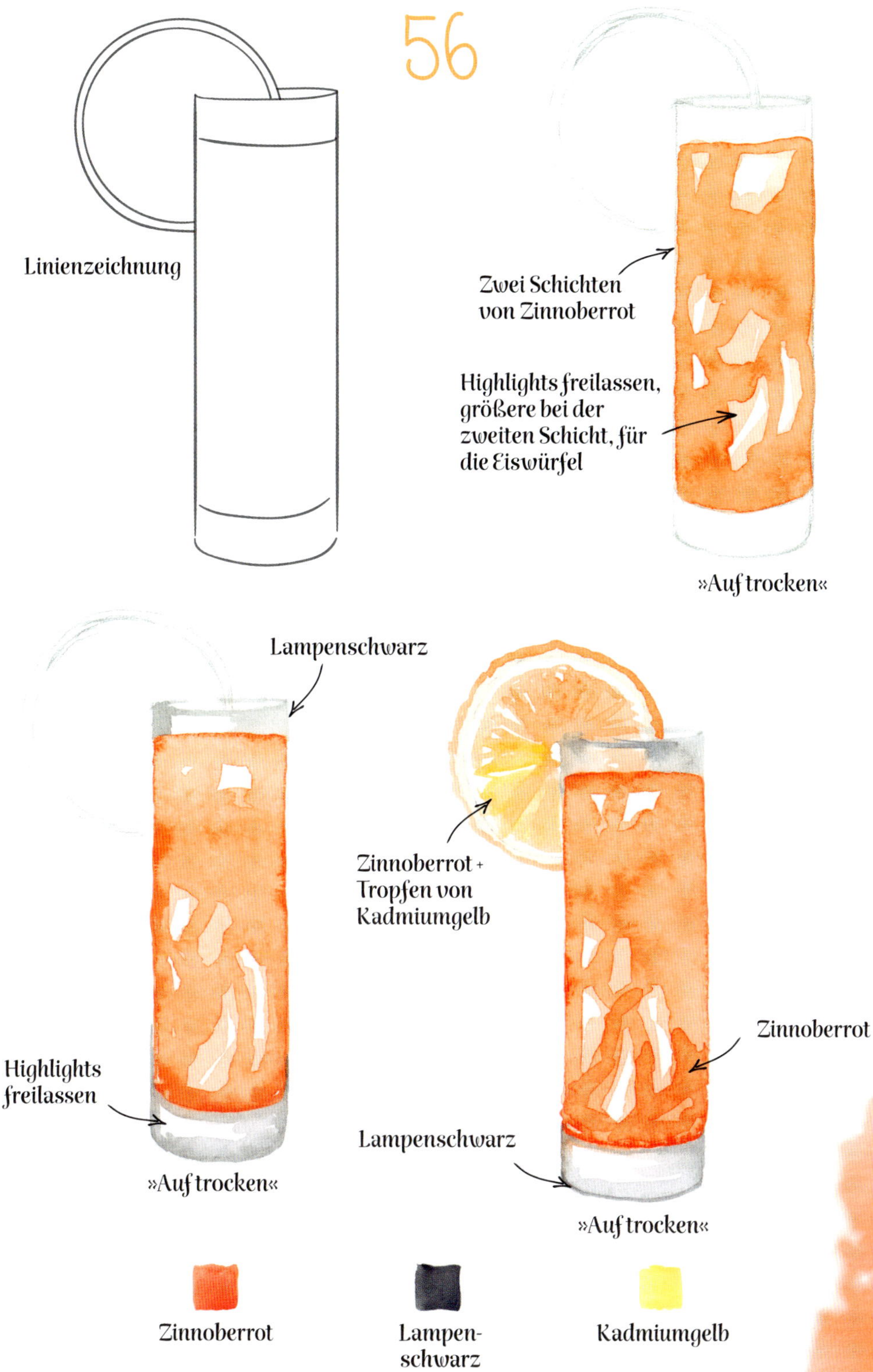
Linienzeichnung
Zwei Schichten von Zinnoberrot
Highlights freilassen, größere bei der zweiten Schicht, für die Eiswürfel
»Auf trocken«
Lampenschwarz
Highlights freilassen
»Auf trocken«
Zinnoberrot + Tropfen von Kadmiumgelb
Zinnoberrot
Lampenschwarz
»Auf trocken«
Zinnoberrot
Lampen-schwarz
Kadmiumgelb

57

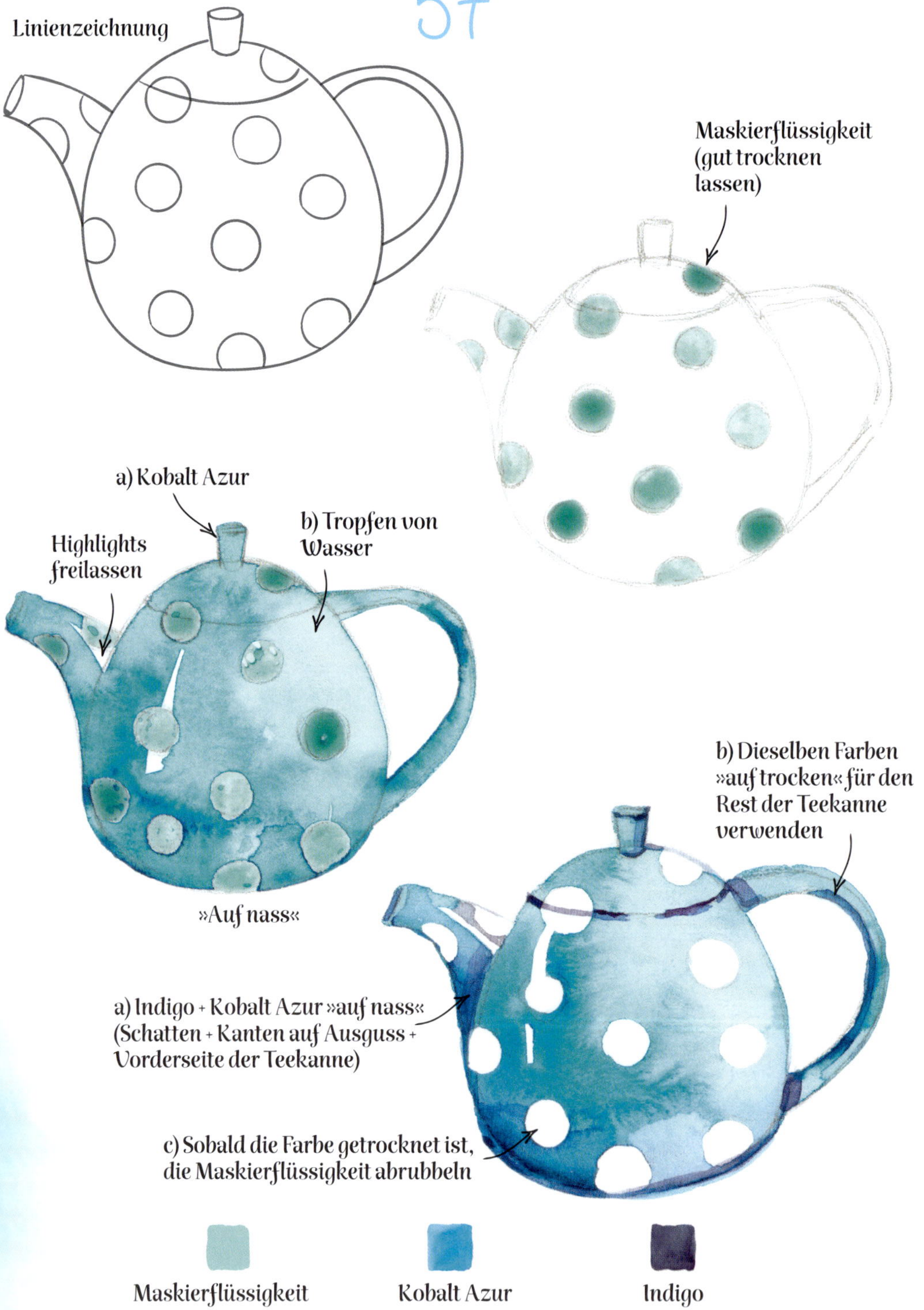
Linienzeichnung
Maskierflüssigkeit (gut trocknen lassen)
a) Kobalt Azur
Highlights freilassen
b) Tropfen von Wasser
»Auf nass«
b) Dieselben Farben »auf trocken« für den Rest der Teekanne verwenden
a) Indigo + Kobalt Azur »auf nass« (Schatten + Kanten auf Ausguss + Vorderseite der Teekanne)
c) Sobald die Farbe getrocknet ist, die Maskierflüssigkeit abrubbeln
Maskierflüssigkeit
Kobalt Azur
Indigo

58

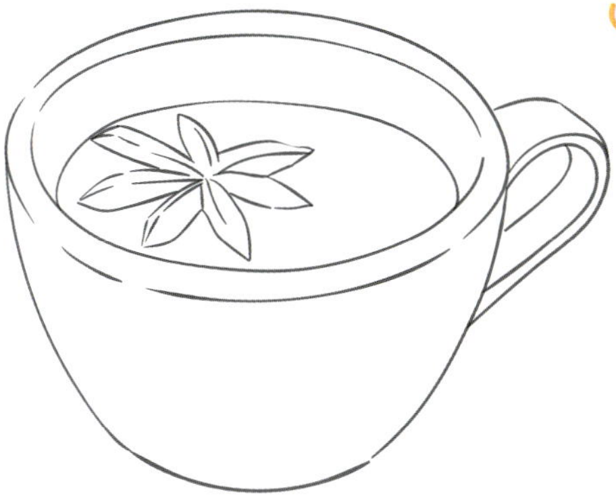

Linienzeichnung

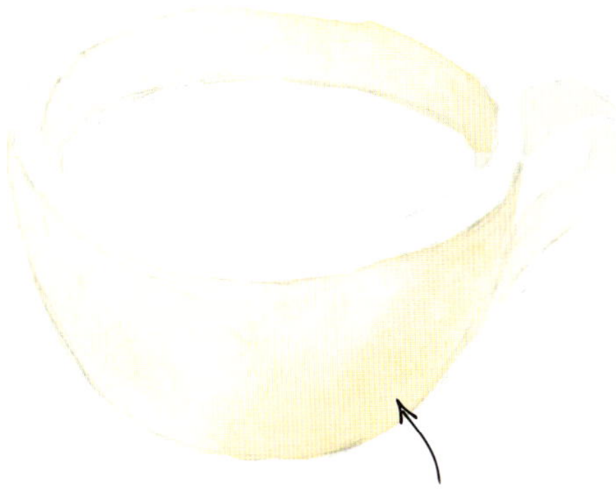

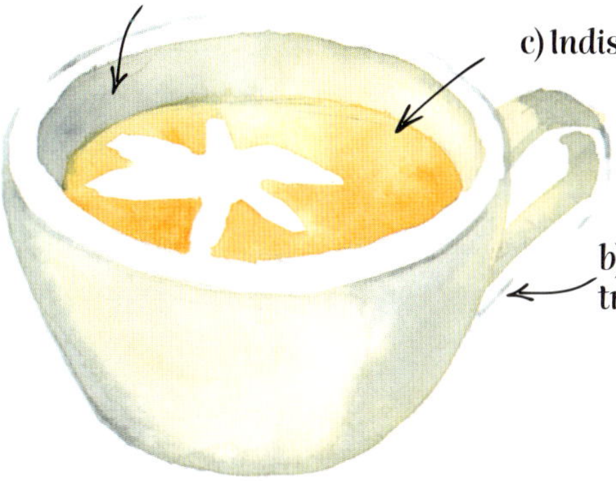

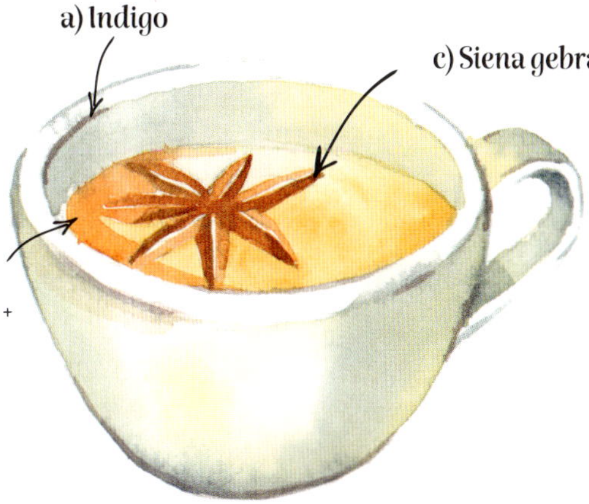

»Auf trocken«

Lichter Ocker | Indigo | Indischgelb | Siena gebrannt

59

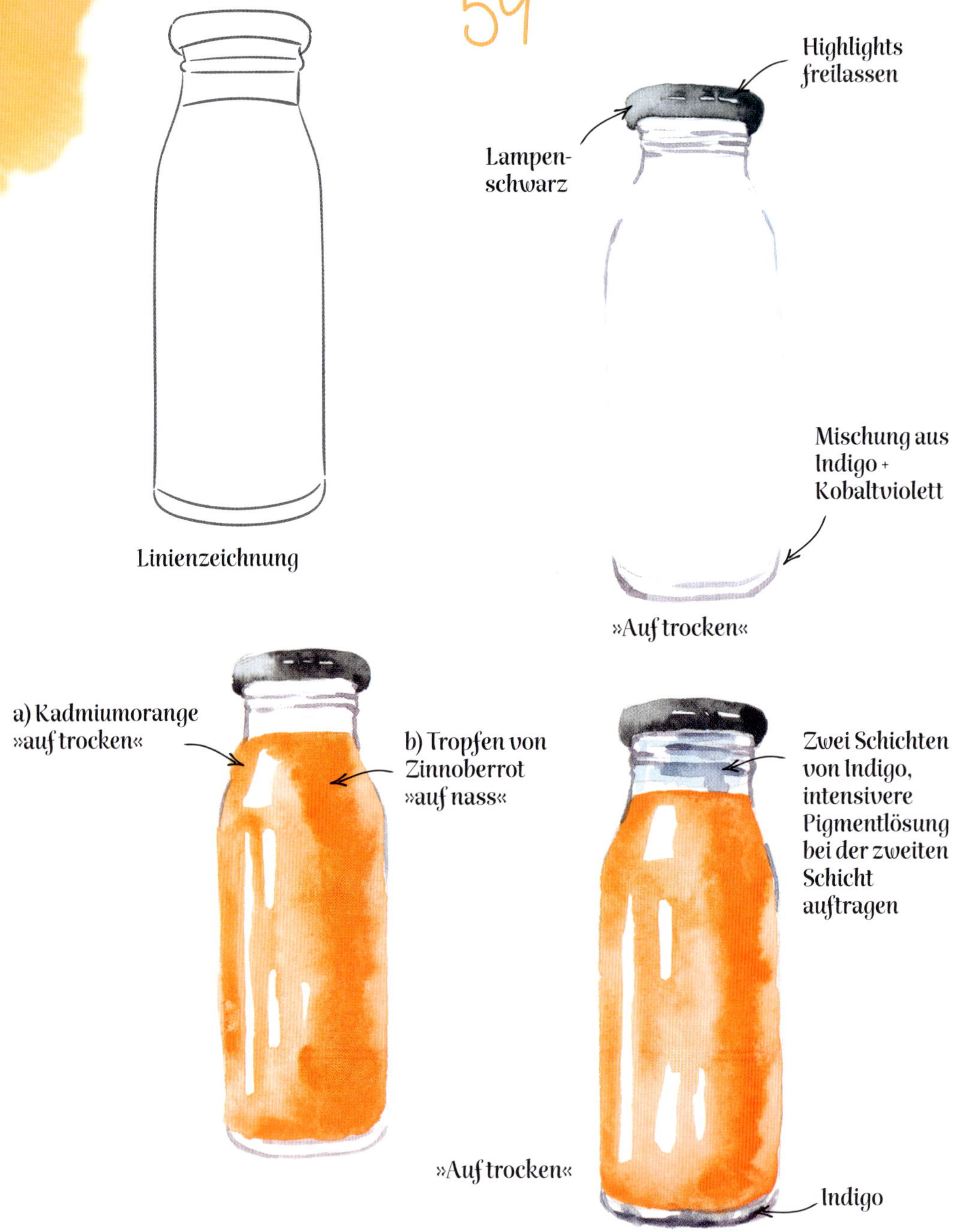
Linienzeichnung
Lampen-schwarz
Highlights freilassen
Mischung aus Indigo + Kobaltviolett
»Auf trocken«
a) Kadmiumorange »auf trocken«
b) Tropfen von Zinnoberrot »auf nass«
»Auf trocken«
Zwei Schichten von Indigo, intensivere Pigmentlösung bei der zweiten Schicht auftragen
Indigo

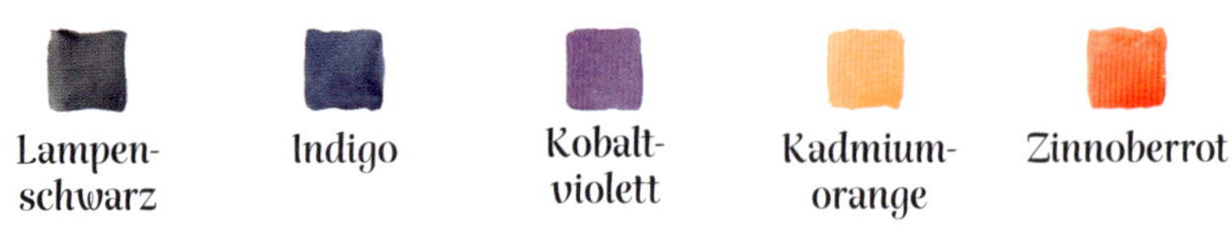
Lampen-schwarz
Indigo
Kobalt-violett
Kadmium-orange
Zinnoberrot

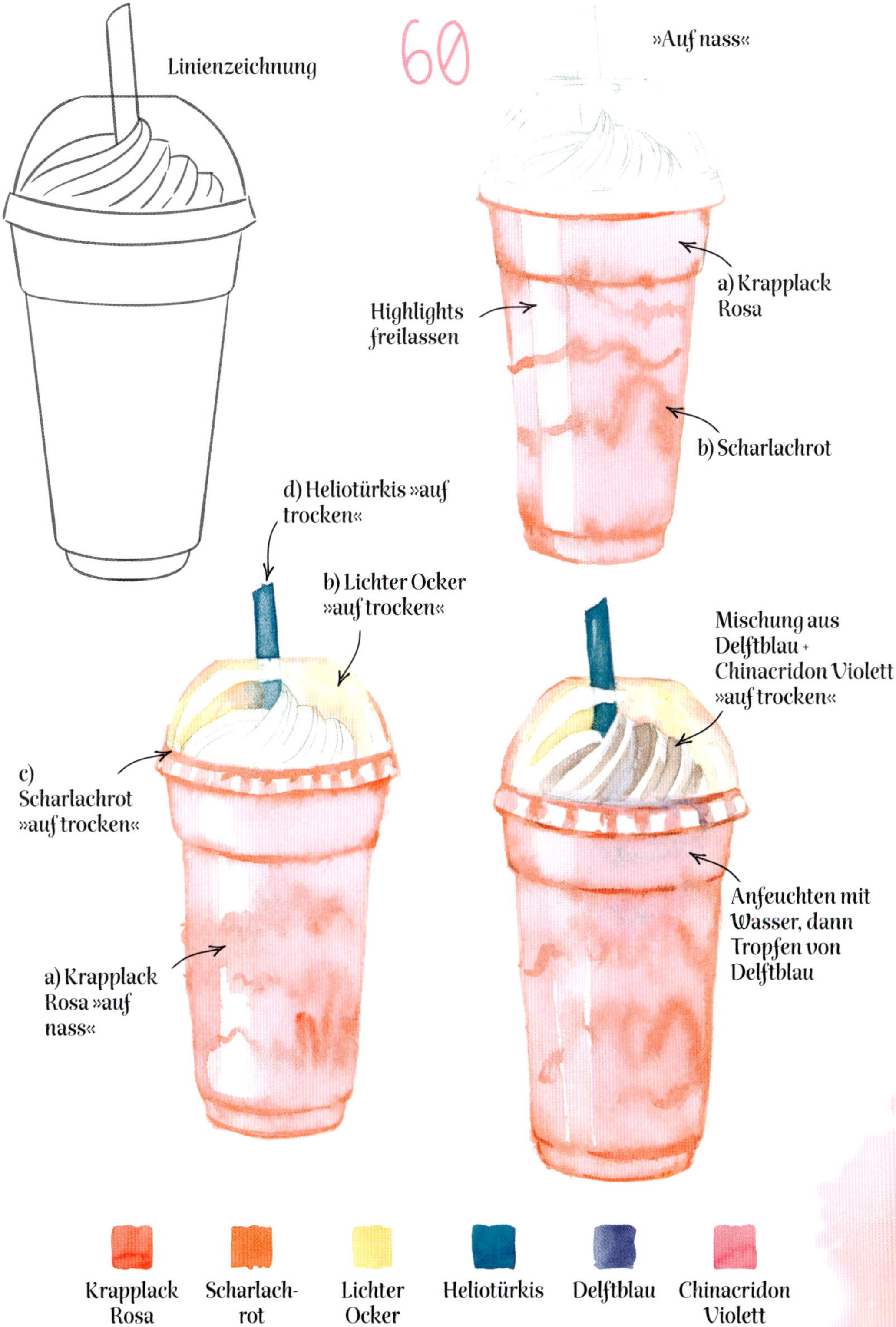
Linienzeichnung
»Auf nass«
a) Krapplack Rosa
Highlights freilassen
b) Scharlachrot
d) Heliotürkis »auf trocken«
b) Lichter Ocker »auf trocken«
c) Scharlachrot »auf trocken«
a) Krapplack Rosa »auf nass«
Mischung aus Delftblau + Chinacridon Violett »auf trocken«
Anfeuchten mit Wasser, dann Tropfen von Delftblau
Krapplack Rosa
Scharlach-rot
Lichter Ocker
Heliotürkis
Delftblau
Chinacridon Violett

61

Linienzeichnung

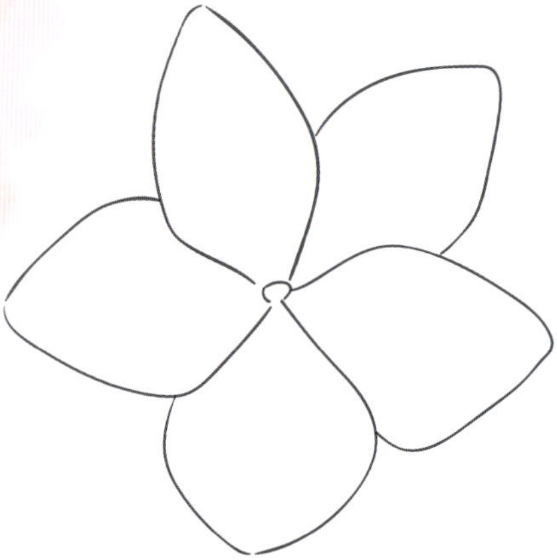

Krapplack Rosa

»Auf trocken«

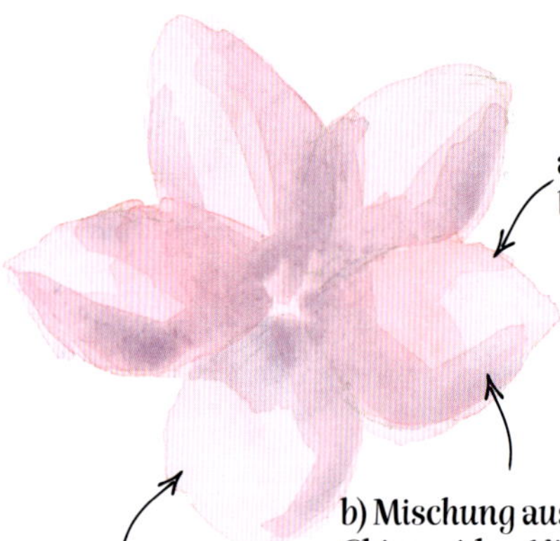

a) Krapplack Rosa

Highlights freilassen

b) Mischung aus Chinacridon Violett + Kobaltviolett, Krapplack Rosa nur partiell überlappend

Mischung aus Chinacridon Violett + Kobaltviolett (Linien) + Kadmiumgelb (Punkte)

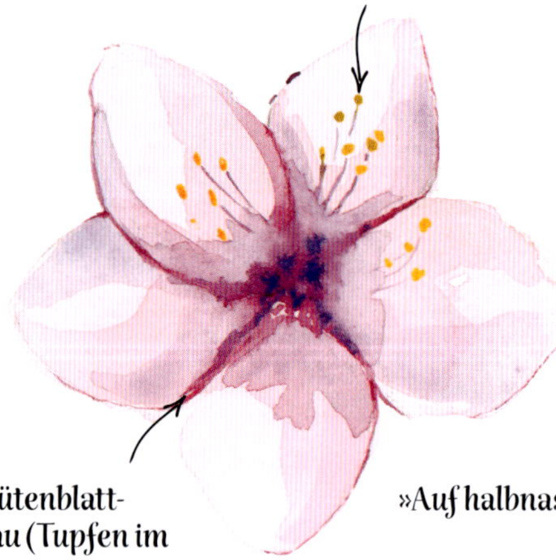

Kobaltviolett (Blütenblattkanten) + Bergblau (Tupfen im Zentrum)

»Auf halbnass«

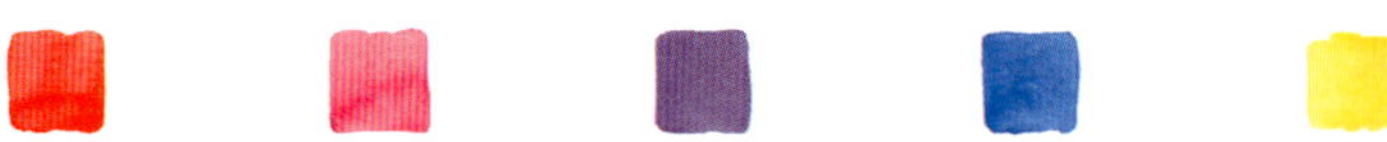

Krapplack Rosa | Chinacridon Violett | Kobalt-violett | Bergblau | Kadmiumgelb

62

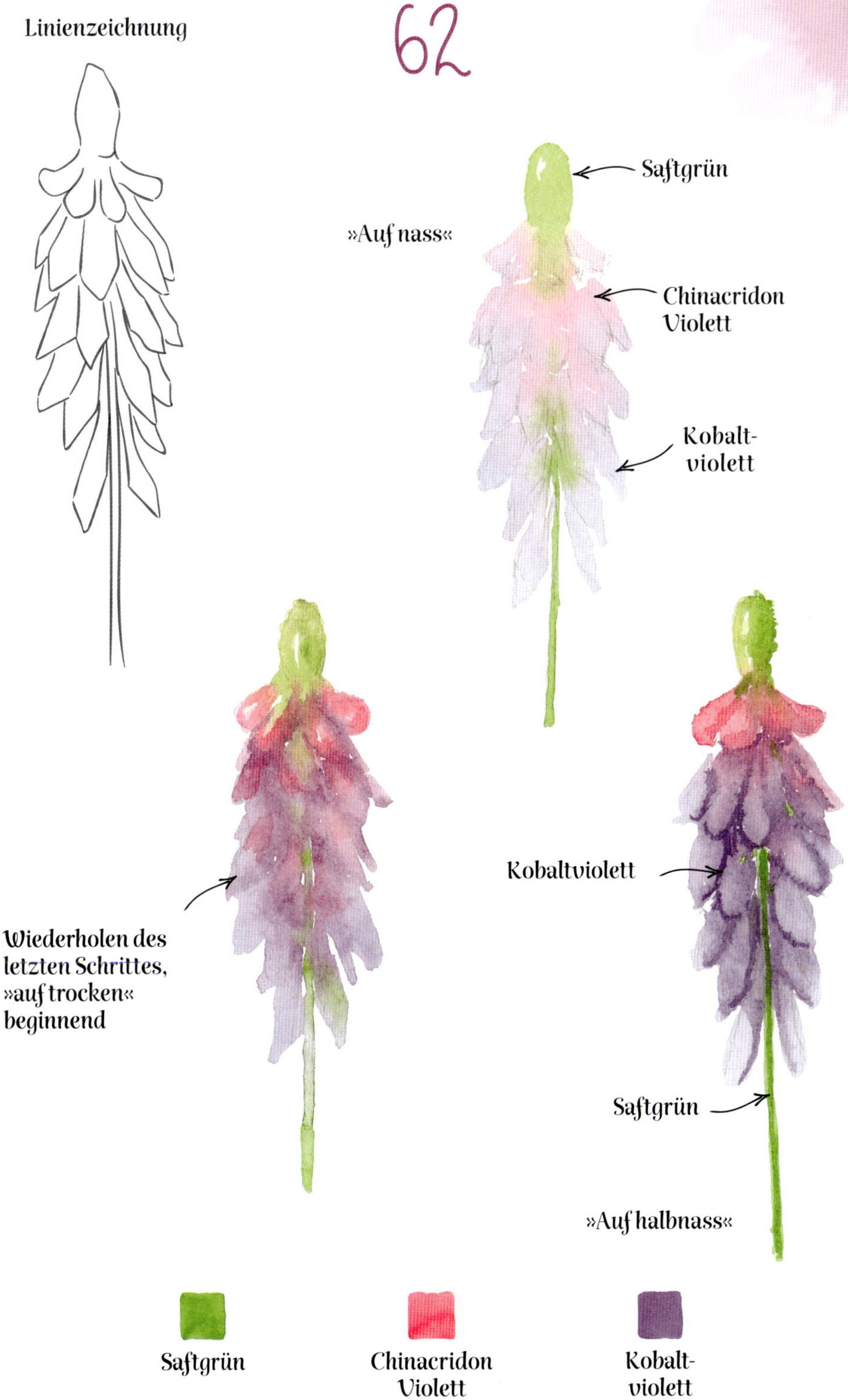
Linienzeichnung
»Auf nass«
Saftgrün
Chinacridon Violett
Kobalt-violett
Wiederholen des letzten Schrittes, »auf trocken« beginnend
Kobaltviolett
Saftgrün
»Auf halbnass«
Saftgrün
Chinacridon Violett
Kobalt-violett

63

Linienzeichnung

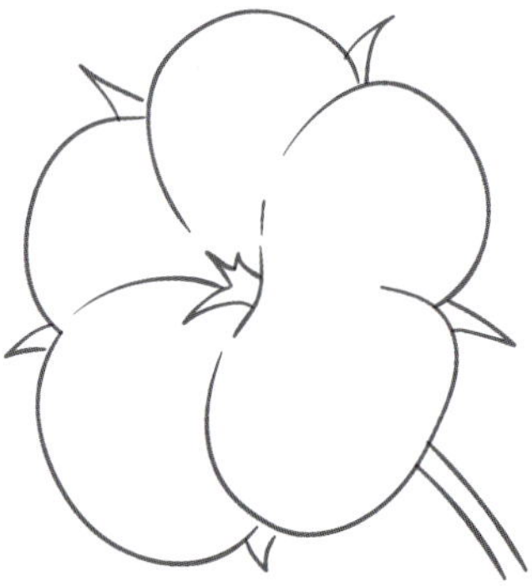

a) Mit Wasser bepinseln, dann »auf halbnass« arbeiten

b) Eisenoxid-braun

c) Lampenschwarz (äußere Kanten)

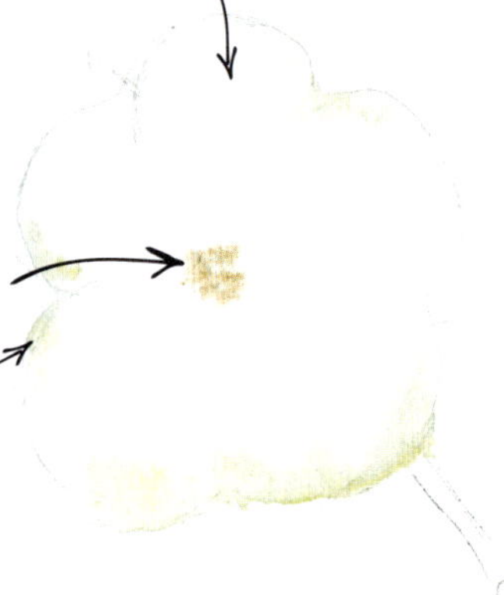

a) Lichter Ocker »auf nass« (äußere Kanten)

b) Eisenoxid-braun »auf nass« (Zentrum)

c) Sepiabraun »auf trocken«

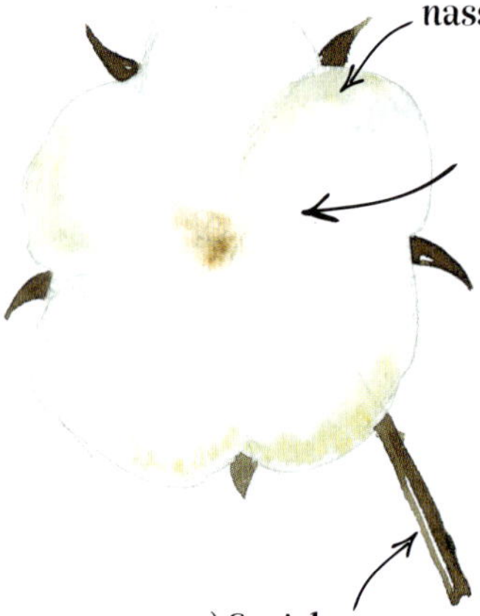

a) Mit Wasser wieder befeuchten, dann Lampenschwarz »auf halbnass« auftragen (an den Kanten + um die Segmente zu definieren)

b) Sepiabraun »auf trocken« (Zentrum)

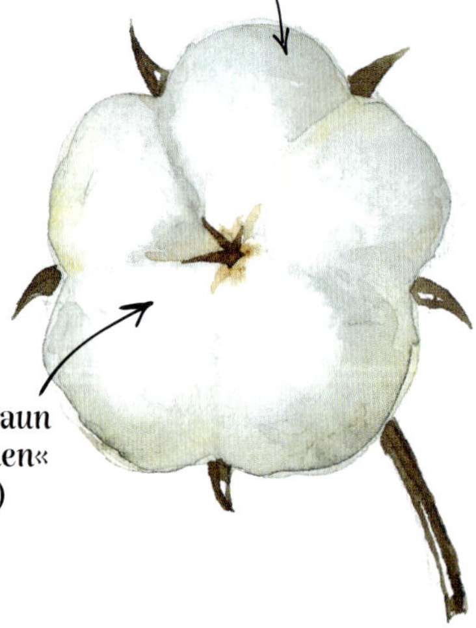

Eisenoxid-braun | Lampenschwarz | Lichter Ocker | Sepiabraun

64

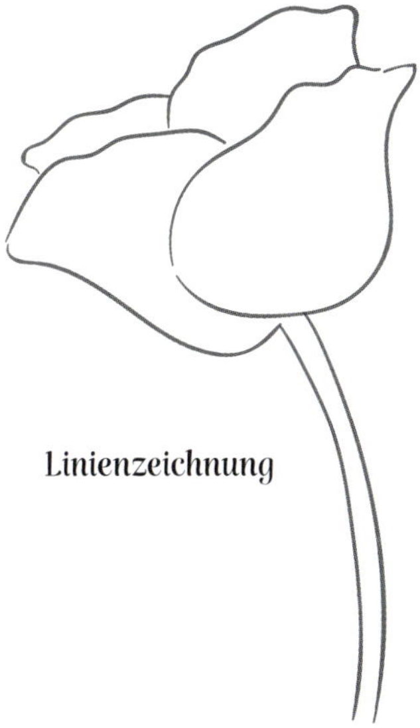

Linienzeichnung

»Auf nass«

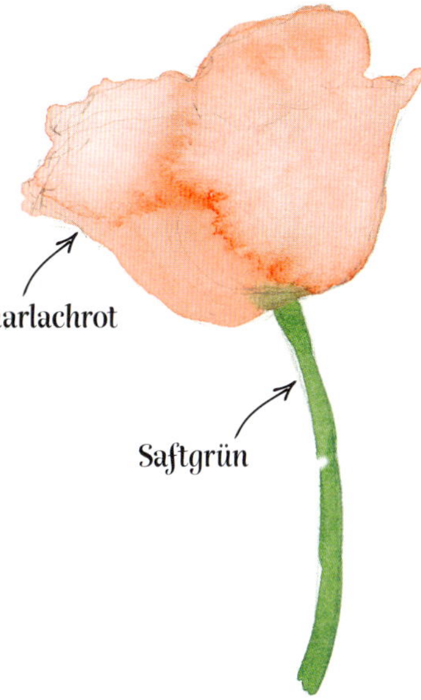

Scharlachrot

Saftgrün

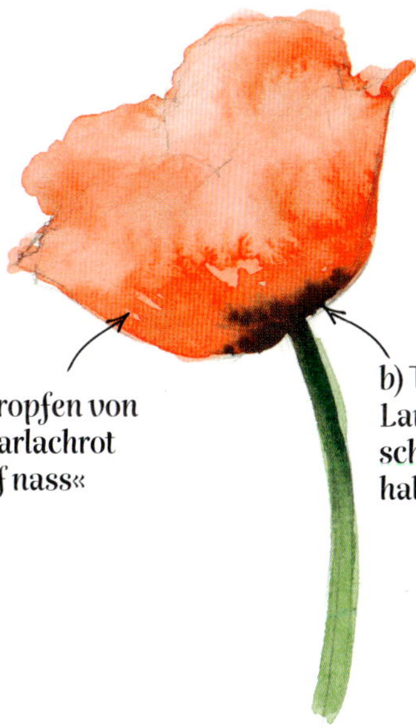

a) Tropfen von Scharlachrot »auf nass«

b) Tropfen von Lampenschwarz »auf halbnass«

Tropfen von Scharlachrot + dann Krapplack dunkel

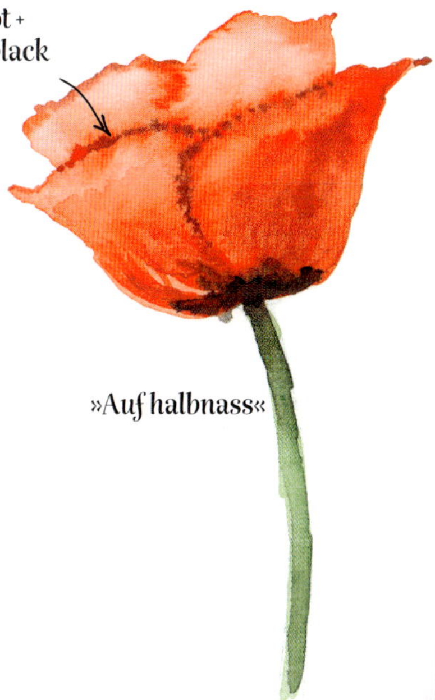

»Auf halbnass«

Scharlachrot

Saftgrün

Lampenschwarz

Krapplack dunkel

65

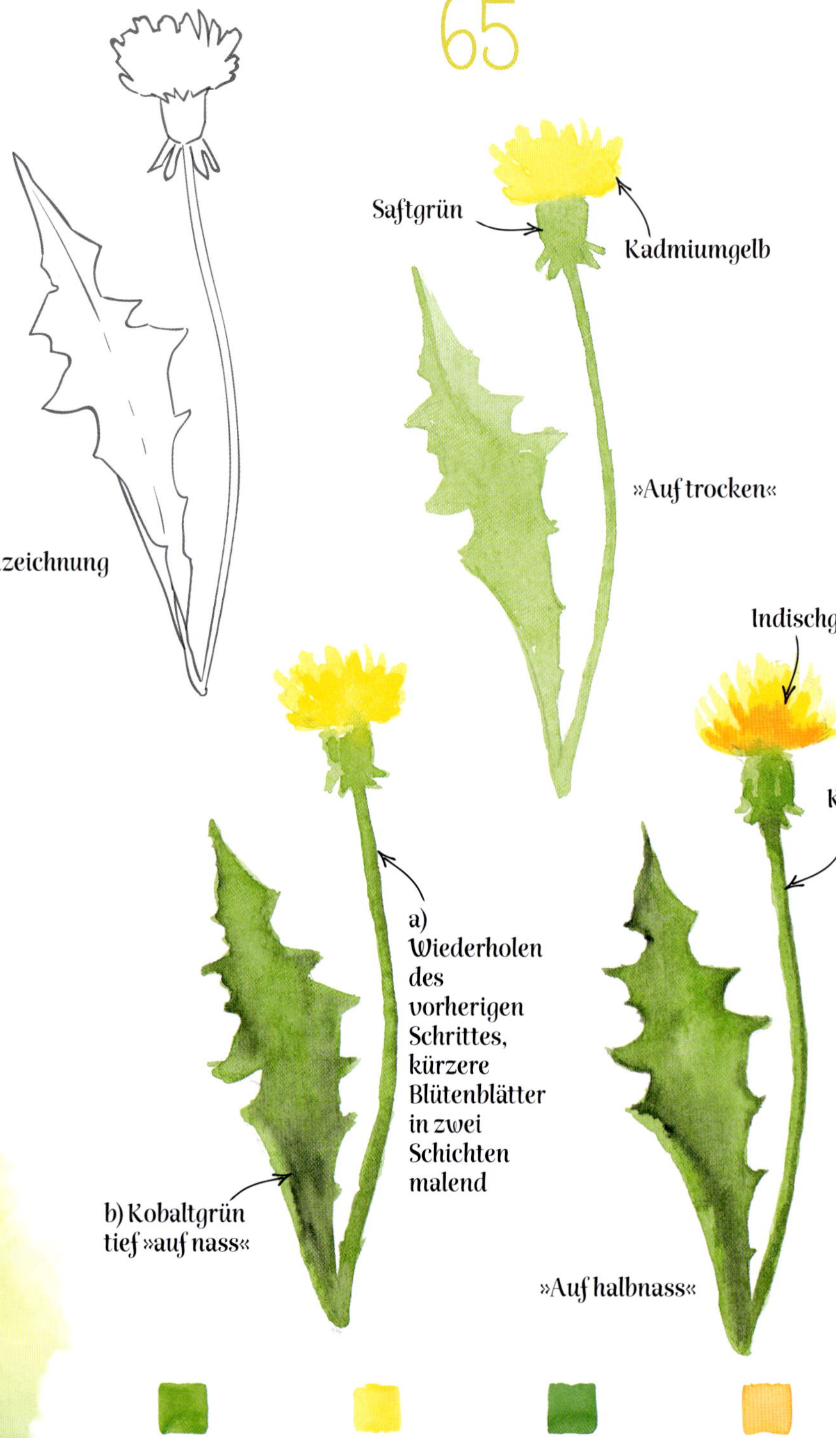
Linienzeichnung
Saftgrün
Kadmiumgelb
»Auf trocken«
Indischgelb
Kobaltgrün tief
a) Wiederholen des vorherigen Schrittes, kürzere Blütenblätter in zwei Schichten malend
b) Kobaltgrün tief »auf nass«
»Auf halbnass«
Saft-grün
Kadmium-gelb
Kobaltgrün tief
Indisch-gelb

66

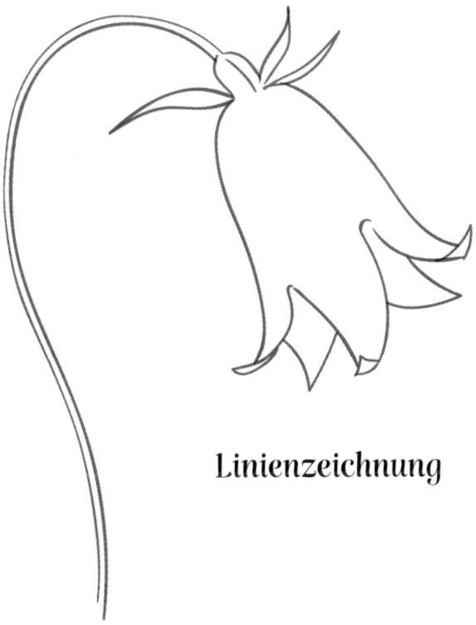

Linienzeichnung

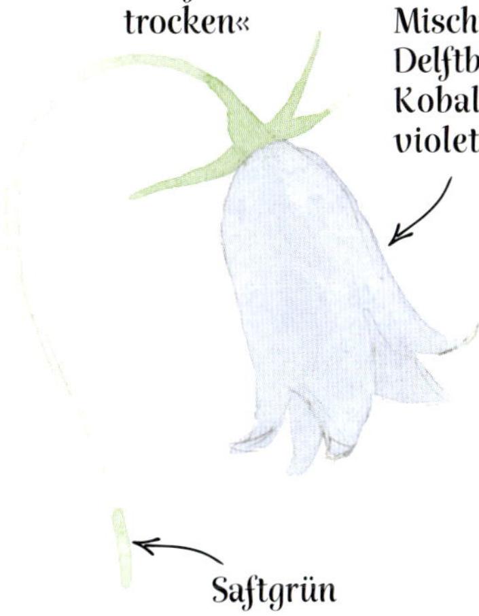

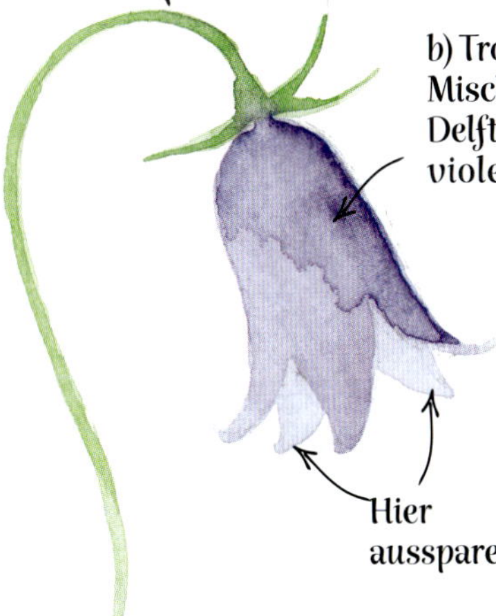

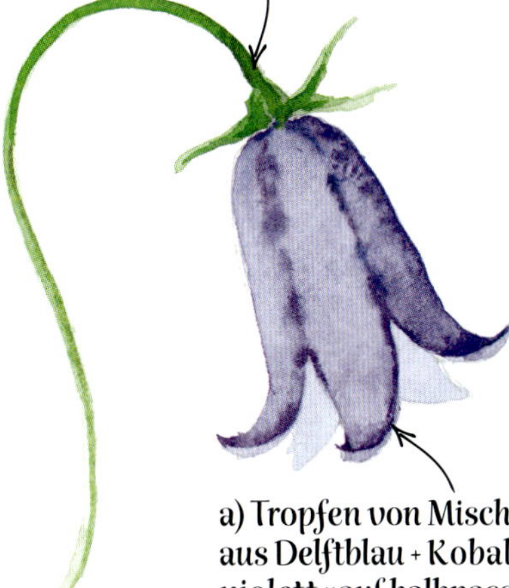

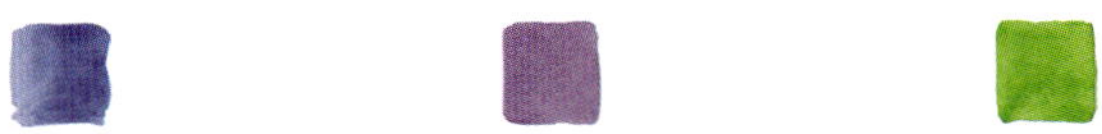

Delftblau

Kobalt-violett

Saft-grün

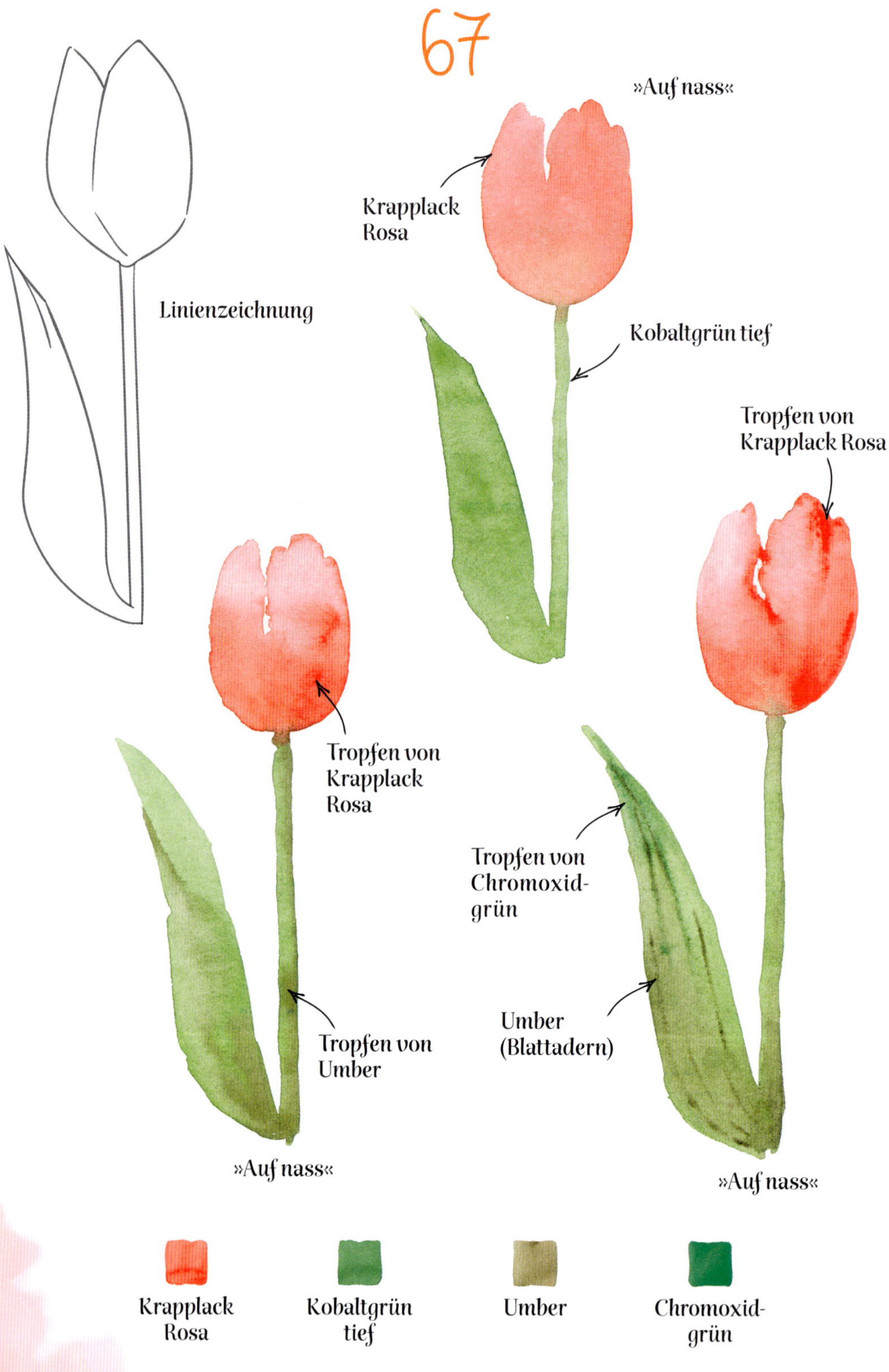
67
Linienzeichnung
»Auf nass«
Krapplack Rosa
Kobaltgrün tief
Tropfen von Krapplack Rosa
Tropfen von Krapplack Rosa
Tropfen von Chromoxidgrün
Tropfen von Umber
Umber (Blattadern)
»Auf nass«
»Auf nass«
Krapplack Rosa
Kobaltgrün tief
Umber
Chromoxidgrün

68

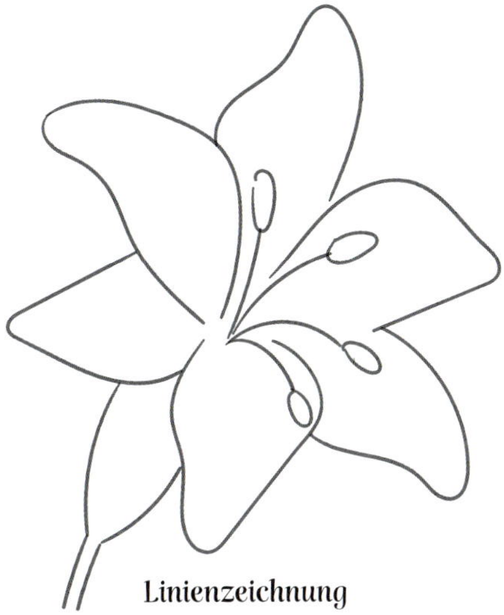

Linienzeichnung

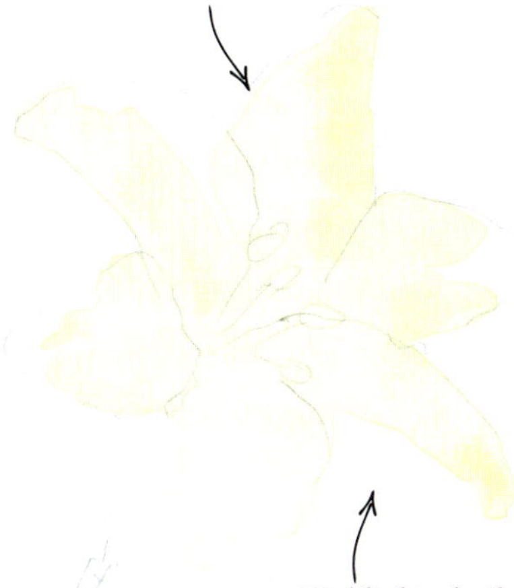

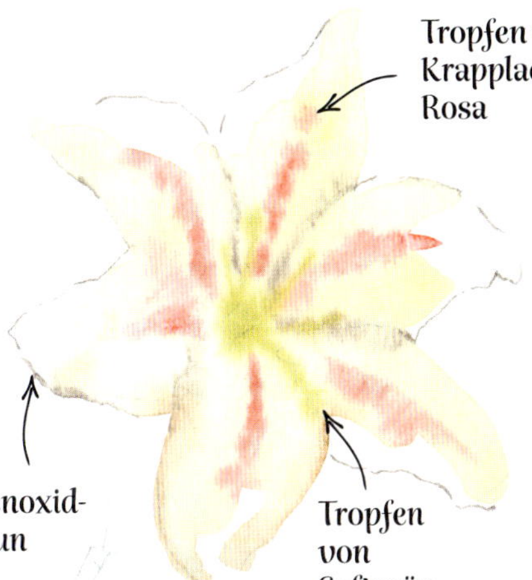

»Auf nass«

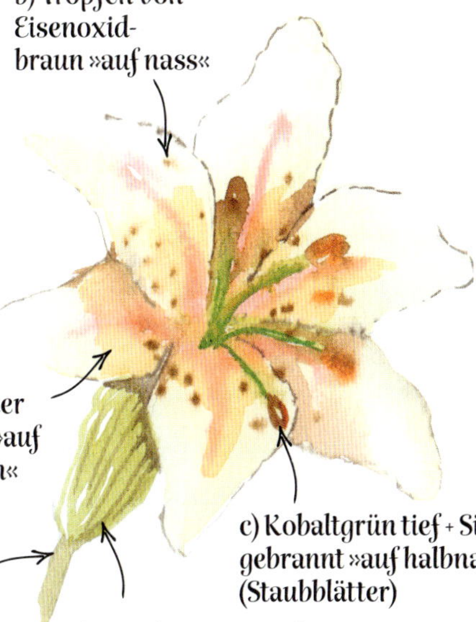

Lichter Ocker | Krapplack Rosa | Saft-grün | Eisenoxid-braun | Kobaltgrün tief | Siena gebrannt

69

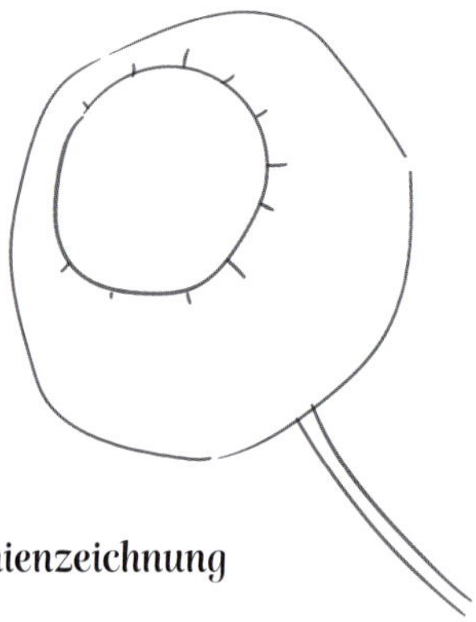

Linienzeichnung

Kadmiumgelb

Highlights freilassen

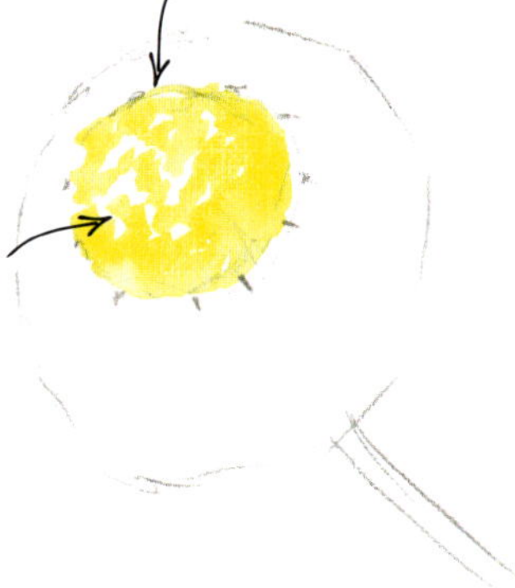

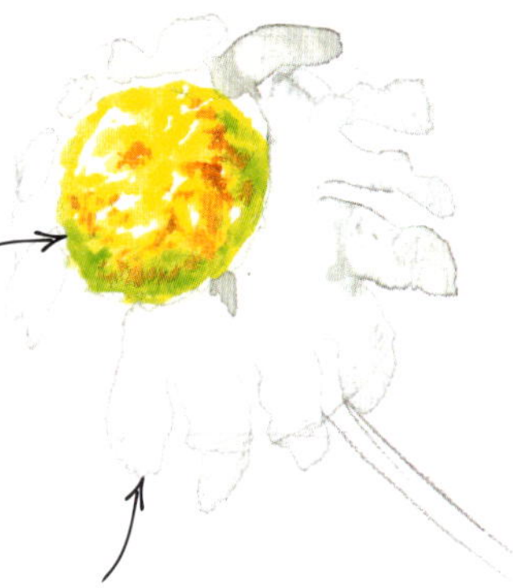

a) Tropfen von Indischgelb + Saftgrün »auf nass«

b) Lampenschwarz »auf trocken«

a) Tropfen von Lampenschwarz »auf nass«

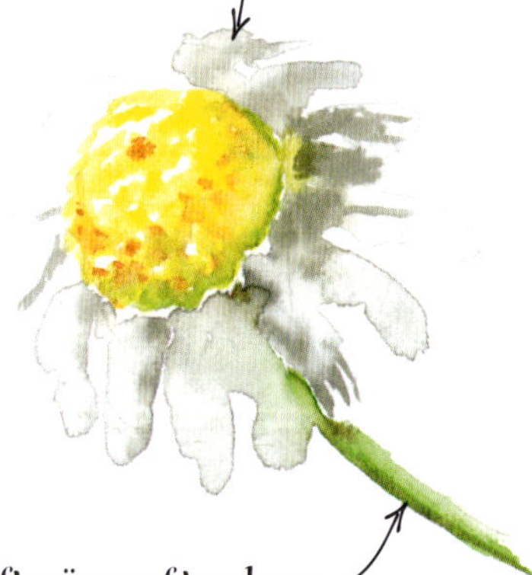

b) Saftgrün »auf trocken«

Kadmium-gelb

Indischgelb

Saft-grün

Lampen-schwarz

70

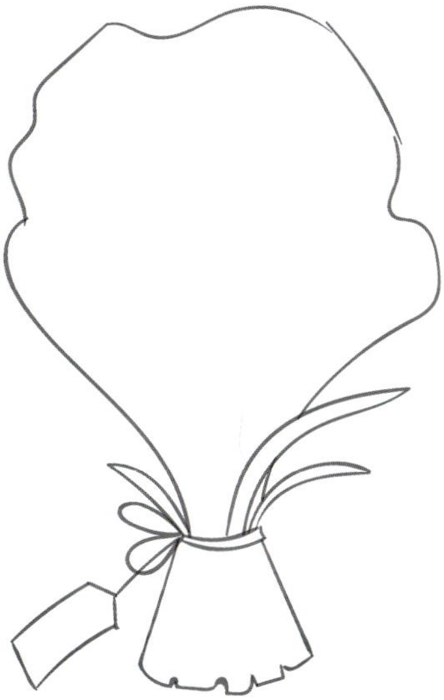

Linienzeichnung

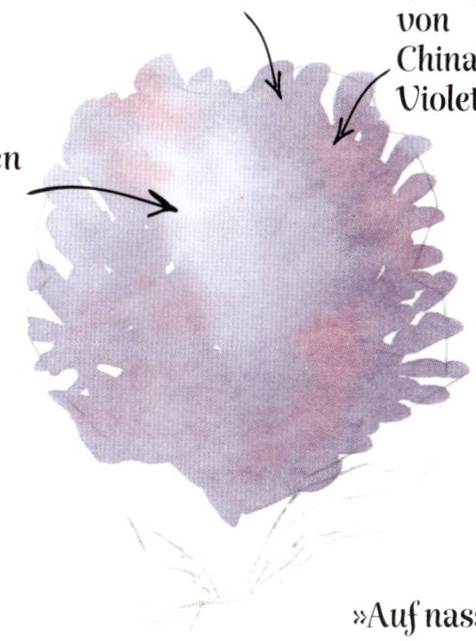

»Auf nass«

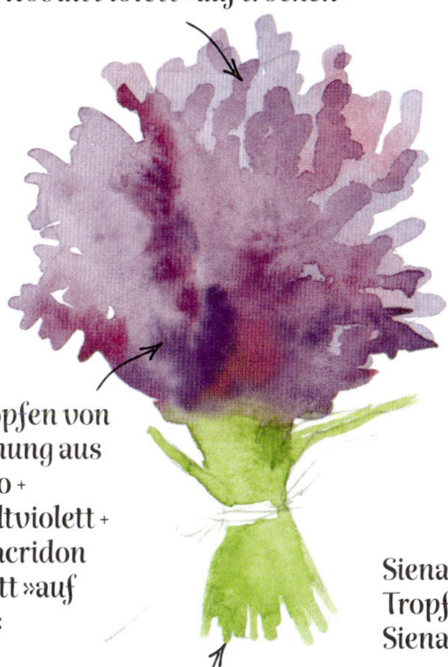

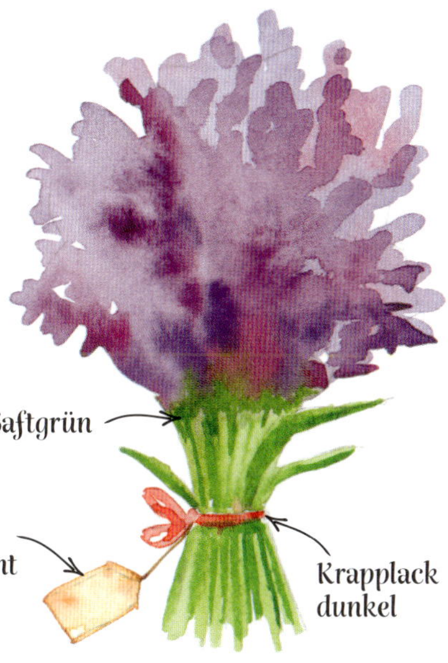

»Auf trocken«

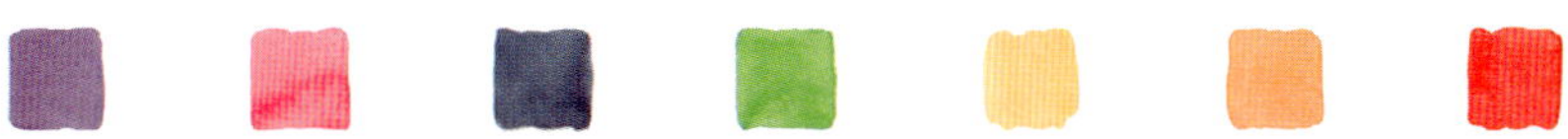

Kobalt-violett	Chinacridon Violett	Indigo	Saft-grün	Siena natur	Siena gebrannt	Krapplack dunkel

71

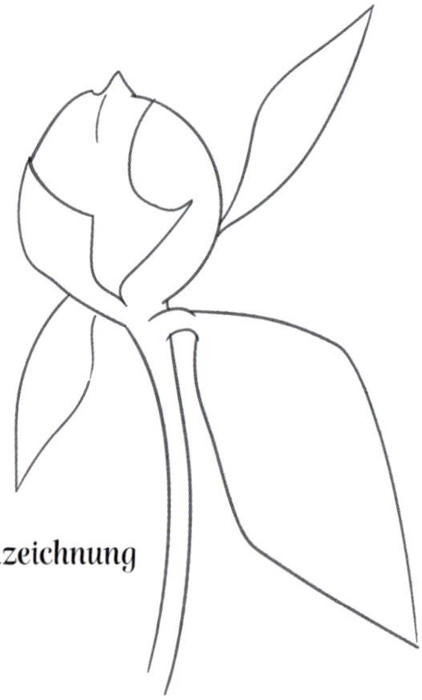

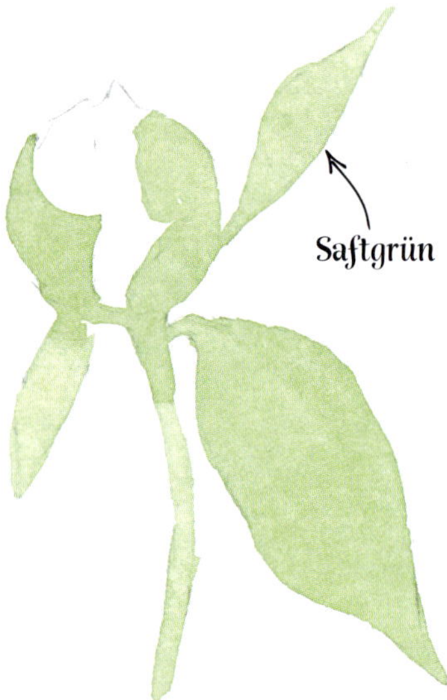

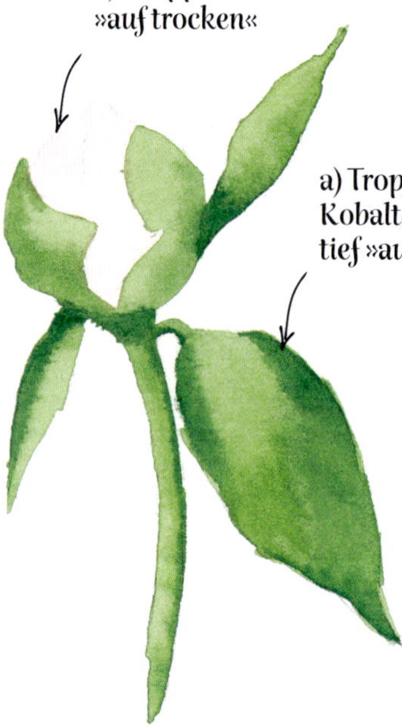

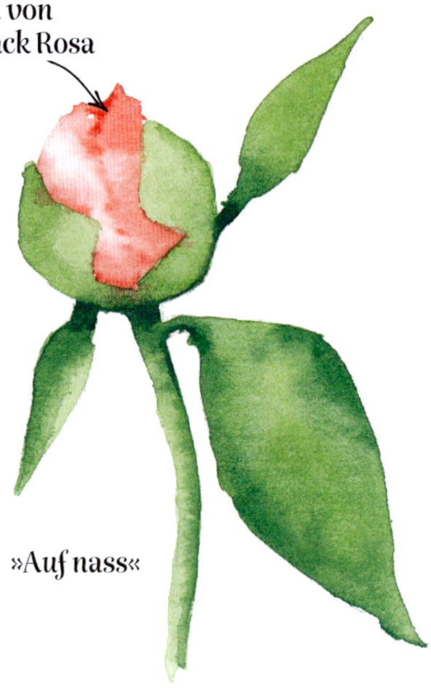

Saft-grün

Kobaltgrün tief

Krapplack Rosa

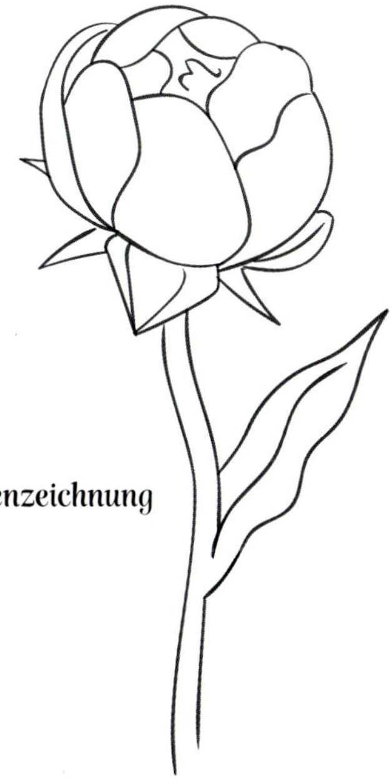

Linienzeichnung

»Auf nass«

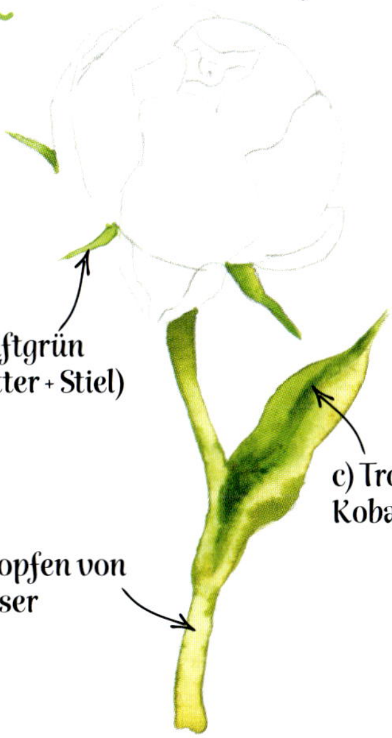

a) Saftgrün (Blätter + Stiel)

c) Tropfen von Kobaltgrün tief

b) Tropfen von Wasser

Highlights freilassen

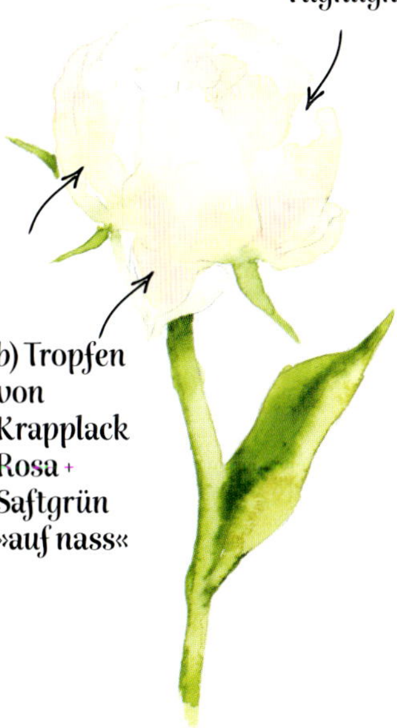

a) Lichter Ocker »auf trocken«

b) Tropfen von Krapplack Rosa + Saftgrün »auf nass«

a) Tropfen von Krapplack Rosa

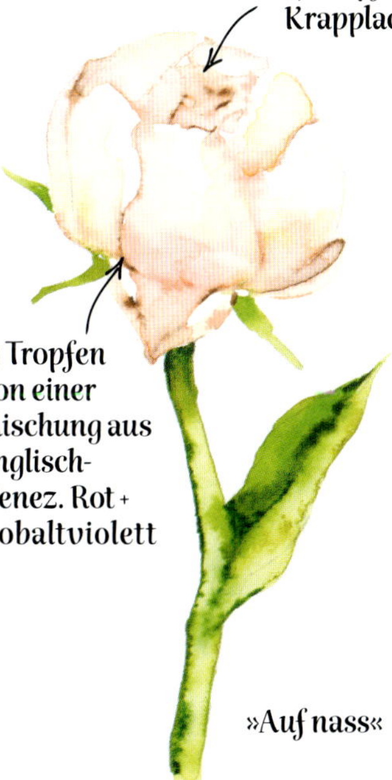

b) Tropfen von einer Mischung aus Englisch-Venez. Rot + Kobaltviolett

»Auf nass«

Saft-grün	Kobaltgrün	Lichter Ocker	Krapplack Rosa	Englisch-Venez. Rot	Kobalt-violett

73

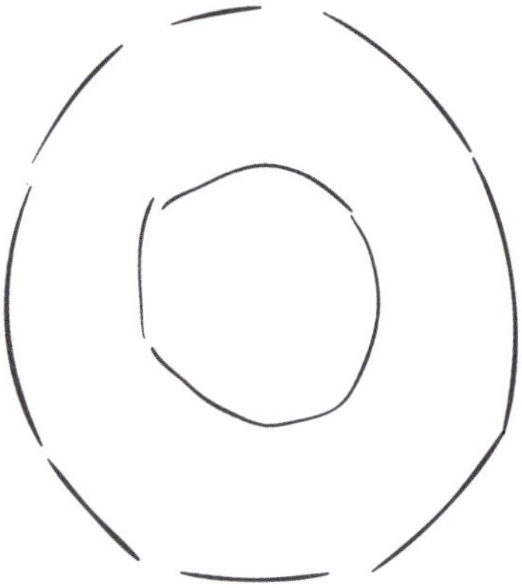

Linienzeichnung

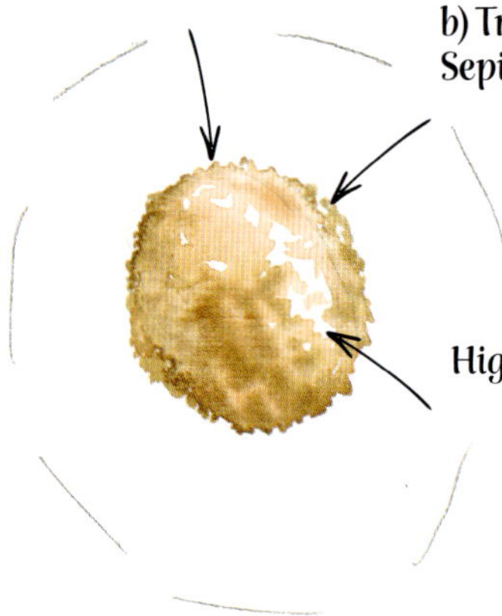

»Auf nass«

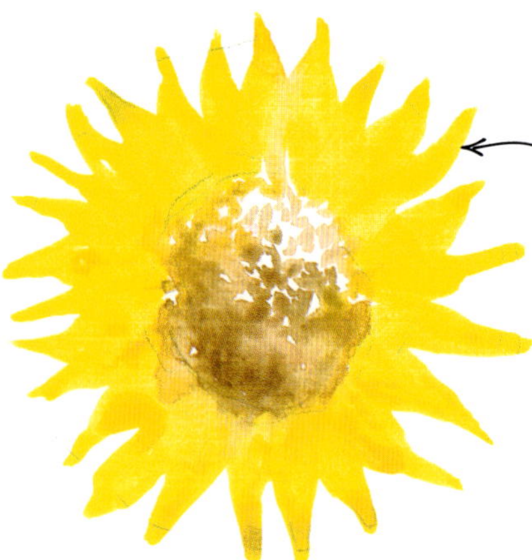

»Auf halbnass«

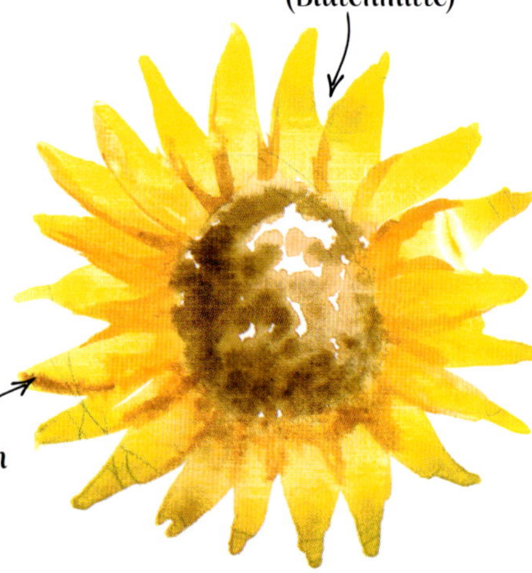

»Auf halbnass«

Eisenoxid-braun | Sepiabraun | Kadmium-gelb | Neapelgelb rötlich

74

Linienzeichnung

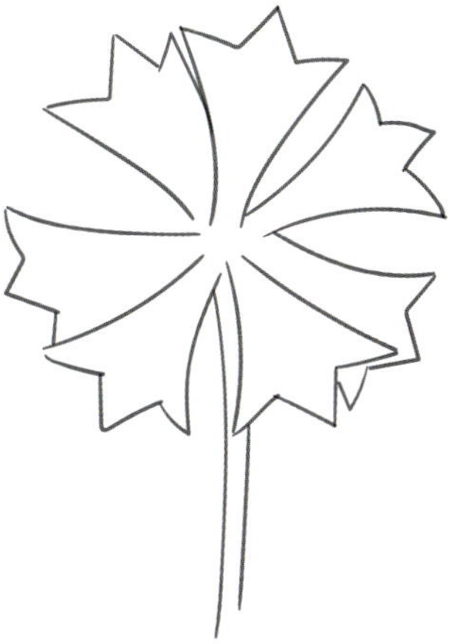

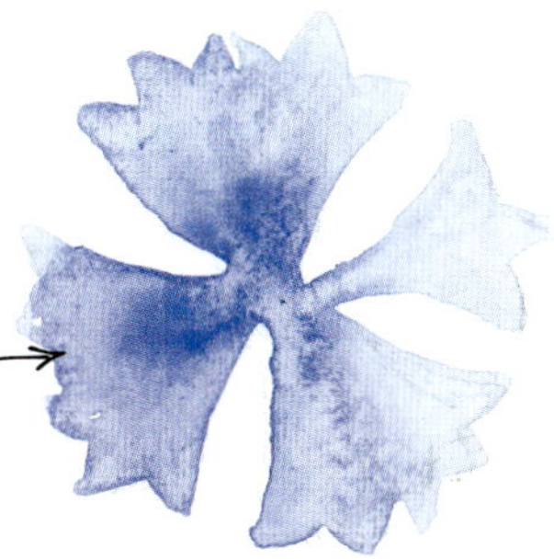

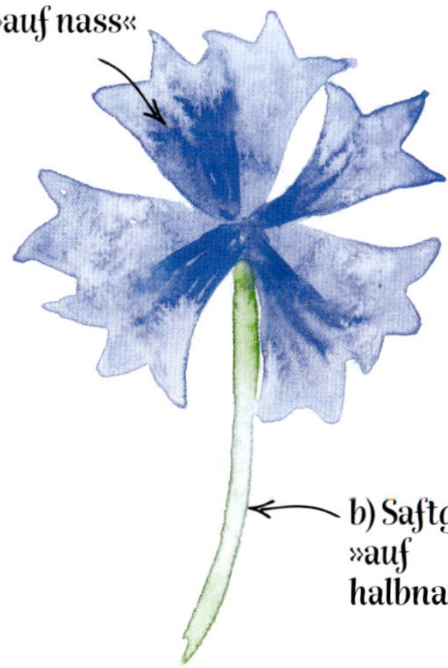

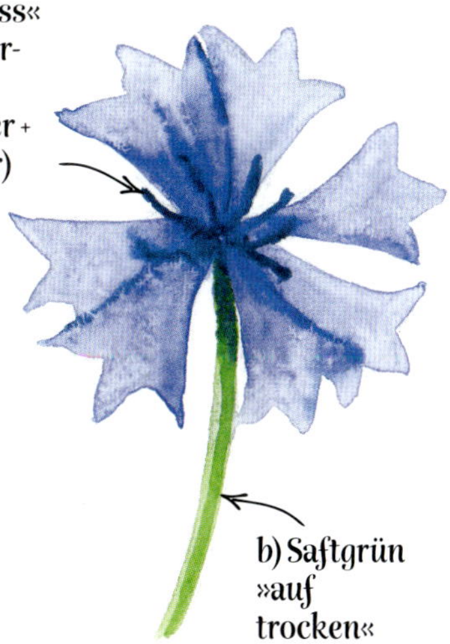

Delftblau | Kobalt-violett | Ultramarin | Saft-grün

75

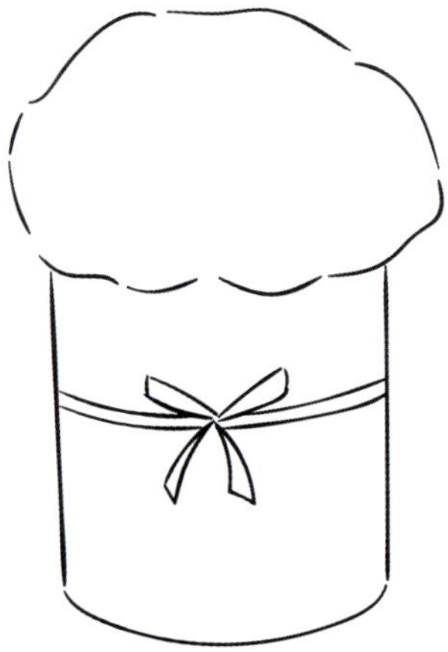

Linienzeichnung

»auf trocken«

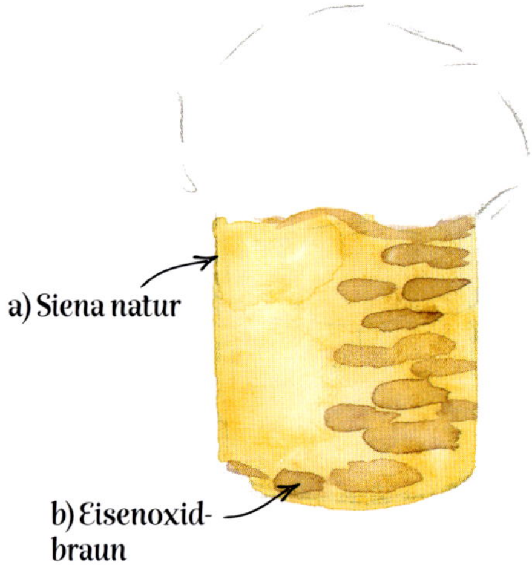

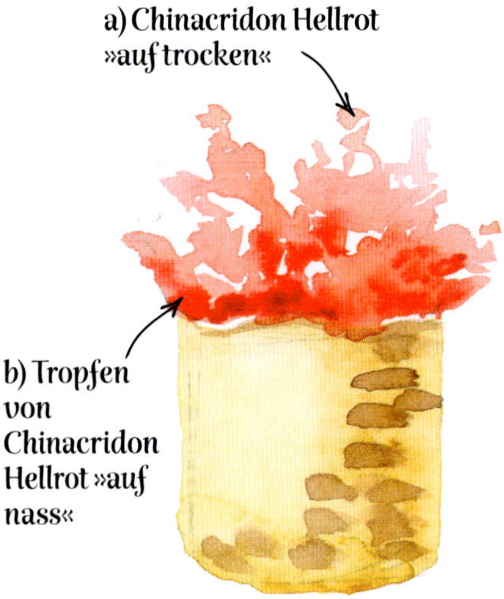

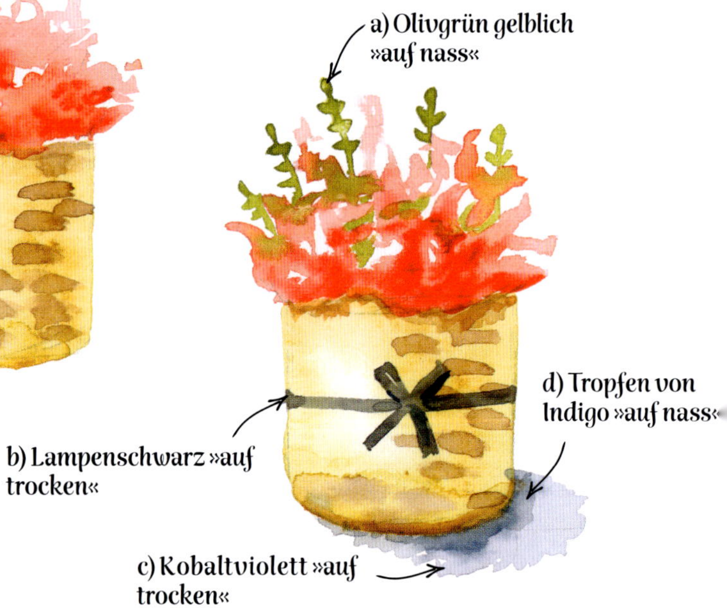

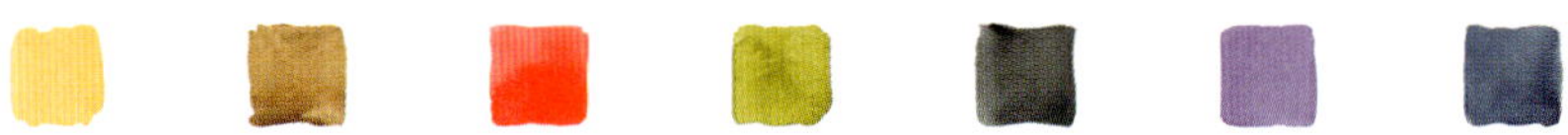

Siena natur | Eisenoxid-braun | Chinacridon Hellrot | Olivgrün gelblich | Lampen-schwarz | Kobalt-violett | Indigo

76

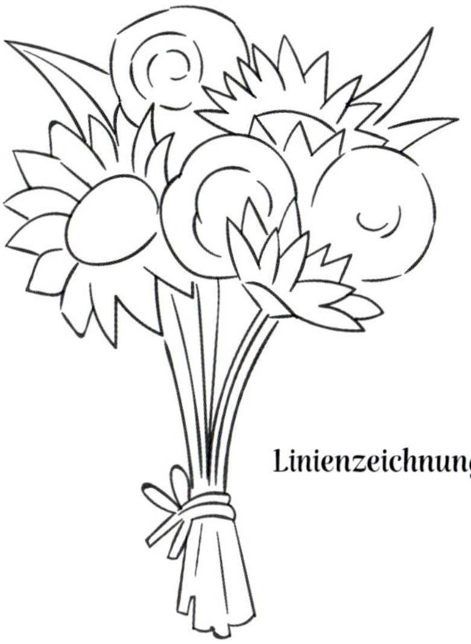
Linienzeichnung

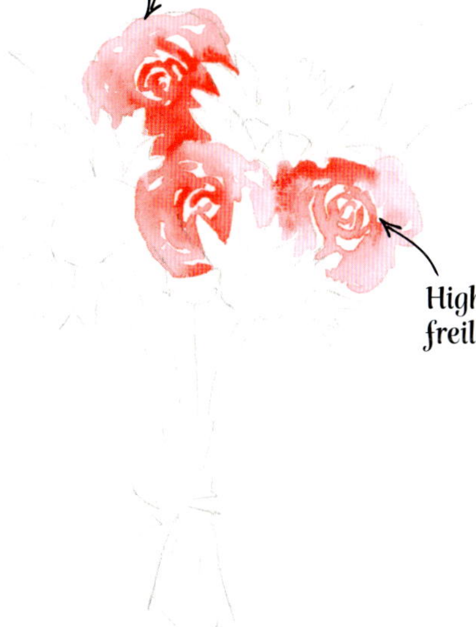
Krapplack Rosa, intensiver im Zentrum der Blüten
Highlights freilassen

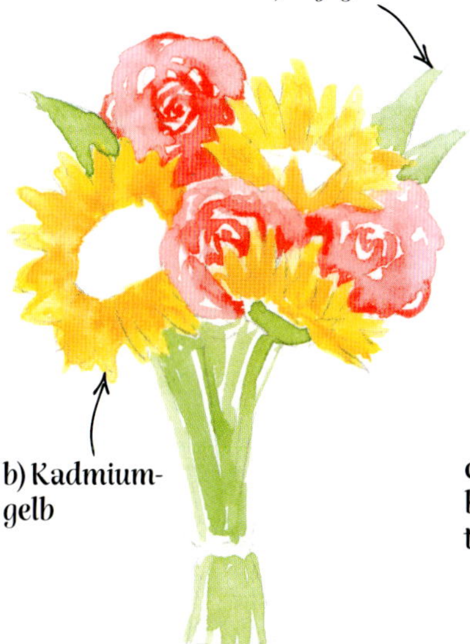
a) Saftgrün
b) Kadmium-gelb
»Auf trocken«

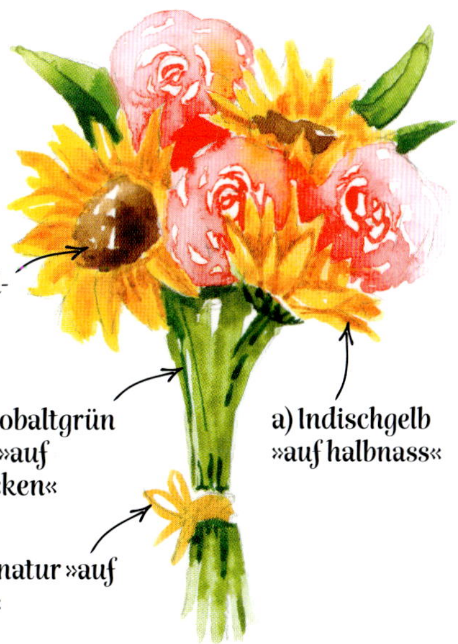
c) Eisenoxid-braun »auf trocken«
b) Kobaltgrün tief »auf trocken«
a) Indischgelb »auf halbnass«
d) Siena natur »auf trocken«

Krapplack Rosa
Saft-grün
Kadmium-gelb
Indisch-gelb
Kobaltgrün tief
Eisenoxid-braun
Siena natur

77

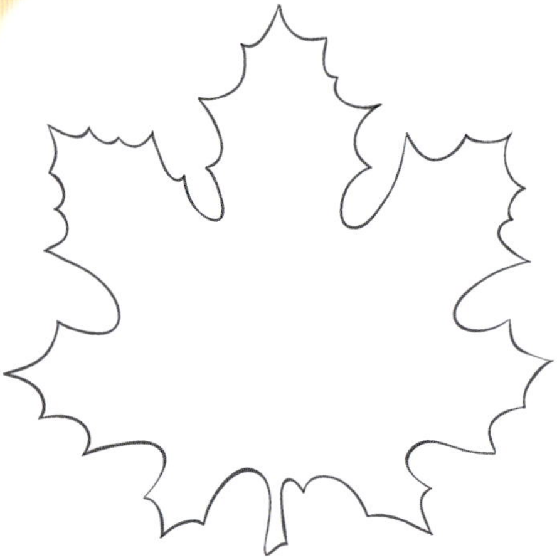

Linienzeichnung

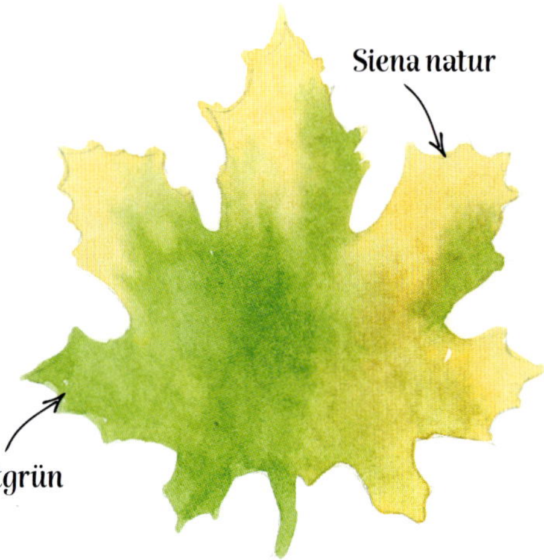

»Auf nass«

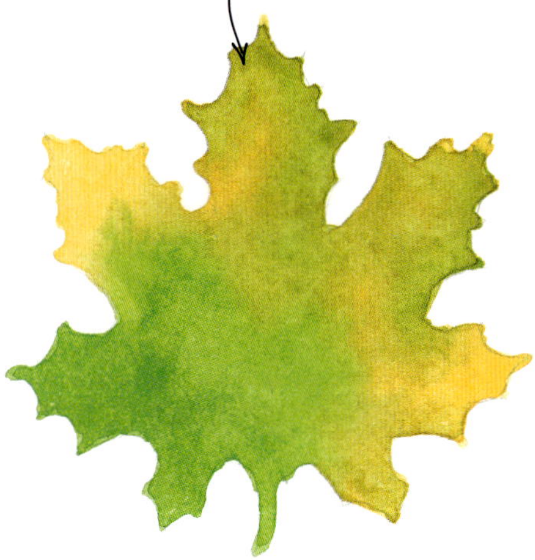

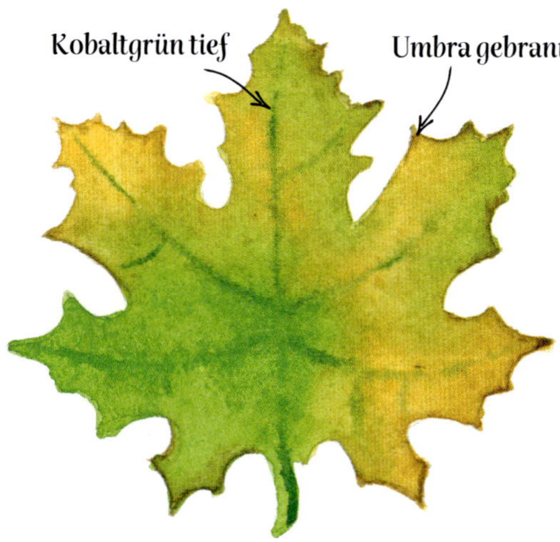

»Auf nass«

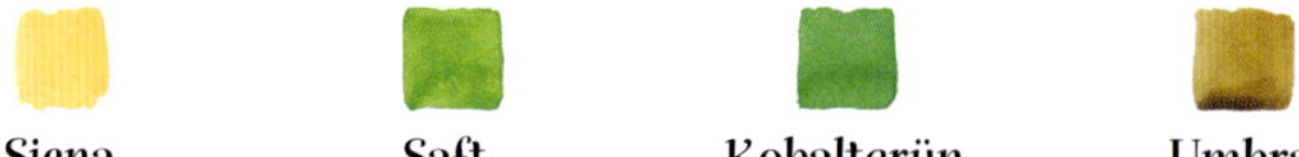

Siena natur | Saftgrün | Kobaltgrün tief | Umbra gebrannt

78

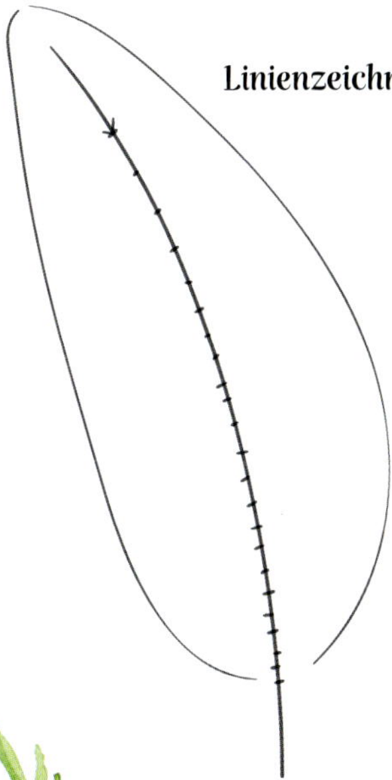

Linienzeichnung

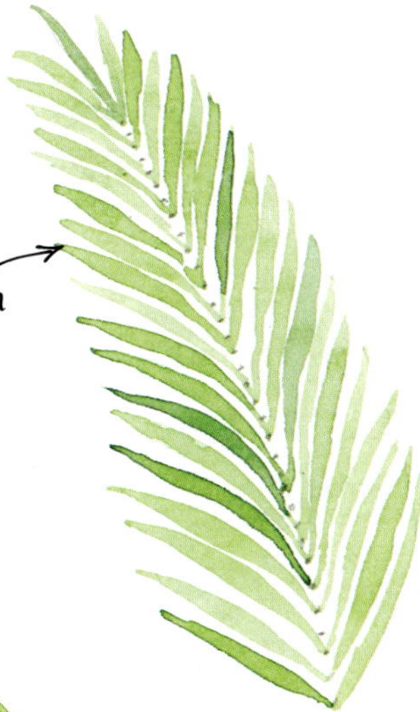

Saftgrün

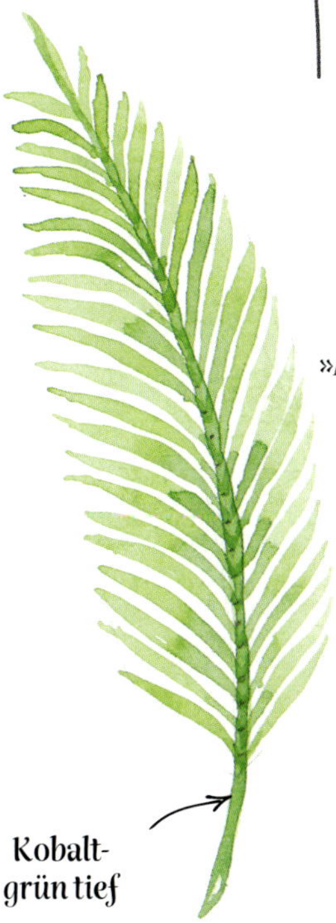

»Auf halbnass«

Kobalt-
grün tief

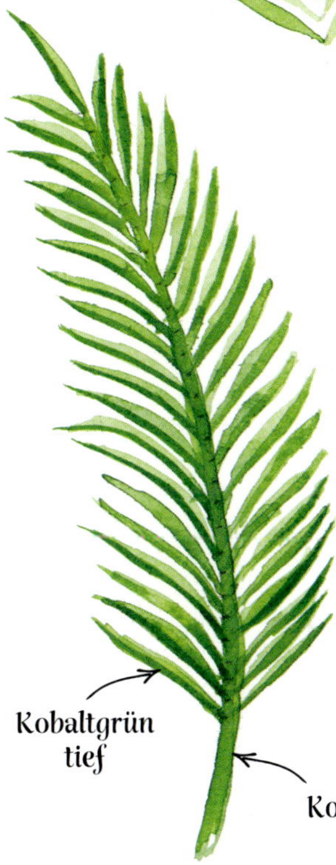

»Auf trocken«

Kobaltgrün
tief

Kobaltgrün tief

Saft-
grün

Kobaltgrün
tief

79

Linienzeichnung

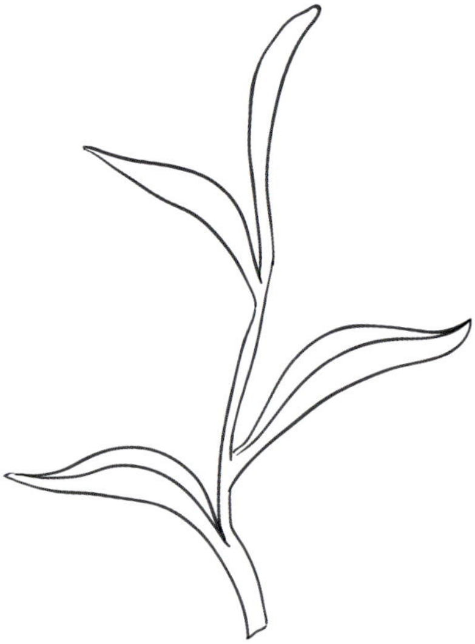

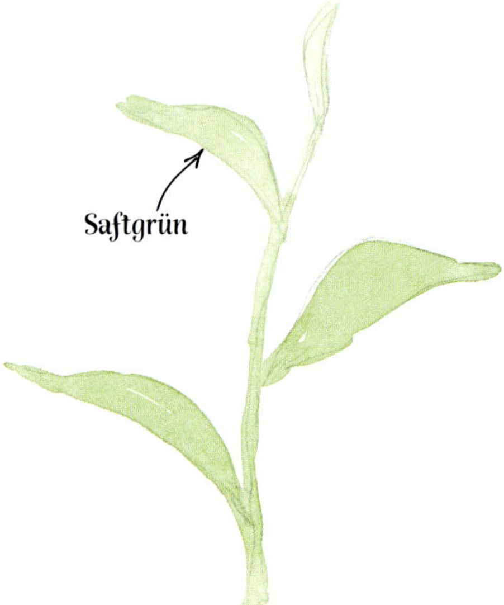

a) Tropfen von Kadmiumgelb »auf halbnass« (auf den oberen Blättern)

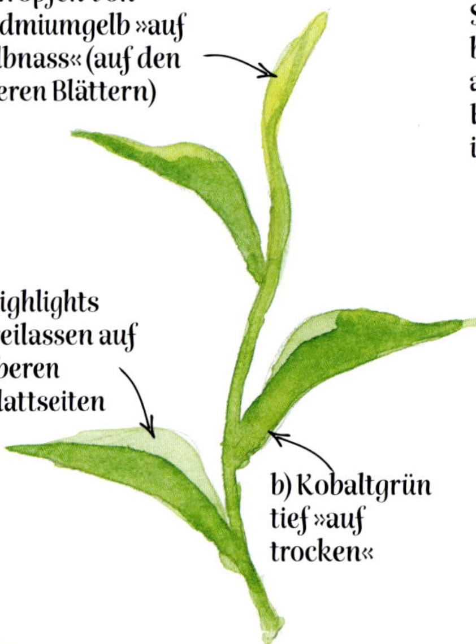

Highlights freilassen auf oberen Blattseiten

b) Kobaltgrün tief »auf trocken«

Wiederholen des vorherigen Schrittes, »auf trocken« beginnend + Kobaltgrün tief auftragend, solange das Kadmiumgelb noch feucht ist

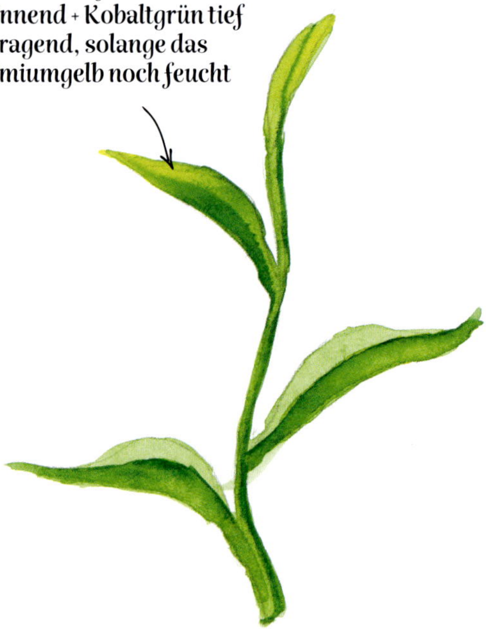

Saft-grün | Kadmiumgelb | Kobaltgrün tief

80

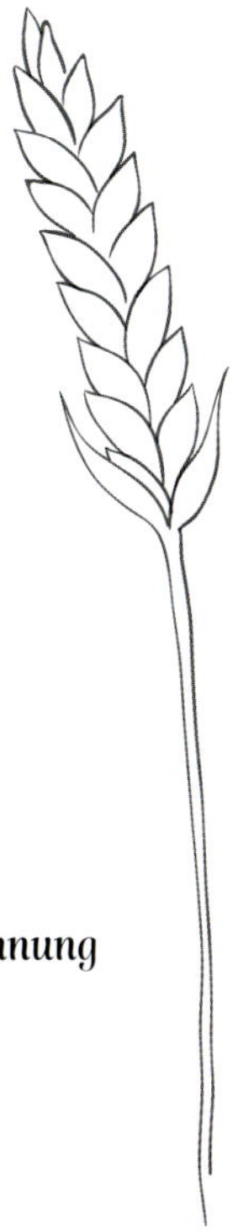

Linienzeichnung

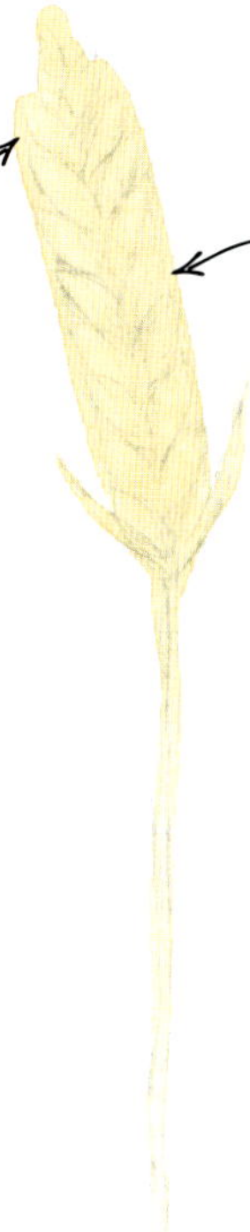

Lichter Ocker

Nicht besorgt sein, etwas über die Linien hinaus zu malen

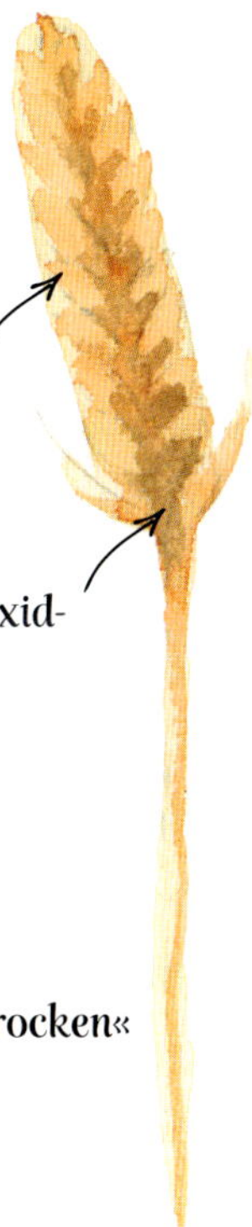

a) Siena gebrannt, im Inneren Linien ziehen

b) Eisenoxid-braun

»Auf trocken«

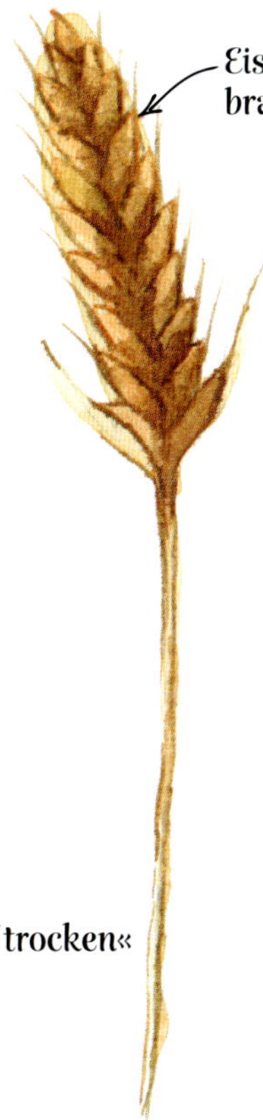

Eisenoxid-braun

»Auf trocken«

Lichter Ocker

Siena gebrannt

Eisenoxid-braun

81

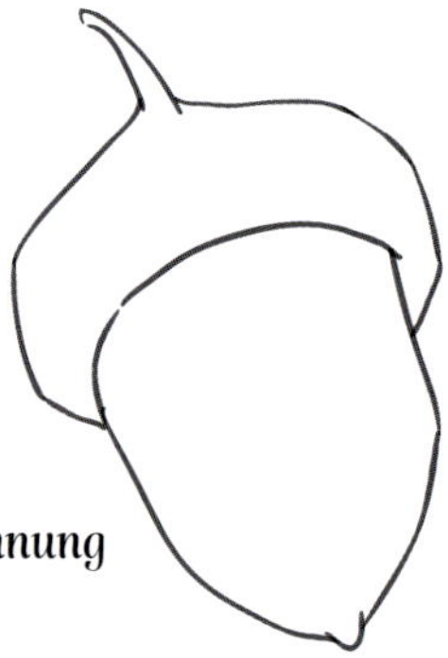

Linienzeichnung

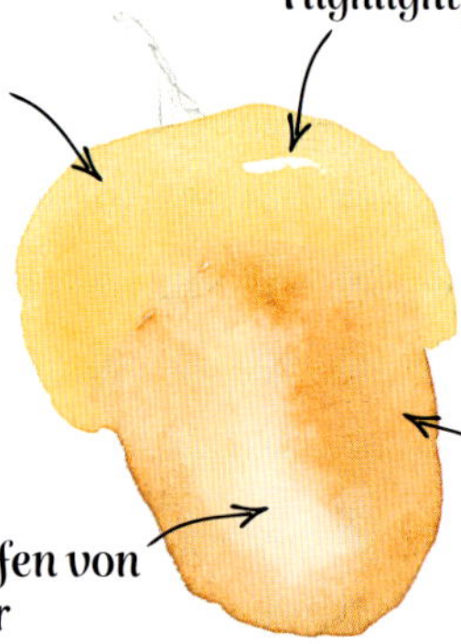

a) Siena natur

Highlight freilassen

b) Siena gebrannt

c) Tropfen von Wasser

»Auf nass«

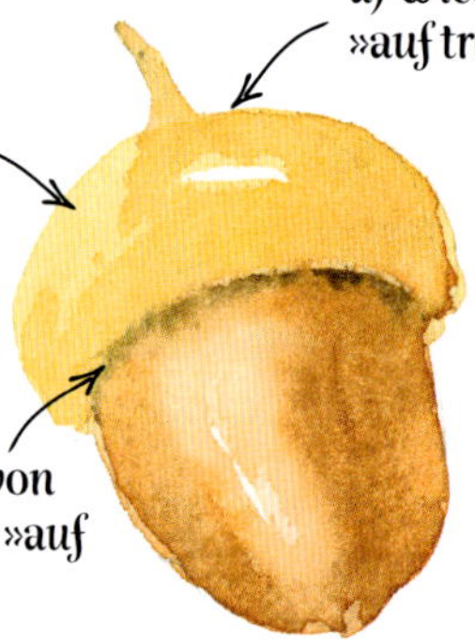

Helle Stellen freilassen

a) Wiederholen des vorherigen Schrittes, »auf trocken« beginnend

b) Tropfen von Sepiabraun »auf halbnass«

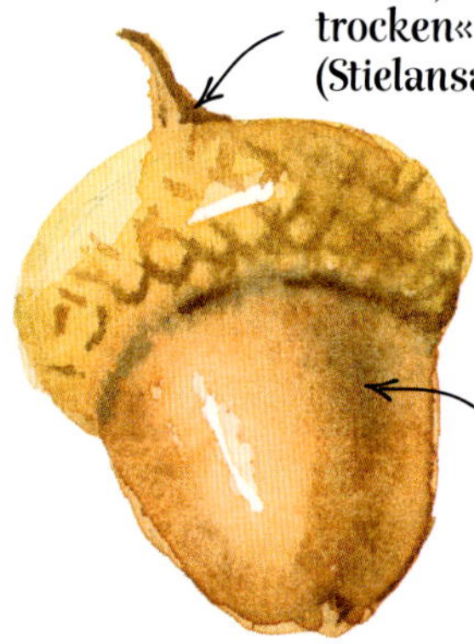

b) Sepiabraun »auf halbnass« (kreuzförmige Textur) + »auf trocken« (Stielansatz)

a) Tropfen von Sepiabraun »auf halbnass«

Siena natur

Siena gebrannt

Sepiabraun

82

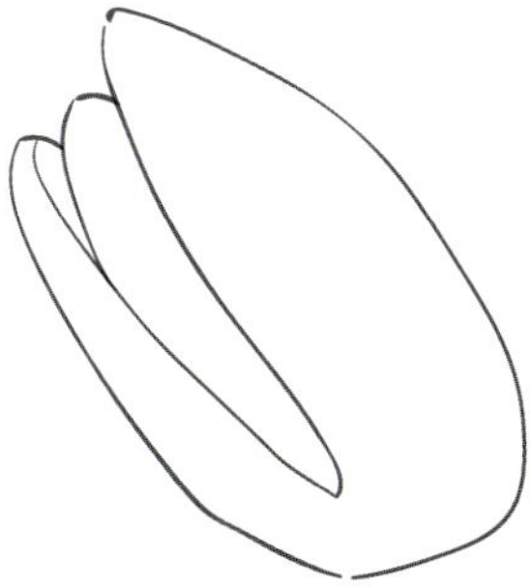

Linienzeichnung

b) Tropfen von Lichtem Ocker »auf nass«

c) Zwei Schichten von Lichtem Ocker »auf trocken«, wobei die Highlights auf der zweiten Schicht liegen

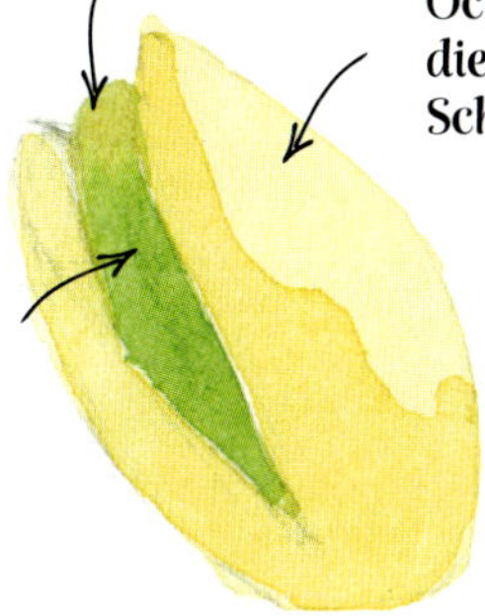

a) Saftgrün

b) Die Textur der Schale mit nasser Farbe aus der zweiten Schicht von Lichtem Ocker gestalten

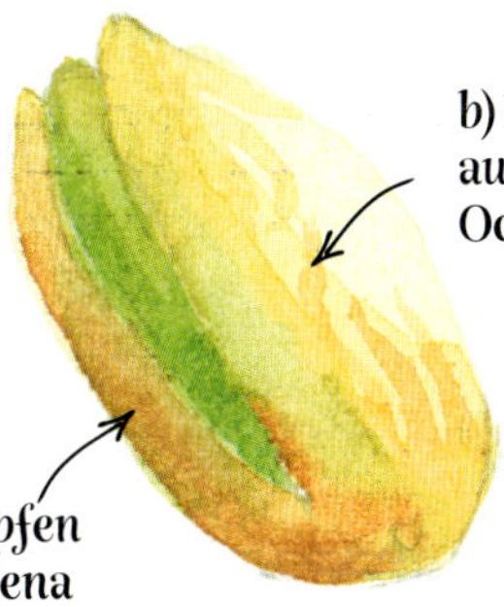

a) Tropfen von Siena gebrannt

»Auf nass«

Siena gebrannt

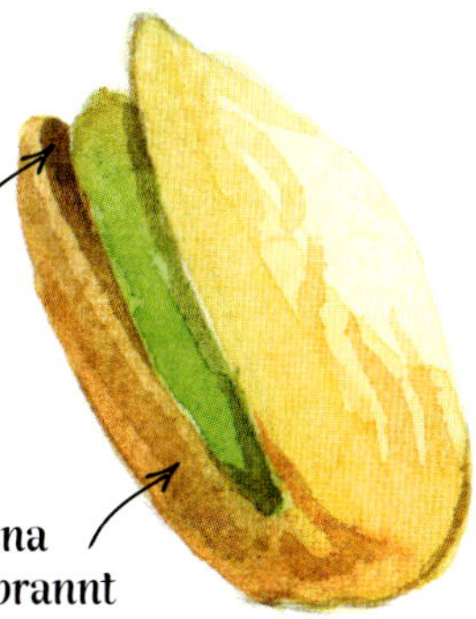

Siena gebrannt

»Auf trocken«

Saftgrün | Lichter Ocker | Siena gebrannt

83

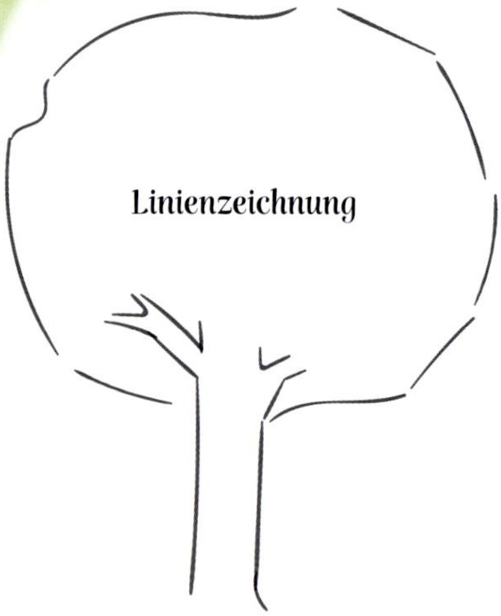

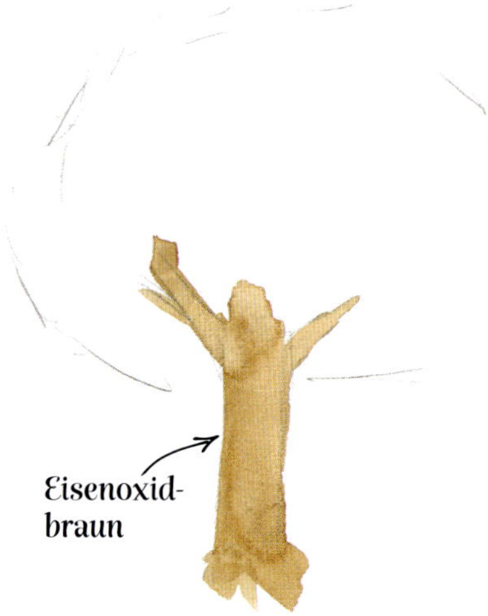

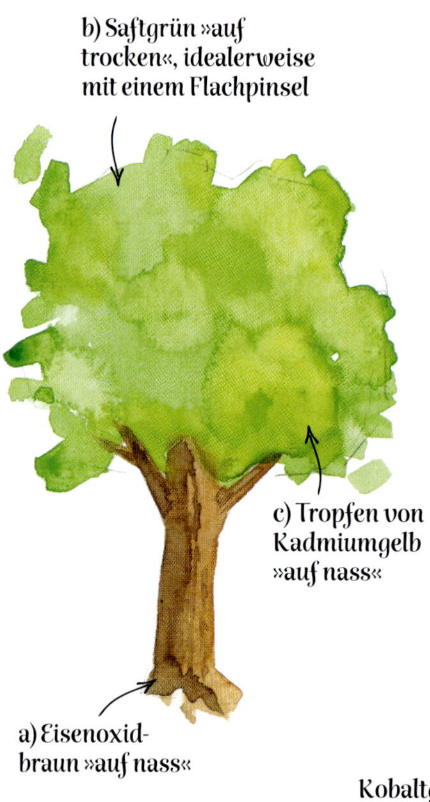

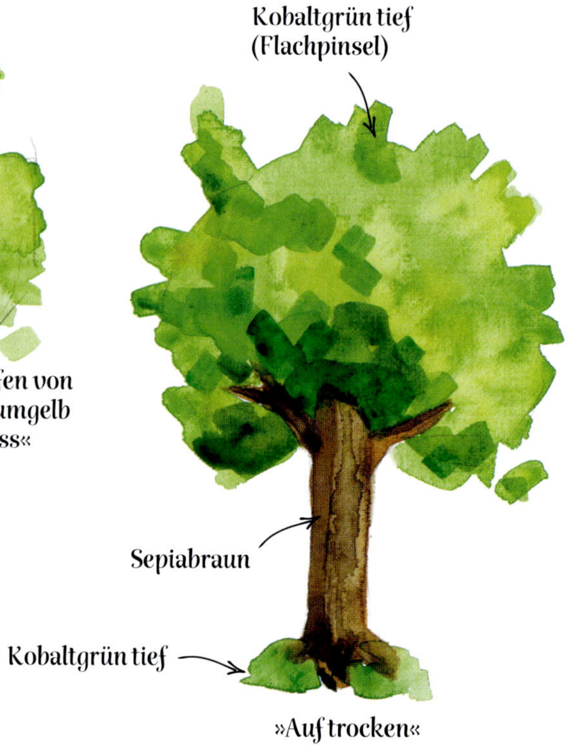

Eisenoxid-braun | Saft-grün | Kadmium-gelb | Kobaltgrün tief | Sepiabraun

84

Linienzeichnung

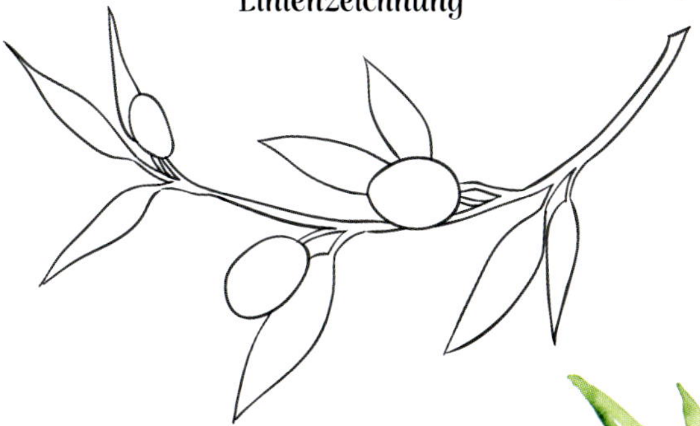

a) Eisenoxidbraun

b) Saftgrün »auf trocken«

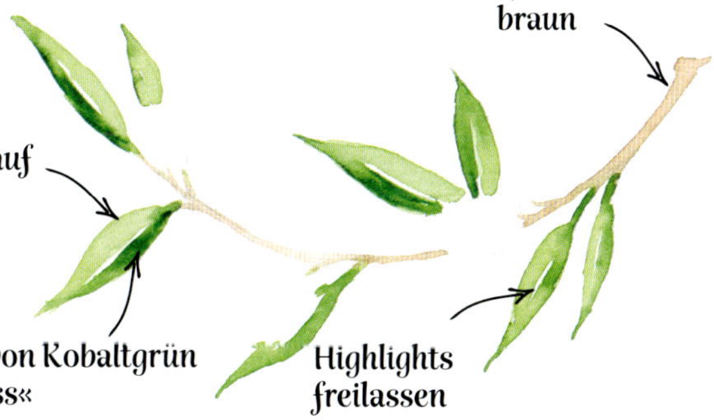

c) Tropfen von Kobaltgrün tief »auf nass«

Highlights freilassen

»Auf trocken«

Olivgrün gelblich

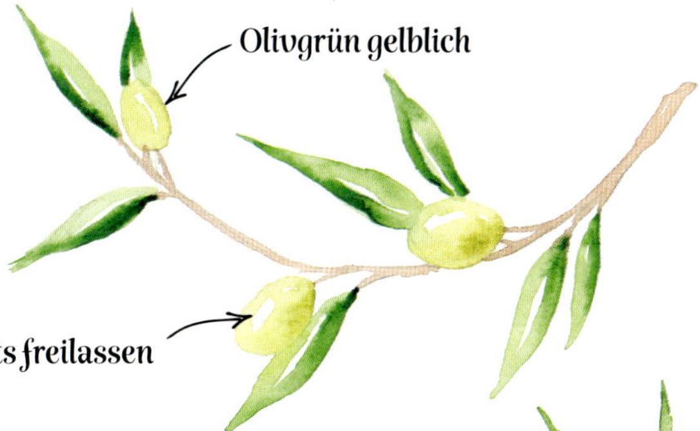

lights freilassen

Eisenoxidbraun

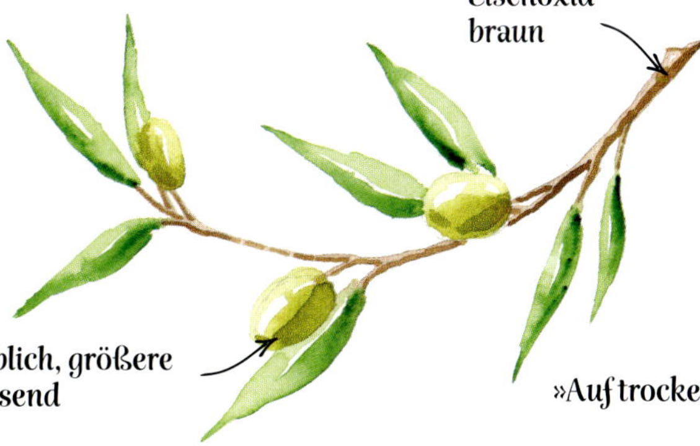

Zwei Schichten von Olivgrün gelblich, größere Highlights in jeder Schicht freilassend

»Auf trocken«

Eisenoxidbraun

Saftgrün

Kobaltgrün tief

Olivgrün gelblich

85

Linienzeichnung

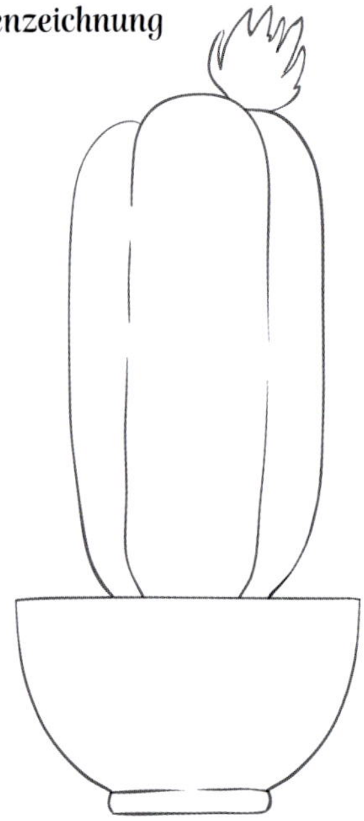

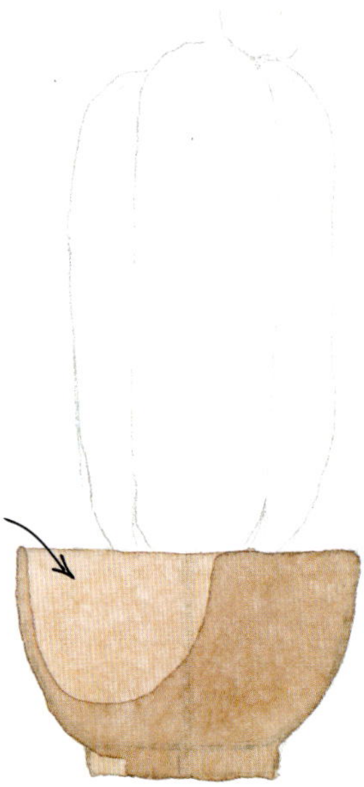

Zwei Schichten von Eisenoxidbraun, helle Stellen bei der zweiten Schicht freilassen

»Auf trocken«

a) Saftgrün »auf trocken«

b) Tropfen von Smaragdgrün »auf nass«

c) Chinacridon Violett »auf trocken«

Highlights freilassen

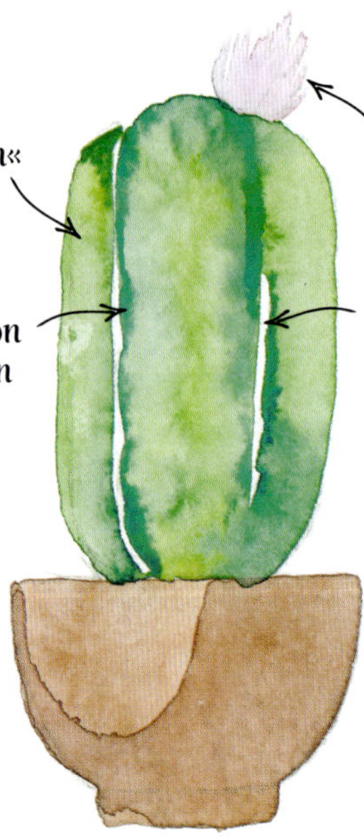

»Auf trocken«

Chinacridon Violett

Smaragdgrün

Eisenoxidbraun

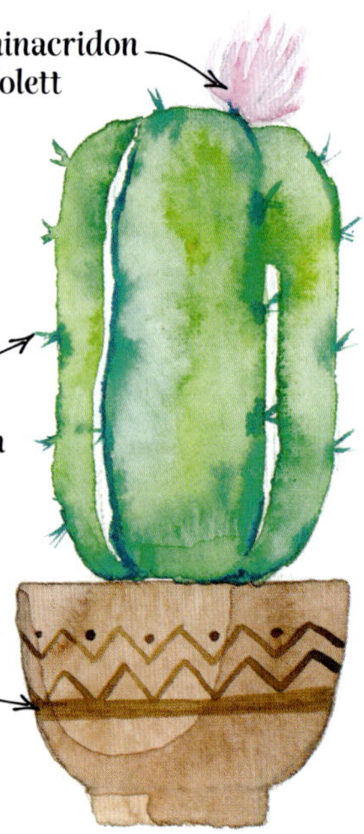

Eisenoxidbraun | Saftgrün | Smaragdgrün | Chinacridon Violett

86

Linienzeichnung

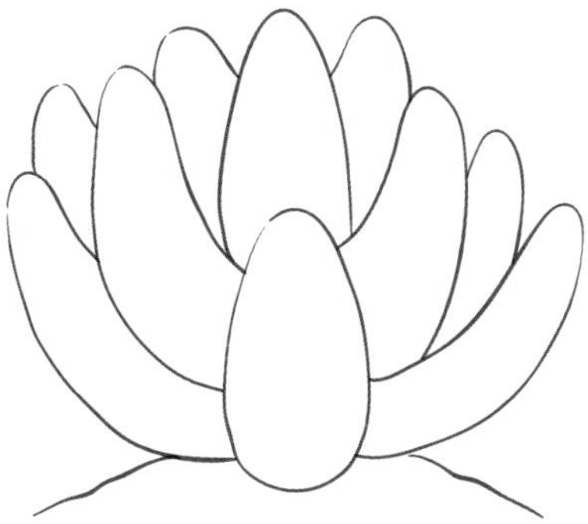

a) Maskierflüssigkeit (Zeit zum Trocknen geben)

c) Chinacridon Violett

b) Saftgrün

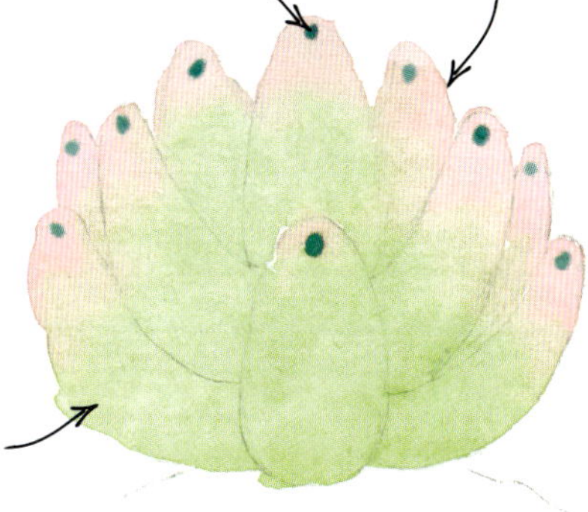

»Auf nass«

»Auf trocken beginnend eine zweite Schicht gleicher Farben im Vordergrund der Blätter auftragen

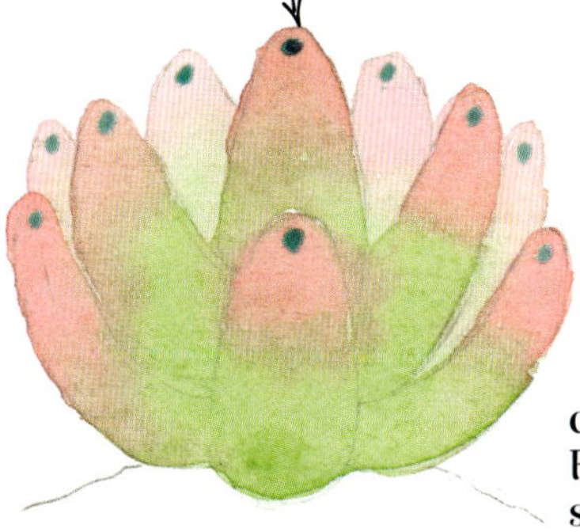

a) »Auf trocken beginnend eine dritte Farbschicht auftragen, um Schattierungen an den Blättern zu gestalten

c) Sobald die Farben getrocknet sind, die Maskierflüssigkeit sanft abrubbeln

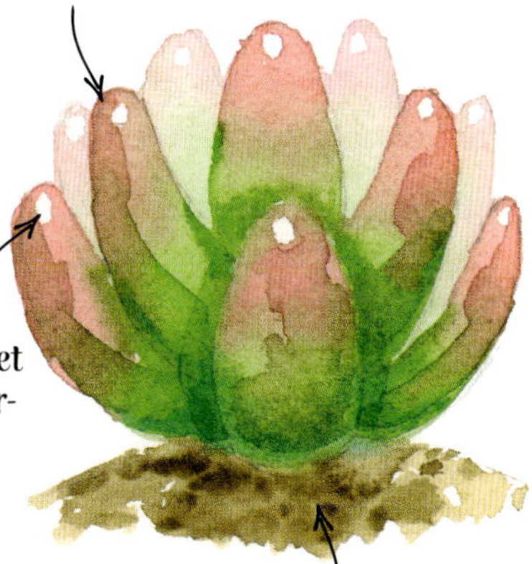

b) Siena gebrannt »auf trocken«, dann Tropfen von Umbra gebrannt »auf nass« auftragen

Maskier-flüssigkeit	Saft-grün	Chinacridon Violett	Siena gebrannt	Umbra gebrannt

87

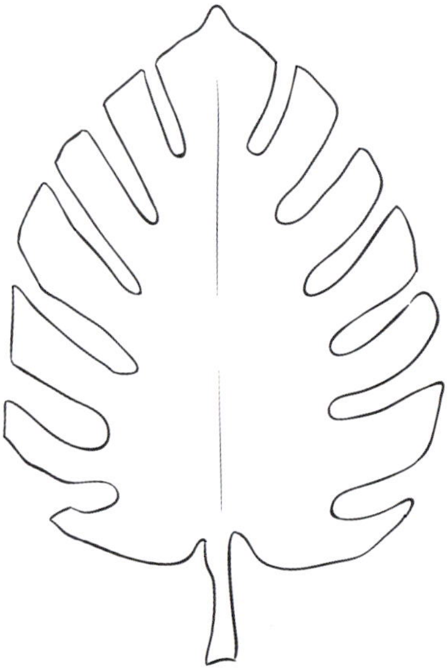

Linienzeichnung

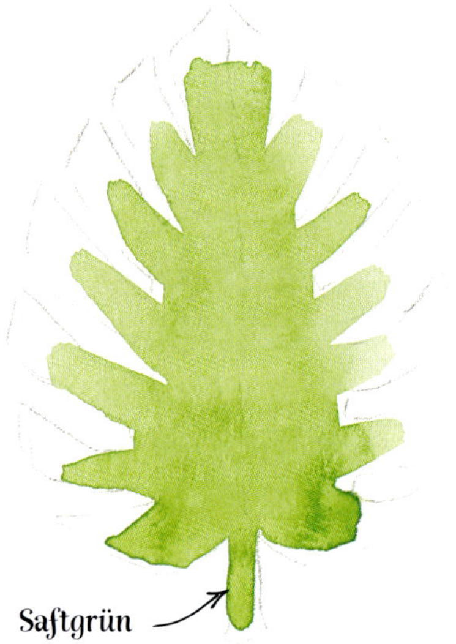

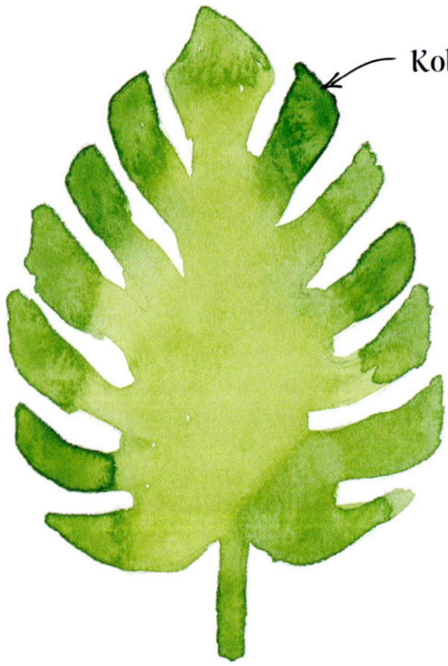

»Auf nass«

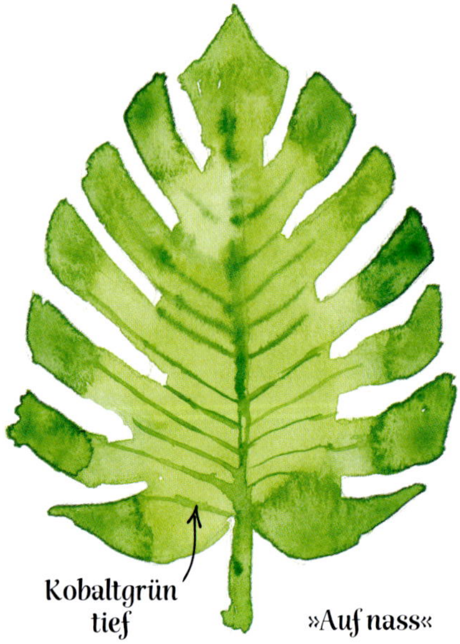

»Auf nass«

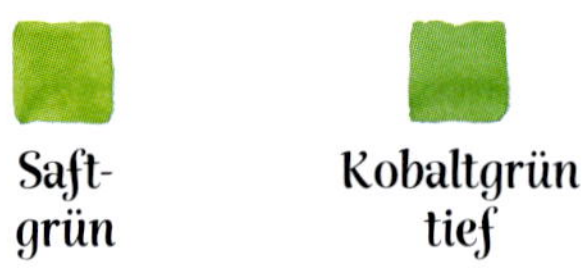

88

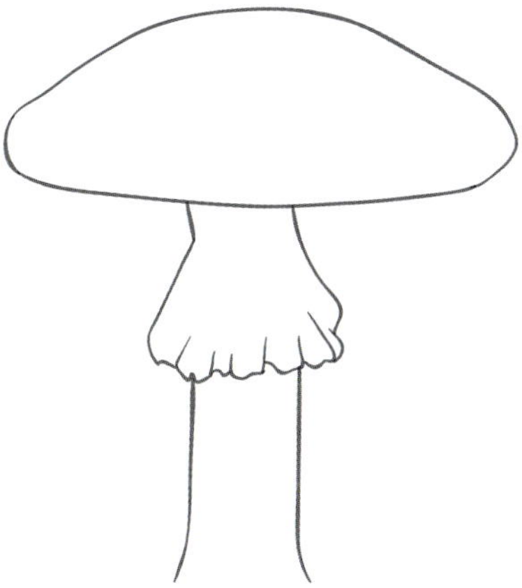

Linienzeichnung

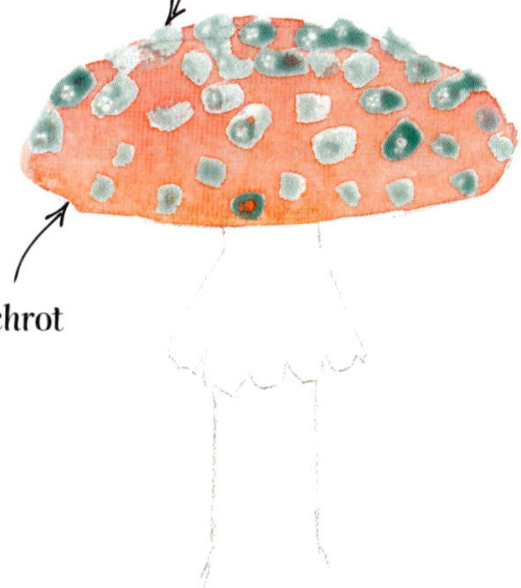

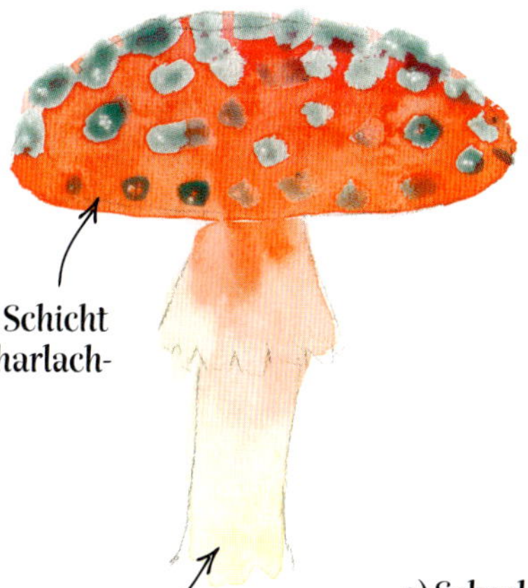

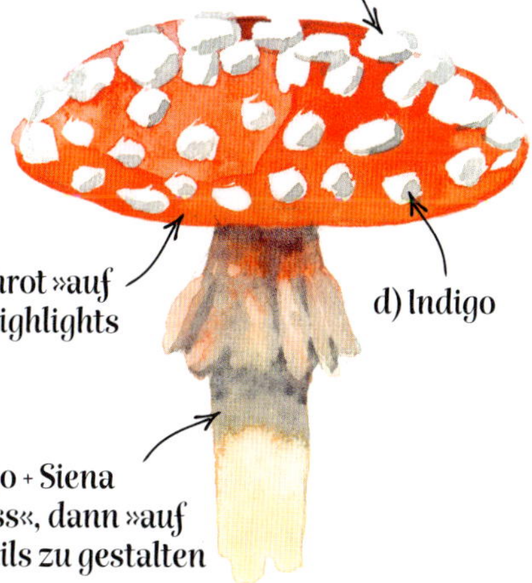

89

Linienzeichnung

»Auf nass«

Bergblau

Kobaltviolett

b) Tropfen von Indigo »auf nass«

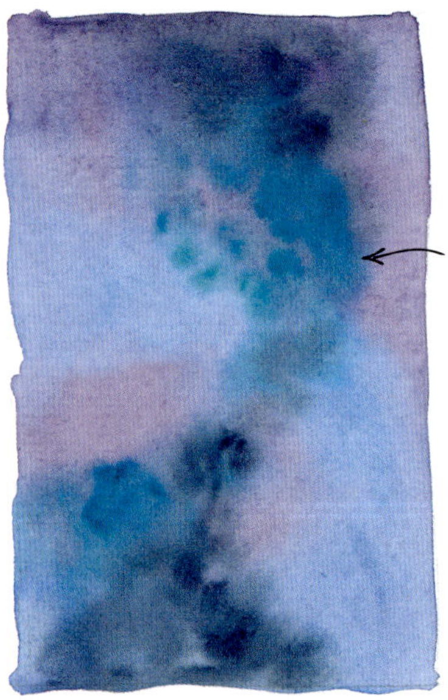

»Auf nass«

Tropfen von Bergblau + Kobaltviolett

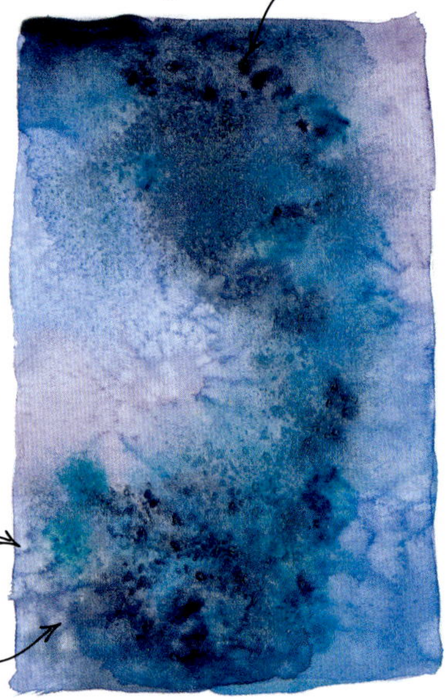

a) Meersalz »auf nass« gestreut

c) Das Salz abrubbeln, sobald die Farbe getrocknet ist

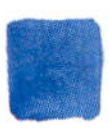

Bergblau

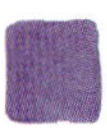

Kobaltviolett

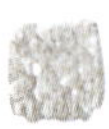

Meersalz

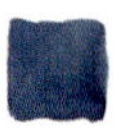

Indigo

90

Linienzeichnung

Kobalt Azur

Kobalt-violett

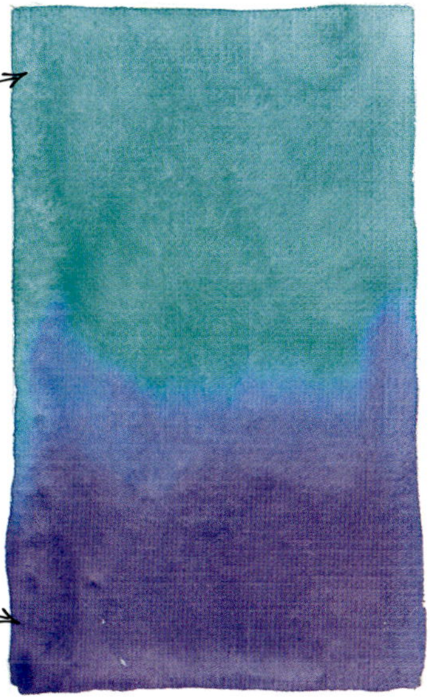

»Auf nass«

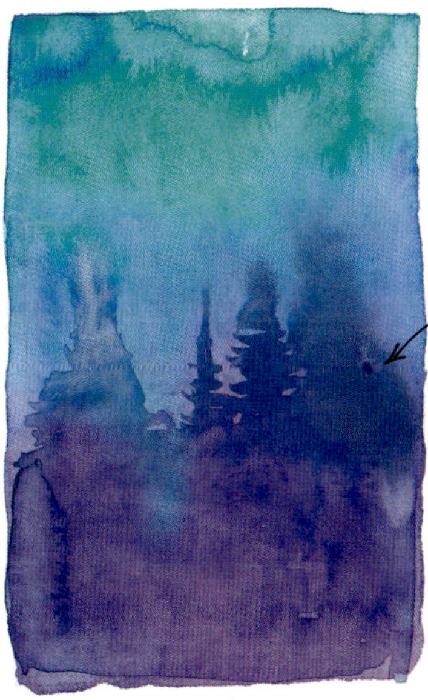

»Auf nass«

Indigo (Bäume im Hintergrund

Indigo (Bäume im Vordergrund + Schatten)

»Auf halbnass«

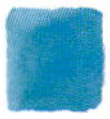

Kobalt Azur

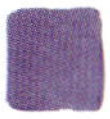

Kobaltviolett

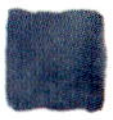

Indigo

91

Linienzeichnung

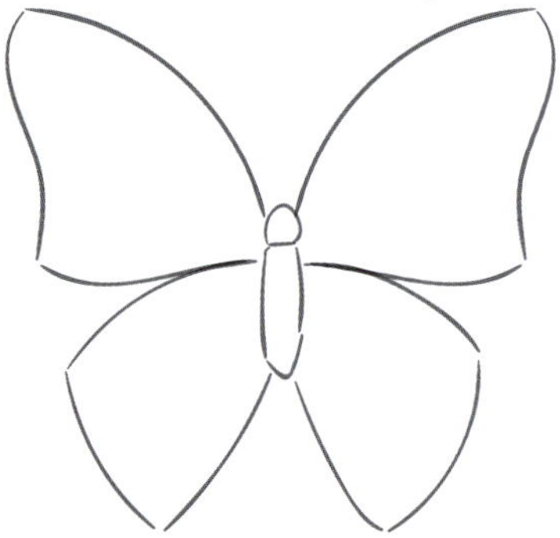

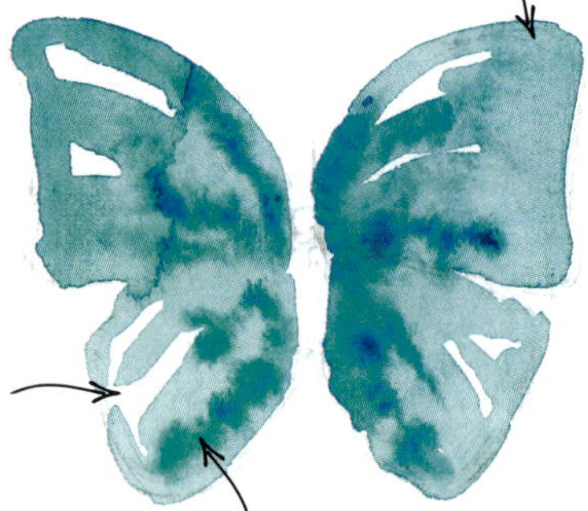

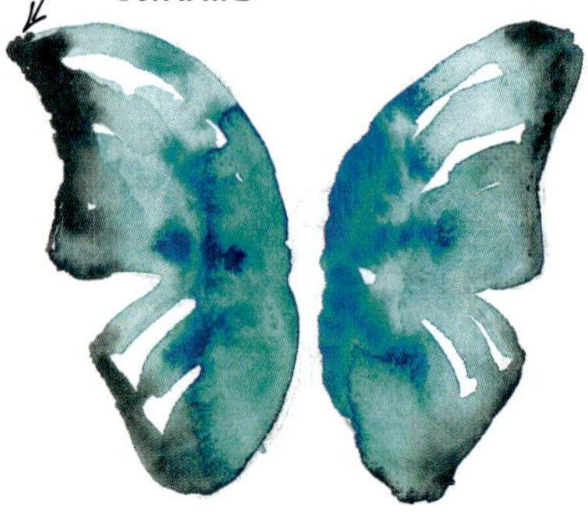

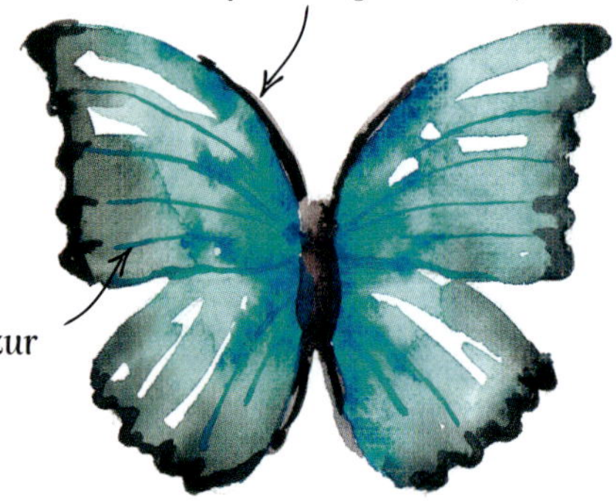

Kobalt Azur Lampen-schwarz

92

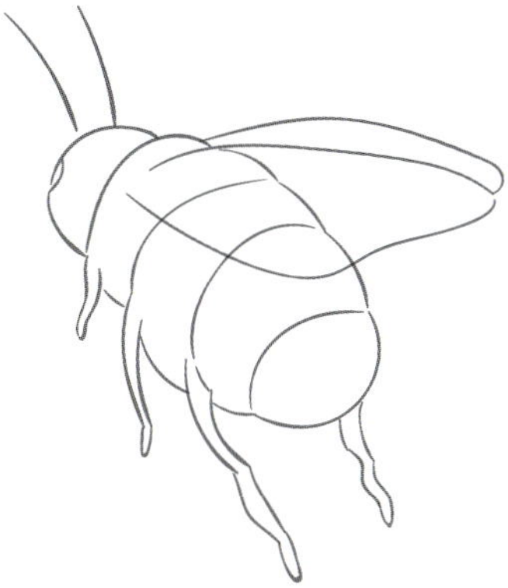

Linienzeichnung

a) Indischgelb, die Mitte der Streifen aussparend

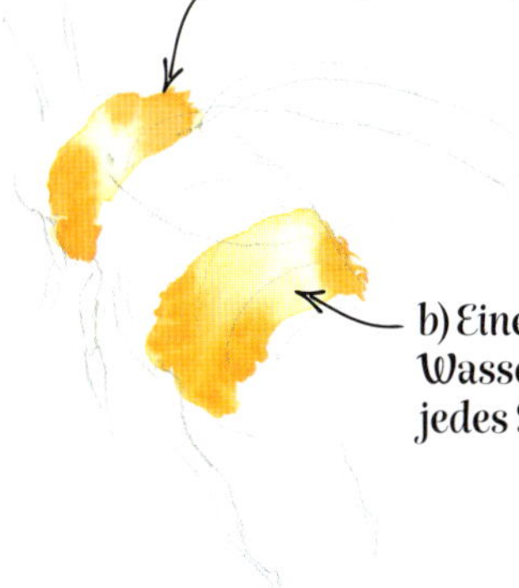

b) Einen Tropfen Wasser ins Zentrum jedes Streifens geben

»Auf nass«

b) Mischung aus Lampenschwarz + Kobaltviolett »auf trocken«

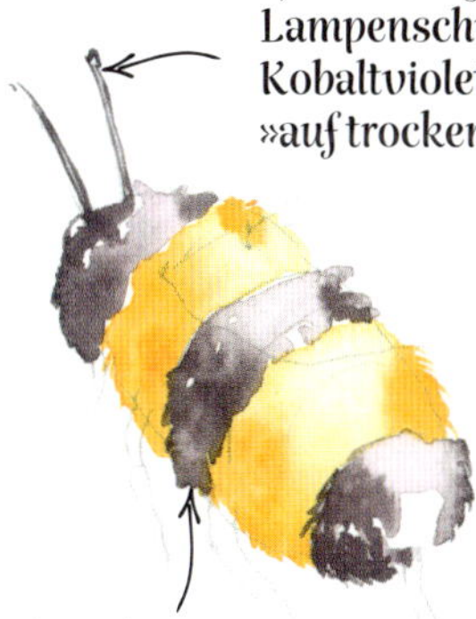

a) »Auf trocken« beginnend, Wiederholen des vorherigen Schrittes mit einer Mischung aus Lampenschwarz + Kobaltviolett auf den restlichen Streifen

b) Lichter Ocker »auf trocken«, dabei darauf achten, die Transparenz zu bewahren

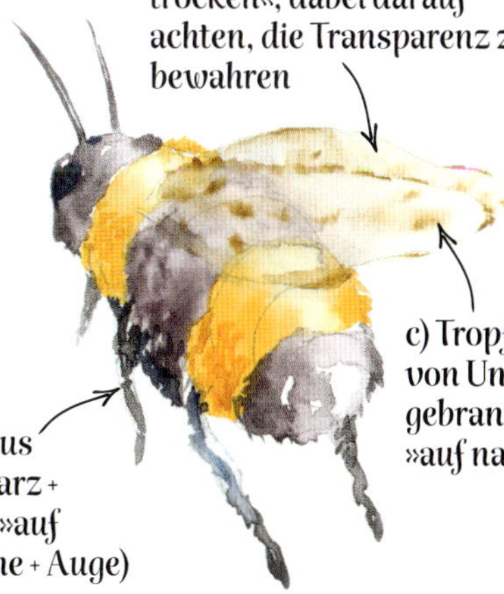

c) Tropfen von Umbra gebrannt »auf nass«

a) Mischung aus Lampenschwarz + Kobaltviolett »auf trocken« (Beine + Auge)

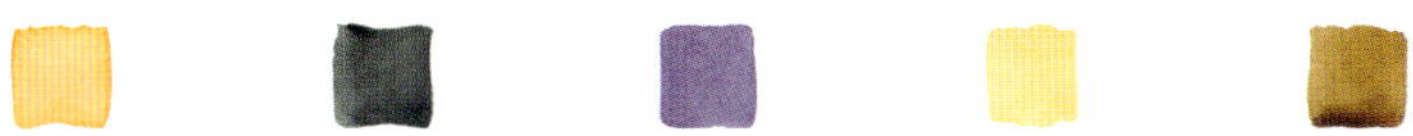

Indischgelb | Lampen-schwarz | Kobaltviolett | Lichter Ocker | Umbra gebrannt

Linienzeichnung

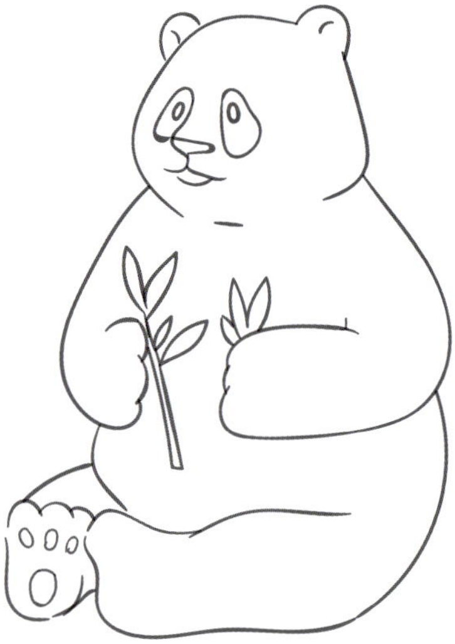

93

Highlights freilassen

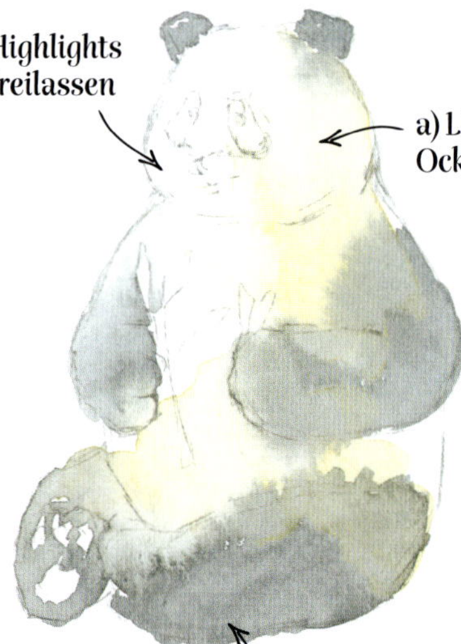

a) Lichter Ocker

b) Lampenschwarz »auf halbnass«

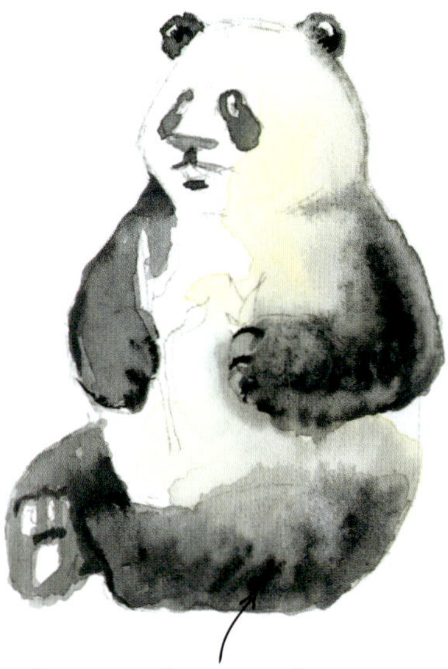

Lampenschwarz »auf nass« (Fell), »auf halbnass« (Ohren + Pranken) + »auf trocken« (Gesicht)

»Auf trocken«

Lampenschwarz (Augen)

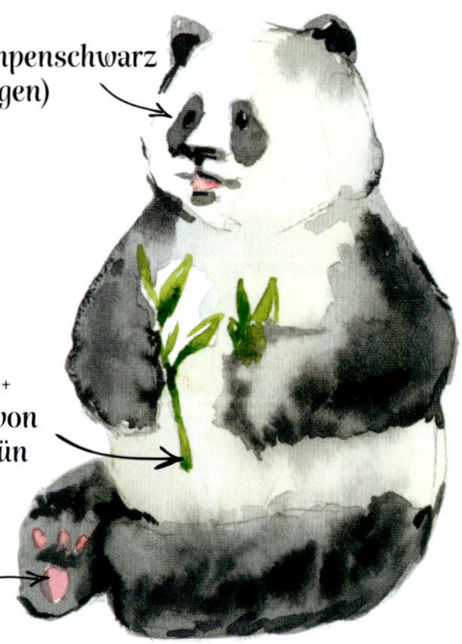

Saftgrün + Tropfen von Kobaltgrün tief

Krapplack Rosa (Ballen + Maul)

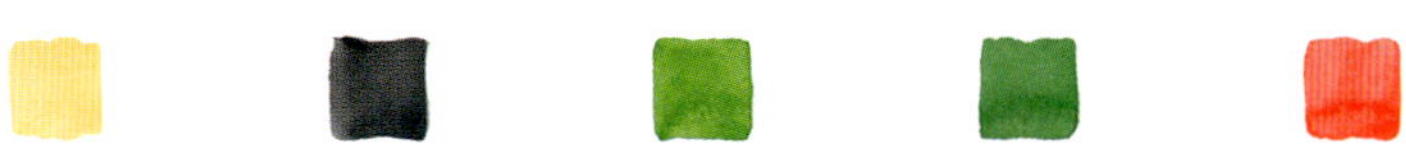

Lichter Ocker | Lampenschwarz | Saftgrün | Kobaltgrün tief | Krapplack Rosa

94

Linienzeichnung

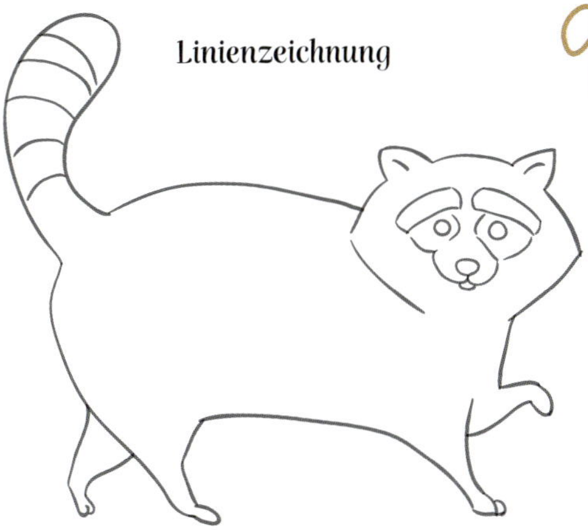

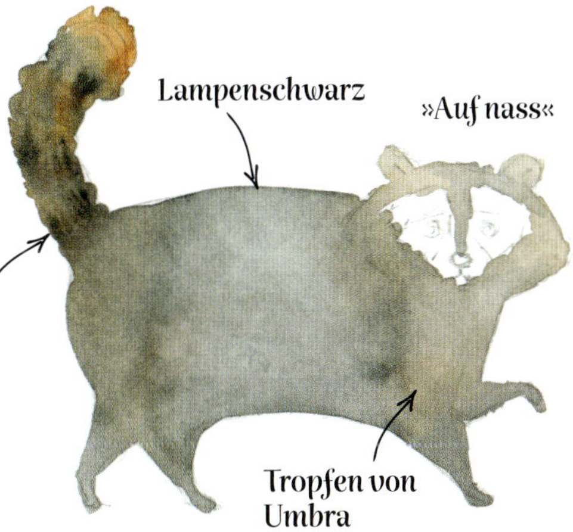

Lampenschwarz

»Auf nass«

Lampenschwarz + Umbra gebrannt abwechselnd verwenden für die Streifen am Schweif

Tropfen von Umbra gebrannt

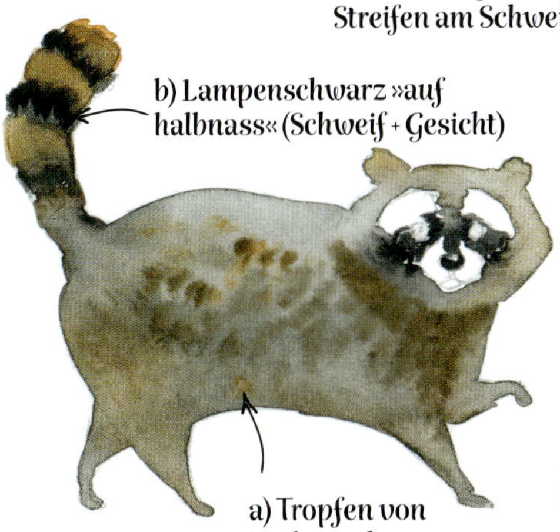

b) Lampenschwarz »auf halbnass« (Schweif + Gesicht)

a) Tropfen von Umbra gebrannt »auf nass« (Fellzeichnung + Kinnschatten)

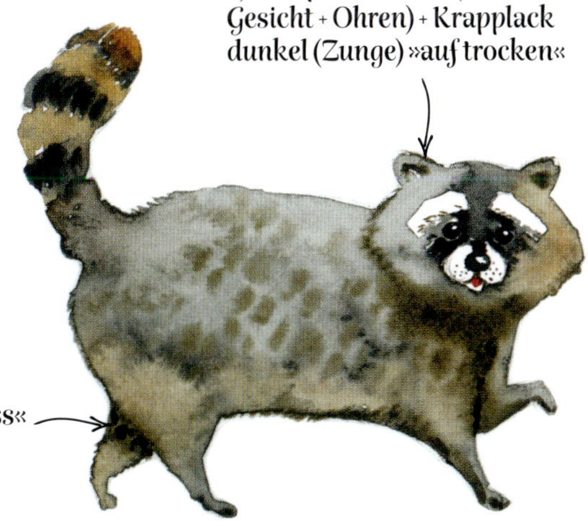

b) Lampenschwarz (Details Gesicht + Ohren) + Krapplack dunkel (Zunge) »auf trocken«

a) Lampenschwarz »auf halbnass« (Beinschatten, Fellzeichnung + Haarkanten)

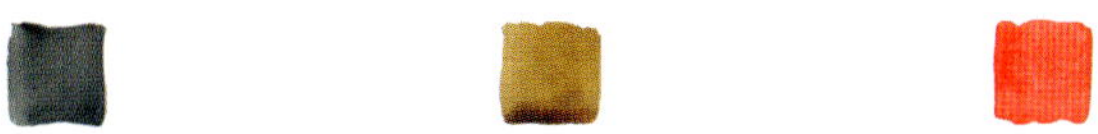

Lampen-schwarz

Umbra gebrannt

Krapplack dunkel

95

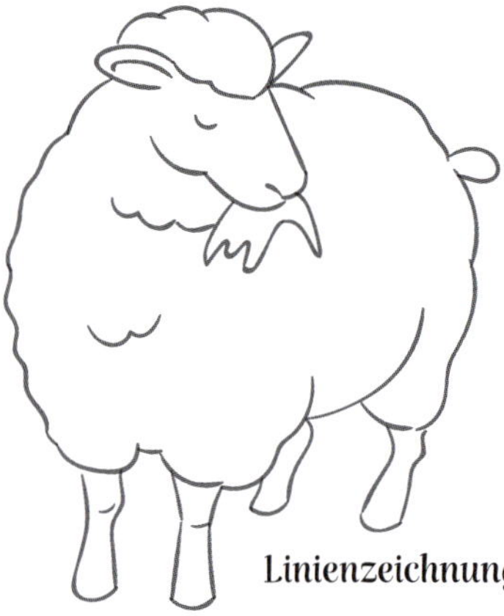

Linienzeichnung

Highlights freilassen

c) Tropfen von Wasser

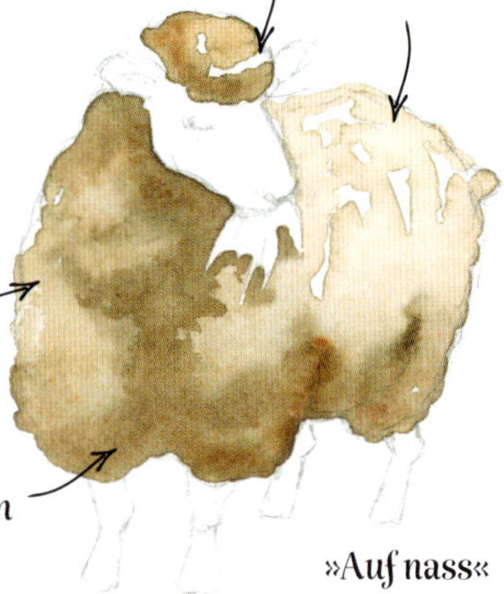

a) Eisenoxid-braun

b) Tropfen von Eisenoxidbraun

»Auf nass«

a) Tropfen von Eisenoxidbraun »auf halbnass«

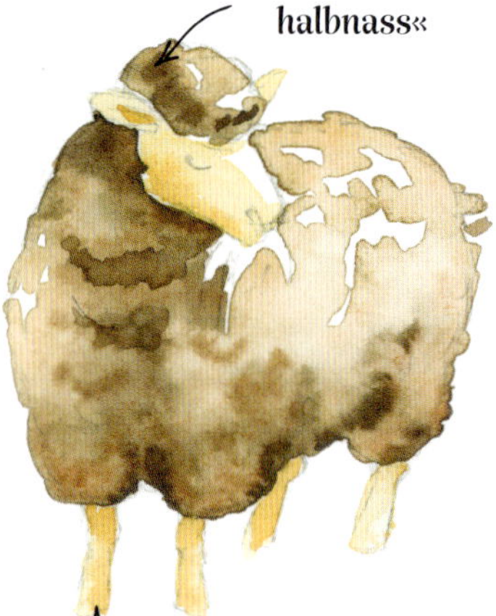

b) Lichter Ocker »auf trocken« (Beine + Kopf)

a) Eisenoxidbraun (Details von Kopf + Beinen)

»Auf trocken«

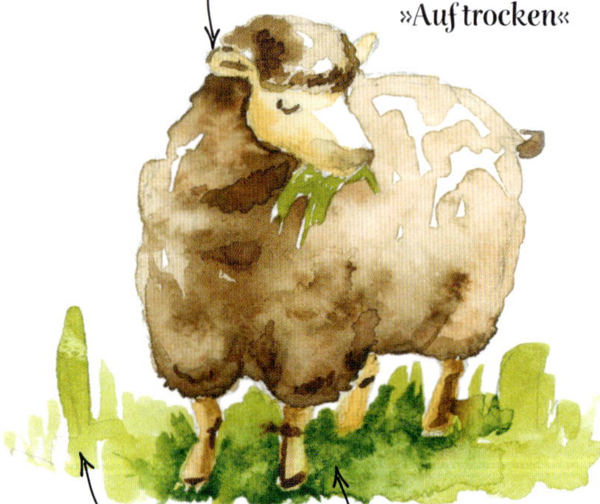

b) Saftgrün

c) Kobaltgrün tief

Eisenoxidbraun | Lichter Ocker | Saftgrün | Kobaltgrün tief

96

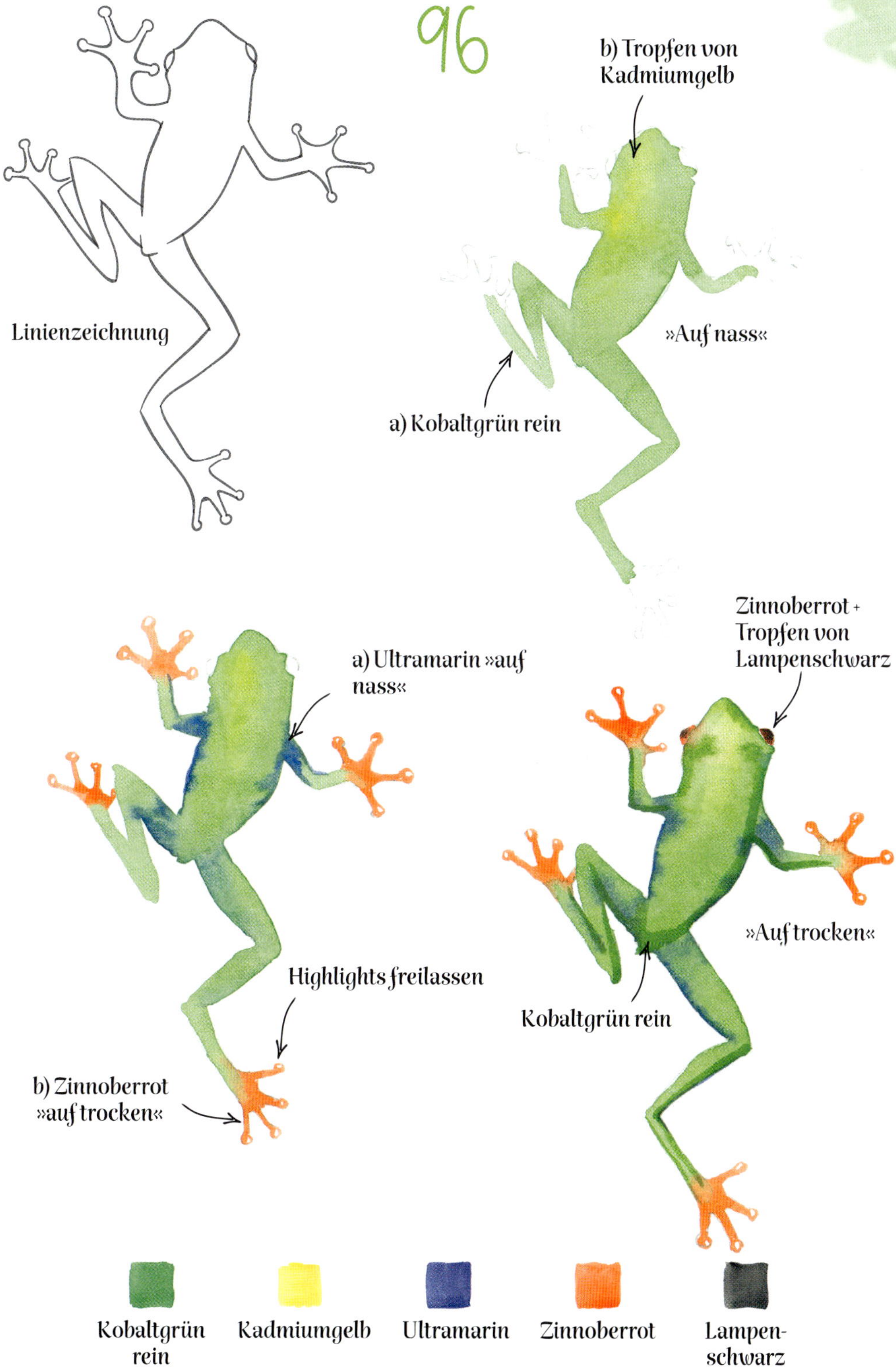
Linienzeichnung
b) Tropfen von Kadmiumgelb
»Auf nass«
a) Kobaltgrün rein
a) Ultramarin »auf nass«
Zinnoberrot + Tropfen von Lampenschwarz
»Auf trocken«
Highlights freilassen
Kobaltgrün rein
b) Zinnoberrot »auf trocken«
Kobaltgrün rein
Kadmiumgelb
Ultramarin
Zinnoberrot
Lampen-schwarz

97

Linienzeichnung

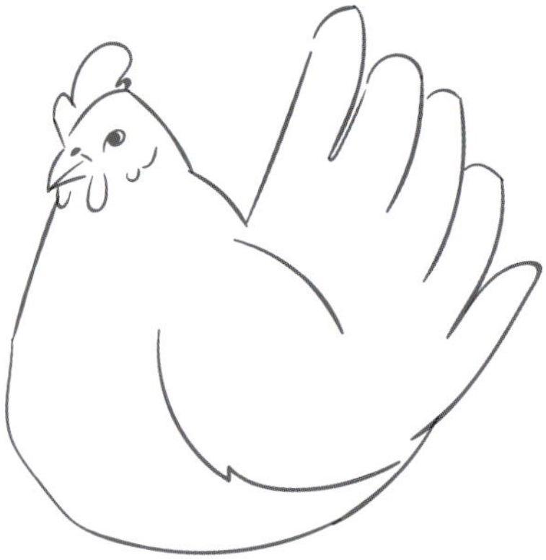

Siena natur, vom Kopf in Richtung Schweif arbeitend

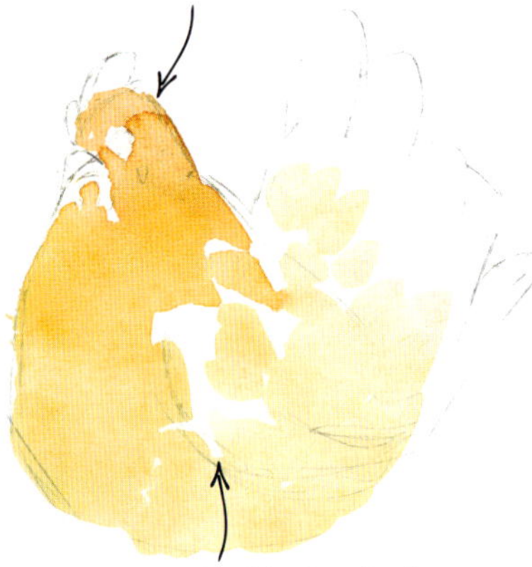

Highlights freilassen

a) Tropfen von Siena natur »auf nass«

c) Krapplack dunkel »auf halbnass« (Kamm + Gesicht)

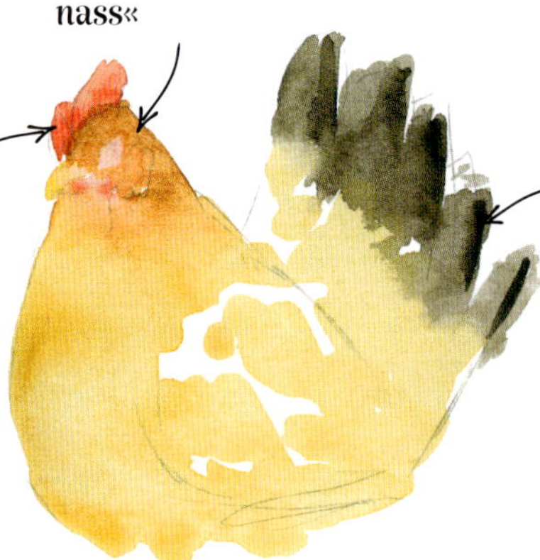

b) Lampenschwarz »auf nass«, intensivere Pigmentlösung verwenden, um die Federn zu definieren

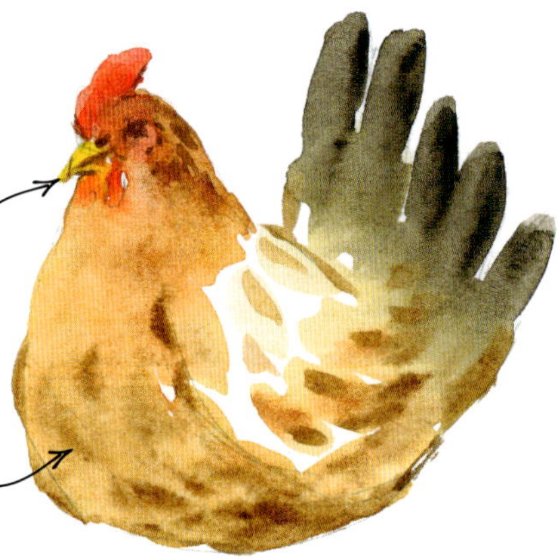

b) Kadmiumgelb + Eisenoxidbraun »auf trocken« (Schnabel + Auge)

a) Eisenoxidbraun »auf halbnass«, intensivere Pigmentlösung verwenden, um die Federn zu definieren

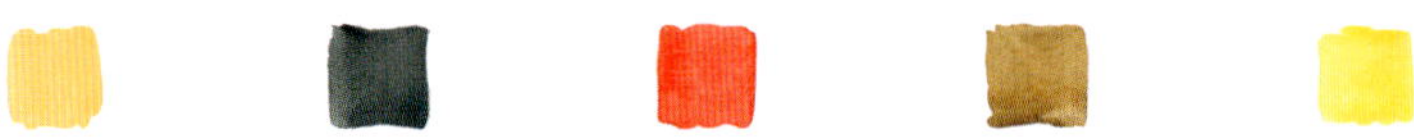

Siena natur | Lampen-schwarz | Krapplack dunkel | Eisenoxid-braun | Kadmium-gelb

98

Linienzeichnung

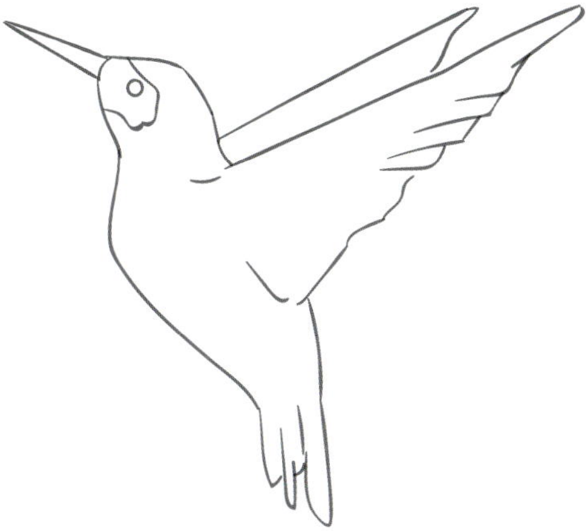

Den hinteren Flügel zarter kolorieren

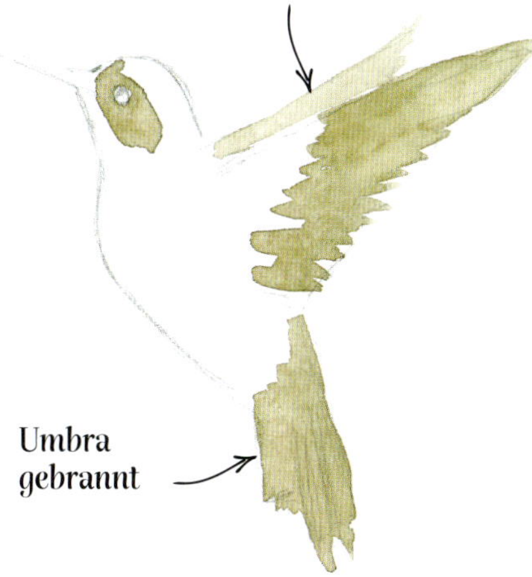

Umbra gebrannt

Smaragdgrün

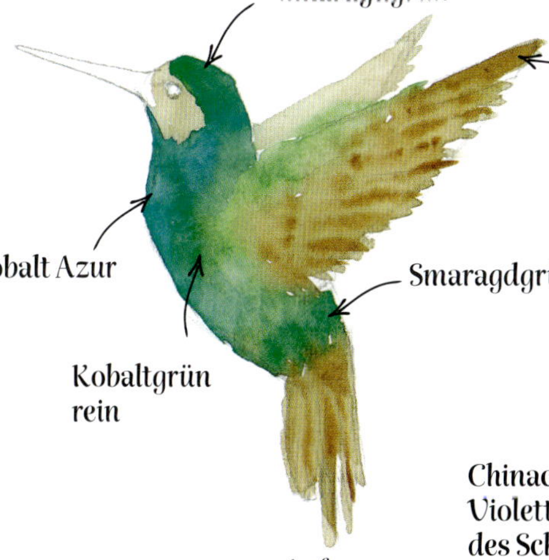

Tropfen von Umbra gebrannt

Kobalt Azur

Smaragdgrün

Kobaltgrün rein

»Auf nass«

Lampenschwarz, umranden mit Umbra gebrannt, den Glanz auf dem Auge als Highlight freilassen

Kobaltgrün rein

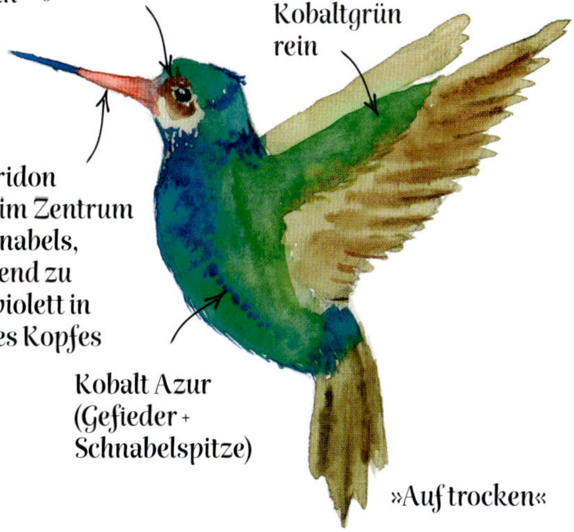

Chinacridon Violett im Zentrum des Schnabels, verlaufend zu Kobaltviolett in Nähe des Kopfes

Kobalt Azur (Gefieder + Schnabelspitze)

»Auf trocken«

Umbra gebrannt | Smaragdgrün | Kobalt Azur | Kobaltgrün rein | Lampenschwarz | Chinacridon Violett | Kobaltviolett

99

Linienzeichnung

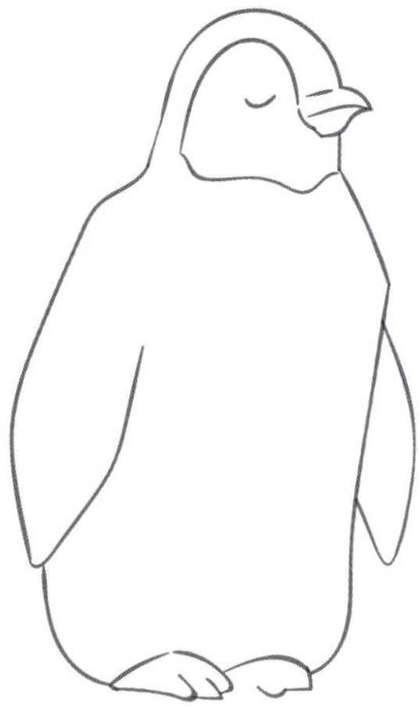

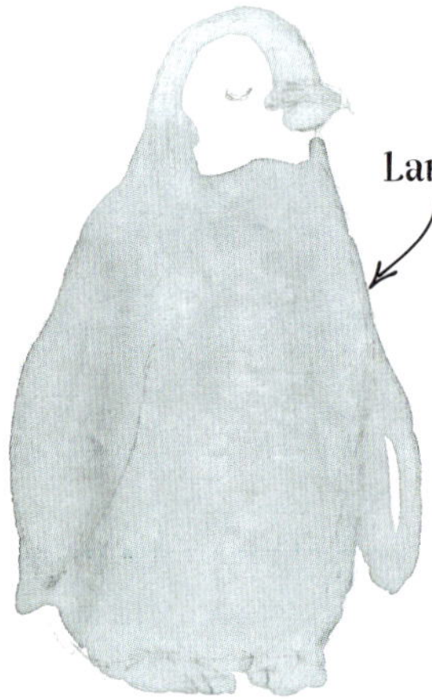

»Auf nass«

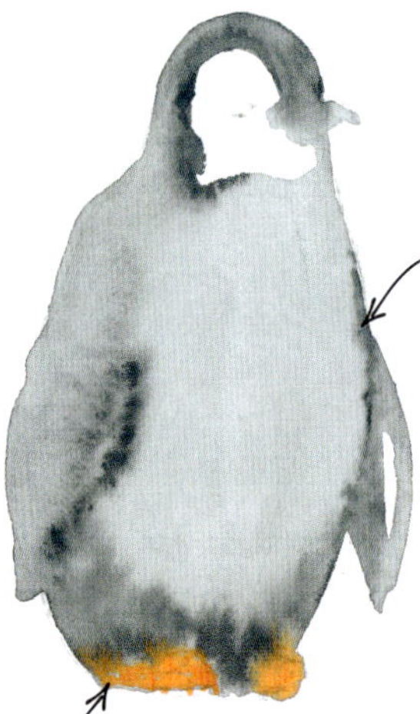

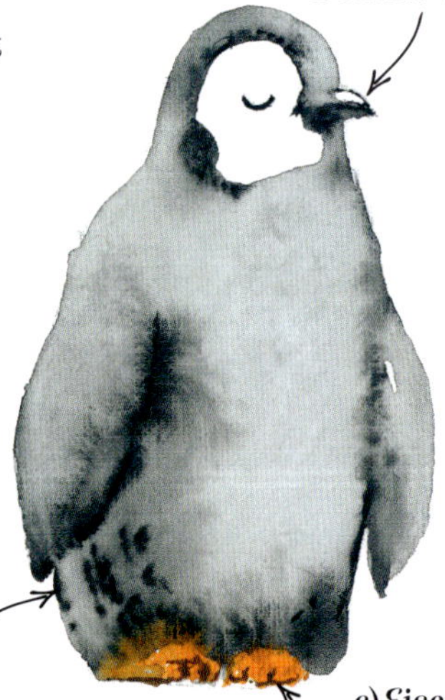

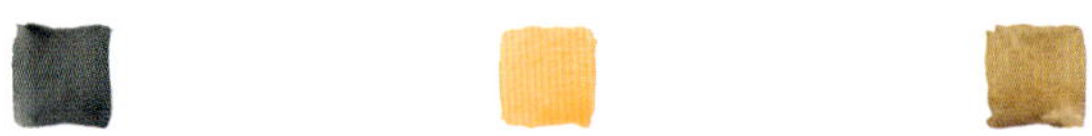

100

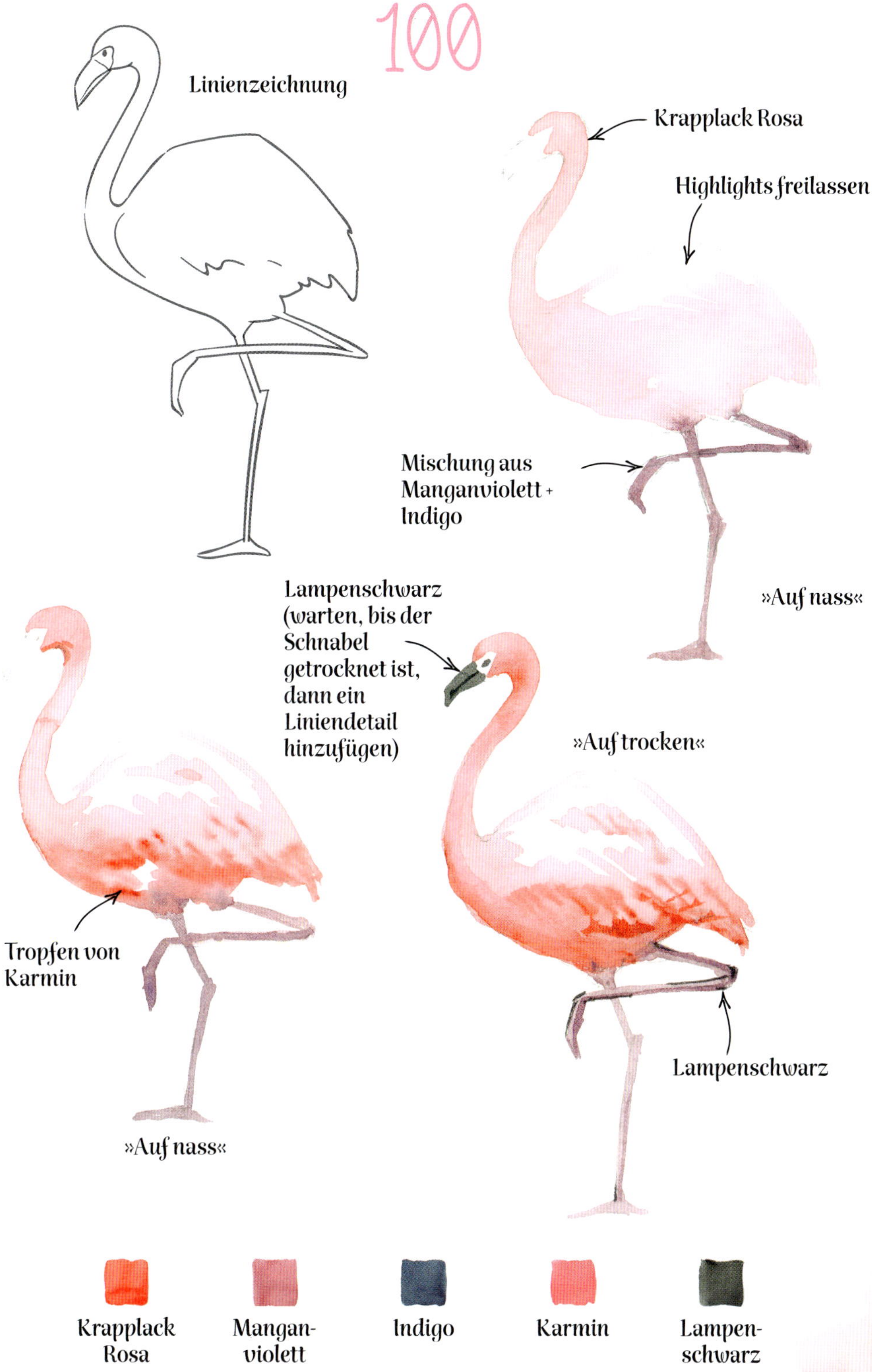
Linienzeichnung
Krapplack Rosa
Highlights freilassen
Mischung aus Manganviolett + Indigo
»Auf nass«
Lampenschwarz (warten, bis der Schnabel getrocknet ist, dann ein Liniendetail hinzufügen)
»Auf trocken«
Tropfen von Karmin
Lampenschwarz
»Auf nass«
Krapplack Rosa
Mangan-violett
Indigo
Karmin
Lampen-schwarz

101

Linienzeichnung

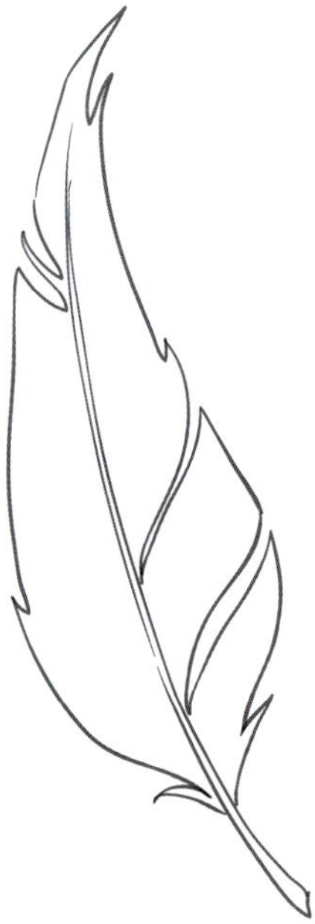

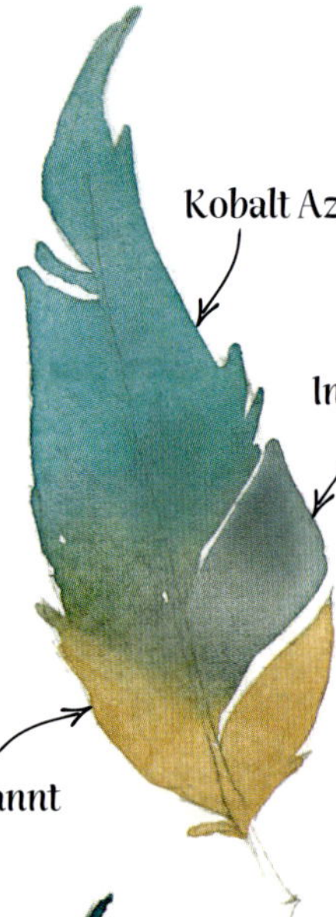

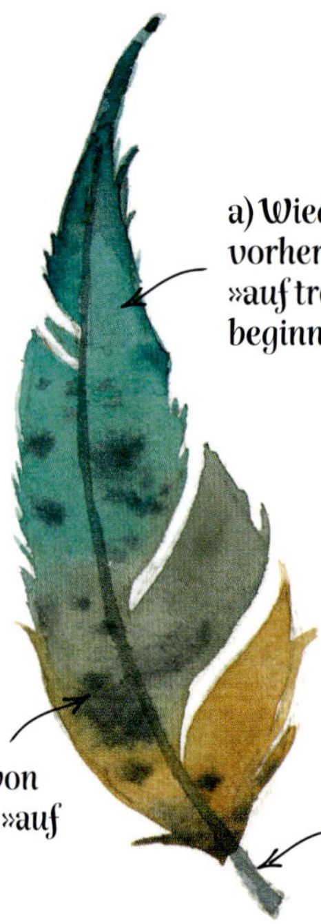

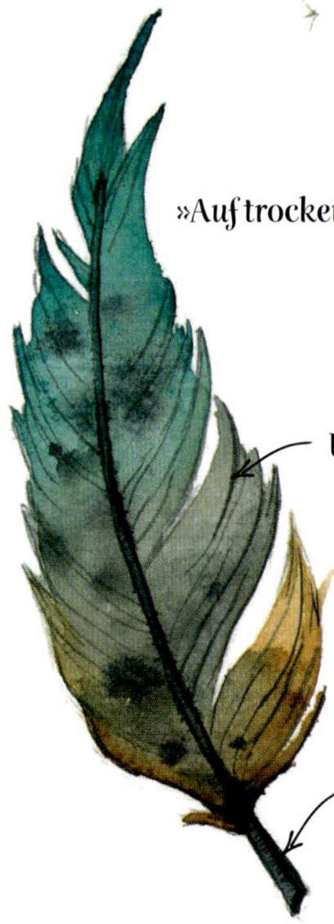

Kobalt Azur | Indigo | Siena gebrannt | Ultramarin

102

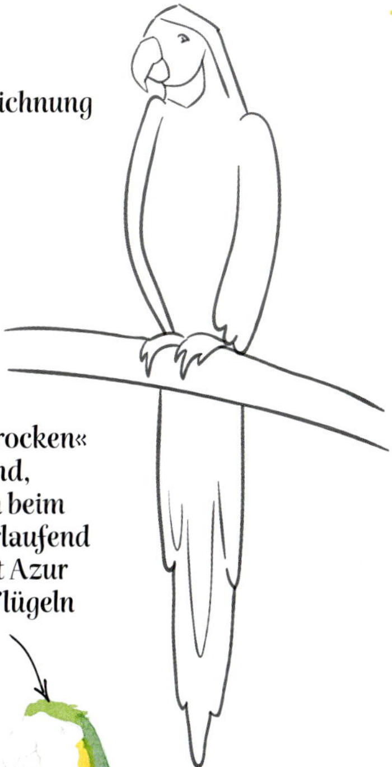
Linienzeichnung

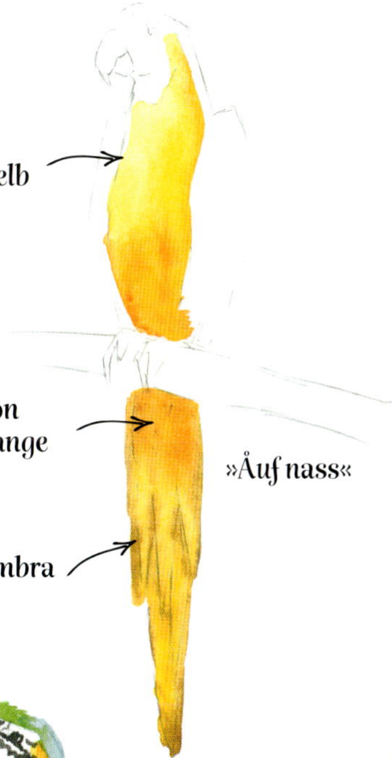
a) Kadmiumgelb
b) Tropfen von Kadmiumorange
»Auf nass«
c) Tropfen von Umbra gebrannt

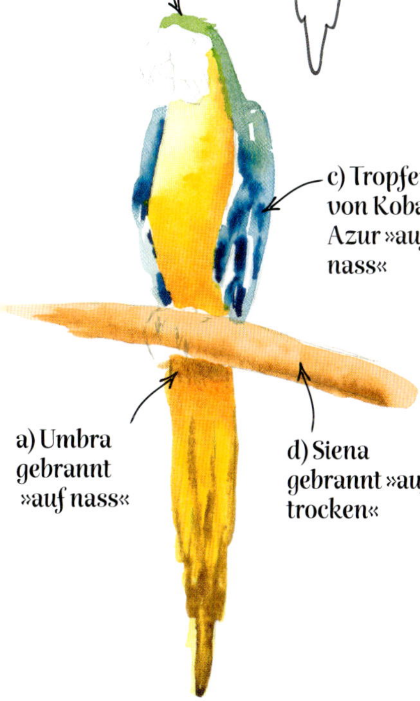
b) »Auf trocken« beginnend, Saftgrün beim Kopf verlaufend in Kobalt Azur bei den Flügeln
c) Tropfen von Kobalt Azur »auf nass«
a) Umbra gebrannt »auf nass«
d) Siena gebrannt »auf trocken«

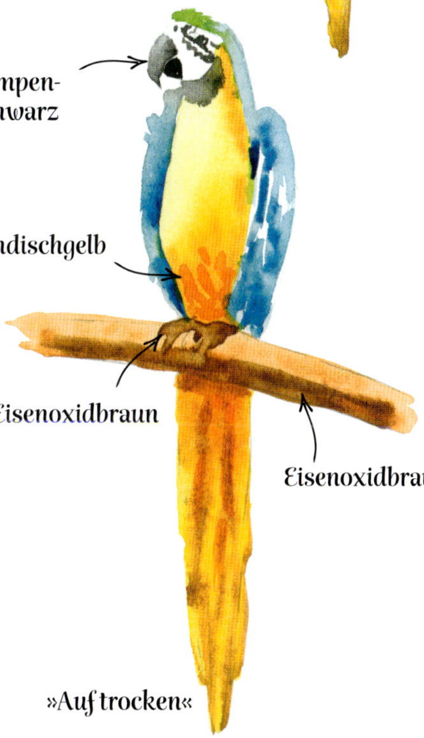
Lampen-schwarz
Indischgelb
Eisenoxidbraun
Eisenoxidbraun
»Auf trocken«

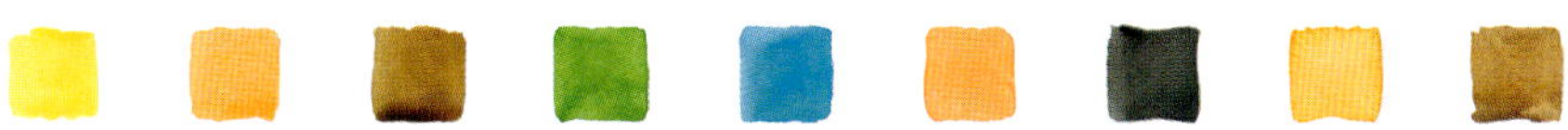
Kad-mium-gelb
Kad-mium-orange
Umbra gebrannt
Saft-grün
Kobalt Azur
Siena gebrannt
Lampen-schwarz
Indisch-gelb
Eisen-oxid-braun

103

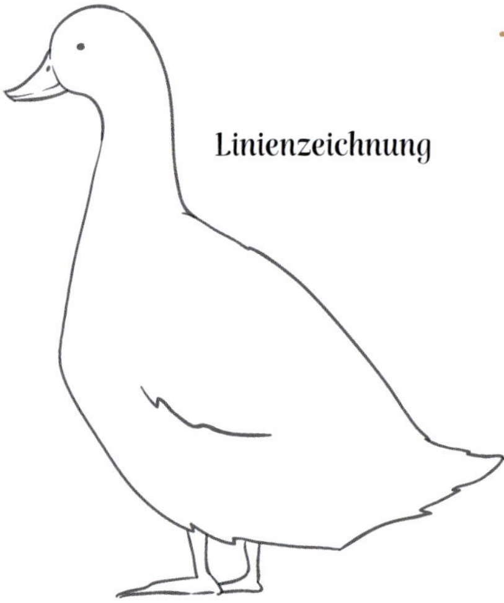

Linienzeichnung

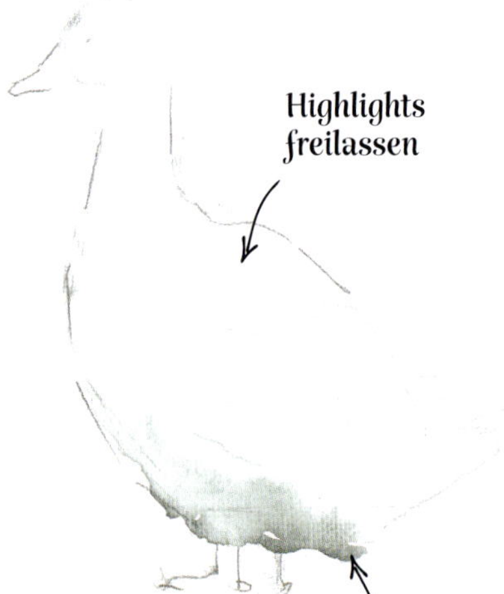

Highlights freilassen

Lampenschwarz, die intensivste Tönung in Nähe des Bauches

a) Zinnoberrot (Schnabel und Füße)

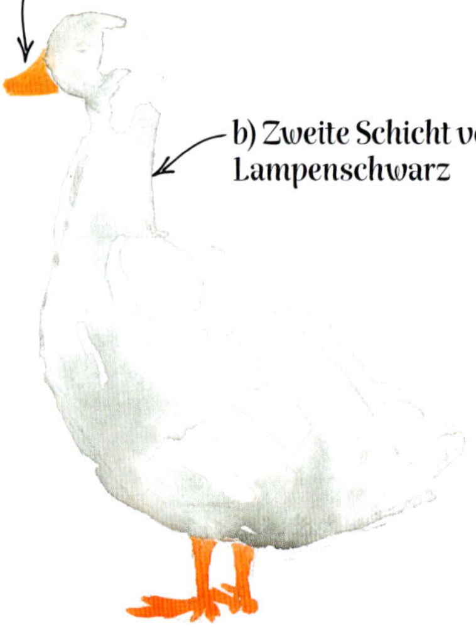

b) Zweite Schicht von Lampenschwarz

»Auf trocken«

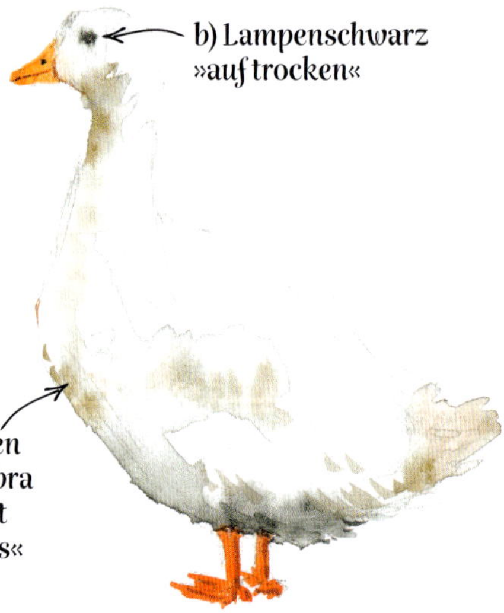

b) Lampenschwarz »auf trocken«

a) Tropfen von Umbra gebrannt »auf nass«

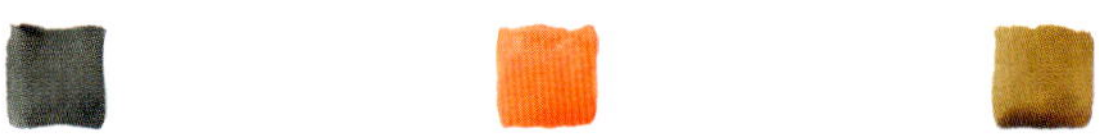

Lampen-schwarz | Zinnoberrot | Umbra gebrannt

104

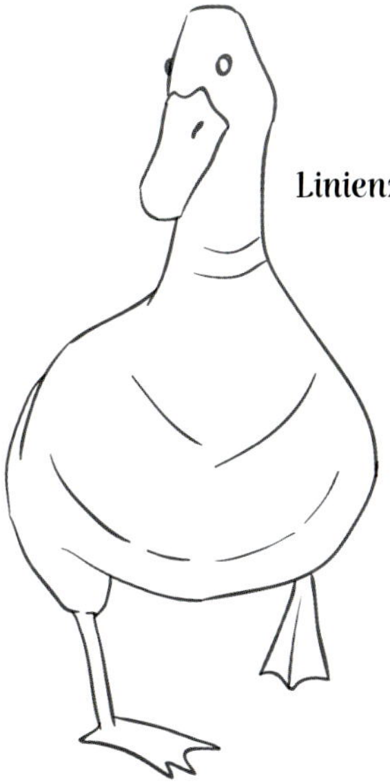

Linienzeichnung

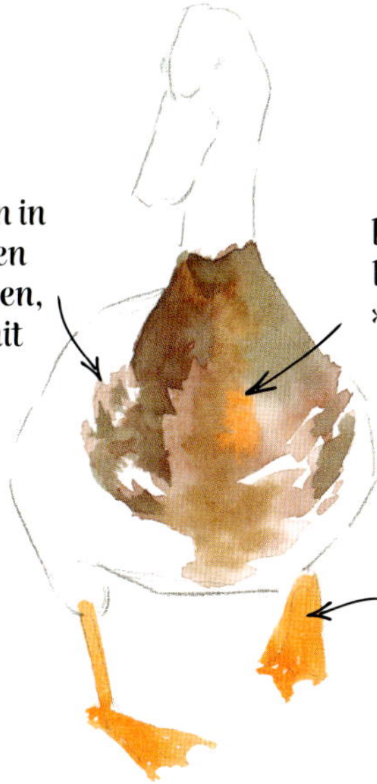

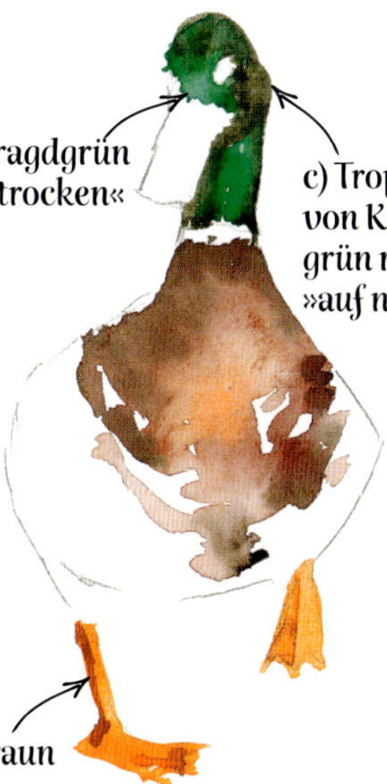

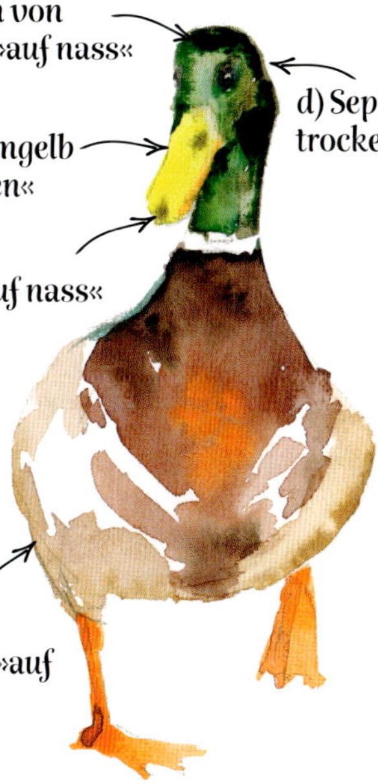

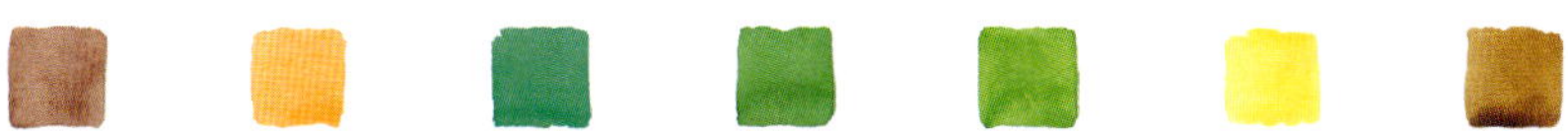

Sepiabraun	Kadmiumorange	Smaragdgrün	Kobaltgrün tief	Saftgrün	Kadmiumgelb	Umbra gebrannt

105

Linienzeichnung

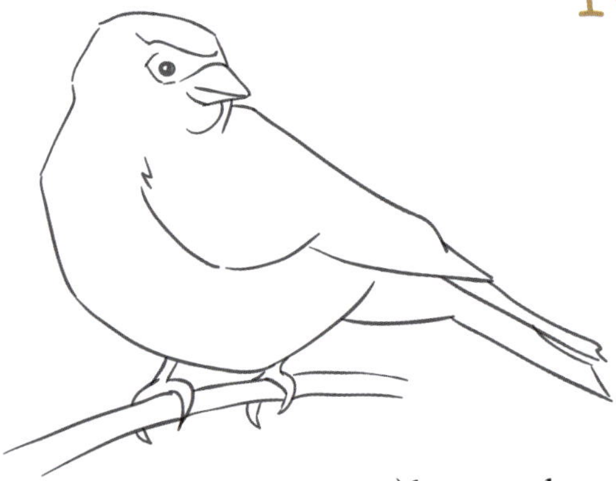

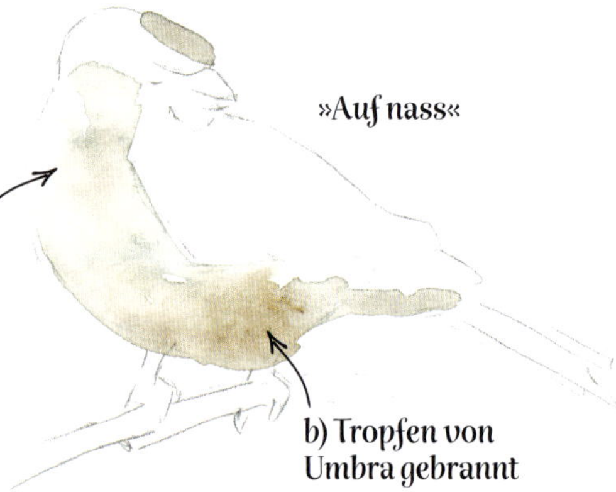

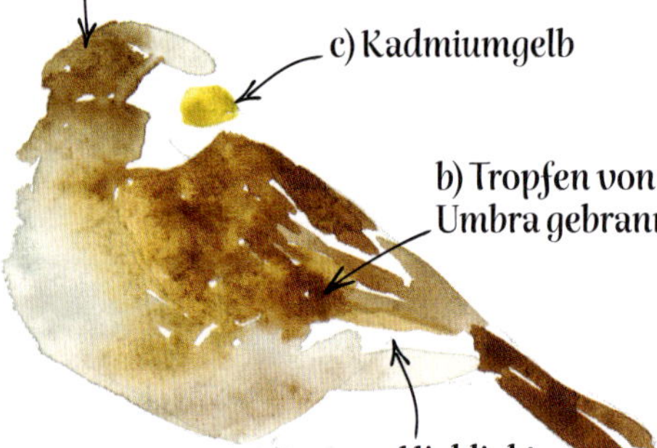

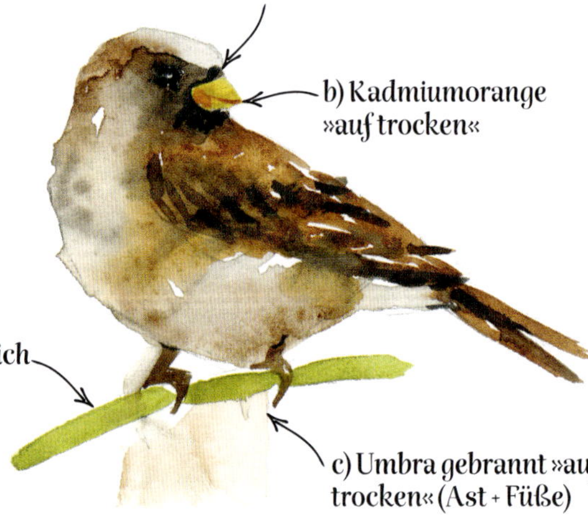

Lampenschwarz · Umbra gebrannt · Kadmiumgelb · Kadmiumorange · Olivgrün gelblich

106

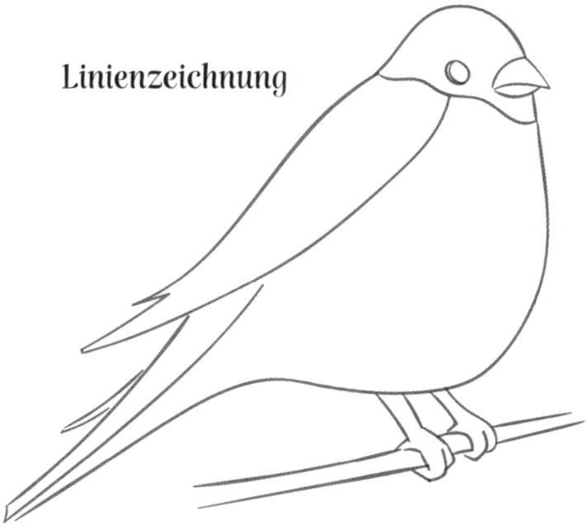
Linienzeichnung

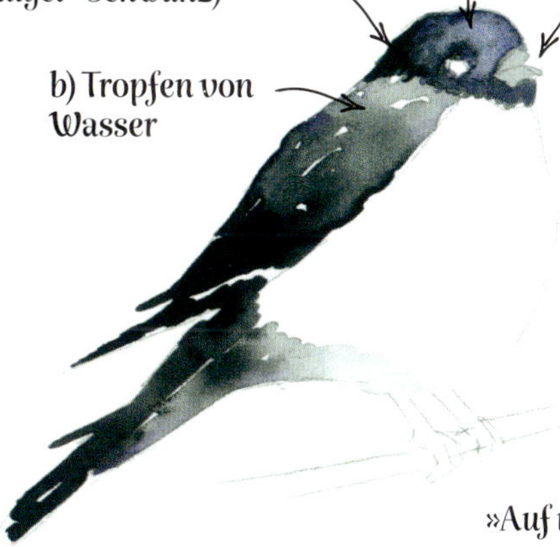
a) Lampenschwarz (Kopf, Flügel + Schwanz)
b) Tropfen von Wasser
c) Tropfen von Kobaltviolett
Highlights freilassen
»Auf nass«

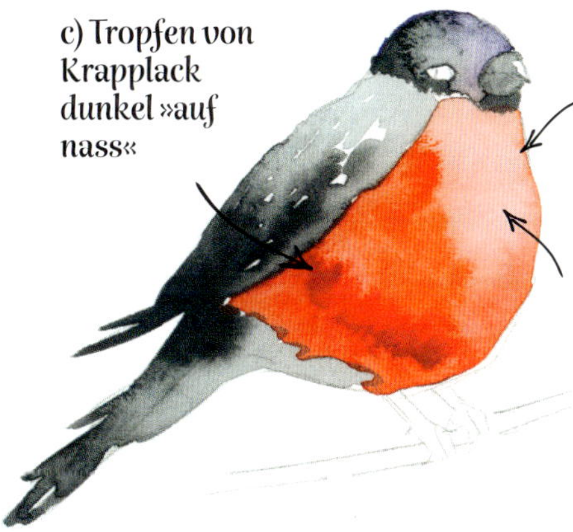
a) Scharlachrot »auf trocken« (ganze Brust)
b) Tropfen von Wasser »auf nass«
c) Tropfen von Krapplack dunkel »auf nass«

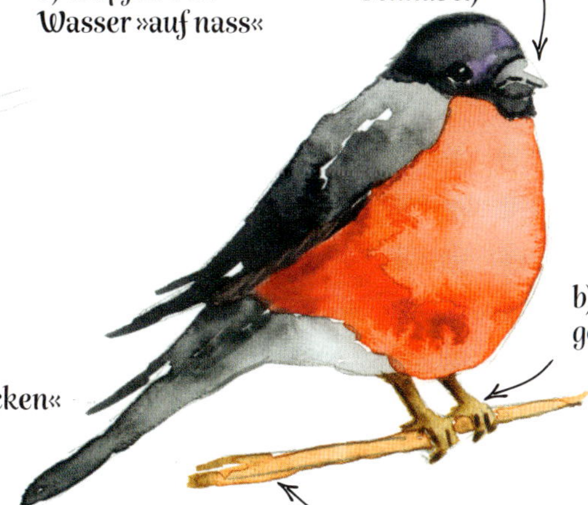
a) Lampenschwarz (Details Auge + Schnabel)
b) Umbra gebrannt
c) Siena gebrannt
»Auf trocken«

Lampenschwarz
Kobaltviolett
Scharlachrot
Krapplack dunkel
Umbra gebrannt
Siena gebrannt

107

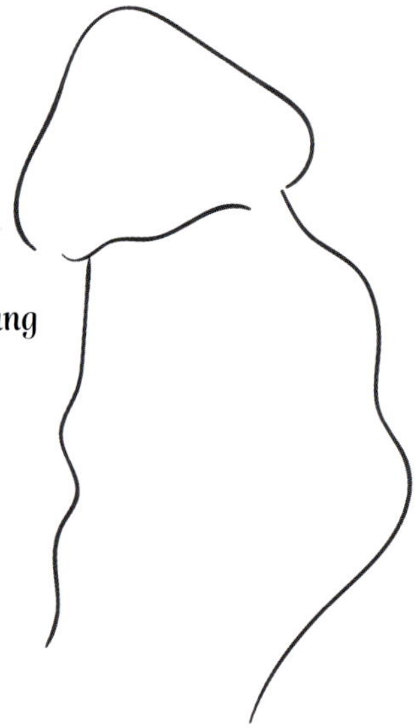

Linienzeichnung

a) Kobalt Azur

b) Tropfen von Bergblau

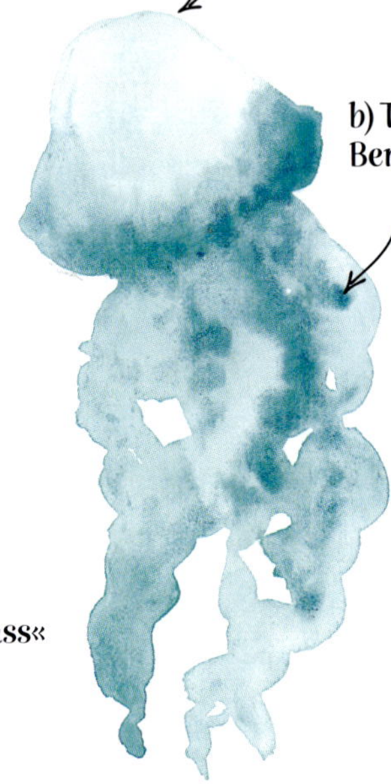

»Auf nass«

Tropfen von Kobaltviolett

»Auf nass«

Tropfen von Bergblau

Tropfen von Indigo

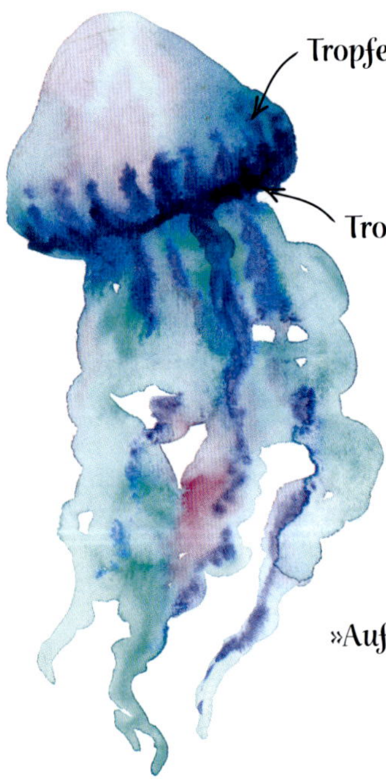

»Auf nass«

Kobalt Azur

Bergblau

Kobalt-violett

Indigo

108

Linienzeichnung

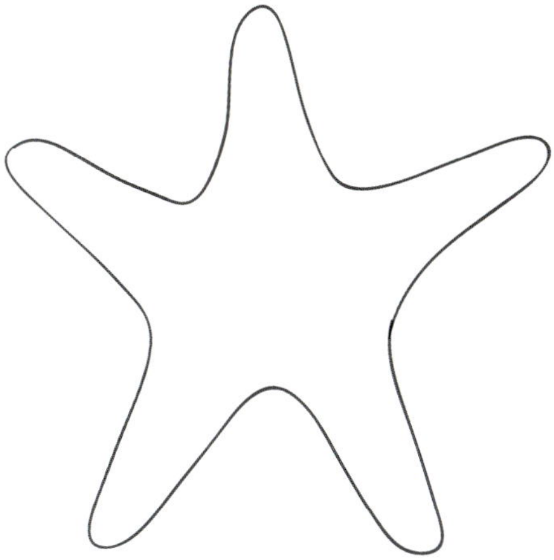

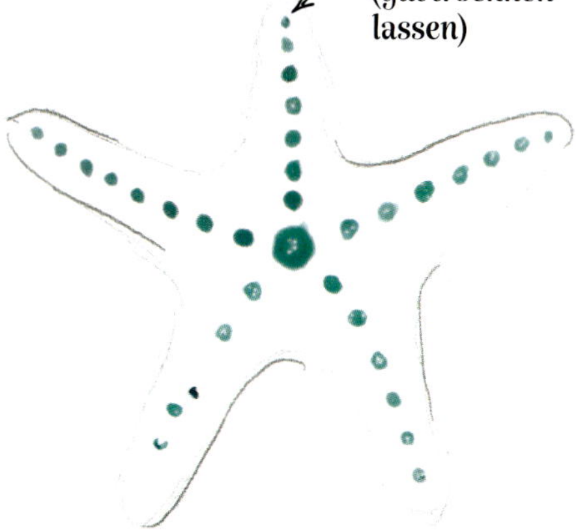

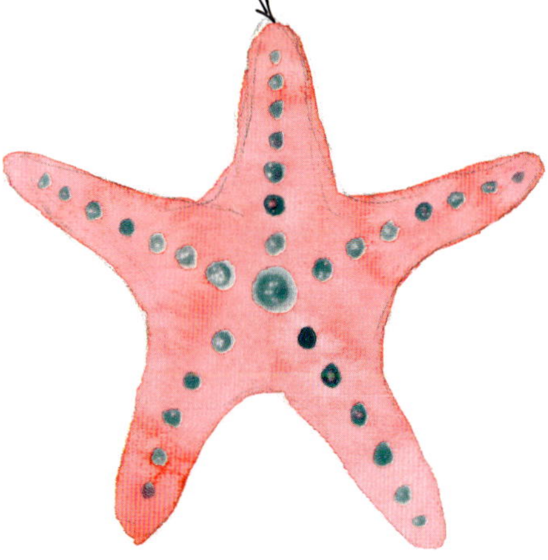

»Auf nass«

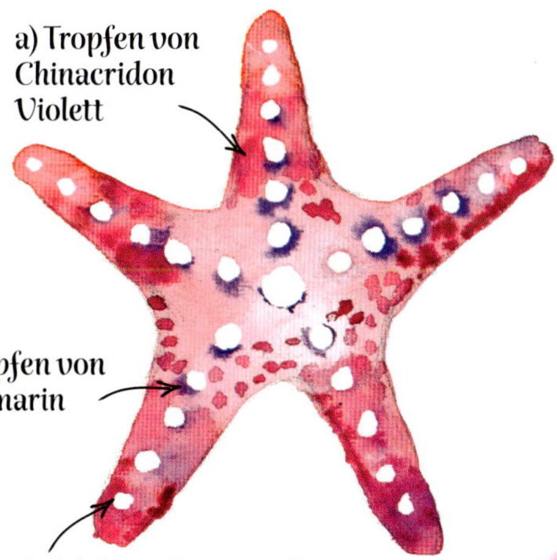

Maskierflüssigkeit

Chinacridon
Violett

Ultramarin

109

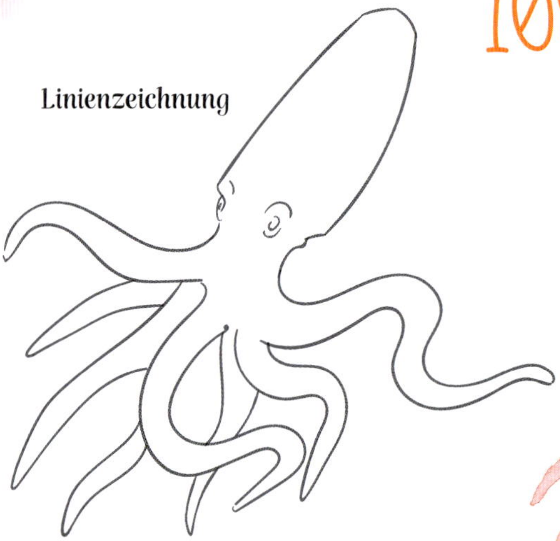
Linienzeichnung

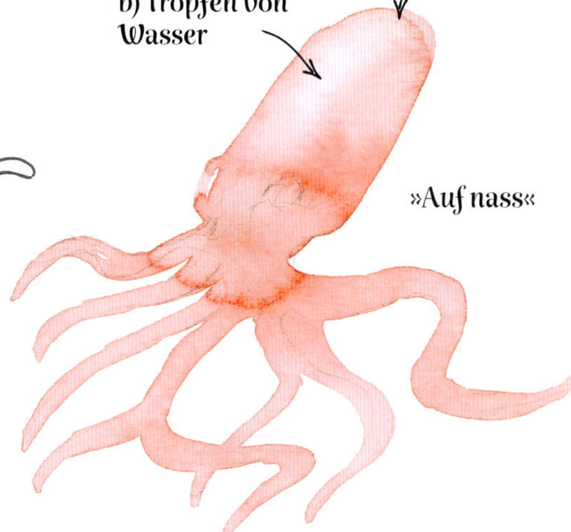
a) Krapplack dunkel
b) Tropfen von Wasser
»Auf nass«

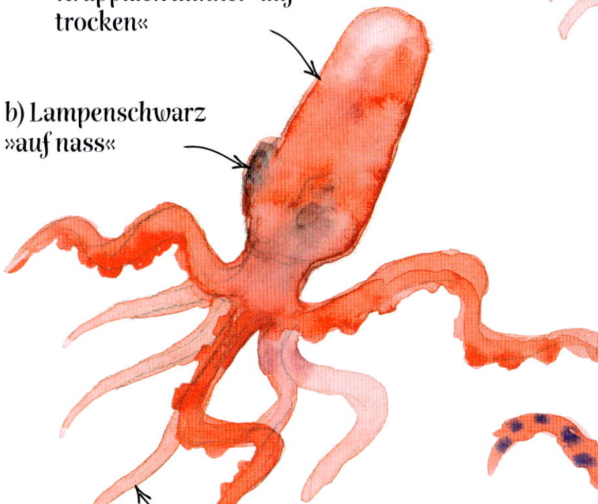
a) Zweite Schicht von Krapplack dunkel »auf trocken«
b) Lampenschwarz »auf nass«
Hintere Tentakel aussparen

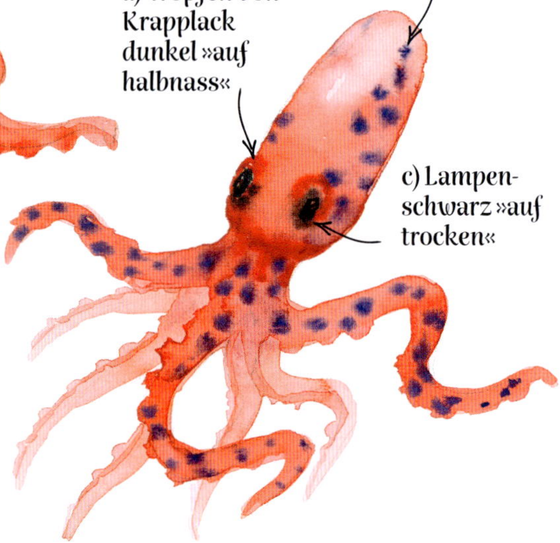
b) Tropfen von Bergblau »auf halbnass«
a) Tropfen von Krapplack dunkel »auf halbnass«
c) Lampenschwarz »auf trocken«

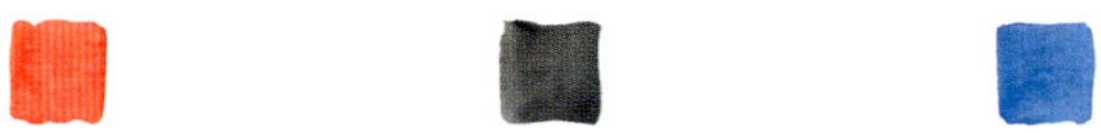
Krapplack dunkel
Lampenschwarz
Bergblau

110

Linienzeichnung

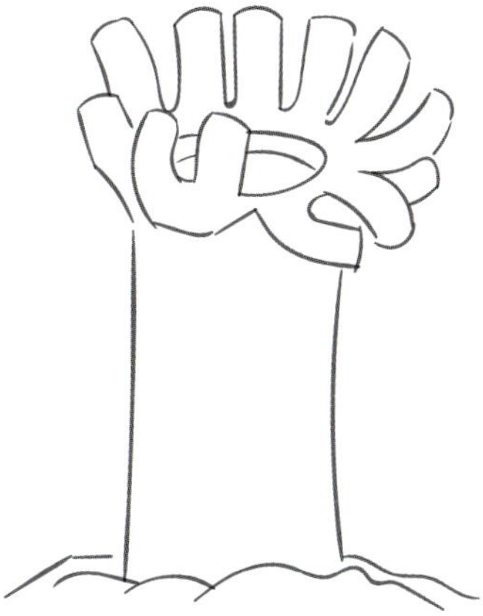

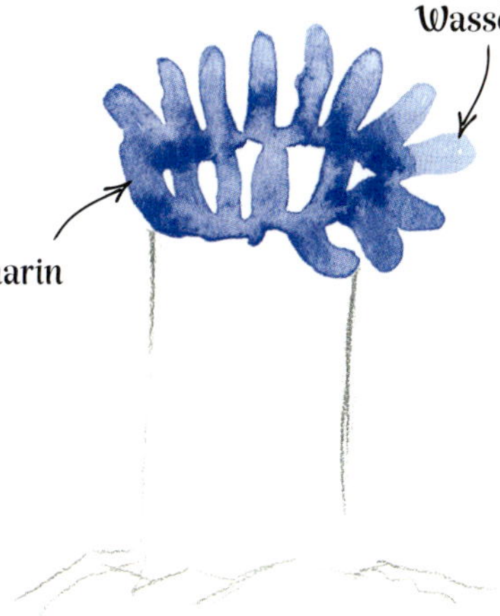

b) Tropfen von Wasser

a) Ultramarin

»Auf nass«

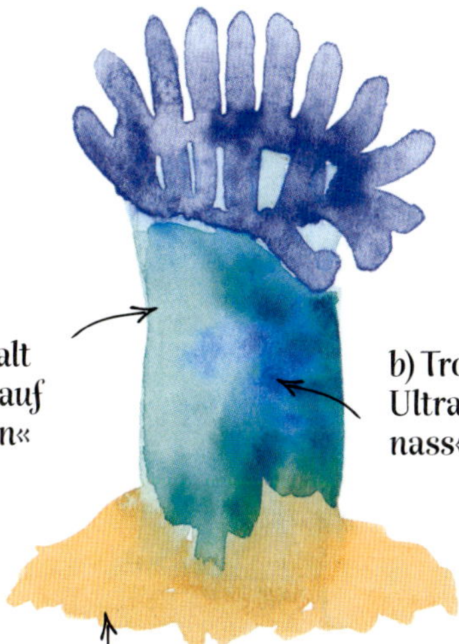

a) Kobalt Azur »auf trocken«

b) Tropfen von Ultramarin »auf nass«

c) Siena gebrannt »auf trocken«

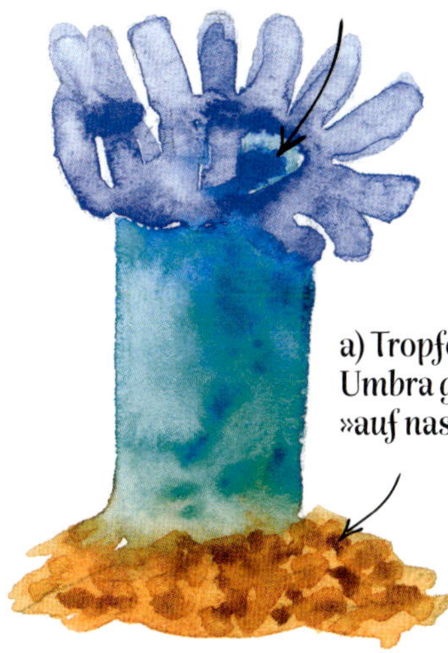

b) Ultramarin »auf trocken«

a) Tropfen von Umbra gebrannt »auf nass«

Ultramarin | Kobalt Azur | Siena gebrannt | Umbra gebrannt

111

Linienzeichnung

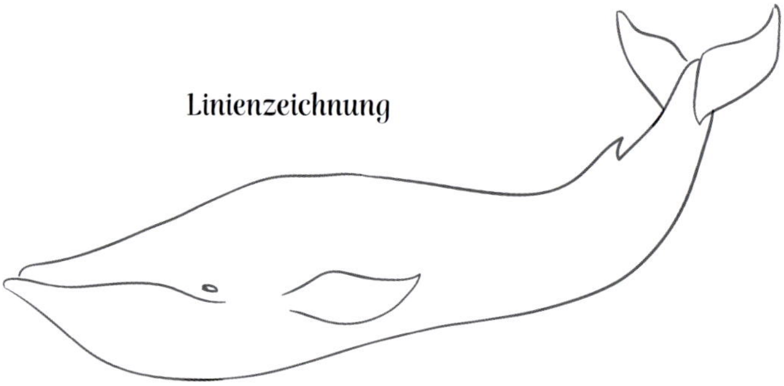

Maskierflüssigkeit (gut trocknen lassen)

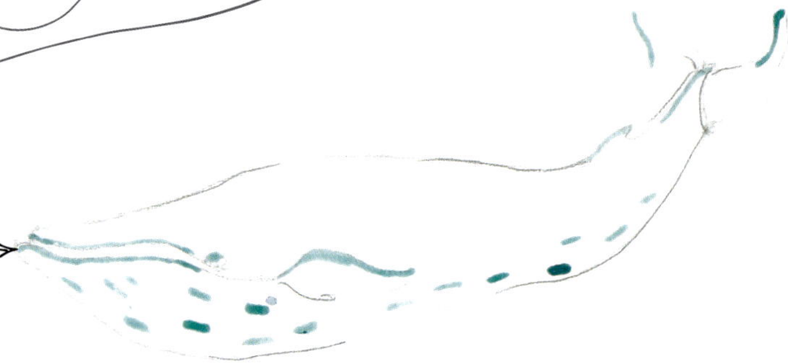

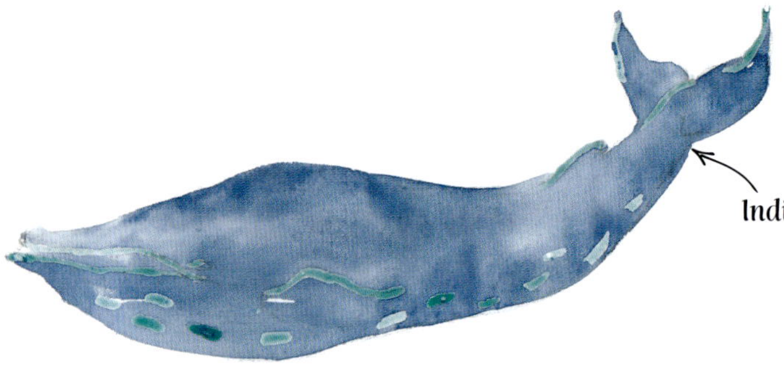

Indigo

a) Tropfen von Indigo »auf nass« (Schatten auf Schwanzflosse, Maul + unteren Kanten)

b) Indigo »auf trocken« (Auge)

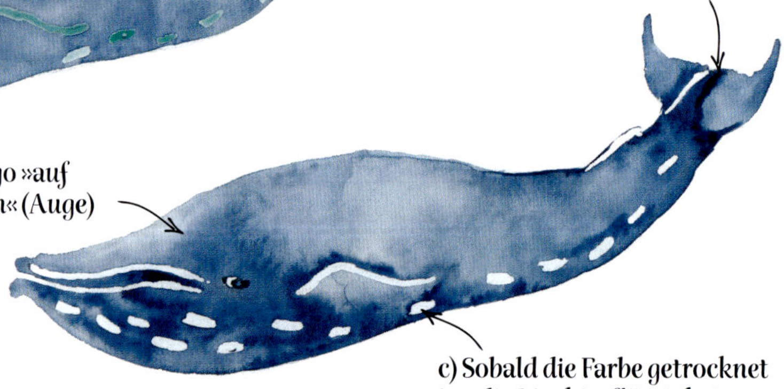

c) Sobald die Farbe getrocknet ist, die Maskierflüssigkeit abrubbeln

Maskierflüssigkeit Indigo

112

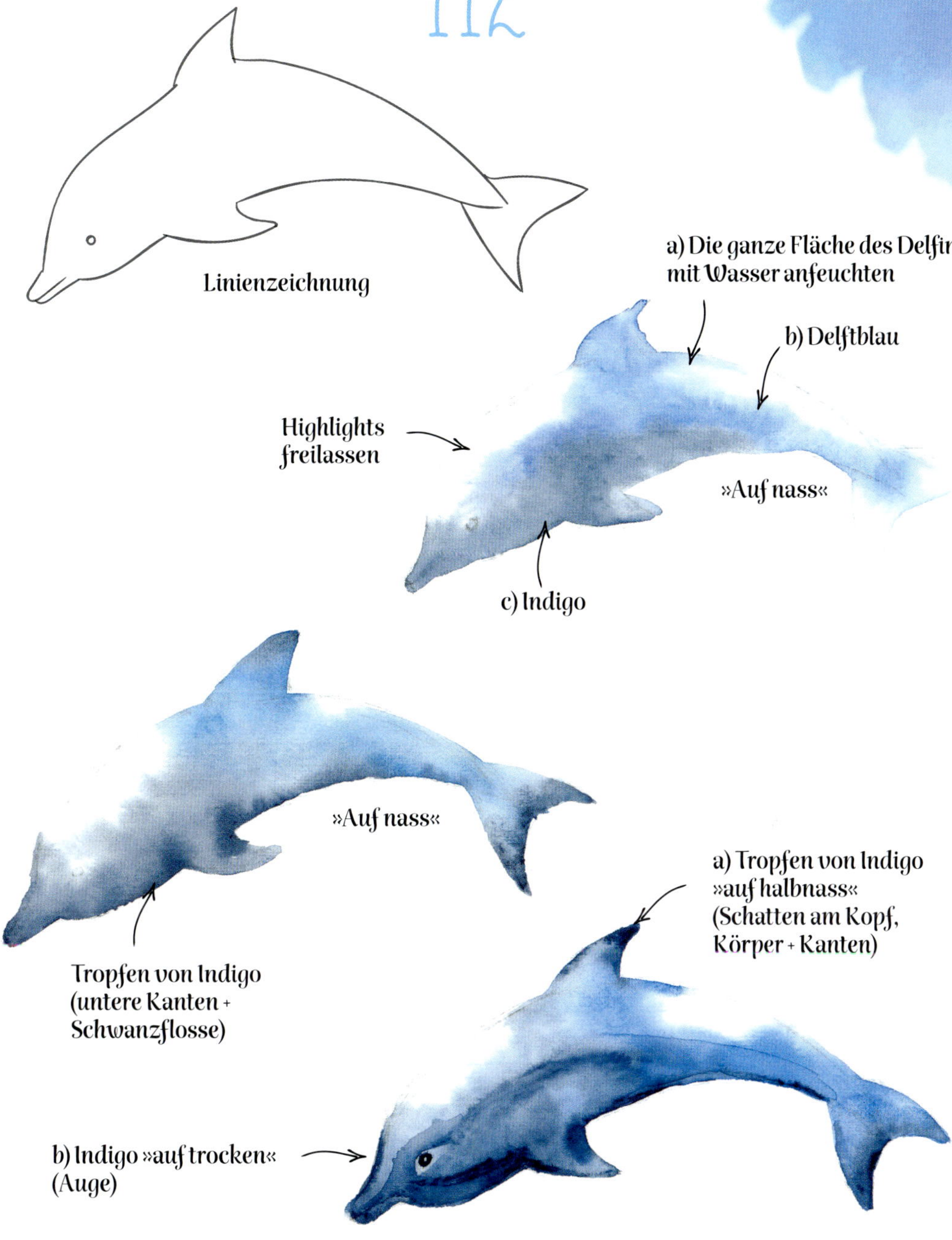
Linienzeichnung
a) Die ganze Fläche des Delfins mit Wasser anfeuchten
b) Delftblau
Highlights freilassen
»Auf nass«
c) Indigo
»Auf nass«
Tropfen von Indigo (untere Kanten + Schwanzflosse)
a) Tropfen von Indigo »auf halbnass« (Schatten am Kopf, Körper + Kanten)
b) Indigo »auf trocken« (Auge)

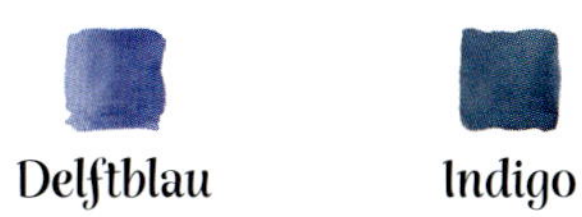
Delftblau
Indigo

113

Linienzeichnung

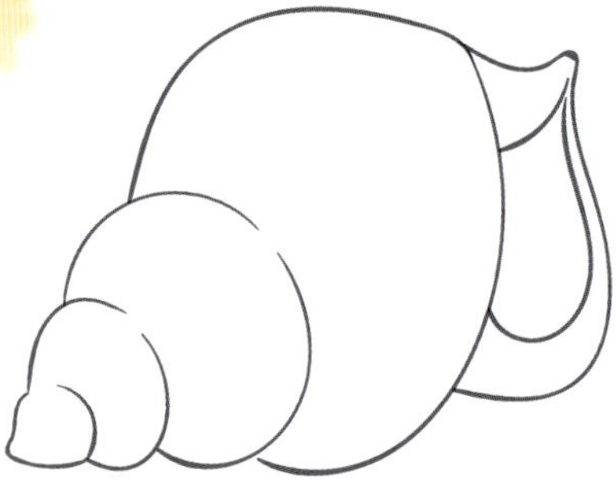

Lichter Ocker

Highlights freilassen

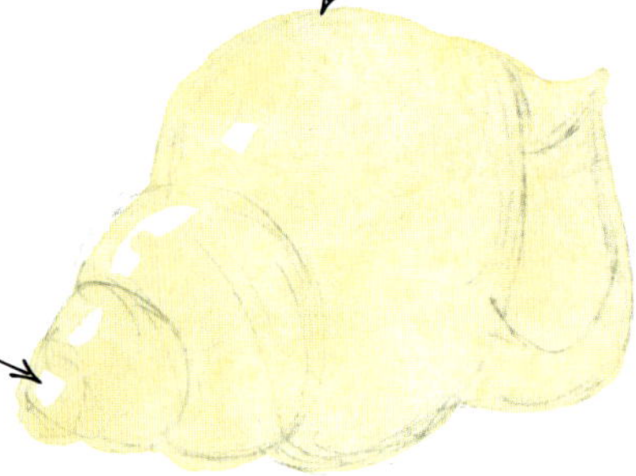

Tropfen von Umbra gebrannt

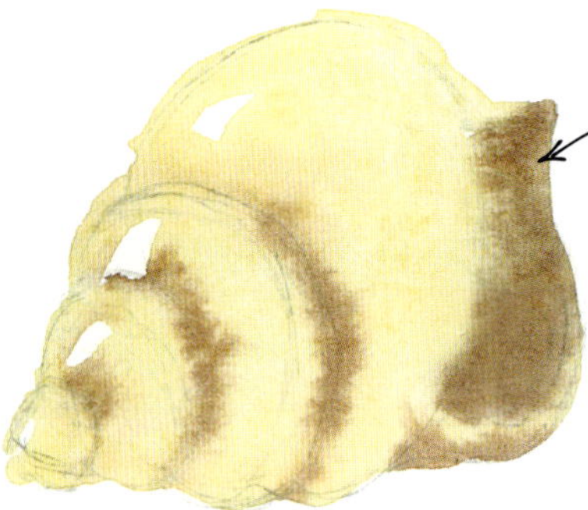

»Auf nass«

a) Tropfen von Siena gebrannt »auf nass«

b) Umbra gebrannt »auf trocken«

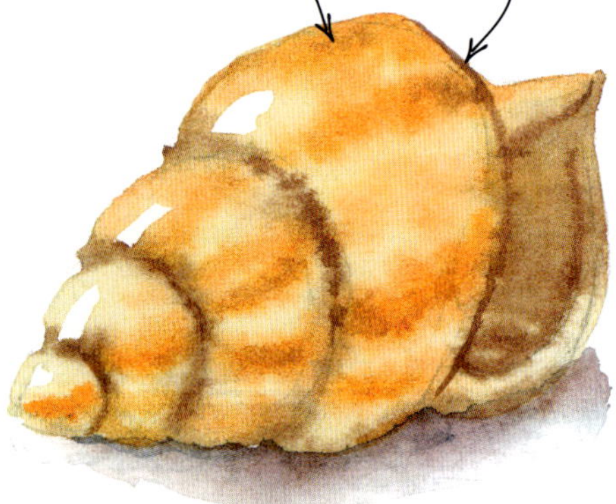

c) Umbra gebrannt »auf trocken« + Tropfen von Manganviolett »auf nass«

Lichter Ocker | Umbra gebrannt | Siena gebrannt | Manganviolett

114

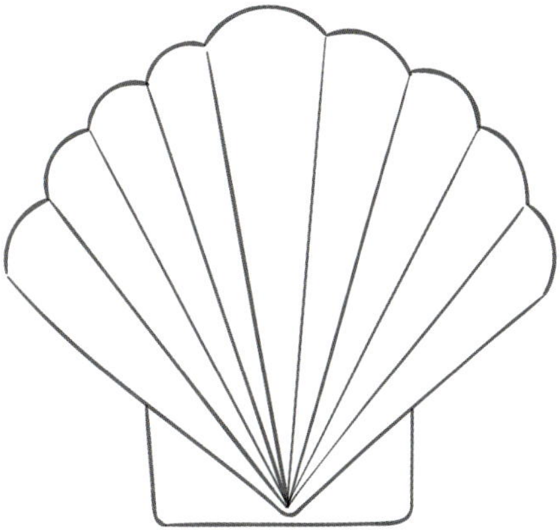

Linienzeichnung

Kobaltviolett, in intensivster Pigmentlösung an den Kanten

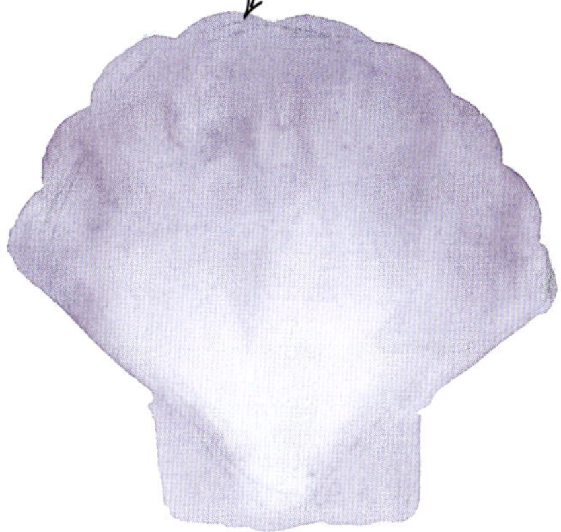

Tropfen von Bergblau

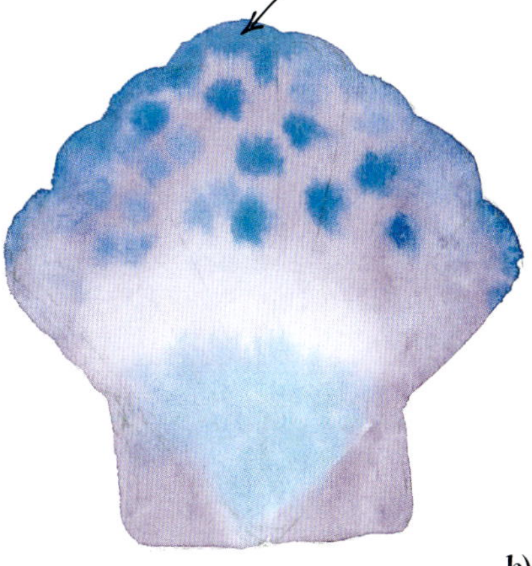

»Auf nass«

a) Tropfen von Manganviolett »auf nass«

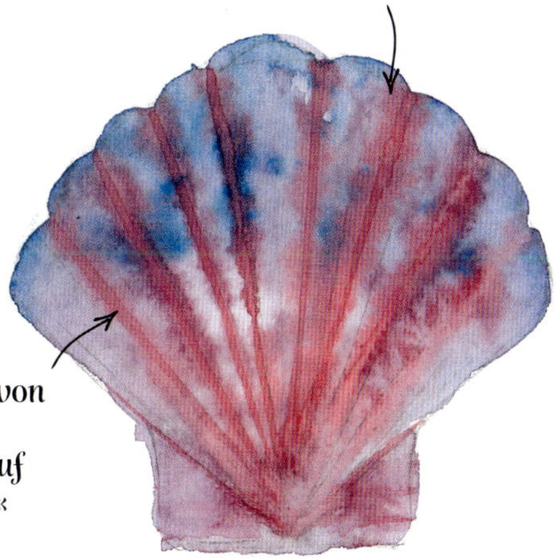

b) Linien von Mangan-violett »auf halbnass«

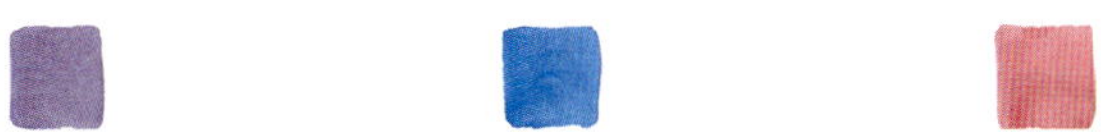

Kobaltviolett Bergblau Mangan-violett

115

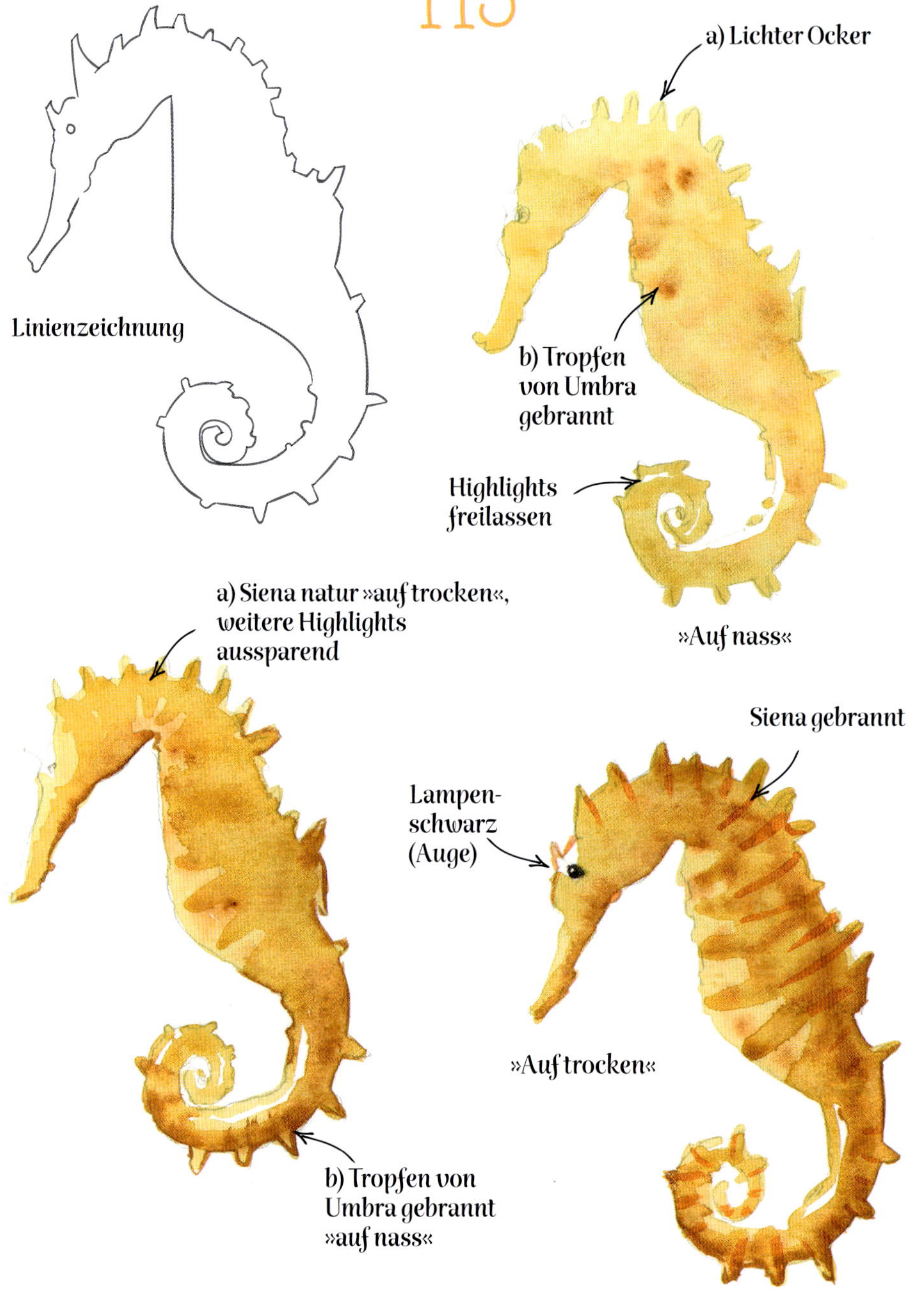
Linienzeichnung
a) Lichter Ocker
b) Tropfen von Umbra gebrannt
Highlights freilassen
»Auf nass«
a) Siena natur »auf trocken«, weitere Highlights aussparend
b) Tropfen von Umbra gebrannt »auf nass«
Siena gebrannt
Lampen-schwarz (Auge)
»Auf trocken«

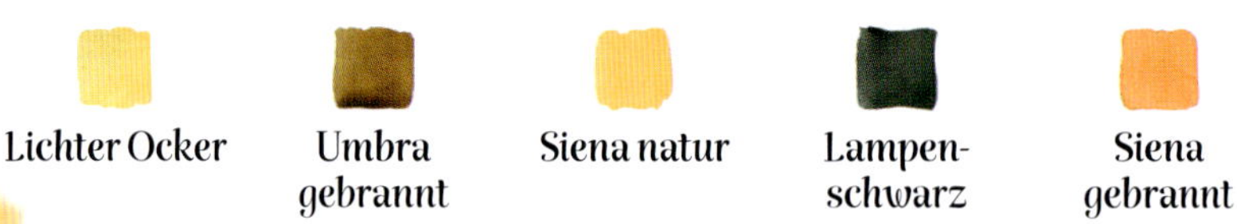
Lichter Ocker
Umbra gebrannt
Siena natur
Lampen-schwarz
Siena gebrannt

116

Linienzeichnung

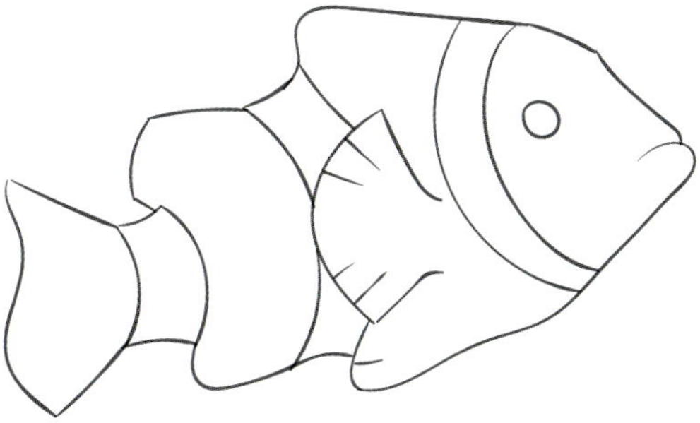

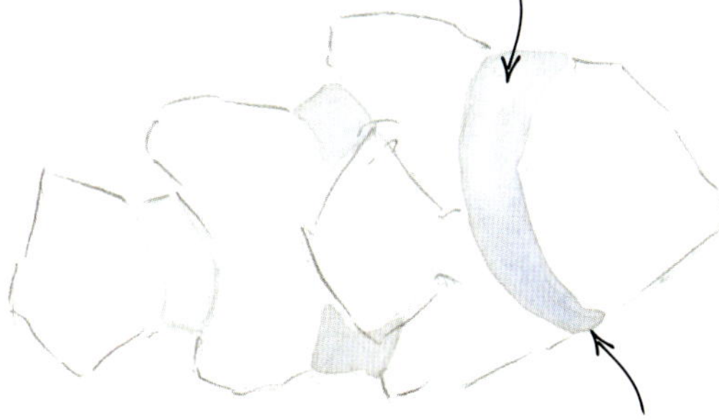

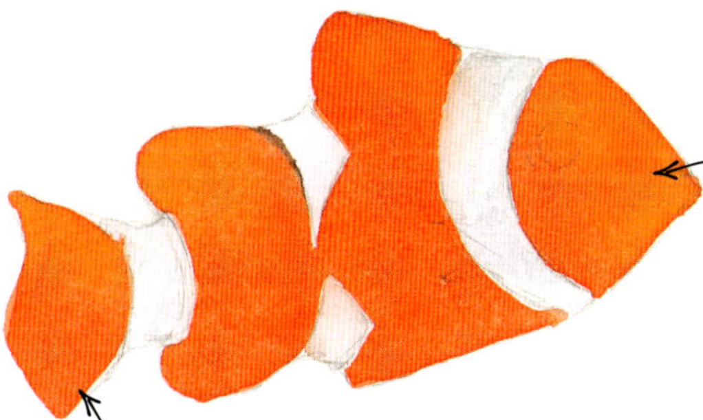

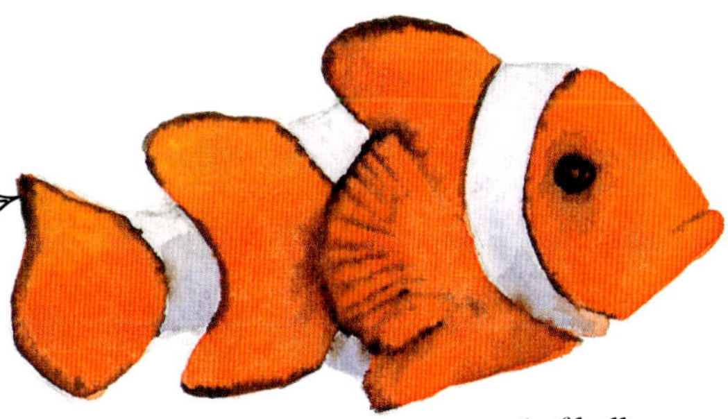

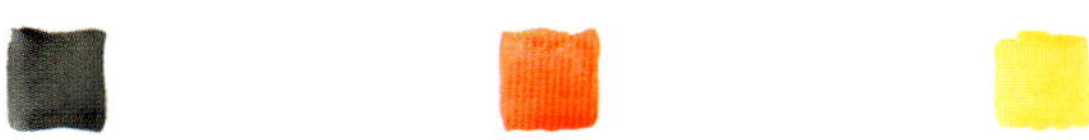

117

Linienzeichnung

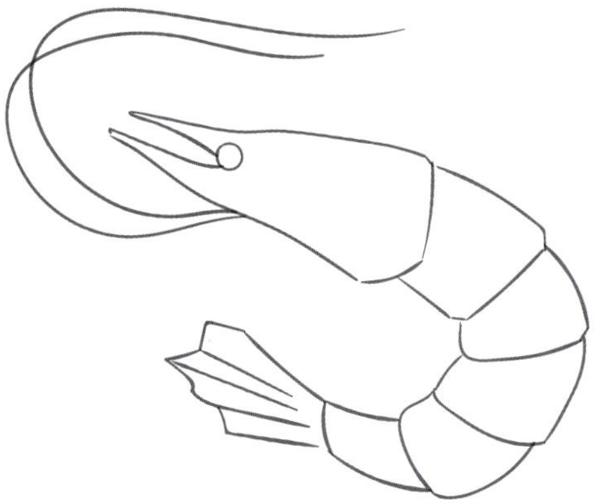

»Auf nass«

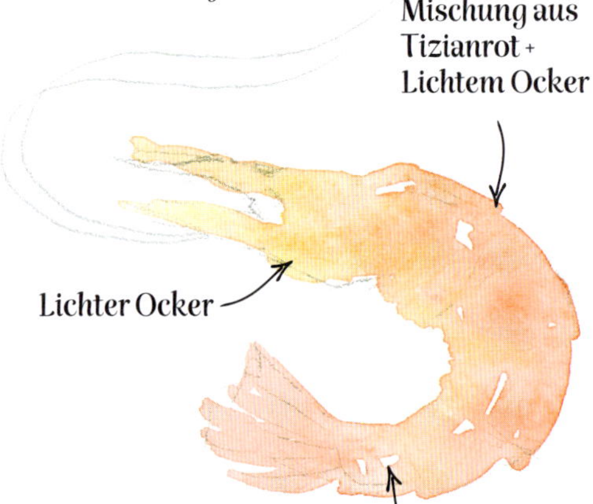

»Auf trocken«

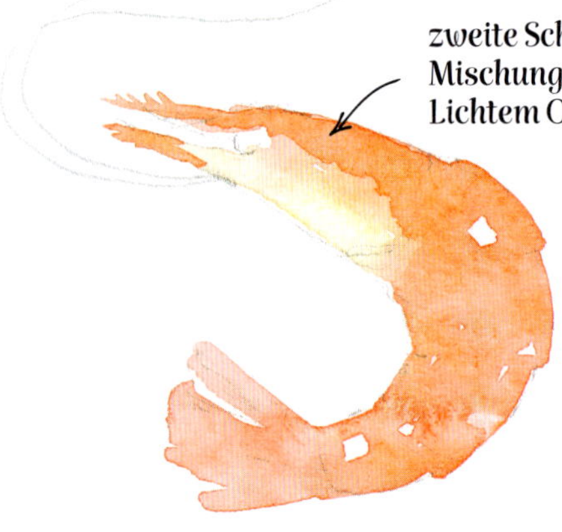

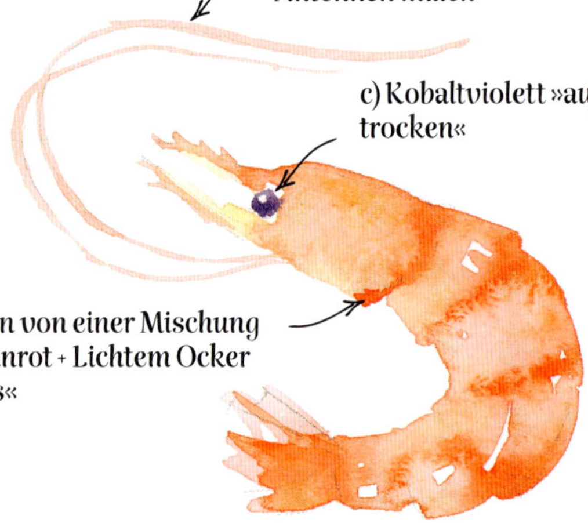

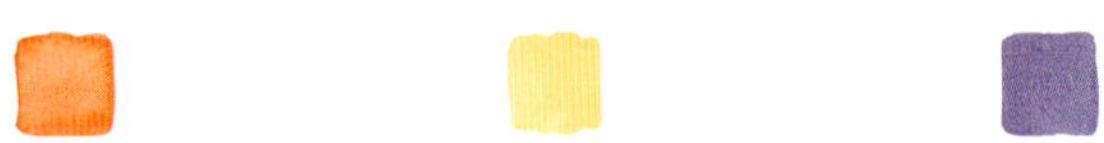

Tizianrot | Lichter Ocker | Kobaltviolett

118

Linienzeichnung

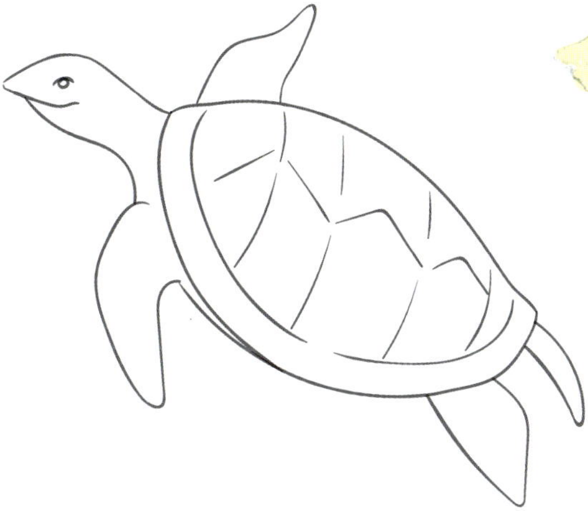

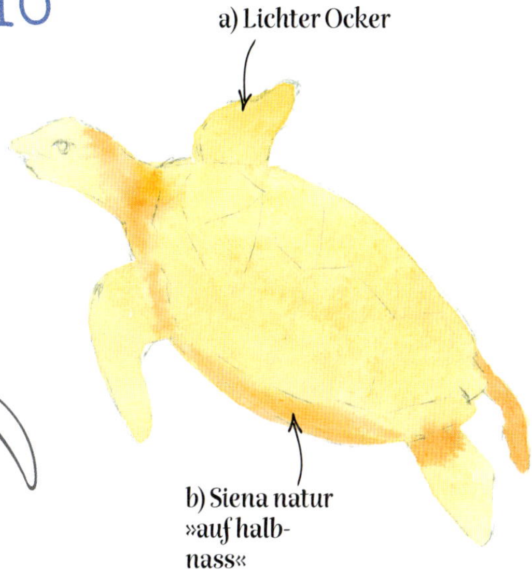

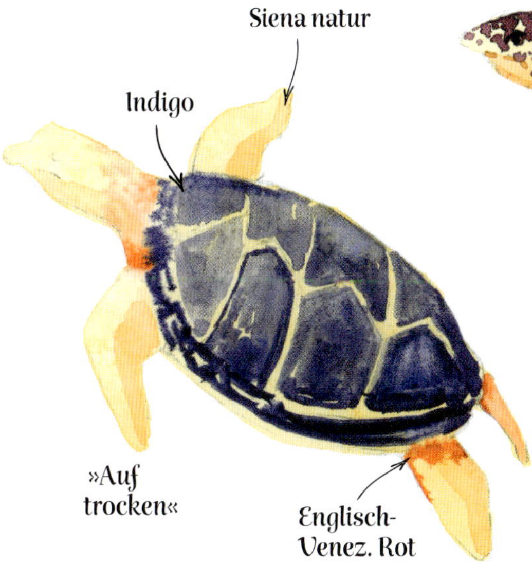

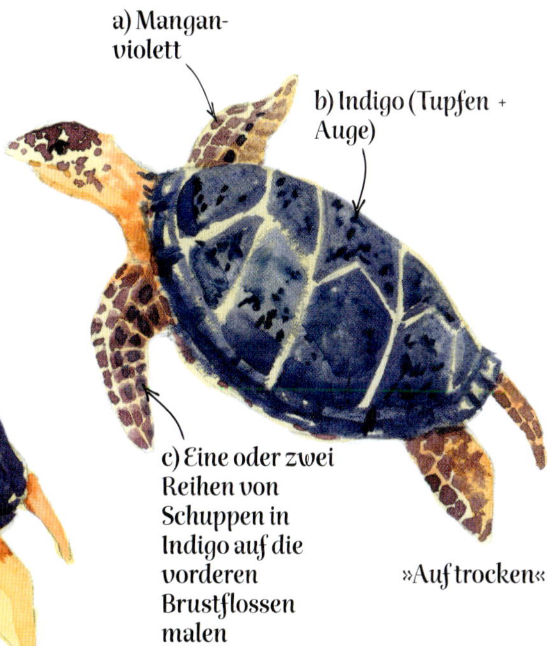

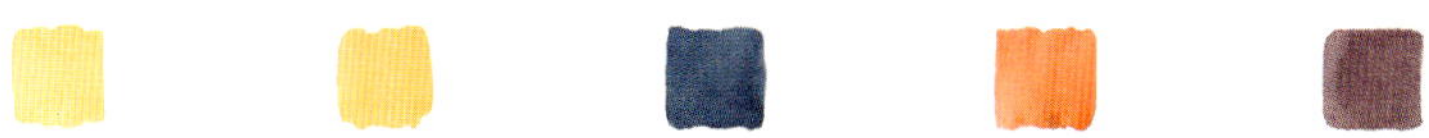

119

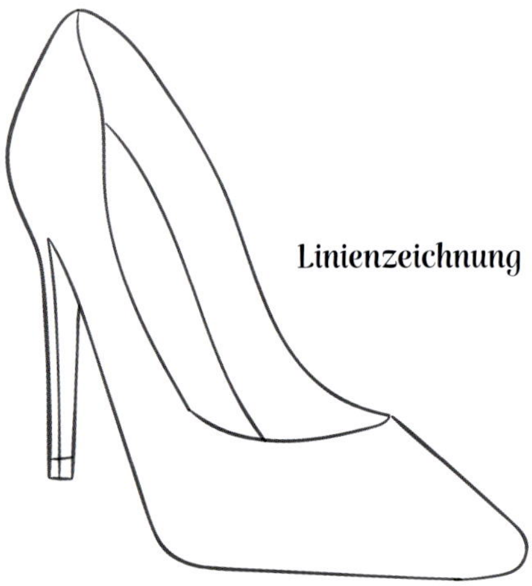

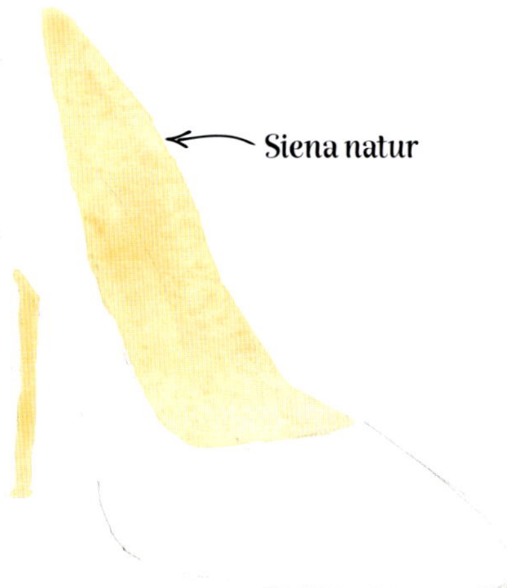

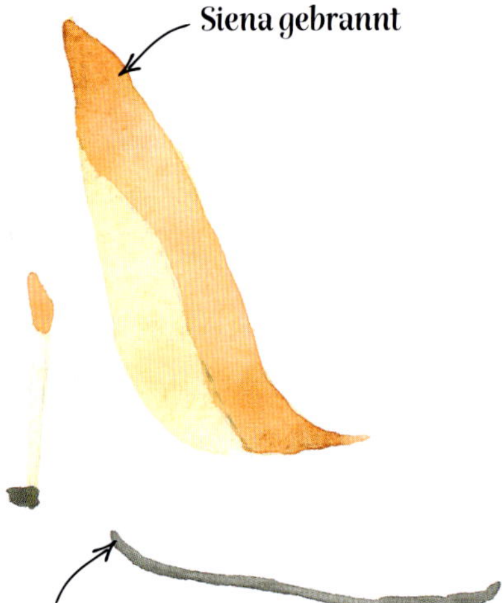

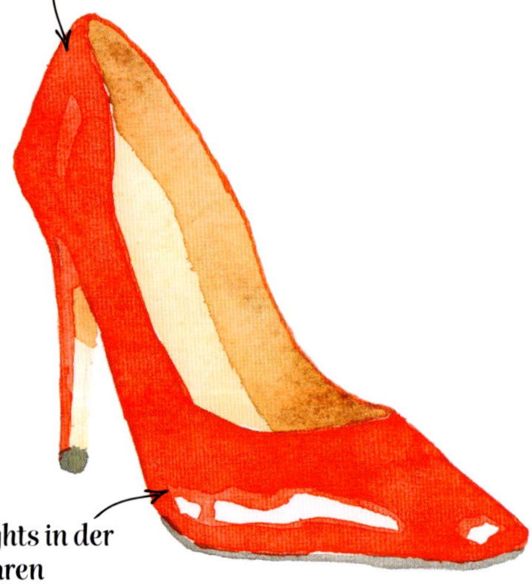

Siena natur | Siena gebrannt | Lampen-schwarz | Scharlachrot

120

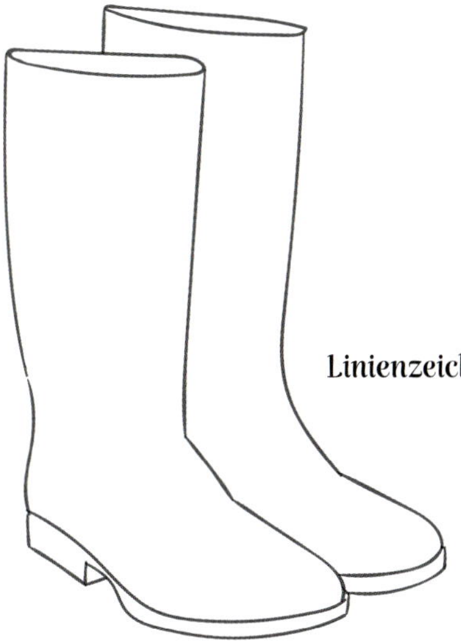

Linienzeichnung

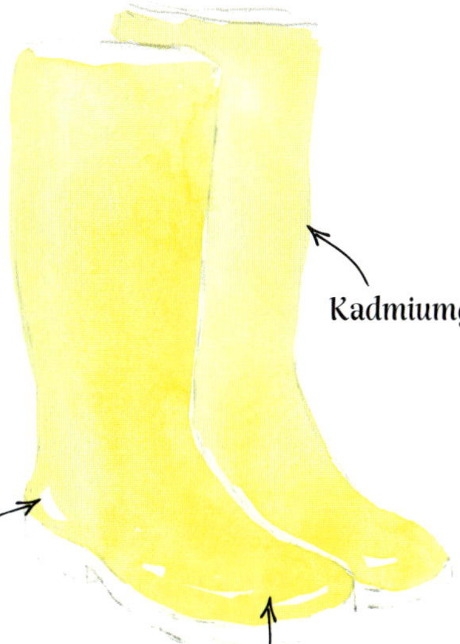

Kadmiumgelb

Highlights freilassen

Intensivere Pigmentlösung im Vordergrund verwenden

c) Siena natur »auf nass« (Außenseite der Stiefel) + »auf trocken« (im Inneren)

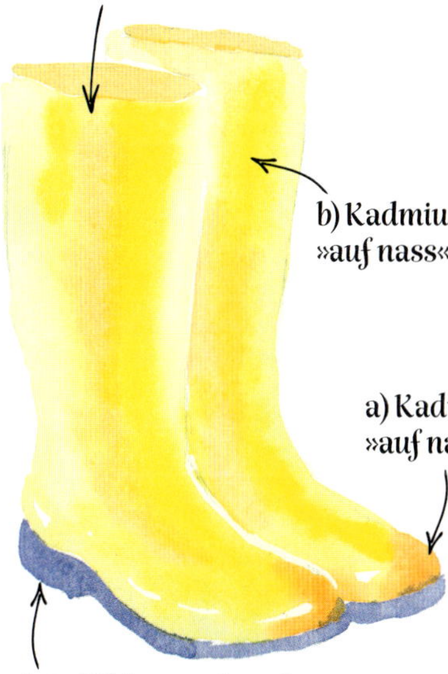

b) Kadmiumgelb »auf nass«

a) Kadmiumorange »auf nass«

d) Delftblau »auf trocken«

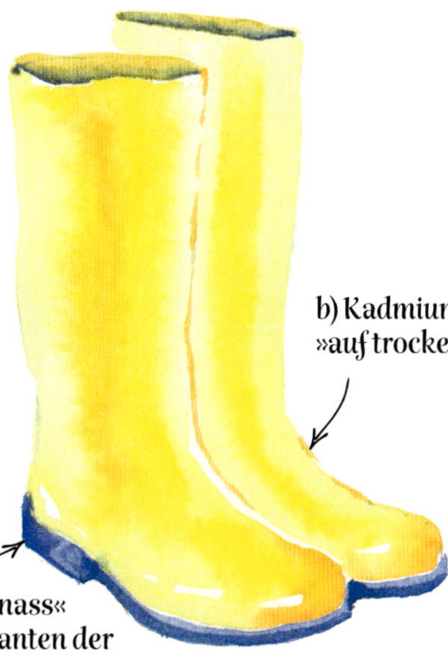

b) Kadmiumorange »auf trocken«

a) Delftblau »auf halbnass« (Sohlen + und obere Kanten der Schäfte)

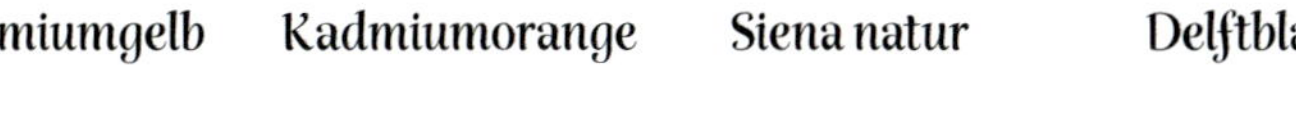

Kadmiumgelb Kadmiumorange Siena natur Delftblau

121

Linienzeichnung

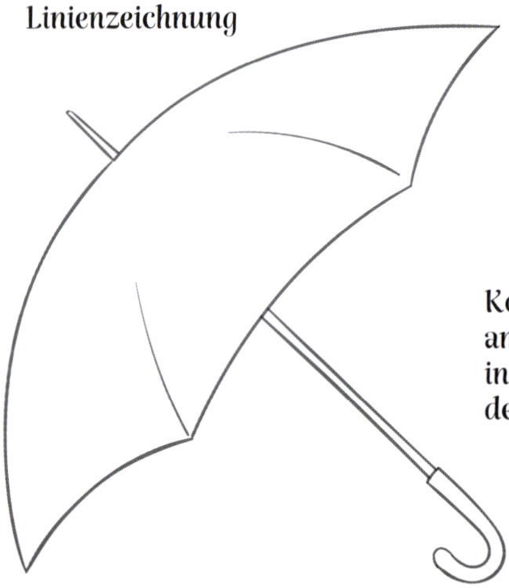

»Auf trocken«

Kobalt Azur, am stärksten in der Nähe des Baldachins

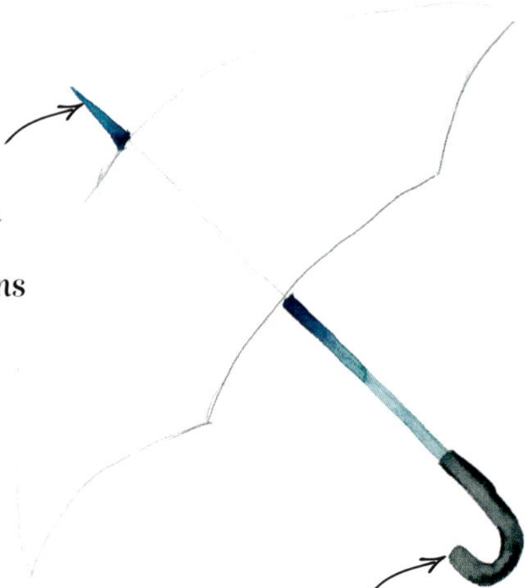

Lampenschwarz

Scharlachrot

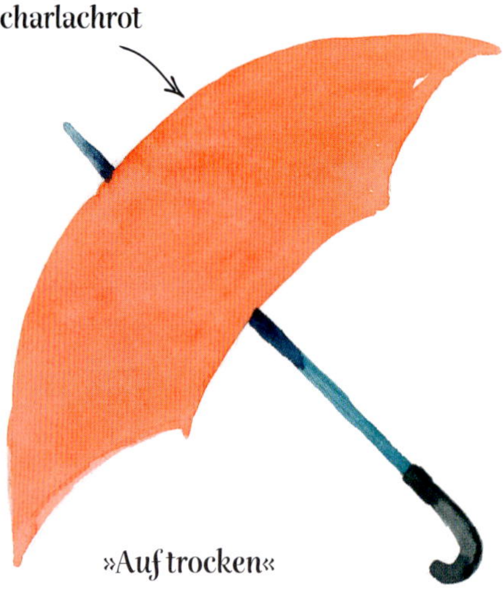

»Auf trocken«

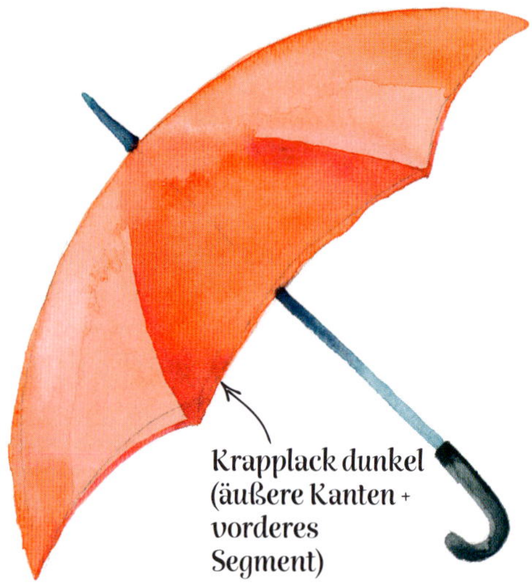

Krapplack dunkel (äußere Kanten + vorderes Segment)

»Auf halbnass«

Kobalt Azur

Lampen-schwarz

Scharlachrot

Krapplack dunkel

122

Linienzeichnung

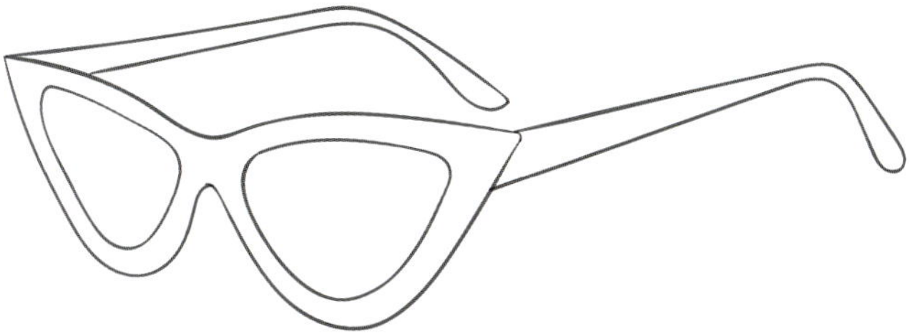

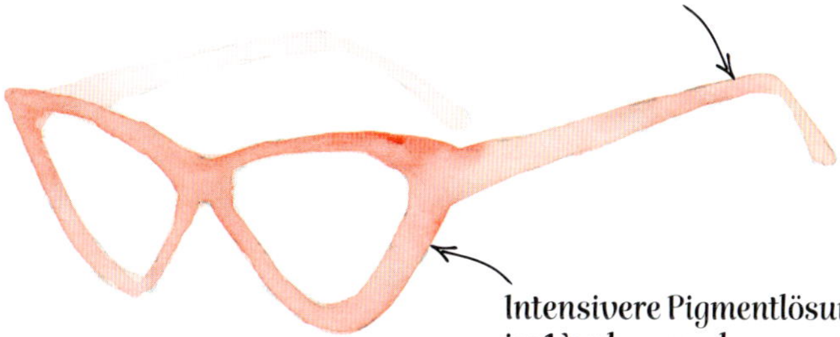

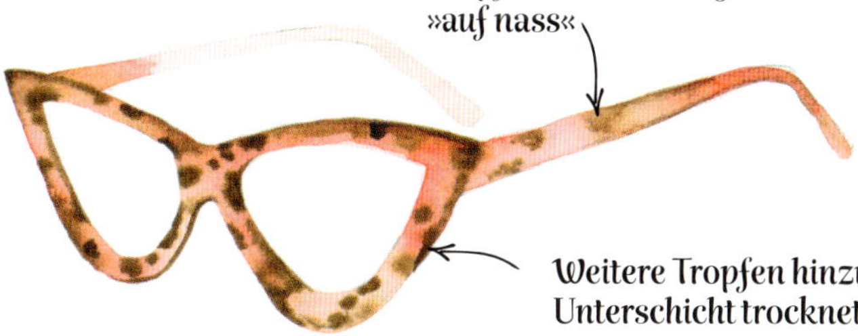

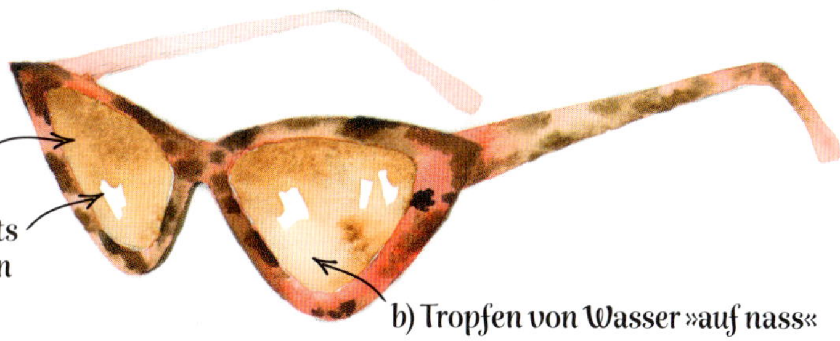

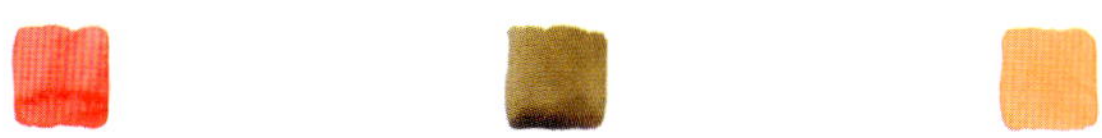

123

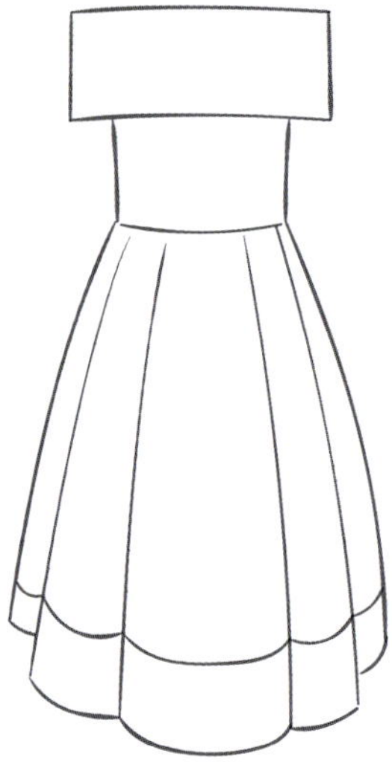

Linienzeichnung

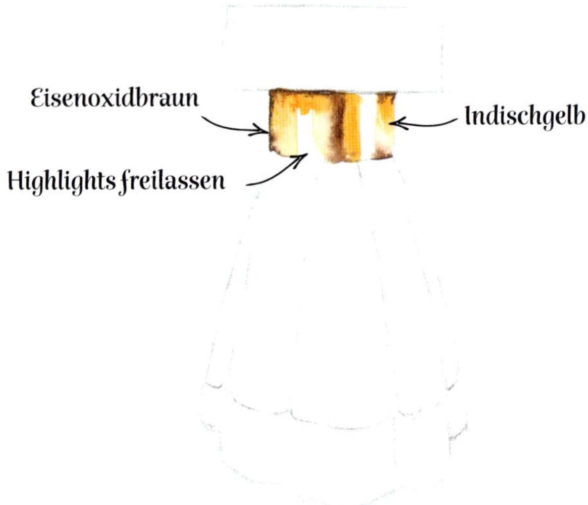

»Auf nass«

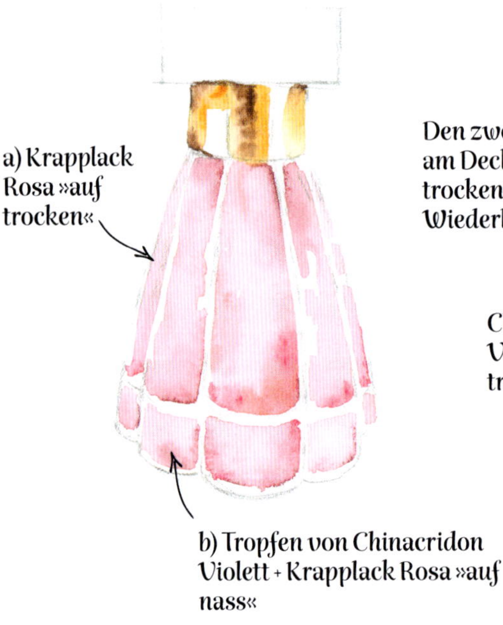

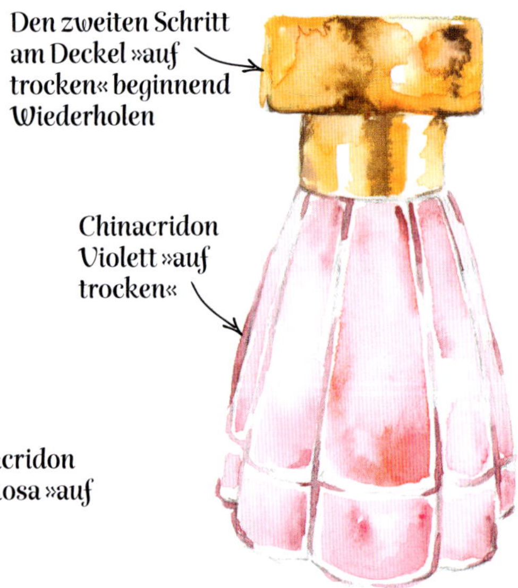

Eisenoxidbraun | Indischgelb | Krapplack Rosa | Chinacridon Violett

124

Linienzeichnung

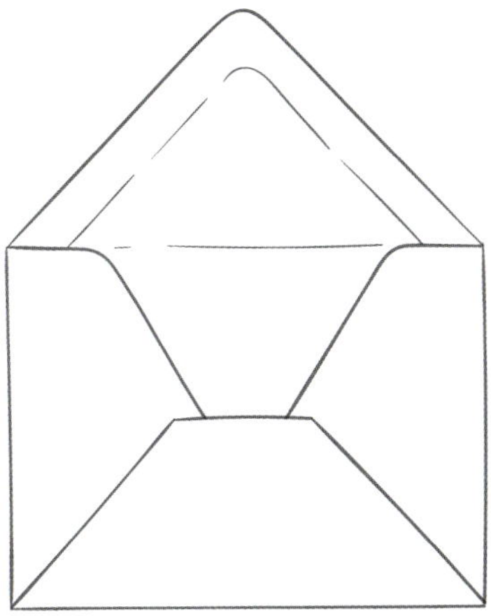

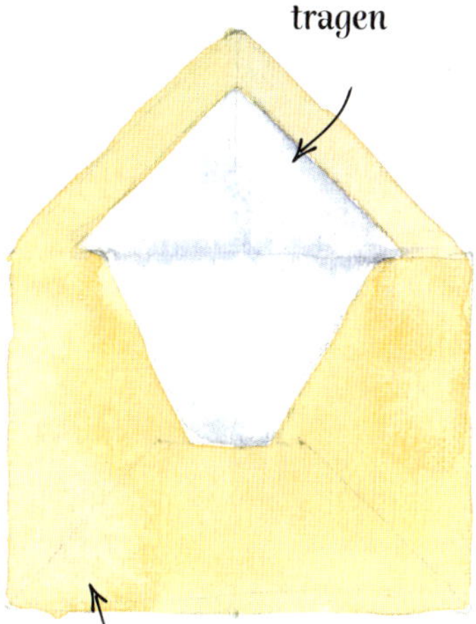

»Auf nass«

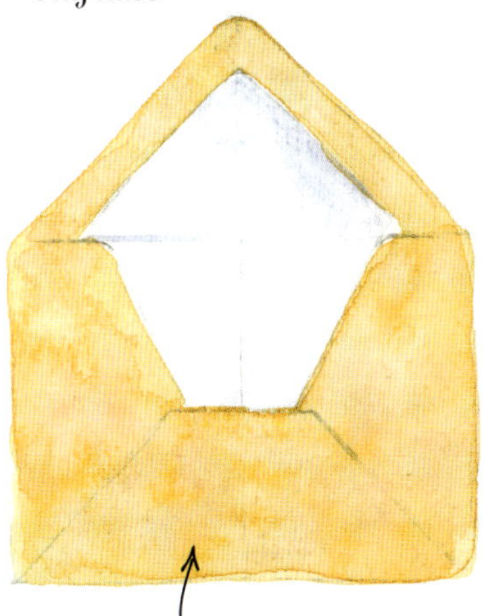

»Auf trocken«

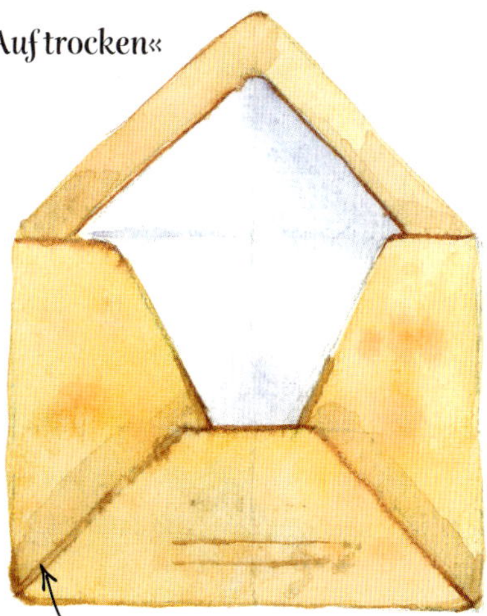

125

Linienzeichnung

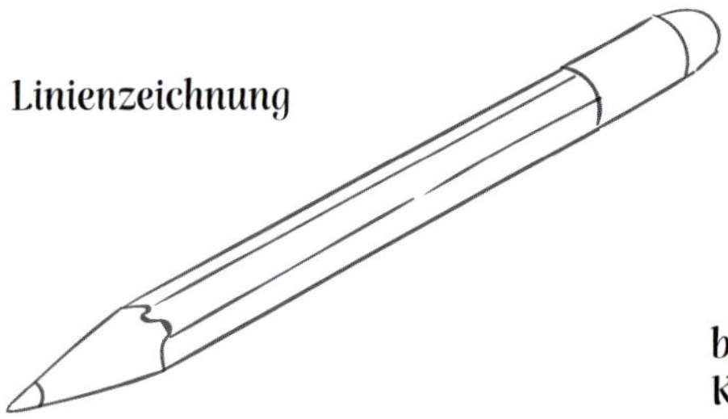

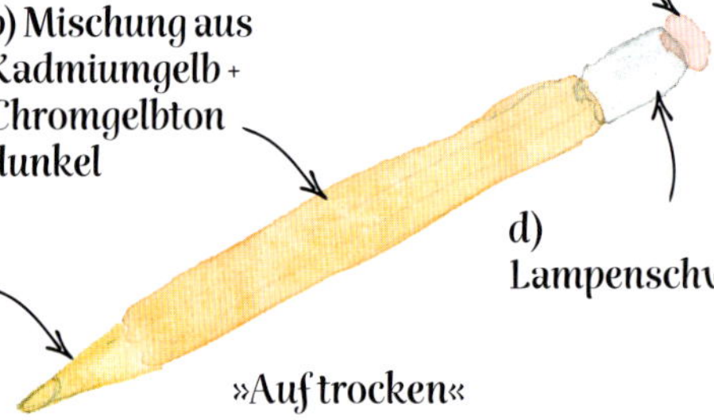

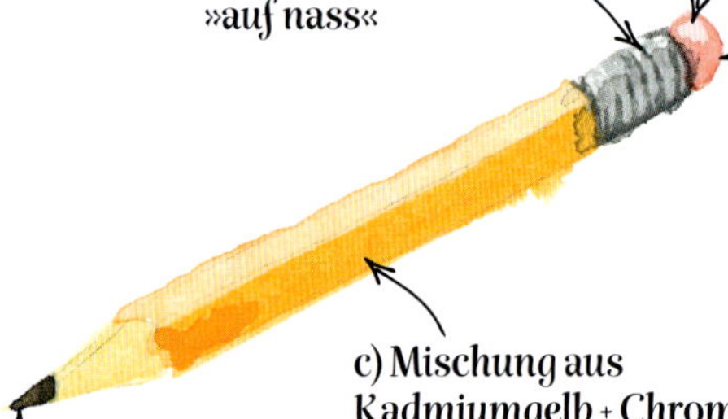

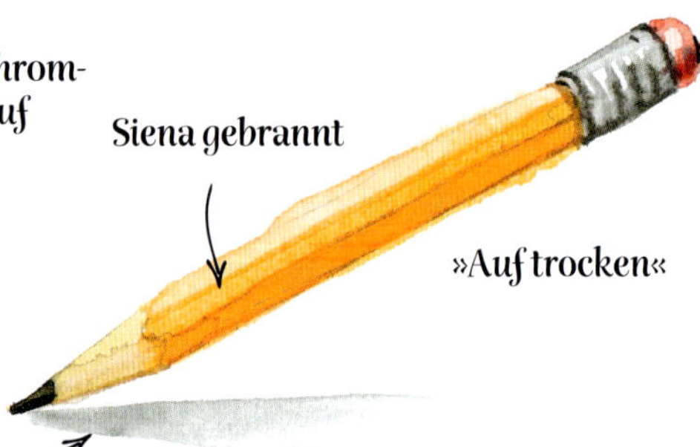

Lichter Ocker | Kadmiumgelb | Chromgelbton dunkel | Manganviolett | Lampenschwarz | Siena gebrannt

126

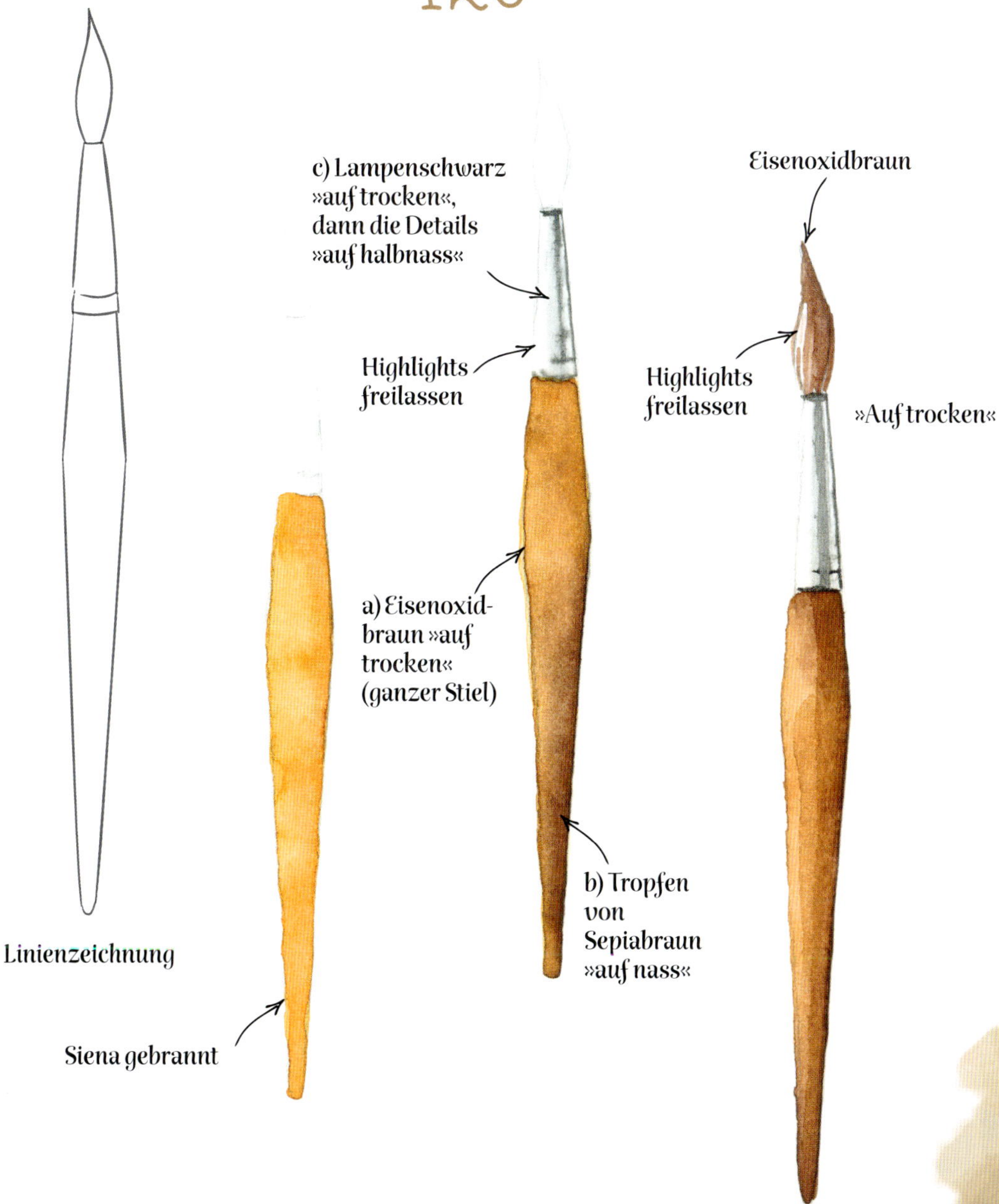
Linienzeichnung
Siena gebrannt
c) Lampenschwarz »auf trocken«, dann die Details »auf halbnass«
Highlights freilassen
a) Eisenoxidbraun »auf trocken« (ganzer Stiel)
b) Tropfen von Sepiabraun »auf nass«
Eisenoxidbraun
Highlights freilassen
»Auf trocken«

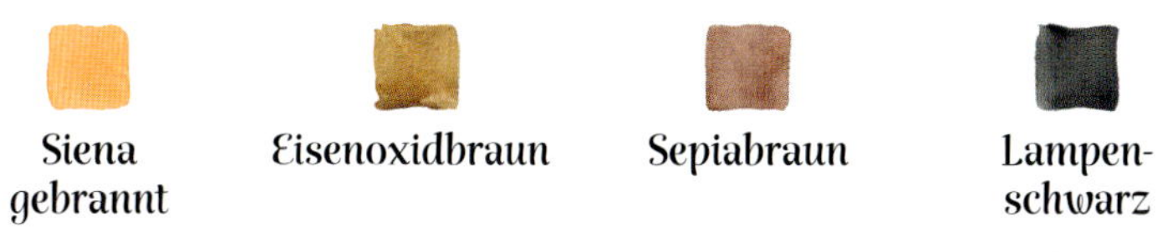
Siena gebrannt
Eisenoxidbraun
Sepiabraun
Lampen-schwarz

127

Linienzeichnung

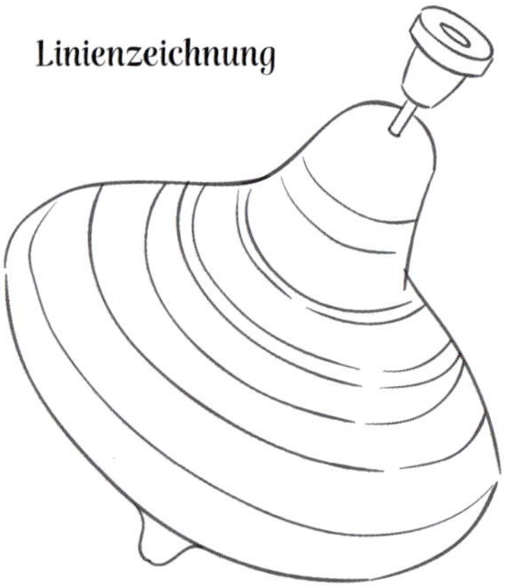

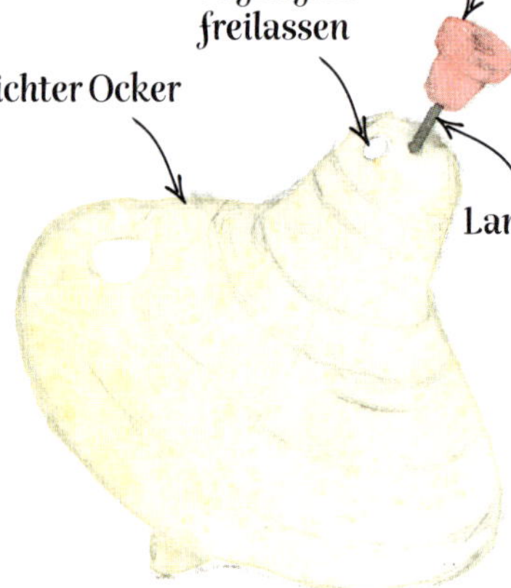

»Auf trocken«

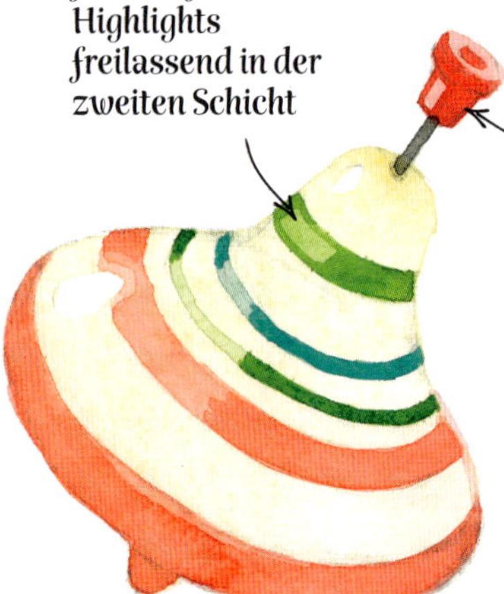

»Auf trocken«

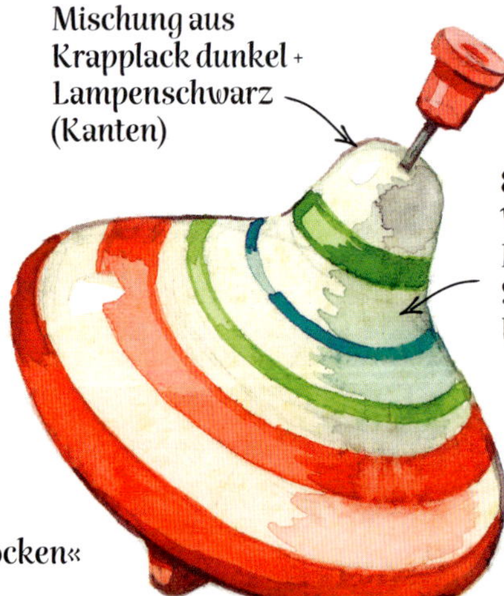

»Auf trocken«

Lichter Ocker | Scharlachrot | Lampen-schwarz | Saftgrün | Kobalt Azur | Krapplack dunkel

128

Linienzeichnung

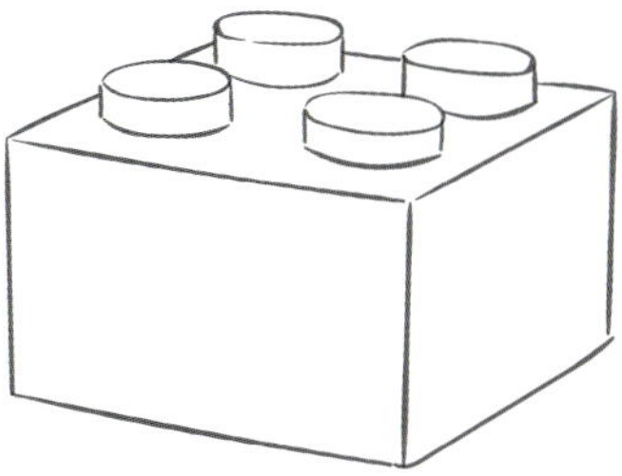

a) Kobalt Azur

Highlights freilassen

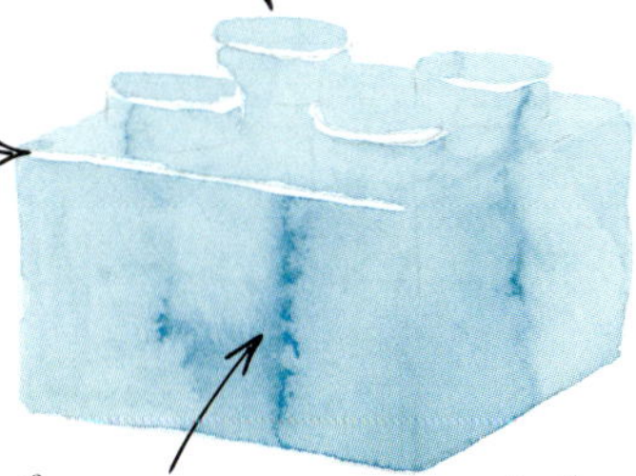

b) Tropfen von Wasser, um Granulierung zu erzeugen (siehe Seite 14)

»Auf nass«

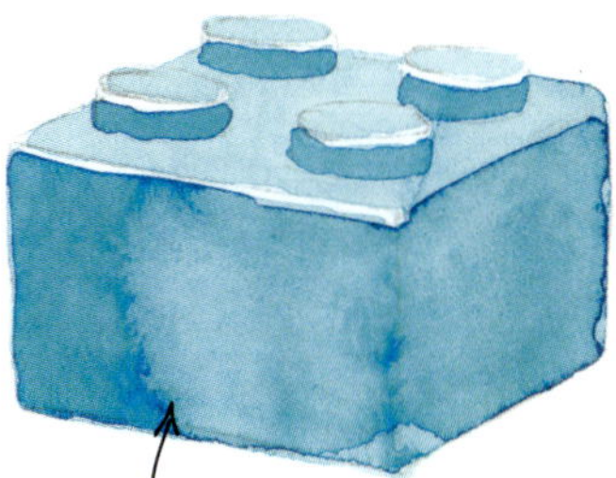

Wiederholen des vorherigen Schrittes auf den vertikalen Flächen, »auf trocken« beginnend

a) Zeit zum Trocknen lassen, dann vertikale Flächen erneut befeuchten

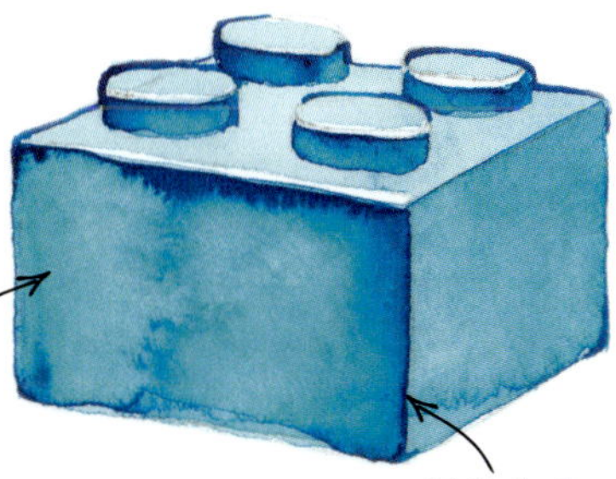

b) Kobalt Azur »auf nass« (Kanten)

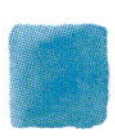

Kobalt Azur

129

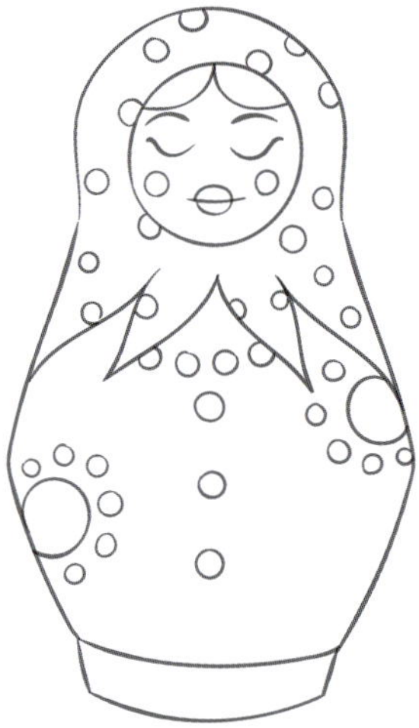

Linienzeichnung

a) Maskierflüssigkeit (gut trocknen lassen)

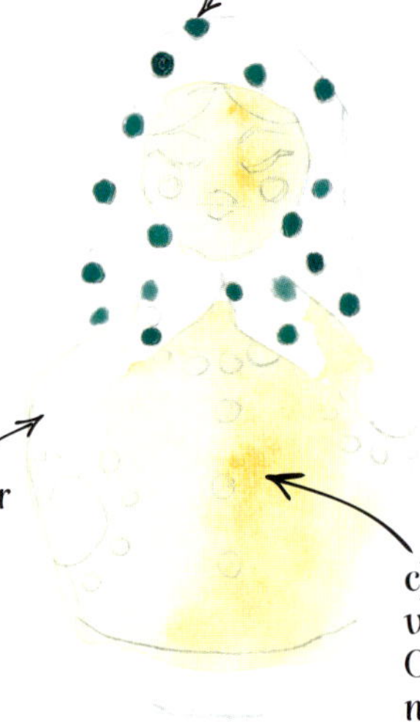

b) Lichter Ocker

c) Tropfen von Lichtem Ocker »auf nass«

a) Ultramarin »auf trocken«

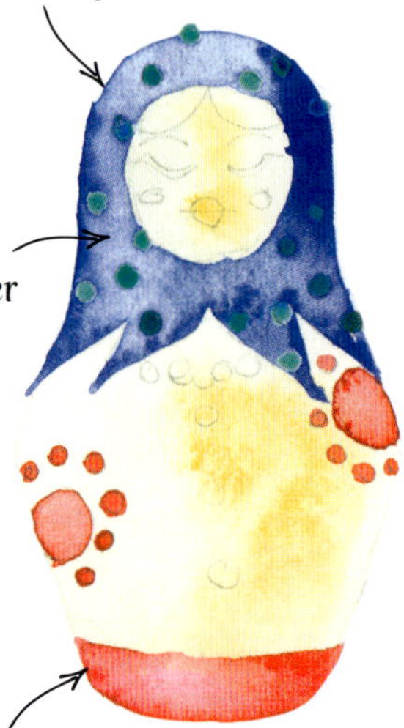

b) Tropfen von Wasser »auf nass«

c) Krapplack dunkel »auf trocken«

Krapplack dunkel (Wangen + Lippen), Umbra gebrannt (Wimpern + Haare) + Lampenschwarz (Augenbrauen)

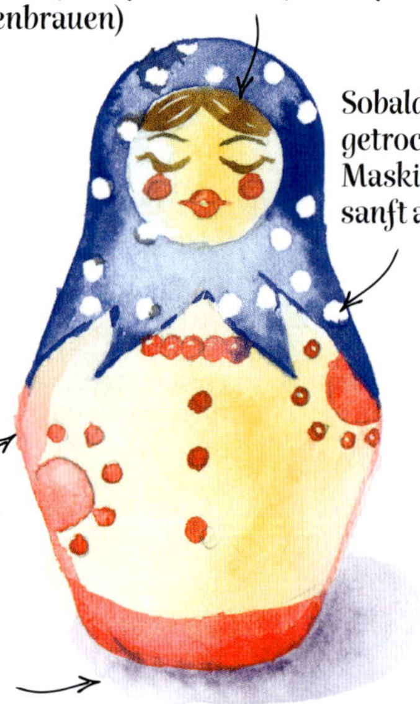

Sobald die Farben getrocknet sind, die Maskierflüssigkeit sanft abrubbeln

Krapplack dunkel

Kobaltviolett

»Auf trocken«

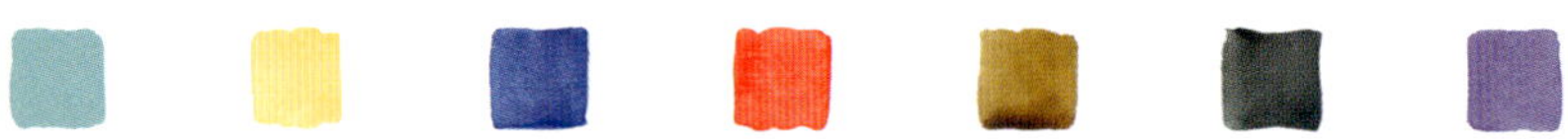

Maskierflüssigkeit | Lichter Ocker | Ultramarin | Krapplack dunkel | Umbra gebrannt | Lampenschwarz | Kobaltviolett

130

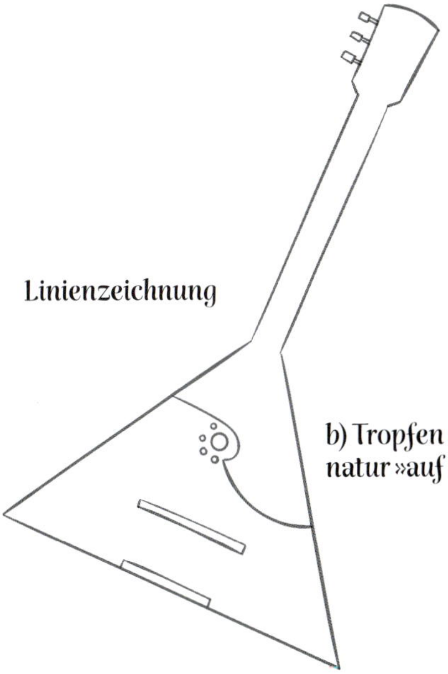

Linienzeichnung

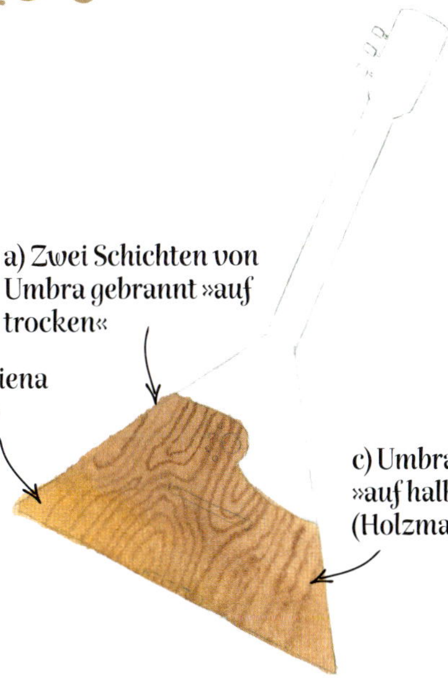

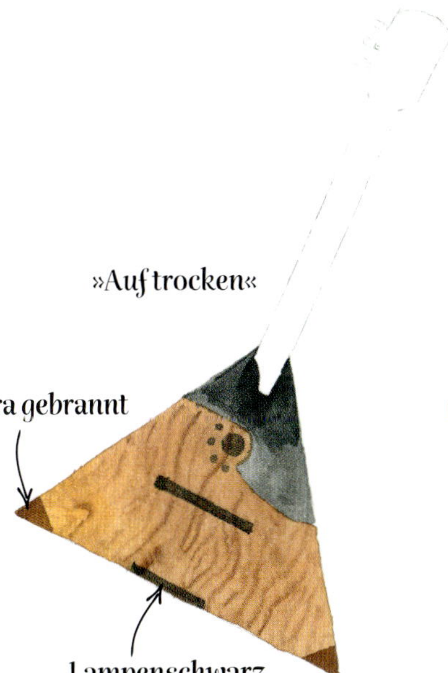

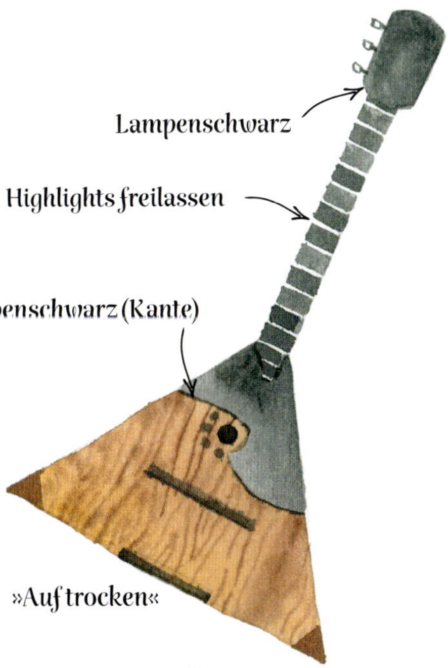

Umbra gebrannt

Siena natur

Lampen-schwarz

131

Linienzeichnung

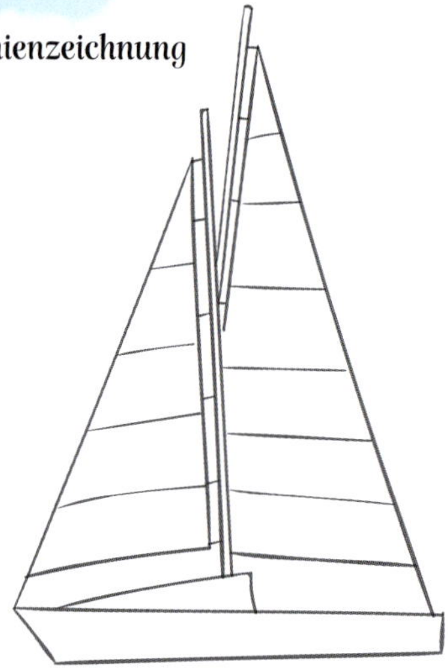

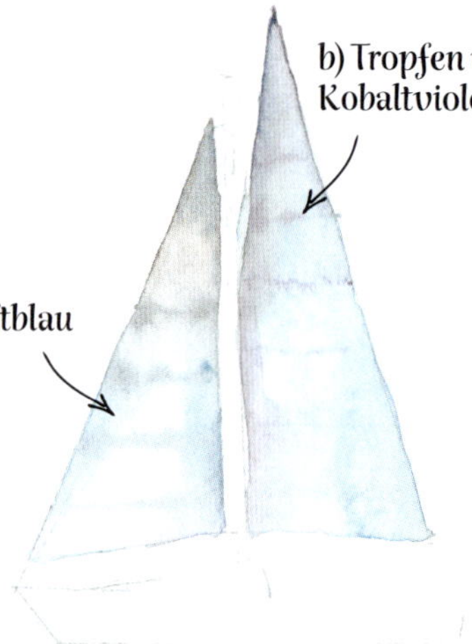

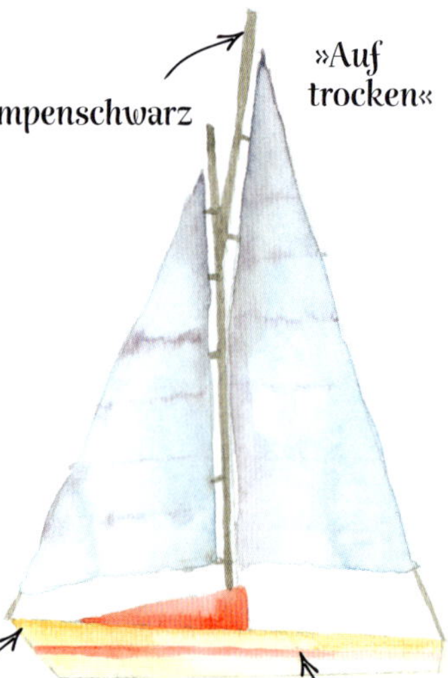

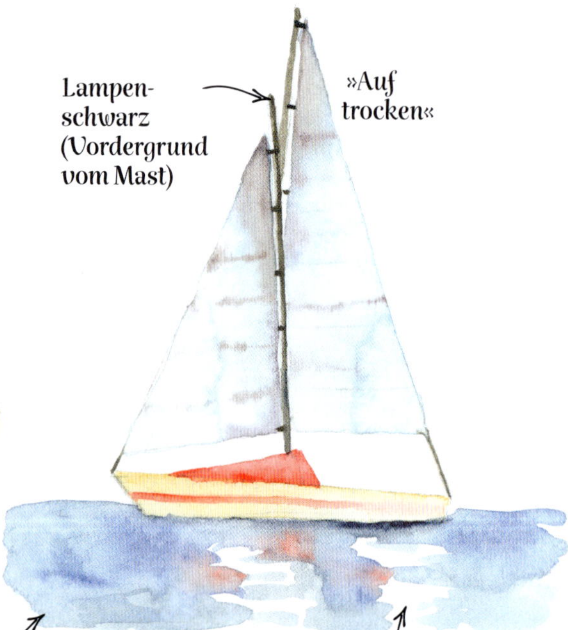

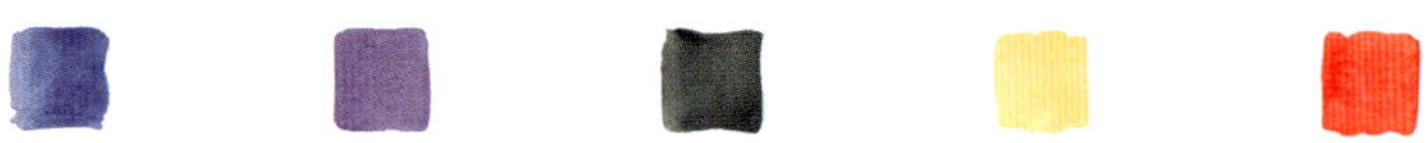

132

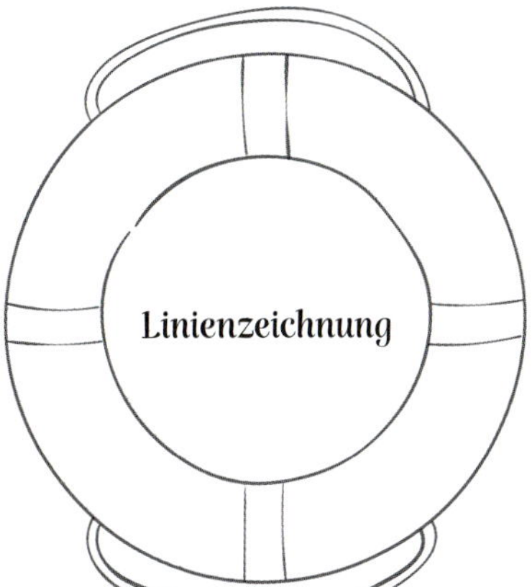

a) Tizianrot an inneren + äußeren Kanten des Kreises, dann Wasser im Zentrum vermalen

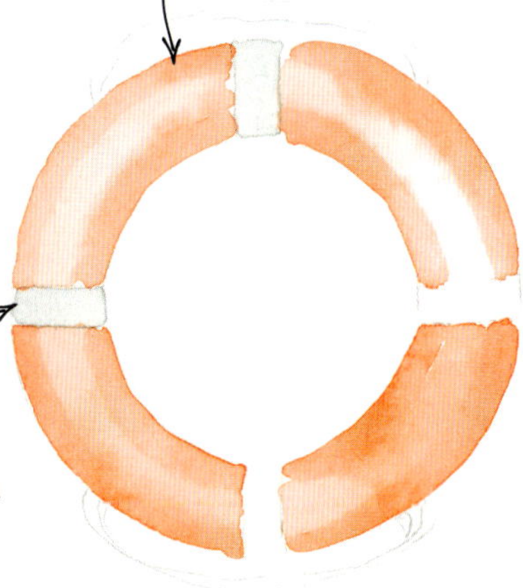

b) Indigo »auf trocken« (alle vier Abschnitte, in unterschiedlichen Verdünnungen)

a) Siena natur »auf trocken«

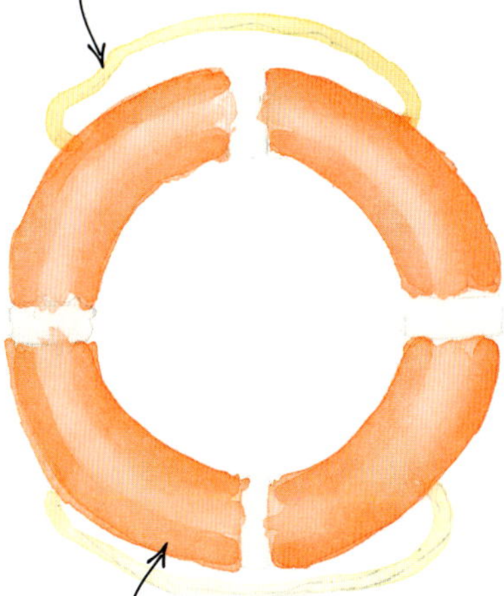

b) Unterschritt (a) des vorherigen Schrittes wiederholen, »auf trocken« beginnend

a) Tropfen von Tizianrot »auf nass« (Kanten)

b) Siena gebrannt »auf trocken«

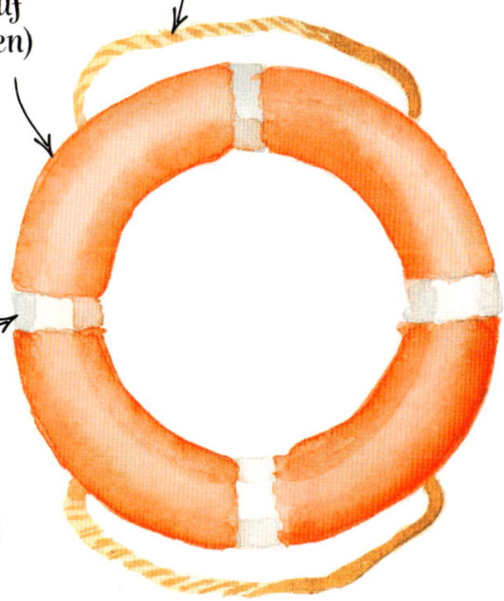

c) Indigo »auf trocken«, Highlights freilassend

Tizianrot | Indigo | Siena natur | Siena gebrannt

133

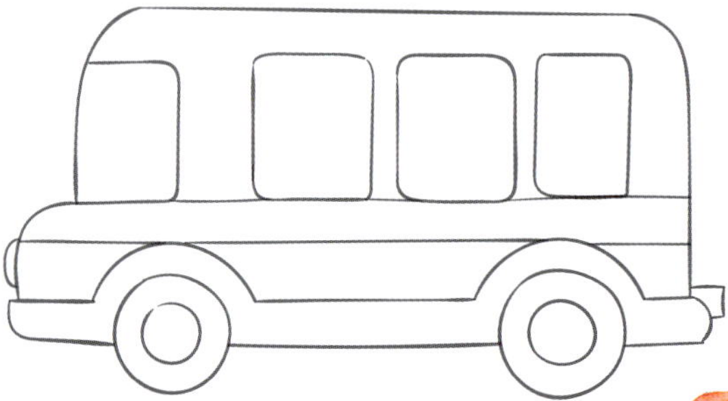

Linienzeichnung

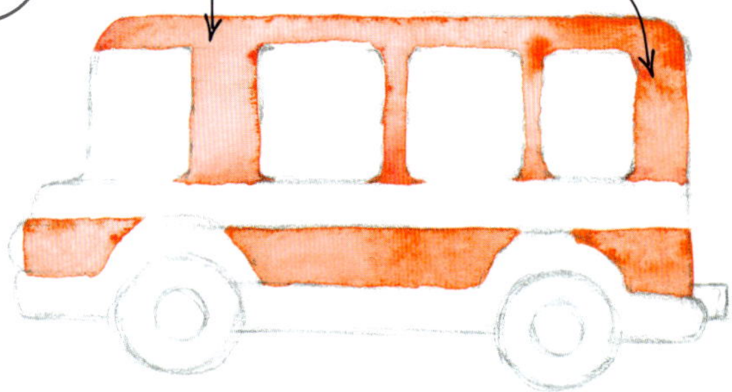

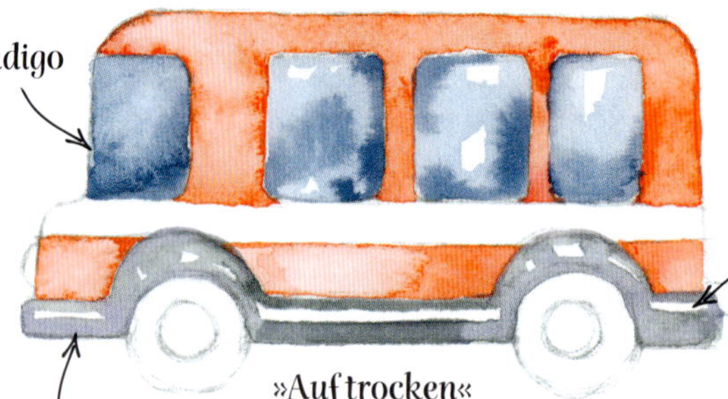

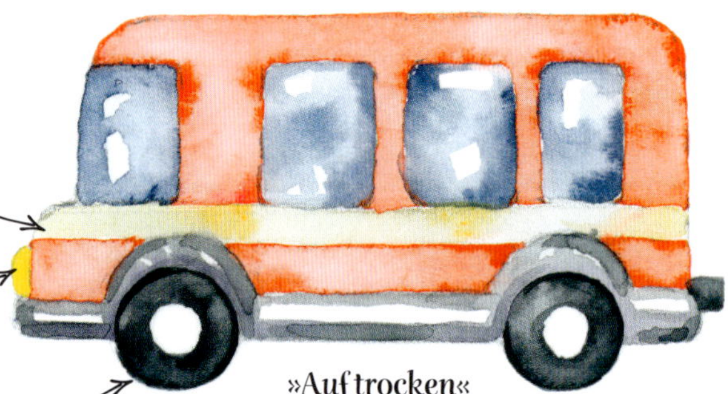

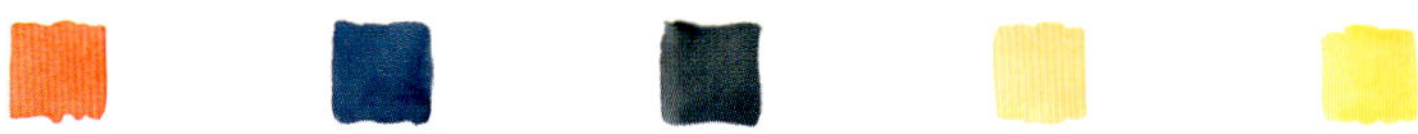

Scharlachrot | Indigo | Lampen-schwarz | Lichter Ocker | Kadmiumgelb

134

Linienzeichnung

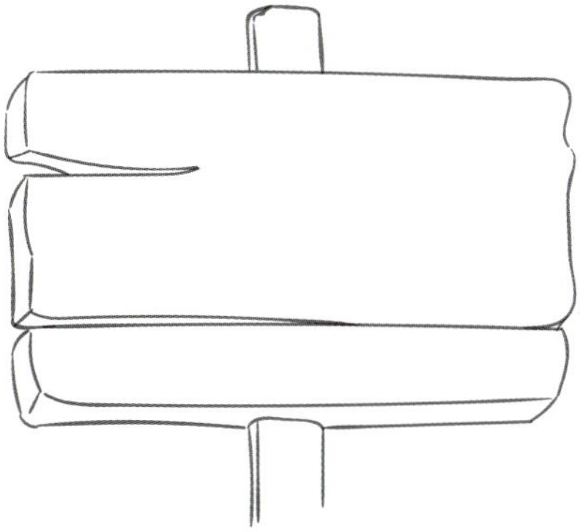

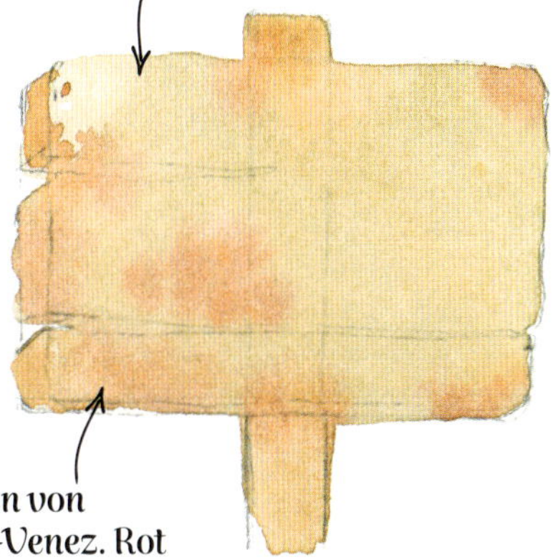

»Auf nass«

»Auf nass«

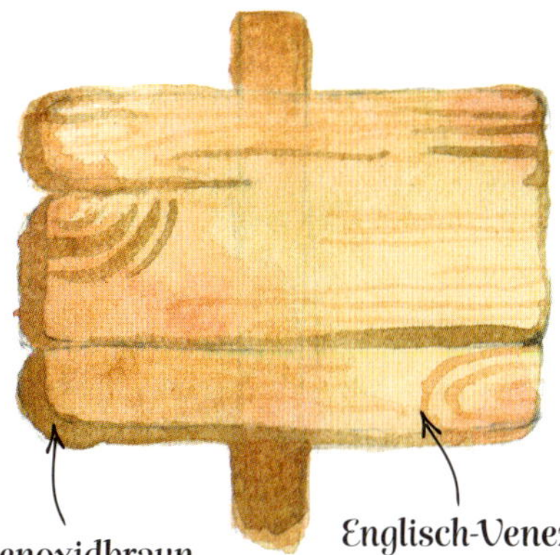

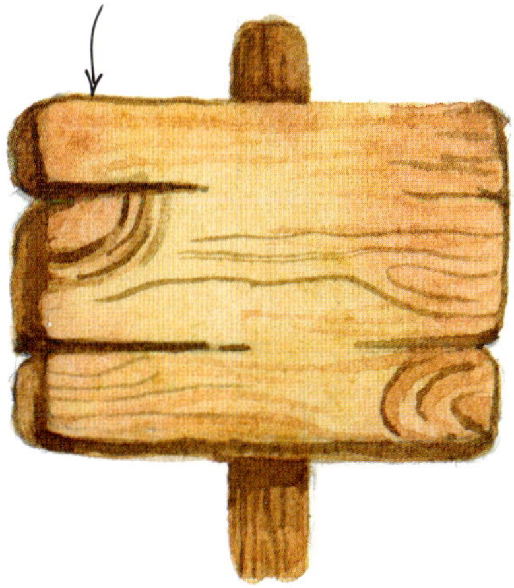

135

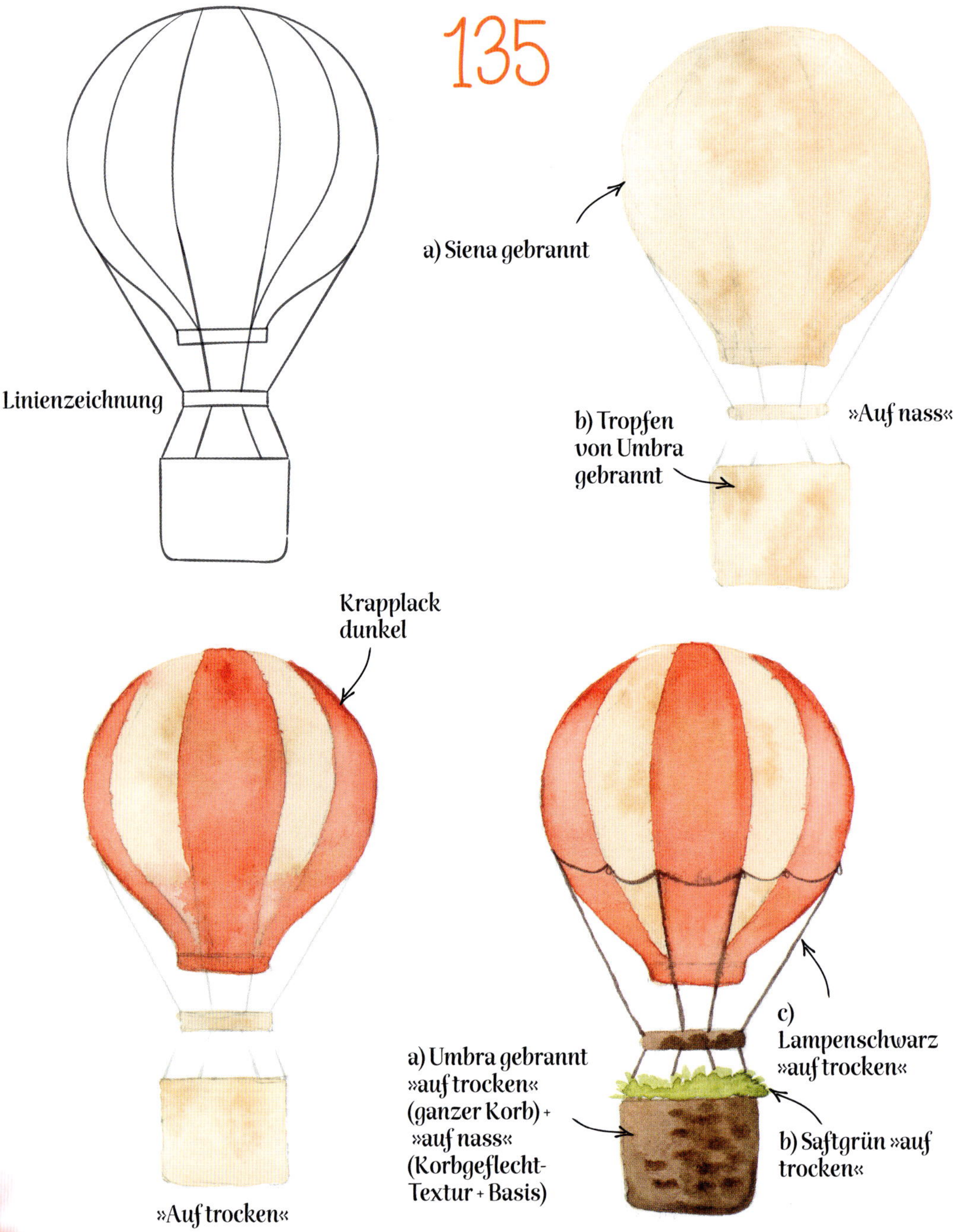

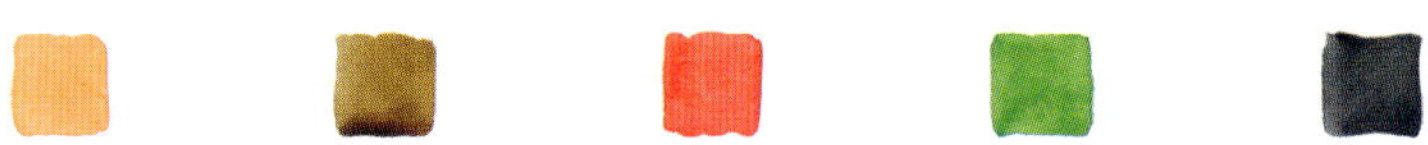

Siena gebrannt | Umbra gebrannt | Krapplack dunkel | Saftgrün | Lampen-schwarz

136

Linienzeichnung

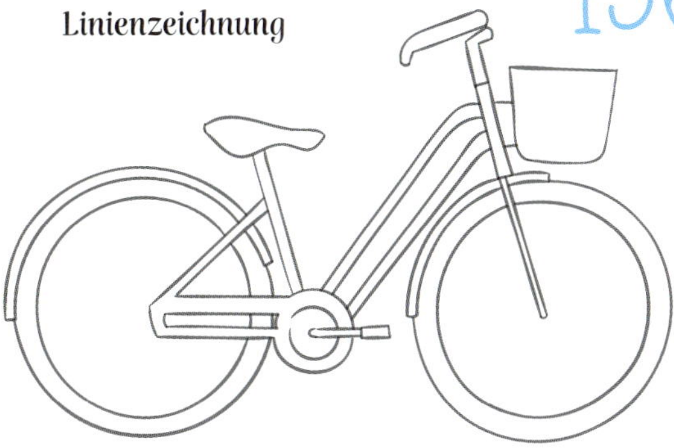

Kobalt Azur

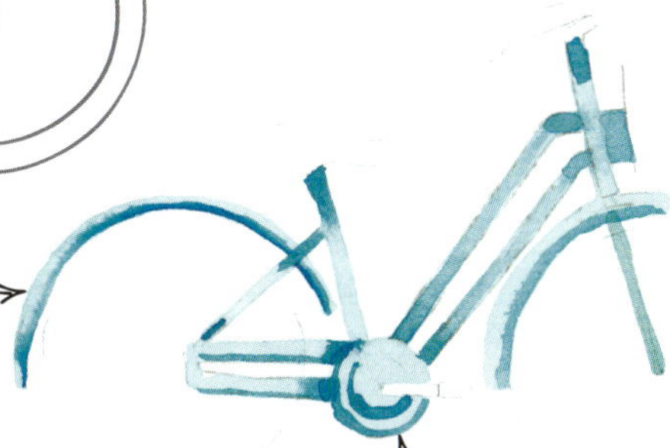

Intensivere Pigmentlösung für Schatten verwenden

Lampenschwarz (Lenker + Pedal)

Umbra gebrannt

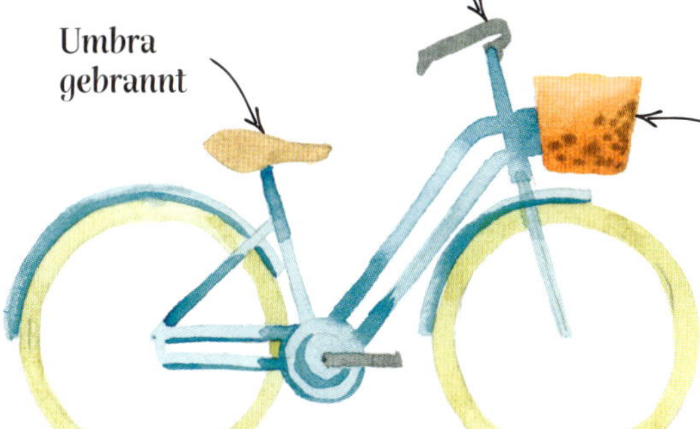

Siena gebrannt, dann Tropfen von Wasser (oben) + Umbra gebrannt (unten) »auf nass«

»Auf trocken«

Mischung aus Lichtem Ocker + Olivgrün gelblich

Saftgrün

Umbra gebrannt

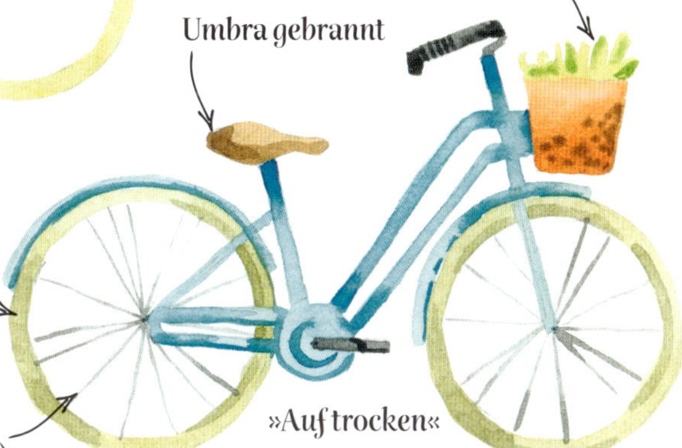

Mischung aus Lichtem Ocker + Olivgrün gelblich

Lampenschwarz (Radspeichen, Griff + Pedal)

»Auf trocken«

Kobalt Azur	Lampen-schwarz	Umbra gebrannt	Siena gebrannt	Lichter Ocker	Olivgrün gelblich	Saftgrün

137

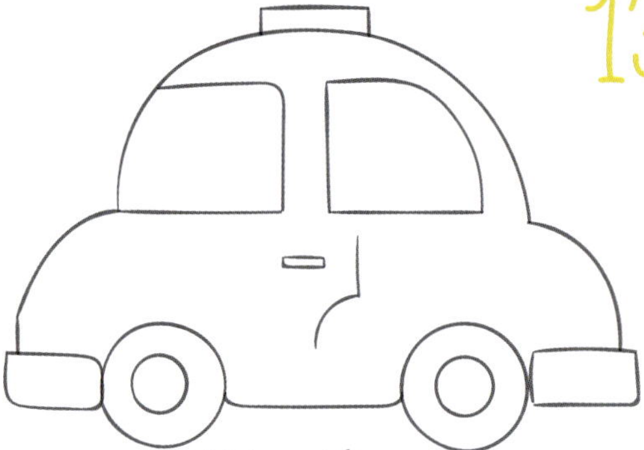

Linienzeichnung

Während des gesamten Projekts Tropfen von Wasser einsetzen, um eine Granulierung zu bewirken (siehe Seite 14)

a) Kadmiumgelb

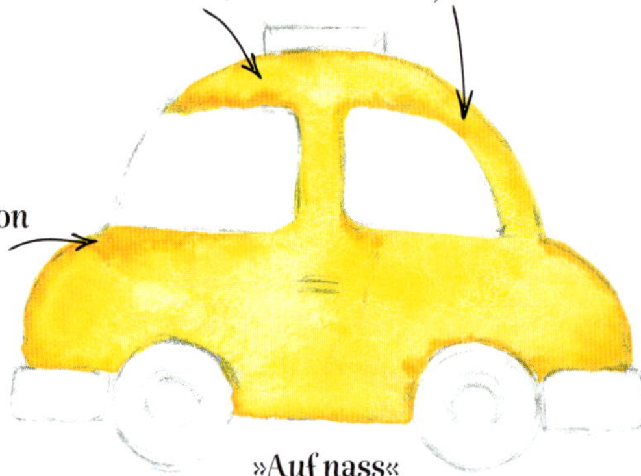

b) Tropfen von Indischgelb

»Auf nass«

Bergblau

Kadmiumgelb

Highlights freilassen

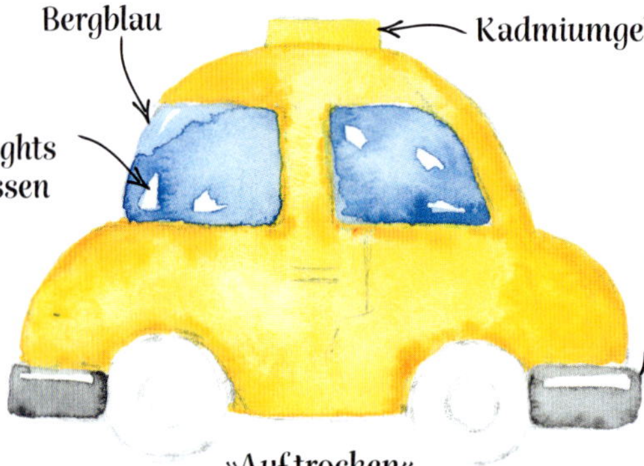

Lampenschwarz

»Auf trocken«

»Auf trocken«

Lampenschwarz

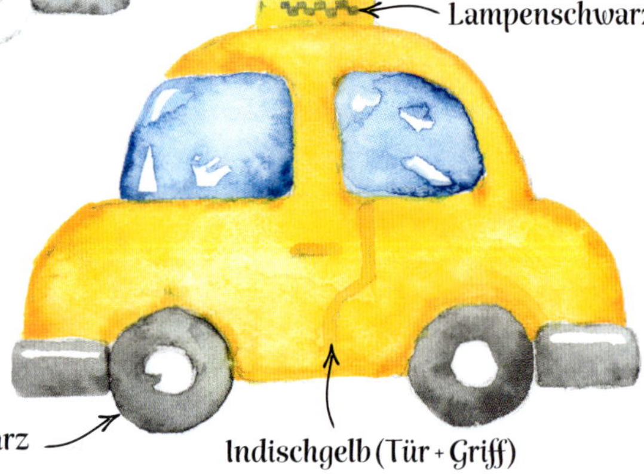

Lampenschwarz

Indischgelb (Tür + Griff)

Kadmiumgelb

Indischgelb

Bergblau

Lampenschwarz

138

Linienzeichnung

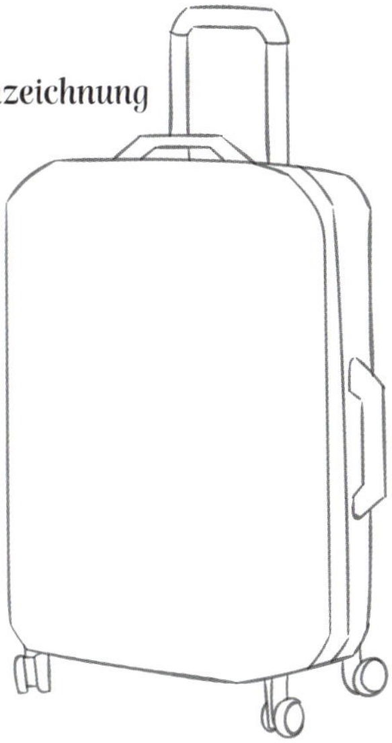

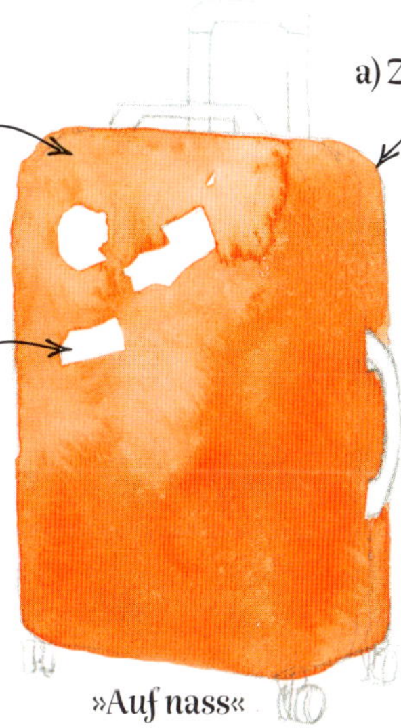

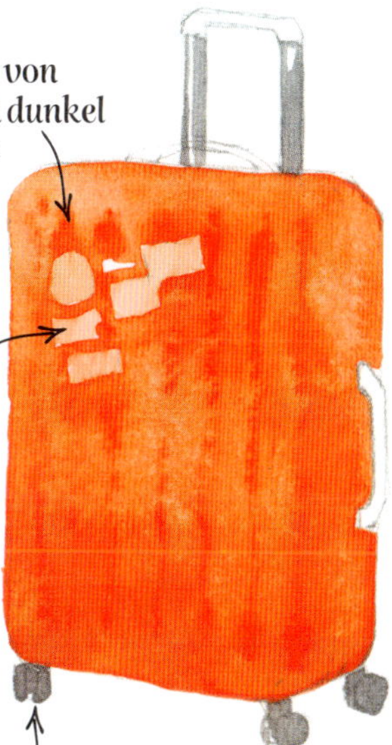

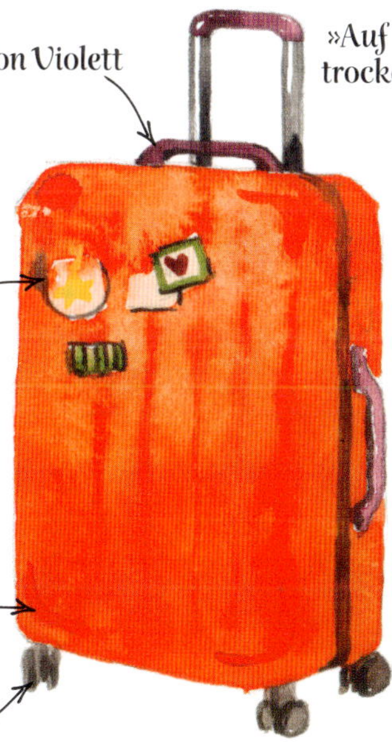

Zinnoberrot	Krapplack dunkel	Lampen-schwarz	Siena natur	Chinacridon Violett	Sticker-Farben

139

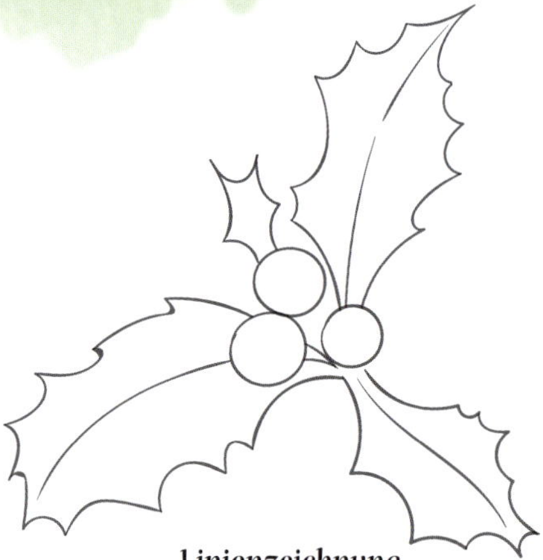

Linienzeichnung

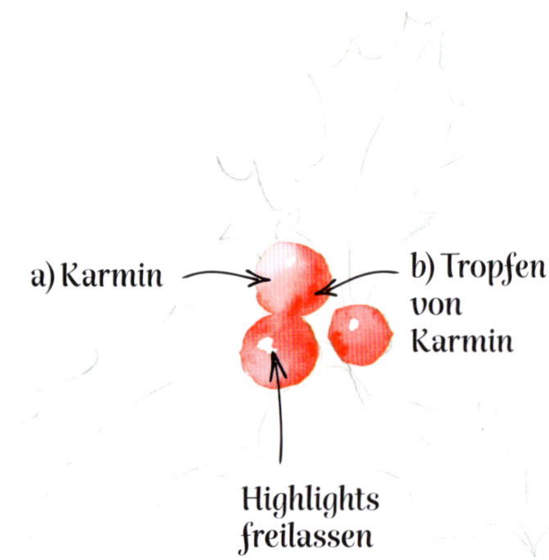

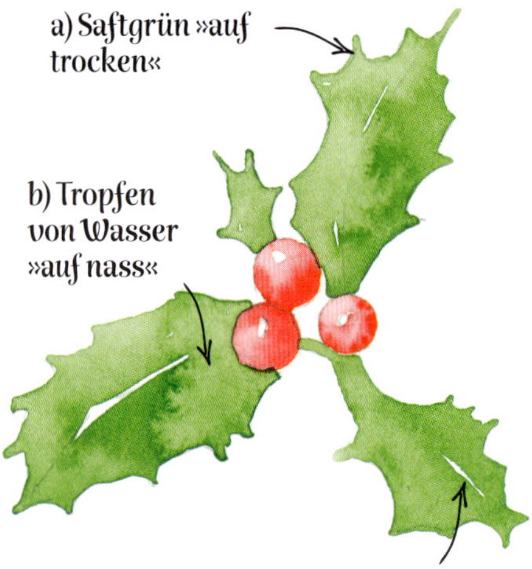

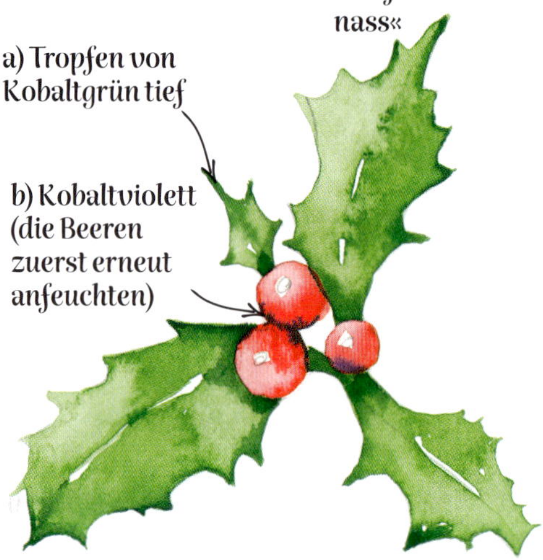

Karmin | Saftgrün | Kobaltgrün tief | Kobaltviolett

140

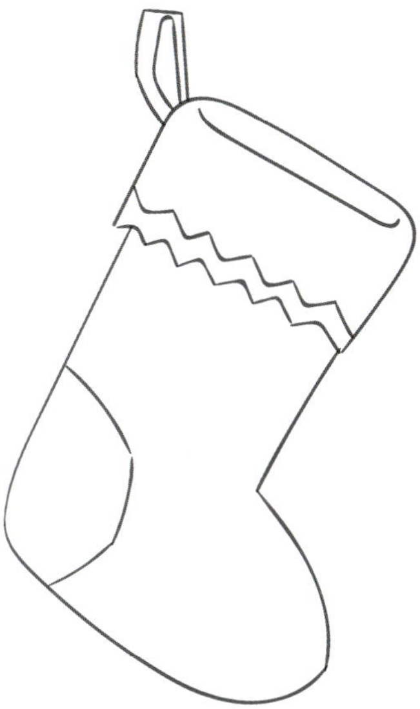

Linienzeichnung

»Auf nass«

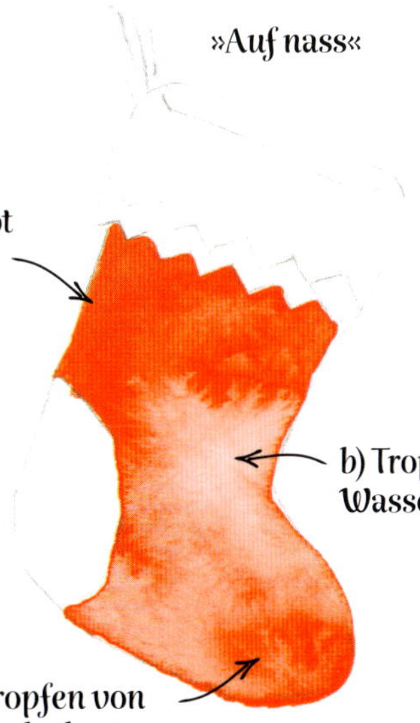

a) Scharlachrot

b) Tropfen von Wasser

c) Tropfen von Scharlachrot

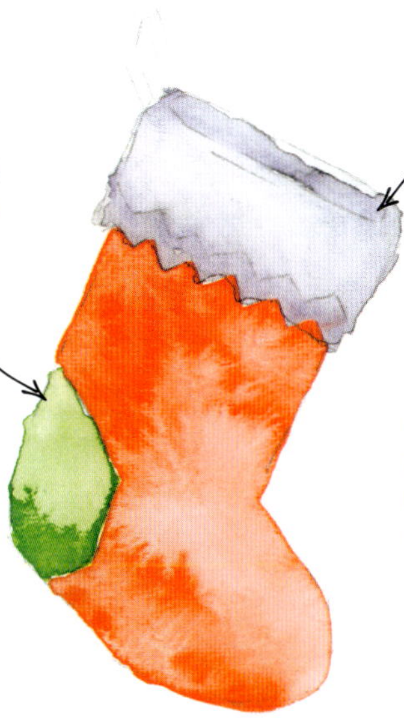

a) Wiederholen des vorherigen Schrittes mit Saftgrün, »auf trocken« beginnend

b) Den Vorgang mit einer Mischung aus Lampenschwarz + Kobaltviolett wiederholen

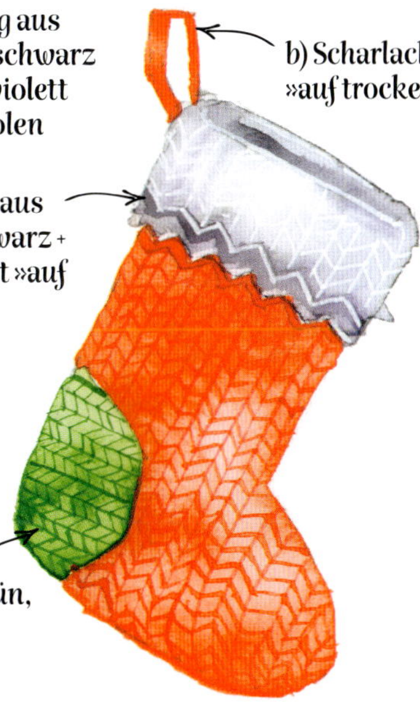

b) Scharlachrot »auf trocken«

a) Mischung aus Lampenschwarz + Kobaltviolett »auf nass«

c) Die Strick-Struktur mit Saftgrün, Scharlachrot + Deckweiß »auf trocken« nachempfinden

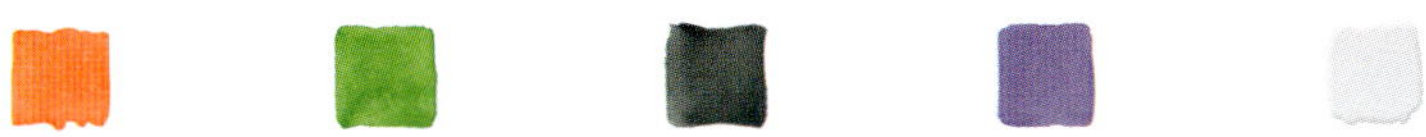

Scharlachrot Saftgrün Lampenschwarz Kobaltviolett Deckweiß

Linienzeichnung

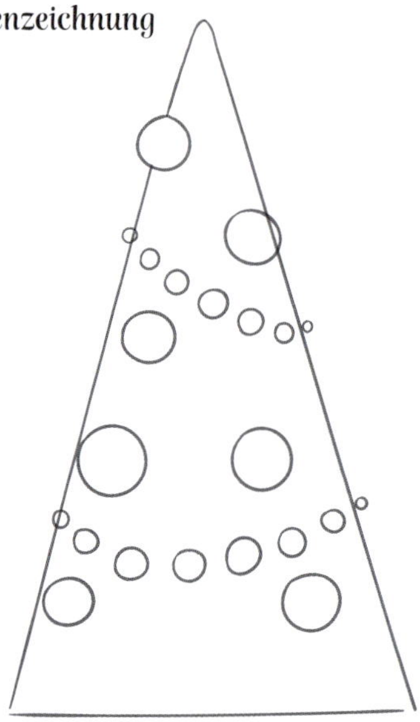

141

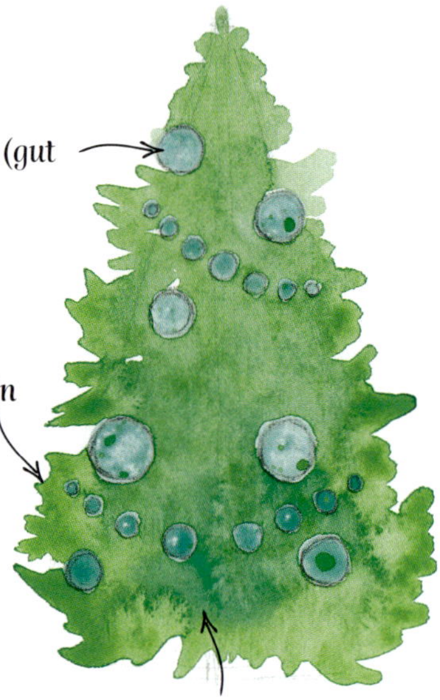

»Auf trocken«

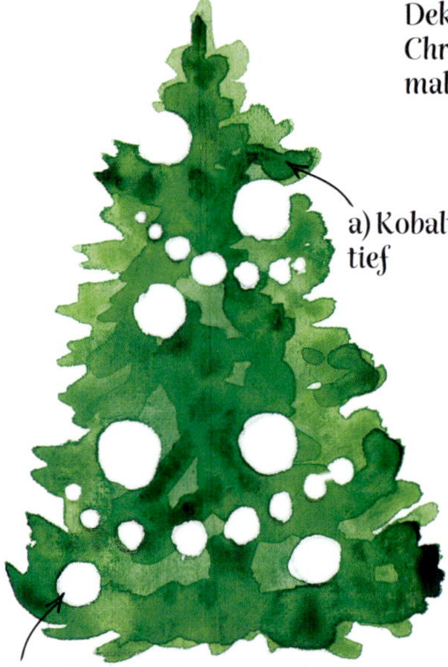

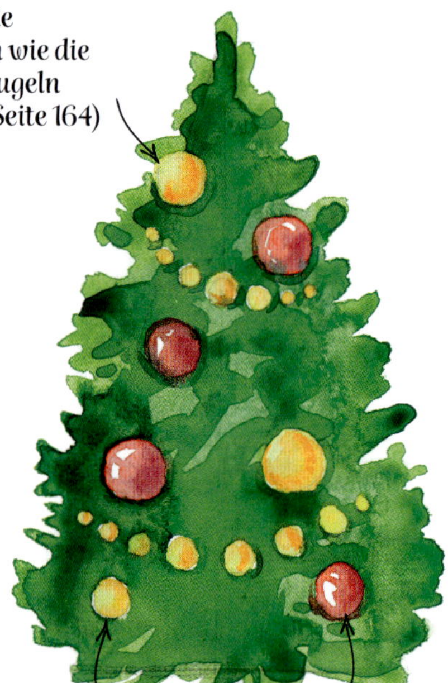

142

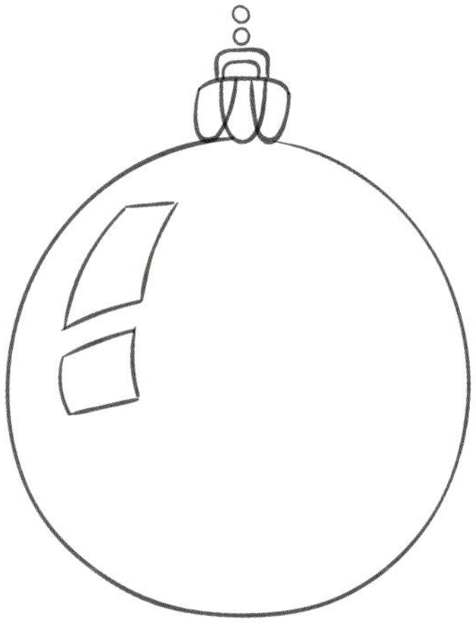

Linienzeichnung

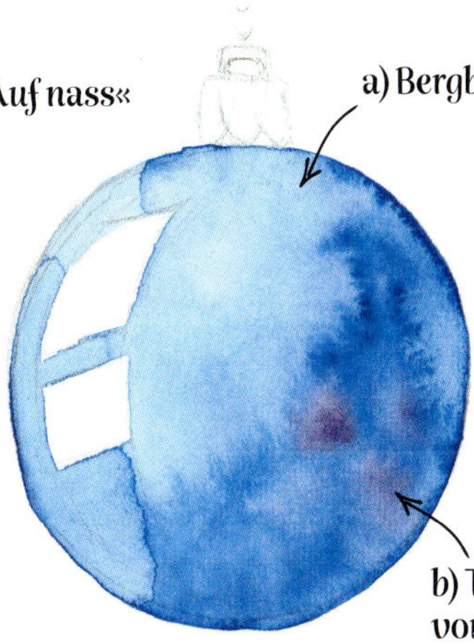

»Auf nass«

a) Bergblau

b) Tropfen von Bergblau + Kobalt-violett

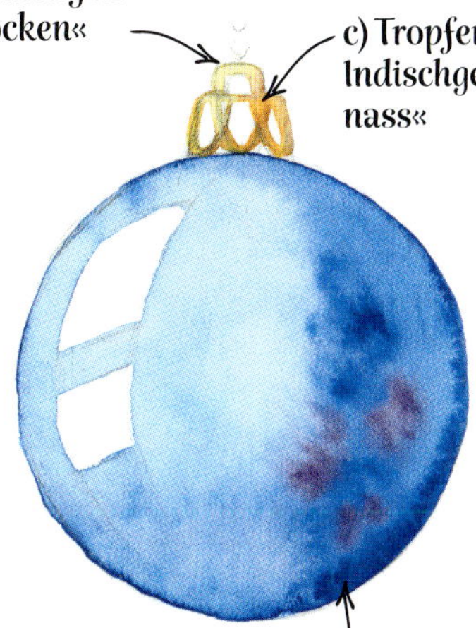

b) Kadmiumgelb »auf trocken«

c) Tropfen von Indischgelb »auf nass«

a) Tropfen von Bergblau »auf nass« (an den Kanten)

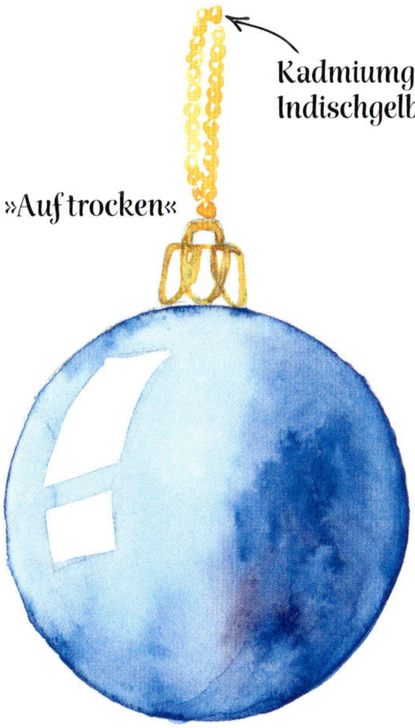

Kadmiumgelb + Indischgelb

»Auf trocken«

Bergblau
Kobaltviolett
Kadmiumgelb
Indischgelb

143

Linienzeichnung

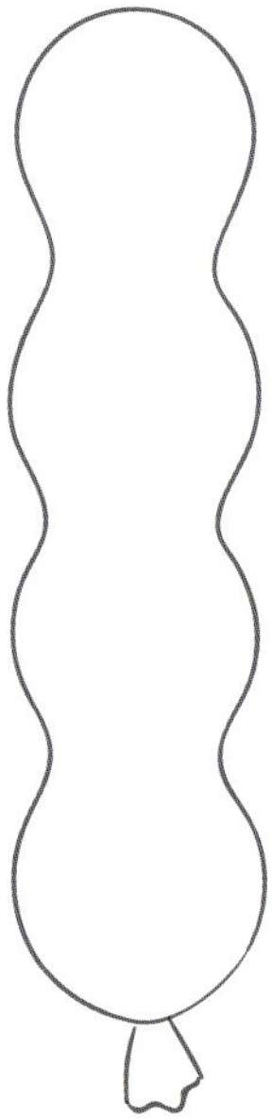

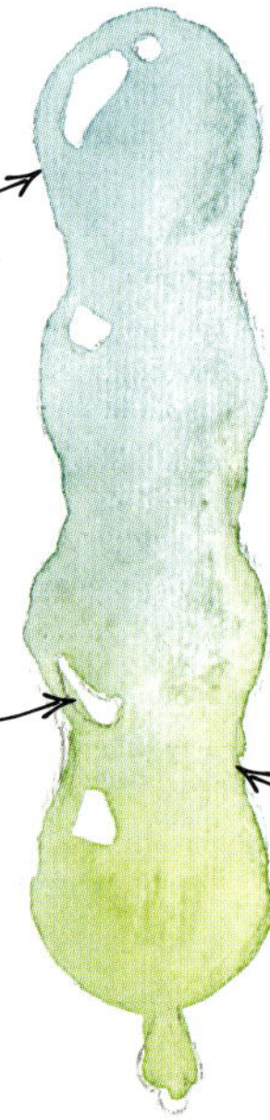

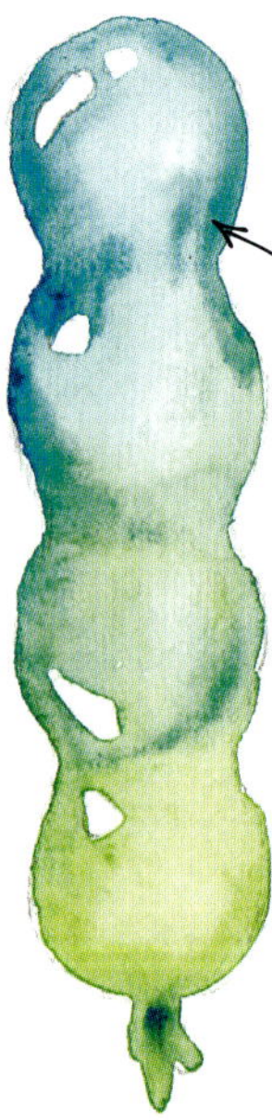

»Auf nass«

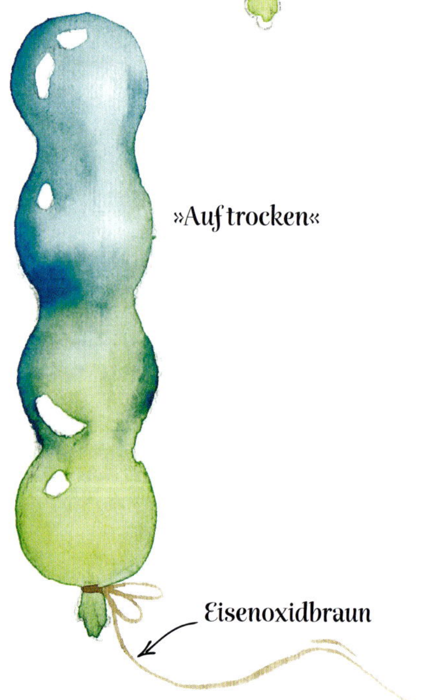

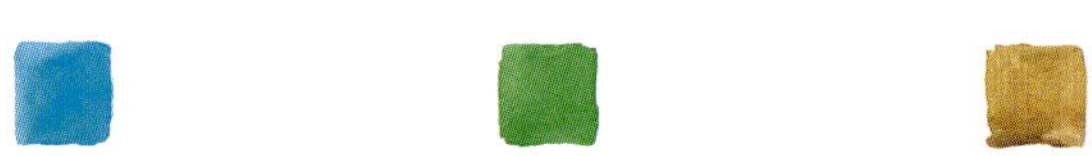

Kobalt Azur

Kobaltgrün rein

Eisenoxidbraun

Linienzeichnung

144

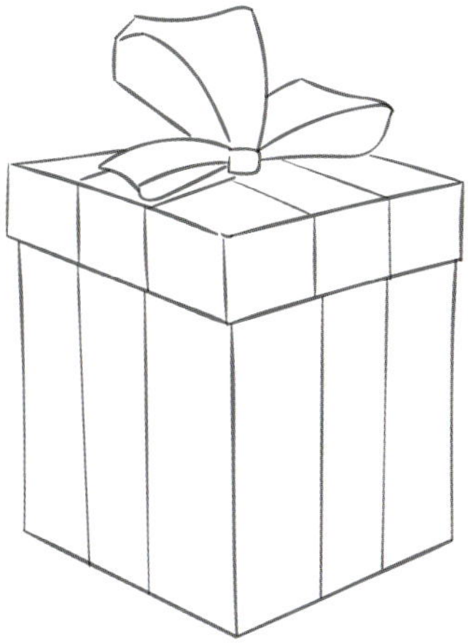

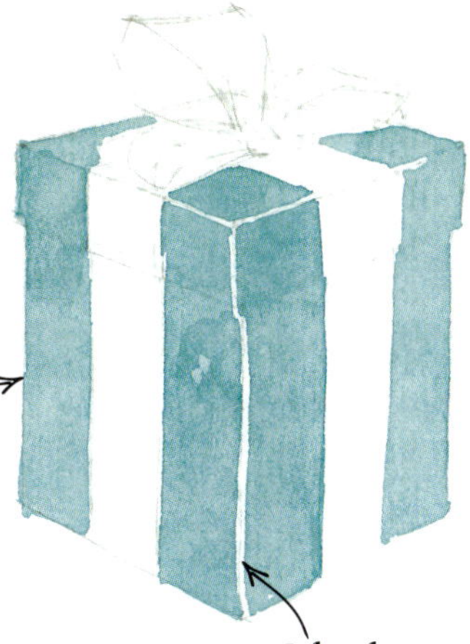

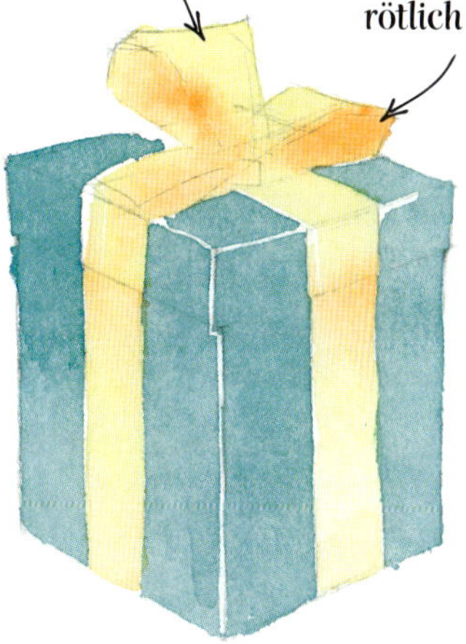

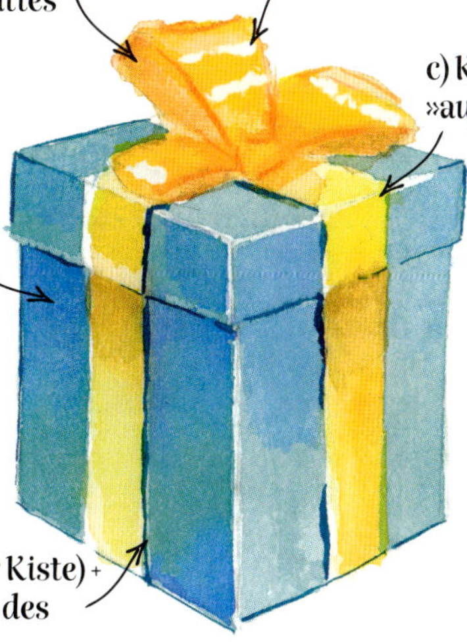

Kobalt Azur | Delftblau | Kadmiumgelb | Neapelgelb rötlich | Deckweiß

145

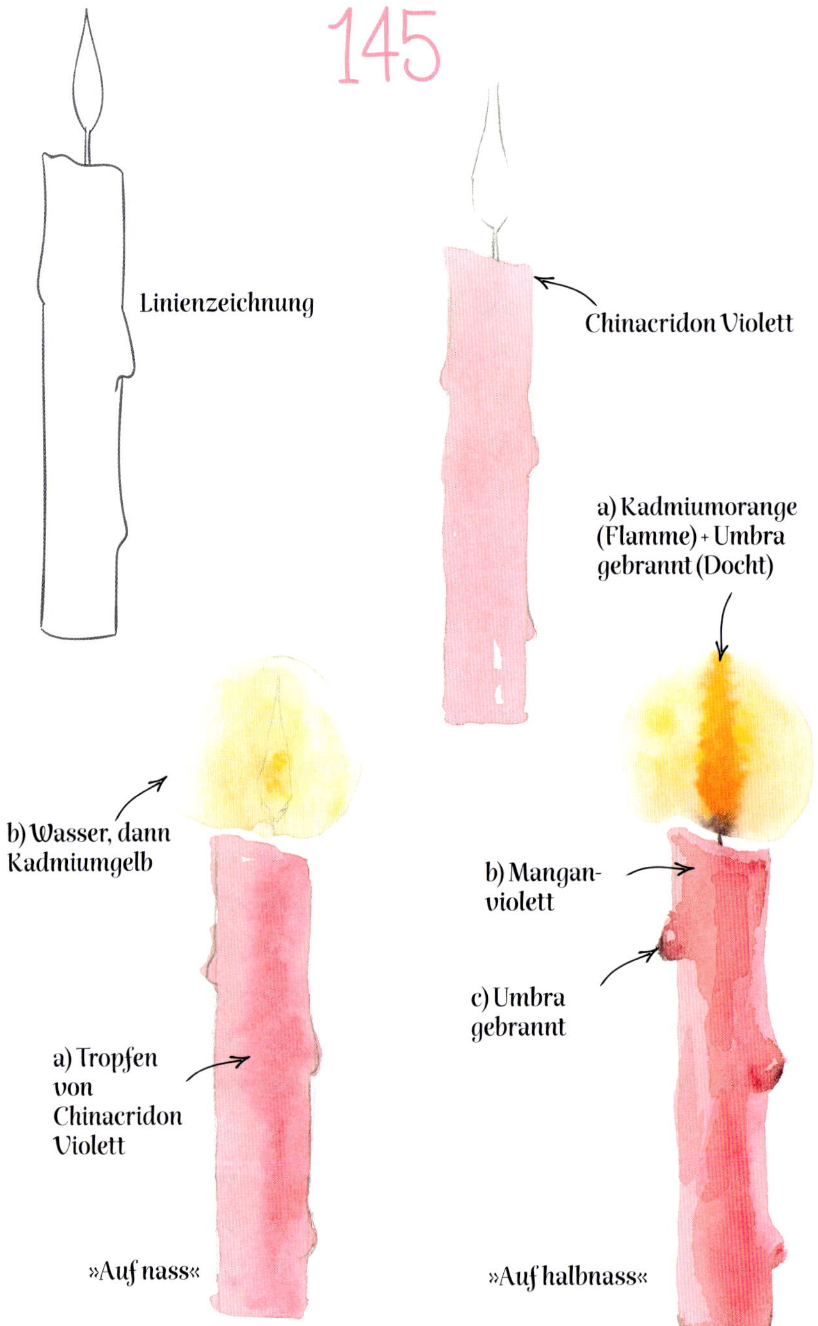
Linienzeichnung
Chinacridon Violett
a) Kadmiumorange (Flamme) + Umbra gebrannt (Docht)
b) Wasser, dann Kadmiumgelb
a) Tropfen von Chinacridon Violett
»Auf nass«
b) Mangan-violett
c) Umbra gebrannt
»Auf halbnass«

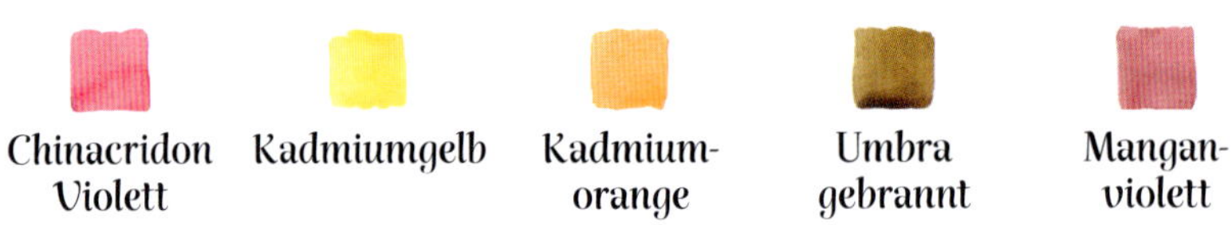
Chinacridon Violett
Kadmiumgelb
Kadmium-orange
Umbra gebrannt
Mangan-violett

146

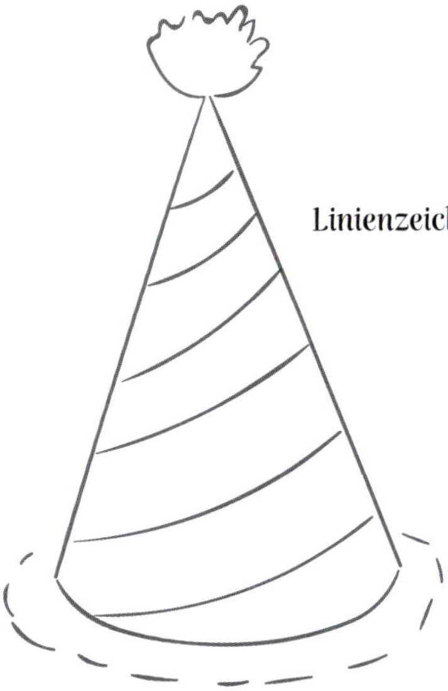

Linienzeichnung

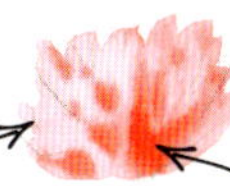

a) Krapplack Rosa

b) Tropfen von Krapplack Rosa

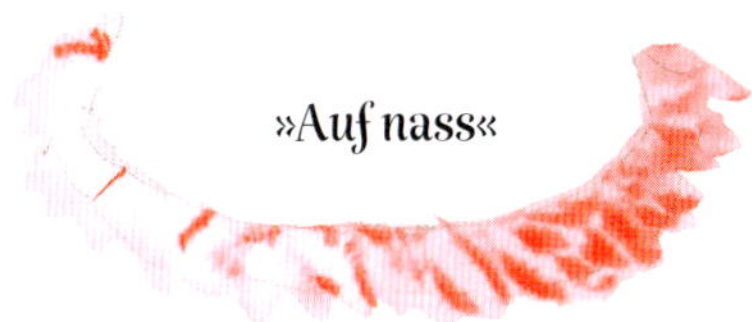

»Auf nass«

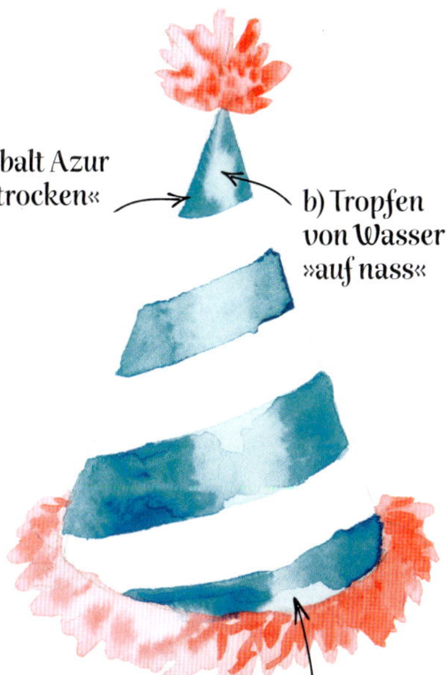

a) Kobalt Azur »auf trocken«

b) Tropfen von Wasser »auf nass«

Den Winkel des Highlights von der Mitte oben nach leicht rechts unten verlaufen lassen

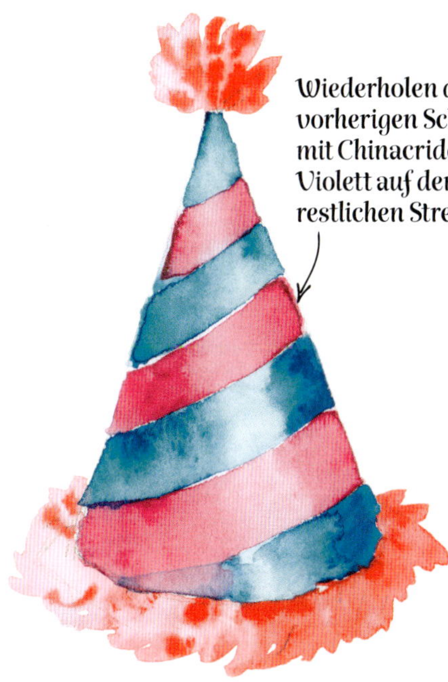

Wiederholen des vorherigen Schrittes mit Chinacridon Violett auf den restlichen Streifen

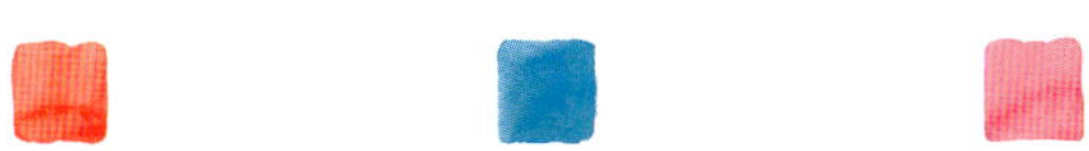

Krapplack Rosa | Kobalt Azur | Chinacridon Violett

147

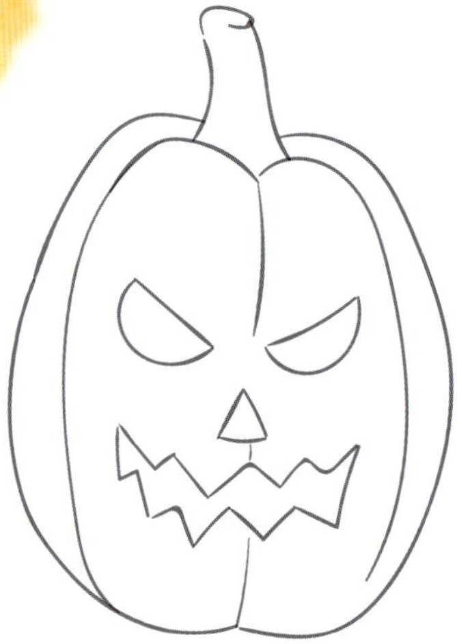

Linienzeichnung

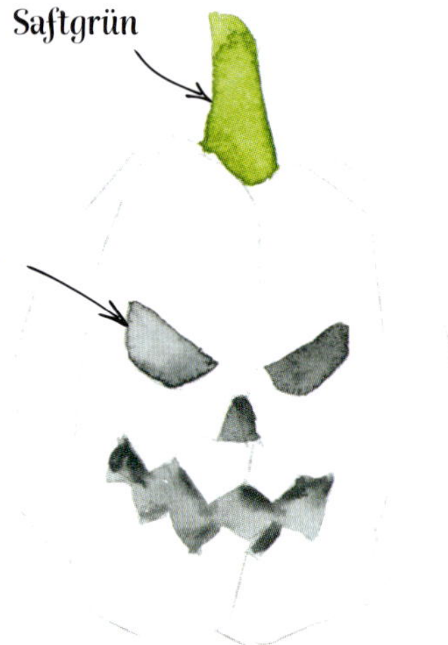

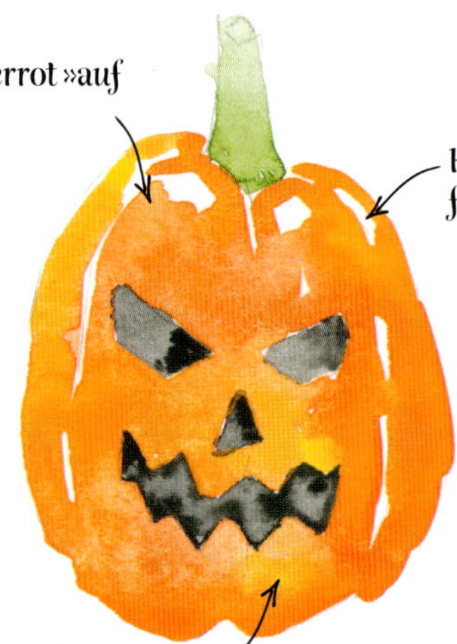

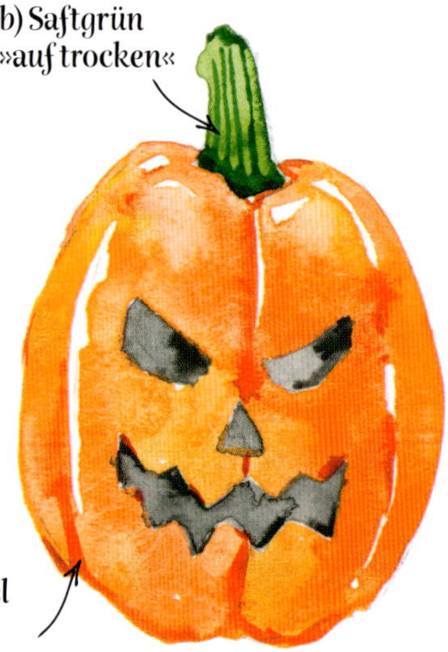

148

Linienzeichnung

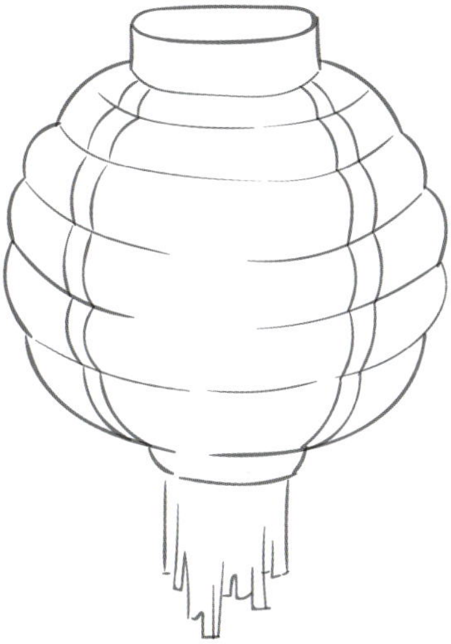

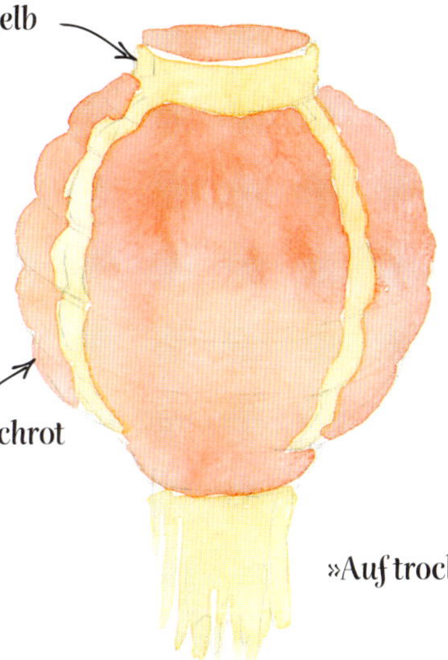

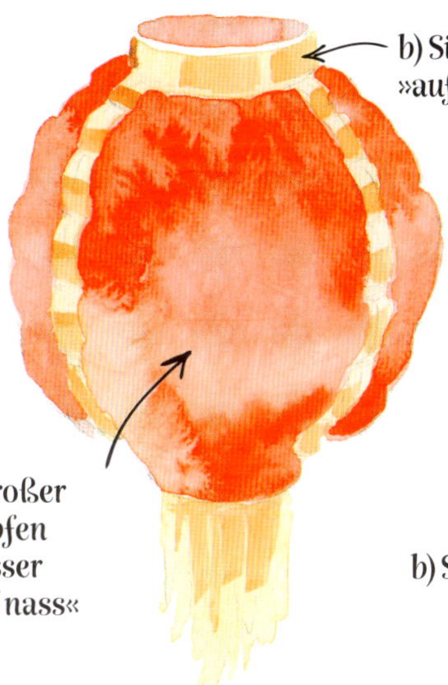

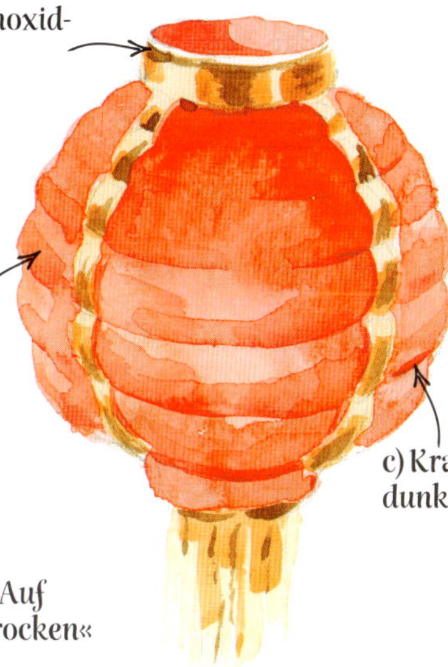

149

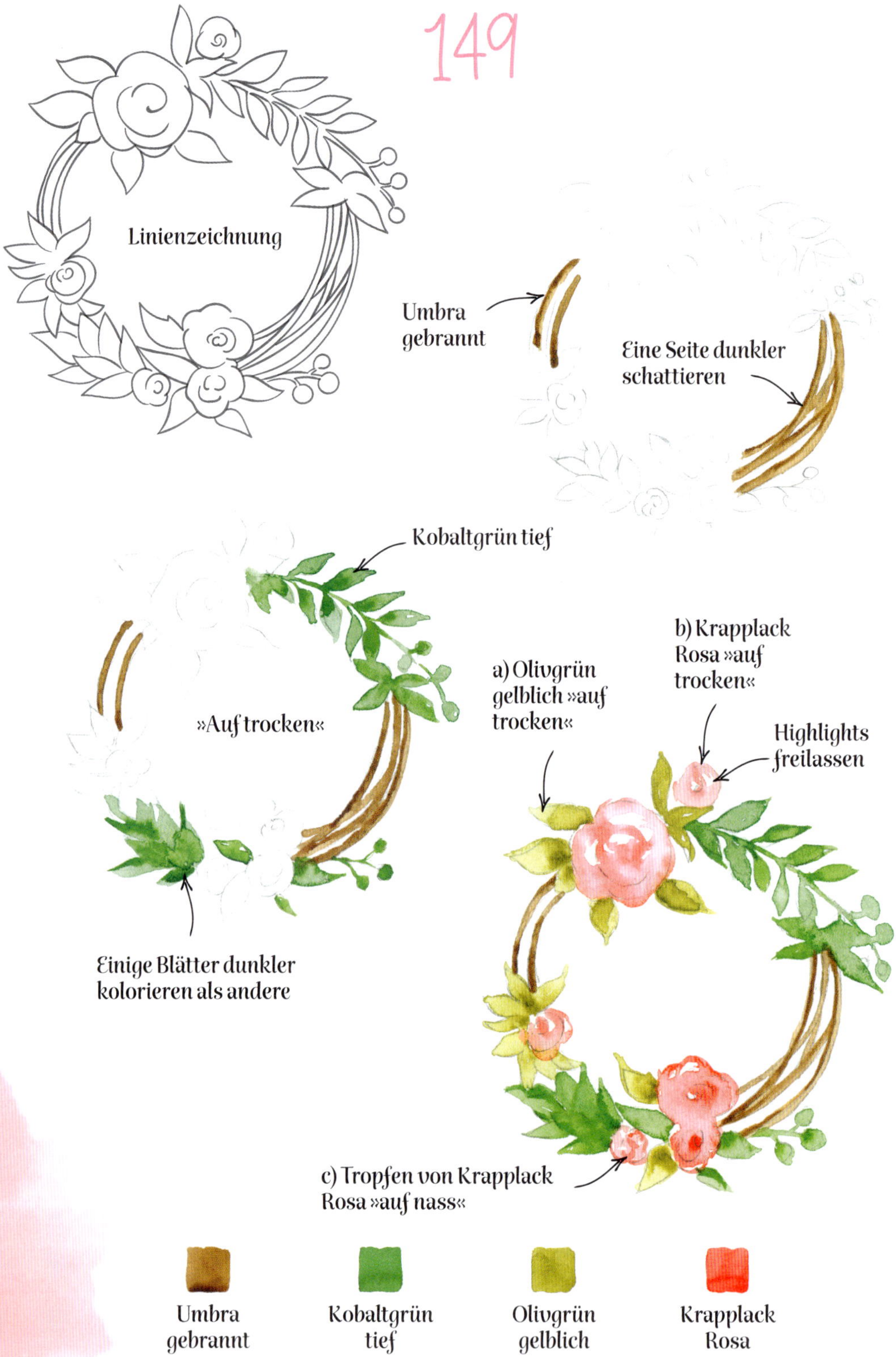
Linienzeichnung
Umbra gebrannt
Eine Seite dunkler schattieren
Kobaltgrün tief
»Auf trocken«
Einige Blätter dunkler kolorieren als andere
a) Olivgrün gelblich »auf trocken«
b) Krapplack Rosa »auf trocken«
Highlights freilassen
c) Tropfen von Krapplack Rosa »auf nass«
Umbra gebrannt
Kobaltgrün tief
Olivgrün gelblich
Krapplack Rosa

150

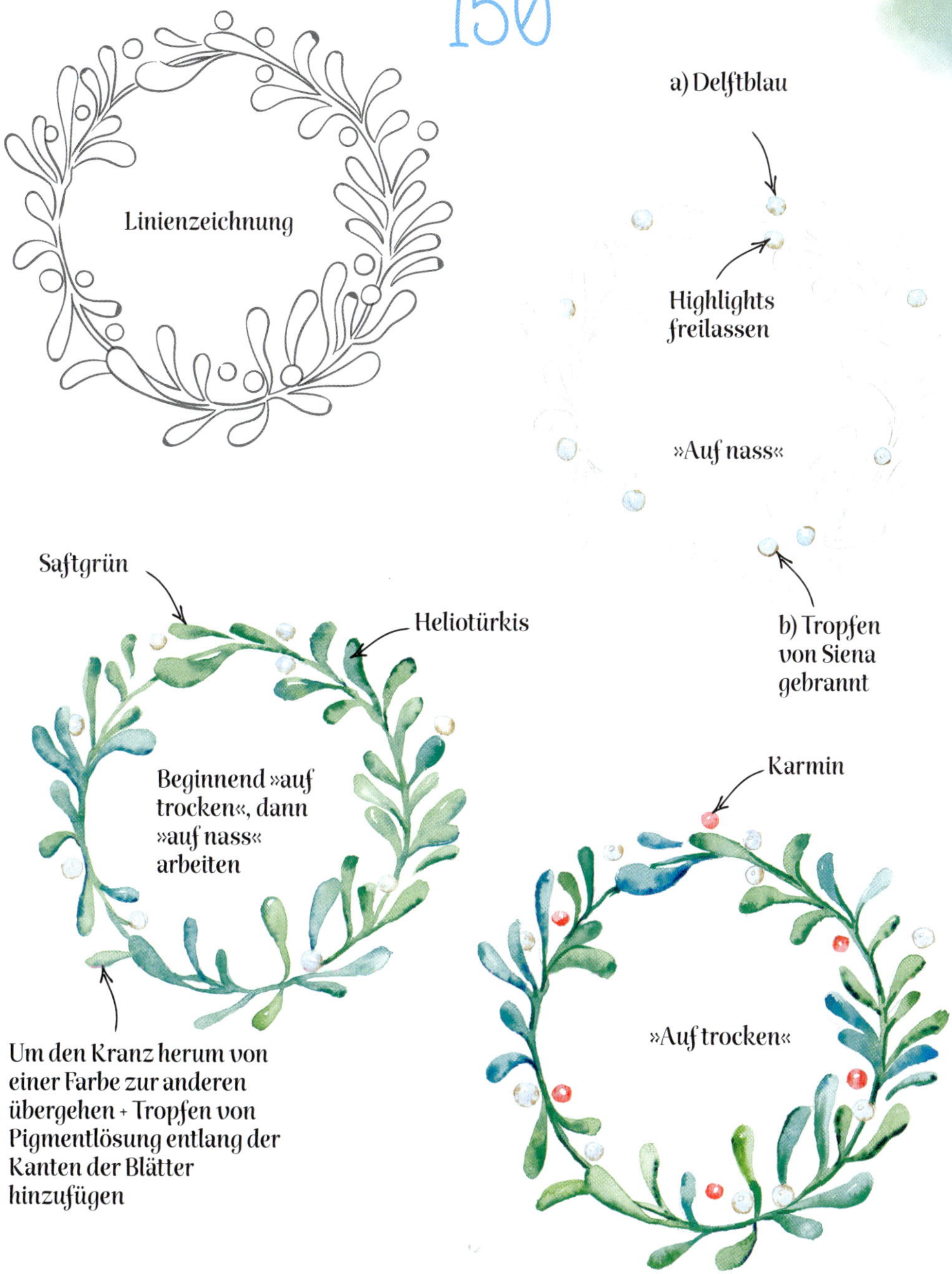
Linienzeichnung
a) Delftblau
Highlights freilassen
»Auf nass«
b) Tropfen von Siena gebrannt
Saftgrün
Heliotürkis
Beginnend »auf trocken«, dann »auf nass« arbeiten
Um den Kranz herum von einer Farbe zur anderen übergehen + Tropfen von Pigmentlösung entlang der Kanten der Blätter hinzufügen
Karmin
»Auf trocken«

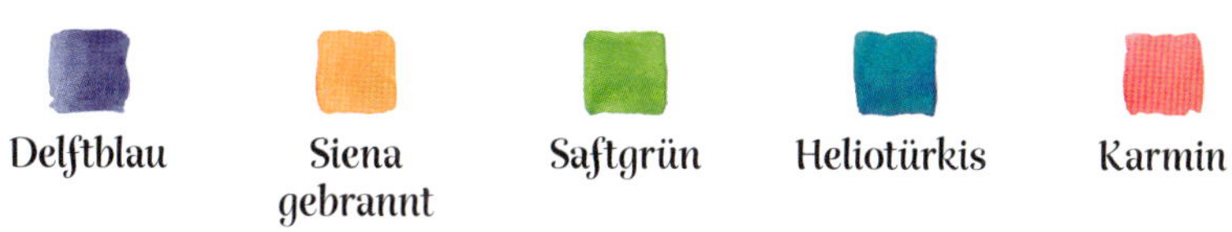
Delftblau
Siena gebrannt
Saftgrün
Heliotürkis
Karmin

Register, Bildnachweis + Dank

Bildnachweis

Dank

Ich bin sehr stolz darauf, die Gelegenheit und die Verantwortung zu haben, sowohl Autorin als auch Illustratorin dieses Buches zu sein. Ich bin dankbar für die Zusammenarbeit mit Quarto und seinem Team von Fachleuten, die mir bei allen Schwierigkeiten immer bereitwillig geholfen haben. Ich danke auch meiner Familie, die mich unterstützt hat. Meiner Mutter, die immer an meine Stärke glaubt. Meinem Vater, der eine Zeit lang nicht verstanden hat, warum ich »all diese Bananen« gezeichnet habe. Meinen Großeltern, die immer auf Neuigkeiten von mir warten. Meinem geliebten Mann, der jeden Tag alle Probleme mit mir meistert. Ich bin einfach nur dankbar für mein Schicksal, das mir die Möglichkeit gibt, meine Kunst mit vielen Menschen zu teilen.